KB068917

실전 무역영어

김상만

박영사

PREFACE

2021년 기준 우리나라는 무역 세계 8강(수출 7위, 수입 9위)의 무역강국이고, 수출은 국내총생산의 30% 이상을 차지하고, 수출의 성장기여율은 88%에 이른다. 여기에는 정부의 정책, 산업계의 노력 및 무역전문가의 역할이 크게 작용하였다고 본다.

무역전문가의 자질을 함양하기 위해서는 무역영어 활용능력이 절실히 요구되는바, 이 책은 무역영어 활용능력 제고 및 무역영어 자격시험 준비를 목적으로 한다. 이 책의 특징은 다음과 같다.

첫째, Part 01에서 무역거래에서 가장 많이 사용(적용)되는 국제규칙·협약인 Incoterms 2020, UCP 600, CISG 및 URC 522의 주요 영문조항 및 해설을 통하여 해당 국제규칙·협약의 내용 및 영문표현을 이해할 수 있도록 하였고, 무역거래에서 사용되는 주요 영문표현을 내용별로 정리하였다.

둘째, Part 02에서는 국가공인자격 무역영어(1급) 기출문제(영문해석·영작문 부문)를 다음과 같이 내용별(거래제안·정보조회 letter, 발주서/주문서, 무역계약, CISG, Incoterms 2020, 무역대금결제, 화환신용장, 상업서류, 환어음과 금융서류, 수출환어음 매입(Nego)과 무역금융, 해상보험·수출보험, 국제운송, 계약이행과 이행성보증(보증신용장), 무역클레임과 국제상사중재, 기타(번역·영작문) 등)로 분류하여 핵심내용을 정리하고 기출문제를 상세히 해설하였다.

셋째, Part 03에서는 국가공인자격 무역영어(1급) 기출문제(무역실무 부문)를 다음과 같이 내용별(무역계약, CISG, Incoterms 2020, 신용장과 UCP 600, 무역대금결제와 무역금융, 국제운송, 해상보험·수출보험, 무역클레임과 국제상사중재, 무역규범(대외무역법, 관세법), 기타 무역(서비스무역·기술무역·전자무역 등))로 분류하여 상세히 해설하였다.

끝으로 인류의 행복을 위하여 무역거래의 발전을 기원하며, 이 책의 출간에 도움을 주신 여러분들께 감사드립니다.

2022년 2월

김 상 만

CONTENTS

PART 01
국제규칙과 주요 영문표현

PART 03
무역실무 기출문제 해설

PART

01

국제규칙과
주요 영문표현

1 개요

1) 인코텀즈(Incoterms)의 개념 및 명칭

인코텀즈는 국제거래에서 가장 일반적으로 사용되는 '거래조건(trade terms)의 해석에 관한 국제규칙'으로 1936년에 ICC(국제상업회의소)에서 제정(ICC에서는 1920년대부터 제정 추진)

- trade terms: 국제물품매매계약서에서는 delivery terms(인도조건), price terms(가격조건), price condition(가격조건), shipment terms(선적조건), terms of sale(매매조건), terms(조건) 등의 용어가 사용된다.
- 최초 명칭: International Rules for the Interpretation of Trade Terms
- 현재 명칭 : Incoterms(인코텀즈)
 * International Commercial Terms → Incoterms

2) 인코텀즈(Incoterms)의 제정 및 개정

- 제정: Incoterms 1936
- 총 8회 개정 :
- 제1차 개정(Incoterms 1953), 제2차 개정(Montreal Rules 1967)
- 제3차 개정(Supplement 1976), 제4차 개정(Incoterms 1980)
- 제5차 개정(Incoterms 1990), 제6차 개정(Incoterms 2000)
- 제7차 개정(Incoterms 2010), 제8차 개정(Incoterms 2020)

3) 주요 내용

(1) 주요 규정 내용

① 당사자의 의무

- 매도인과 매수인 사이에 누가 무엇을 하는지? (Who does what as between seller and buyer) 예) 누가 물품의 운송이나 보험을 주선하는지? 누가 선적서류와 수출허가 또는 수입허가를 취득하는지?

② 위험의 이전과 물품의 인도

- 매도인은 어디서 그리고 언제 물품을 인도(delivery)하는지? (Where and when the seller "delivers" the goods)
- 다시 말해, 물품에 대한 위험(risk)은 어디서 매도인으로부터 매수인에게 이전하는지? (Where risk transfers from seller to buyer)

> 물품의 위험이 이전된 후의 물품멸실 위험은 매수인 부담한다. 따라서 물품의 위험이 이전된 후에 물품이 멸실된 경우에도 매수인은 대금지급의무를 부담한다.
> 예) FOB나 CIF에서는 위험의 이전 시점은 본선 적재이므로 본선 적재 이후에 물품이 멸실되어도 매수인은 매매대금을 지급해야 함.

③ 비용의 배분

- 어느 당사자가 어떤 비용을 부담하는지? (Which party is responsible for which costs) 예) 운송비용, 포장비용, 적재 또는 양하비용, 점검 또는 보안관련 비용 중에서 매도인은 어떤 비용을 부담하고, 매수인은 어떤 비용을 부담하는지? (transport, packaging, loading or unloading costs, and checking or security-related costs)

(2) 인코텀즈가 규정하지 않는 사항

(Incoterms® rules does NOT deal with the following matters)

- 매매계약의 존부(whether there is a contract of sale at all)
- 매매물품의 사양(the specification of the goods sold)
- 대금지급시기, 대금지급장소, 대금지급방법, 또는 대금지급통화(the time, place,

method or currency of payment of the price)

- 매매계약위반에 대한 구제수단(the remedies which can be sought for breach of the contract of sale)
- 계약상 의무이행의 지체와 그 밖의 위반의 효과/결과(most consequences of delay and other breaches in the performance of contractual obligations)
- 정부의 재제조치의 효과(the effect of sanctions)
- 관세부과(the imposition of tariffs)
- 불가항력 또는 이행가혹(force majeure or hardship)
- 수출금지 또는 수입금지(export or import prohibition)
- 지식재산권(intellectual property rights)
- 의무위반의 경우 분쟁해결의 방법, 장소, 또는 법(the method, venue, or law of dispute resolution in case of such breach)
- 물품의 재산권/소유권 이전(the transfer of property/title/ownership of the goods)

* 인코텀즈가 규정하지 않는 위 사항들은 매매계약에서 구체적으로 정할 필요가 있다. 그렇지 않으면, 의무이행 또는 위반 관련 분쟁이 발생하는 경우 문제를 초래할 수 있다. 인코텀즈는 매매계약 자체는 아니고, 이미 존재하는 매매계약에 편입되는 경우 매매계약의 일부가 될 뿐이다. 인코텀즈는 매매계약의 준거법을 정하지 않는다.

(3) 인코텀즈의 규정 내용

매도인과 매수인의 의무 10가지를 대칭적으로 규정

A. THE SELLER'S OBLIGATIONS(매도인의 의무)	B. THE BUYER'S OBLIGATIONS(매수인의 의무)
A1 General obligations(일반의무)	B1 General obligations (일반의무)
A2 Delivery(인도)	B2 Taking delivery (인도의 수령)
A3 Transfer of risks(위험이전)	B3 Transfer of risks (위험이전)
A4 Carriage(운송)	B4 Carriage (운송)
A5 Insurance(보험)	B5 Insurance (보험)
A6 Delivery/transport document (인도/운송서류)	B6 Delivery/transport document (인도/운송서류)
A7 Export/import clearance(수출/수입통관)	B7 Export/import clearance(수출/수입통관)
A8 Checking/ packaging/marking (점검/포장/화인표시)	B8 Checking/ packaging/marking (점검/포장/화인표시)
A9 Allocation of costs(비용분담)	B9 Allocation of costs (비용분담)
A10 Notices (통지)	B10 Notices (통지)

2 11개 규칙 주요 내용

(1) Incoterms® 2020 규칙 분류

그 룹	규칙 (Rule)	세부명칭 (영문)	세부명칭 (번역)	인도장소/ 위험이전장소
모든 운송방식용 (Any Mode or Modes of Transport)	EXW	Ex Works	공장인도	지정인도장소 (수출국)
	FCA	Free Carrier	운송인인도	지정인도장소 (수출국)
	CPT	Carriage Paid To	운송비지급인도	인도장소 (수출국)
	CIP	Carriage and Insurance Paid To	운송비·보험료지급인도	인도장소 (수출국)
	DAP	Delivered at Place	도착지인도	지정목적지 (수입국)
	DPU	Delivered at Place Unloaded	도착지양하인도	지정목적지 (수입국)
	DDP	Delivered Duty Paid	관세지급인도	지정목적지 (수입국)
수상운송방식용 (Sea and Inland Waterway Transport)	FAS	Free Alongside Ship	선측인도	지정선적항 (수출국)
	FOB	Free on Board	본선인도	지정선적항 (수출국)
	CFR	Cost and Freight	운임포함인도	선적항 (수출국)
	CIF	Cost Insurance and Freight	운임·보험료포함인도	선적항 (수출국)

- **모든 운송방식용**
  - 운송수단이 1개인 경우뿐만 아니라 2개 이상인 경우에도 이용 가능
  - 해상운송이 전혀 포함되지 않은 운송에도 이용 가능
  - 선박이 일부 구간의 운송에 이용되는 경우에도 이용 가능
- **수상운송방식용**
  - 해상운송 또는 내수로운송에만 이용 가능
  - 인도지점과 물품이 매수인에게 운송되어야 하는 장소가 모두 항구인 경우에

만 이용 가능(부산항 → 뉴욕항(O), 대구 → 뉴욕항(X))
- 대법원에서는 "Carriage and Insurance Paid To (CIP)"를 "운임 및 보험료 포함"으로 옮긴 바 있음(대법원 2018.3.15. 선고 2017다240496)

(2) Incoterms 2020 각 규칙별 주요 내용 비교

규 칙	주요 내용	위험이전 · 인도장소	비용분기점	수출 통관	주운송비 (적재비) (양하비)	보험료	수입 통관
EXW	지정인도장소(그 지정인도장소에 합의된 지점이 있는 경우에는 그 지점)에서 수취용 차량에 적재하지 않은 채로 매수인의 처분 하에 둠으로써 인도	지정인도장소 (수출국)	지정인도장소 (수출국)	매수인	매수인 (매수인) (매수인)	-	매수인
FCA	지정인도장소(그 지정인도장소에 지정된 지점이 있는 경우에는 그 지점)에서 매수인이 지정한 운송인 (또는 제3자)에게 인도(또는 그렇게 인도된 물품 조달)	지정인도장소 (수출국)	지정인도장소 (수출국)	매도인	매수인 (*) (매수인)	-	매수인
CPT	인도장소(그 인도장소에 합의된 지점이 있는 경우에는 그 지점)에서 물품을 매도인과 운송계약을 체결한 운송인에게 교부함으로써 인도(또는 그렇게 인도된 물품 조달) 매도인은 지정목적지까지 운송비 부담	인도장소 (수출국)	지정목적지 (수입국)	매도인	매도인 (매도인) (매수인)	-	매수인
CIP	인도장소(그 인도장소에 합의된 지점이 있는 경우에는 그 지점)에서 물품을 매도인과 운송계약을 체결한 운송인에게 교부함으로써 인도(또는 그렇게 인도된 물품 조달)	인도장소 (수출국)	지정목적지 (수입국)	매도인	매도인 (매도인) (매수인)	매도인	매수인

규칙	주요 내용	위험이전 · 인도장소	비용분기점	수출통관	주운송비 (적재비) (양하비)	보험료	수입통관
	매도인은 지정목적지까지 운송비 및 보험료 부담						
DAP	물품을 지정목적지에서 도착운송수단에 실어둔 채 양하준비된 상태로 매수인의 처분하에 둠으로써 인도(또는 그렇게 인도된 물품 조달)	지정목적지 (수입국)	지정목적지 (수입국)	매도인	매도인 (매도인) (매수인)	-	매수인
DPU	물품을 지정목적지에서 도착운송수단으로부터 양하하여 매수인의 처분하에 둠으로써 인도(또는 그렇게 인도된 물품 조달)	지정목적지 (수입국)	지정목적지 (수입국)	매도인	매도인 (매도인) (매도인)	-	매수인
DDP	수입통관된 물품을 지정목적지에서 도착운송수단에 실어둔 채 양하준비된 상태로 매수인의 처분하에 둠으로써 인도(또는 그렇게 인도된 물품 조달) 매도인이 수입통관 · 수입관세 납부	지정목적지 (수입국)	지정목적지 (수입국)	매도인	매도인 (매도인) (매수인)	-	매도인
FAS	물품을 지정선적항에서 매수인이 지정한 선박의 선측(예: 부두 또는 바지(barge))에 둠으로써 인도(또는 그렇게 인도된 물품 조달)	지정선적항 (수출국)	지정선적항 (수출국)	매도인	매수인 (매수인) (매수인)	-	매수인
FOB	물품을 지정선적항에서 매수인이 지정한 본선에 적재함으로 인도(또는 본선에 적재된 물품 조달)	지정선적항 (수출국)	지정선적항 (수출국)	매도인	매수인 (매도인) (매수인)	-	매수인
CFR	물품을 선적항에서 매도인이 지정한 본선에 적재함으로써 인도(또는 그렇게 인도된 물품 조달) 매도인은 지정목적항까지 운임 부담	선적항 (수출국)	지정목적항 (수입국)	매도인	매도인 (매도인) (매수인)	-	매수인

규 칙	주요 내용	위험이전 · 인도장소	비용분기점	수출 통관	주운송비 (적재비) (양하비)	보험료	수입 통관
CIF	물품을 선적항에서 매도인이 지정한 본선에 적재함으로써 인도(또는 그렇게 인도된 물품 조달) 매도인은 지정목적항까지 운임 및 보험료 부담.	선적항 (수출국)	지정목적항 (수입국)	매도인	매도인 (매도인) (매수인)	매도인	매수인

보험료: CIP와 CIF만 매도인 의무(기타 다른 규칙은 매도인과 매수인 중에서 위험부담자(즉 피보험이익을 갖는 자)가 보험계약 체결하고 보험료 부담. 그러나 의무사항 아님)

• FCA 적재비
　1) 지정인도장소가 매도인의 영업구내인 경우 – 매도인 부담
　2) 지정인도장소가 매도인의 영업구내가 아닌 경우 – 매수인 부담
• 목적지 양하비: CPT, CIP, CFR, CIF, DAP, DDP에서는 매수인 부담(단, 운송계약상 매도인이 부담하기로 정한 경우는 매도인 부담)

Incoterms® 2020

TRANSPORT OBLIGATIONS, COSTS AND RISKS

Gray indicates seller's Blue indicates buyer's Black indicates mixed or shared

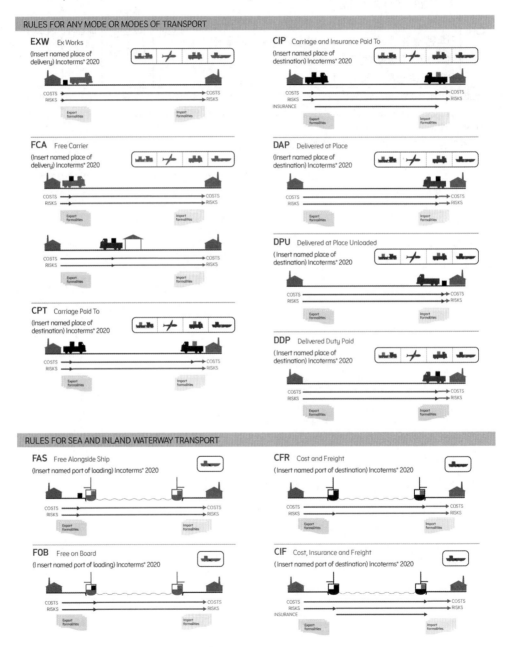

(2) Explanatory Notes for Users

Rules for Any Mode or Modes of Transport

1) EXW / Ex Works

- "Ex Works" means that the seller delivers the goods to the buyer when it places the goods at the disposal of the buyer at a named place (like a factory or warehouse), and the named place may or may not be the seller's premises.
- "공장인도"는, 매도인이 물품을 지정장소(공장이나 창고와 같은)에서 매수인의 처분하에 두는 때, 매도인이 매수인에게 물품을 인도하는 것을 의미하고, 그 지정장소는 매도인의 영업구내일 수도 있고 아닐 수도 있다.
- It is up to the buyer to contract or arrange at its own cost for the carriage of the goods from the named place of delivery.
- 자신의 비용으로 물품을 지정인도장소로부터 운송하는 계약을 체결하거나 그러한 운송을 마련하여야 하는 것은 매수인의 부담이다.

2) FCA / Free Carrier

- "Free Carrier (named place)" means that the seller delivers the goods to the buyer in one or other of two ways
  ▸ First, when the named place is the seller's premises, the goods are delivered when they are loaded on the means of transport arranged by the buyer.
  ▸ Second, when the named place is another place, the goods are delivered
    · when, having been loaded on the seller's means of transport,
    · they reach the named other place and are ready for unloading from that seller's means of transport and at the disposal of the carrier or of another person nominated by the buyer
- "운송인인도 (지정장소)"는 매도인이 물품을 매수인에게 다음과 같은 두 가지 방법 중 하나로 인도하는 것을 의미한다.

▸ 첫째, 지정장소가 매도인의 영업구내인 경우, 물품이 매수인이 마련한 운송수단에 적재된 때에 물품은 인도된다.

▸ 둘째, 지정장소가 그 밖의 장소인 경우, 물품이 매도인의 운송수단에 적재되어서 지정장소에 도착하고 매도인의 운송수단에 실린 채 양하준비상태로 매수인이 지정한 운송인이나 제3자의 처분하에 놓인 때에 물품은 인도된다.

The buyer must contract or arrange at its own cost for the carriage of the goods from the named place of delivery.

• 매수인은 자신의 비용으로 물품을 지정인도장소로부터 운송하는 계약을 체결하거나 그러한 운송을 마련하여야 한다.

3) CPT / Carriage Paid To

• "Carriage Paid To" means that the seller delivers the goods—and transfers the risk—to the buyer by handing them over to the carrier contracted by the seller or by procuring the goods so delivered. The seller may do so by giving the carrier physical possession of the goods in the manner and at the place appropriate to the means of transport used.

• "운송비지급인도"는, 매도인과 계약을 체결한 운송인에게 물품을 교부함으로써 또는 그렇게 인도된 물품을 조달함으로써, 매도인이 매수인에게 물품을 인도하는 것을 ― 그리고 위험을 이전하는 것을 ― 의미한다. 매도인은 사용되는 운송수단에 적합한 방법으로 그에 적합한 장소에서 운송인에게 물품의 물리적 점유를 이전함으로써 물품을 인도할 수 있다.

• The seller must contract or procure a contract for the carriage of the goods from the agreed point of delivery, if any, at the place of delivery to the named place of destination.

• 매도인은 물품을 인도장소로부터, 그 인도장소에 합의된 지점이 있는 때에는 그 지점으로부터 지정목적지까지 운송하는 계약을 체결하거나 조달하여야 한다.

4) CIP / Carriage and Insurance Paid To

• "Carriage and Insurance Paid To" means that the seller delivers the goods — and transfers the risk —to the buyer by handing them over to the carrier contracted by the seller or by procuring the goods so delivered. The seller may do so by giving the carrier physical possession of the goods in the manner and at the place appropriate to the means of transport used.

- "운송비·보험료지급인도"는, 매도인과 계약을 체결한 운송인에게 물품을 교부함으로써 또는 그렇게 인도된 물품을 조달함으로써, 매도인이 매수인에게 물품을 인도하는 것을 — 그리고 위험을 이전하는 것을 — 의미한다. 매도인은 사용되는 운송수단에 적합한 방법으로 그에 적합한 장소에서 운송인에게 물품의 물리적 점유를 이전함으로써 물품을 인도할 수 있다.

- The seller must contract or procure a contract for the carriage of the goods from the agreed point of delivery, if any, at the place of delivery to the named place of destination.
- 매도인은 물품을 인도장소로부터, 그 인도장소에 합의된 지점이 있는 때에는 그 지점으로부터 지정목적지까지 운송하는 계약을 체결하거나 조달하여야 한다.

- Insurance — The seller must also contract for insurance cover against the buyer's risk of loss of or damage to the goods from the point of delivery to at least the point of destination. The seller is required to obtain extensive insurance cover complying with Institute Cargo Clauses (A) or similar clauses.
- 보험 — 매도인은 또한 인도지점으로부터 적어도 목적지점까지 매수인의 물품의 멸실 또는 훼손 위험에 대하여 보험계약을 체결하여야 한다. 매도인은 협회적하약관 (A) 또는 이와 유사한 약관에 일치하는 광범위한 보험부보조건으로 부보하여야 한다.
- The insurance shall cover, at a minimum, the price provided in the contract plus 10% (i.e. 110%) and shall be in the currency of the contract.
- 보험금액은 최소한 매매계약에 규정된 대금에 10%를 더한 금액(즉 매매대금의 110%)이어야 하고, 보험의 통화는 매매계약의 통화와 같아야 한다.

5) DAP / Delivered at Place

- "Delivered at Place" means that the seller delivers the goods — and transfers the risk — to the buyer when the goods are placed at the disposal of the buyer on the arriving means of transport ready for unloading at the named place of destination or at the agreed point within that place, if any such point is agreed.

- "도착지인도"는, 물품이 지정목적지에서 또는 지정목적지 내에 어떠한 지점이 합의된 경우에는 그 지점에서 도착운송수단에 실어둔 채 양하준비된 상태로 매수인의 처분하에 놓인 때, 매도인이 매수인에게 물품을 인도하는 것을 — 그리고 위험을 이전하는 것을 – 의미한다.

6) DPU / Delivered at Place Unloaded

- "Delivered at Place Unloaded" means that the seller delivers the goods — and transfers the risk — to the buyer when the goods, once unloaded from the arriving means of transport, are placed at the disposal of the buyer at the named place of destination or at the agreed point within that place, if any such point is agreed.

- "도착지양하인도"는, 지정목적지에서 또는 지정목적지 내에 어떠한 지점이 합의된 경우에는 그 지점에서 물품이 도착운송수단으로부터 양하된 상태로 매수인의 처분하에 놓인 때, 매도인이 매수인에게 물품을 인도하는 것을 — 그리고 위험을 이전하는 것을 – 의미한다.

7) DDP / Delivered Duty Paid

- "Delivered Duty Paid" means that the seller delivers the goods to the buyer when the goods are placed at the disposal of the buyer, cleared for import, on the arriving means of transport, ready for unloading, at the named place of destination or at the agreed point within that place, if any such point is agreed.

- "관세지급인도"는, 수입통관 후 지정목적지에서 또는 지정목적지 내에 어떠한 지점이 합의된 경우에는 그 지점에서 물품이 도착운송수단에 실어둔 채 양하준비된 상태로 매수인의 처분하에 놓인 때, 매도인이 매수인에게 물품을 인도하는 것을 의미한다.

Rules for Sea and Inland Waterway Transport

8) FAS / Free Alongside Ship

- "Free Alongside Ship" means that the seller delivers the goods to the buyer when the goods are placed alongside the ship (e.g. on a quay or a barge) nominated by the buyer at the named port of shipment or when the seller procures the goods already so delivered.
- "선측인도"는, 지정선적항에서 물품이 매수인이 지정한 선박의 선측(예 부두 또는 바지)에 놓인 때 또는 이미 그렇게 인도된 물품을 조달한 때, 매도인이 매수인에게 물품을 인도하는 것을 의미한다.
- The buyer must contract at its own cost for the carriage of the goods from the named port of shipment.
- 매수인은 자신의 비용으로 물품을 지정선적항으로부터 운송하는 계약을 체결하여야 한다.

9) FOB / Free On Board

- "Free On Board" means that the seller delivers the goods to the buyer on board the vessel nominated by the buyer at the named port of shipment or procures the goods already so delivered.
- "본선인도"는, 지정선적항에서 매수인이 지정한 본선에 적재하여 매도인이 매수인에게 물품을 인도하거나 이미 그렇게 인도된 물품을 조달하는 것을 의미한다.
- The buyer must contract at its own cost for the carriage of the goods from the named port of shipment.
- 매수인은 자신의 비용으로 물품을 지정선적항으로부터 운송하는 계약을 체결하여야 한다.

10) CFR / Cost and Freight

- "Cost and Freight" means that the seller delivers the goods to the buyer on board the vessel or procures the goods already so delivered.
- "운임포함인도"는, 매도인이 본선에 적재하여 매수인에게 물품을 인도하거나

이미 그렇게 인도된 물품을 조달하는 것을 의미한다.

- The seller must contract or procure a contract for the carriage of the goods from the agreed point of delivery, if any, at the place of delivery to the named port of destination.
- 매도인은 물품을 인도장소로부터, 그 인도장소에 합의된 지점이 있는 때에는 그 지점으로부터 지정목적항까지 운송하는 계약을 체결하거나 조달하여야 한다.

11) CIF / Cost Insurance and Freight

- "Cost Insurance and Freight" means that the seller delivers the goods to the buyer on board the vessel or procures the goods already so delivered.
- "운임·보험료포함인도"는 매도인이 본선에 적재하여 매수인에게 물품을 인도하거나 이미 그렇게 인도된 물품을 조달하는 것을 의미한다.
- The seller must contract or procure a contract for the carriage of the goods from the agreed point of delivery, if any, at the place of delivery to the named port of destination.
- 매도인은 물품을 인도장소로부터, 그 인도장소에 합의된 지점이 있는 때에는 그 지점으로부터 지정목적항까지 운송하는 계약을 체결하거나 조달하여야 한다.
- Insurance — The seller must also contract for insurance cover against the buyer's risk of loss of or damage to the goods from the port of shipment to at least the port of destination. The seller is required to obtain limited insurance cover complying with Institute Cargo Clauses (C) or similar clauses.
- 보험 — 매도인은 또한 선적항으로부터 적어도 목적항까지 매수인의 물품의 멸실 또는 훼손 위험에 대하여 보험계약을 체결하여야 한다.
  매도인은 협회적하약관 (C) 또는 이와 유사한 약관에 일치하는 제한적인 보험부보조건으로 부보하여야 한다.
- The insurance shall cover, at a minimum, the price provided in the contract plus 10% (i.e. 110%) and shall be in the currency of the contract.
- 보험금액은 최소한 매매계약에 규정된 대금에 10%를 더한 금액(즉 매매대금의 110%)이어야 하고, 보험의 통화는 매매계약의 통화와 같아야 한다.

CHAPTER ┃ 02 신용장통일규칙(UCP 600)

1 개요

1) 제정

신용장에 적용되는 법이 국가마다 상이하여 신용장거래의 안정성을 저해하므로 모든 신용장에 공통적으로 적용되는 통일규칙의 제정이 필요하게 되었고, ICC에서는 1933년에 신용장통일규칙(the Uniform Customs and Practice for Commercial Documentary Credits: UCP)을 제정하였다. 신용장통일규칙은 당사자의 권리·의무를 명확히 하여 건전한 거래관행을 확립하고 나아가 국제거래의 발전을 도모함을 목적으로 하고 있다. 실무적으로 모든 신용장에서 신용장통일규칙의 적용을 명시하고 있어, 신용장통일규칙은 Incoterms와 함께 국제물품매매거래에 적용되는 대표적인 통일규칙으로 자리잡고 있다.

2) 개정

신용장통일규칙의 제정 이후 기존의 관행이 변경되었고, 새로운 관행의 발생으로 신용장통일규칙의 개정이 필요해졌다. 이에 따라 제정이후 1951년(1차 개정), 1962년(2차 개정), 1974년(3차 개정), 1983년(4차 개정), 1993년(5차 개정), 2007년(6차 개정) 등 6차에 걸쳐 개정되었다. 제정 신용장 및 개정 신용장마다 ICC에서는 Brochure No. 82(제정 신용장통일규칙), Brochure No. 151(신용장통일규칙 1차 개정), Brochure No. 222(신용장통일규칙 2차 개정), Publication No. 290(신용장통일규칙 3차 개정), Publication No. 400(신용장통일규칙 4차 개정), Publication No. 500(신용장통일규칙 5차 개정), Publication No. 600(신용장통일규칙 6차 개정) 등의 발행번호를 부여하고 있다.

• 신용장통일규칙 개정 연혁

구 분	제 · 개정 년도	발효시기	ICC 간행물 번호
제 정	1933년	1933.6.3	Brochure No. 82
제1차 개정	1951년	1952.1.1	Brochure No. 151
제2차 개정	1962년	1963.7.1	Brochure No. 222
제3차 개정	1974년	1975.10.1	Publication No. 290
제4차 개정	1983년	1984.10.1	Publication No. 400
제5차 개정	1993년	1994.1.1	Publication No. 500
제6차 개정	2007년	2007.7.1	Publication No. 600

3) 개정

신용장통일규칙은 비정부단체인 ICC에서 제정한 규칙이다. 따라서 법(또는 조약이나 협약)이 아니고, 신용장에서 신용장통일규칙의 적용을 명시하는 경우에 한하여 신용장에 편입되어 당사자를 구속한다. 통상 신용장에서 신용장통일규칙을 따른다고 명시한다.

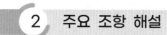

2 주요 조항 해설

제1조 신용장통일규칙의 적용범위

Article 1 Application of UCP	제1조 신용장통일규칙의 적용범위
The Uniform Customs and Practice for Documentary Credits, 2007 Revision, ICC Publication no. 600 ("UCP") are rules that apply to any documentary credit ("credit") (including, to the extent to which they may be applicable, any standby letter of credit) when the text of the credit expressly indicates that it is subject to these rules. They are binding on all parties thereto unless expressly modified or excluded by the credit.	제6차 개정 신용장통일규칙(2007년 개정, 국제상업회의소 간행물 제600호, "신용장통일규칙")은 신용장의 문면에 위 규칙이 적용된다는 것을 분명하게 표시한 경우 모든 화환신용장{위 규칙이 적용 가능한 범위 내에서는 보증신용장(standby letter of credit)을 포함한다. 이하 "신용장"이라 한다}에 적용된다. 이 규칙은 신용장에서 명시적으로 수정되거나 그 적용이 배제되지 않는 한 모든 당사자를 구속한다.

보충설명

1) UCP의 적용명시

- UCP는 당연히 적용되는 것이 아니고, 신용장에 UCP의 적용을 명시해야 한다.

예시 1) SWIFT로 개설되는 신용장에서

  예시 1-1) 40E: Applicable Rules

        UCP LATEST VERSION

  예시 1-2) 40E: Applicable Rules

        UCP 600

  예시 2) Telex나 우편으로 개설되는 신용장에서

예시 2-1)

  THIS DOCUMENTARY CREDIT IS SUBJECT TO THE VERSION OF THE ICC UNIFORM CUSTOMS AND PRACTICE FOR DOCUMENTARY CREDITS, INTERNATIONAL CHAMBER OF COMMERCE, PARIS, FRANCE, WHICH IS IN EFFECT.

예시 2-2)

  THIS DOCUMENTARY CREDIT IS SUBJECT TO THE VERSION OF THE ICC UNIFORM CUSTOMS AND PRACTICE FOR DOCUMENTARY CREDITS, 2007 VERSION, ICC PUBLICATION NO. 600.

예시 2-3)

  SUBJECT TO THE VERSION OF THE ICC UNIFORM CUSTOMS AND PRACTICE FOR DOCUMENTARY CREDITS, 2007 VERSION, ICC PUBLICATION NO. 600.

2) UCP는 화환신용장 외에 보증신용장에도 적용이 가능하다. 신용장통일규칙은 화환신용장(documentary credit)을 규율할 목적으로 제정되었으나, 보증신용장의 이용이 증가함에 따라 제4차 개정부터는 보증신용장에도 적용가능토록 그 적용범위를 확대하였다.

3) 당사자는 UCP의 일부내용 수정 또는 배제 가능

- 신용장에서 UCP의 일부조항의 적용을 배제시키거나 일부조항의 내용을 변경시킬 수 있다.

예시) 47A: Additional Conditions

    SUB-ARTICLE 20(c) ii DOES NOT APPLY.

제2조 정의

1) 신용장의 당사자

☐ Advising Bank Advising bank means the bank that advises the credit at the request of the issuing bank.	☐ 통지은행 통지은행(Advising Bank)은 개설은행의 요청에 따라 신용장을 통지하는 은행을 의미한다.
☐ Applicant Applicant means the party on whose request the credit is issued.	☐ 개설의뢰인 개설의뢰인은 신용장 개설을 신청한 당사자를 의미한다.
☐ Confirming bank Confirming bank means the bank that adds its confirmation to a credit upon the issuing bank's authorization or request.	☐ 확인은행 확인은행은 개설은행의 수권 또는 요청에 의하여 신용장에 확인을 한 은행을 의미한다.
☐ Issuing Bank Issuing bank means the bank that issues a credit at the request of an applicant or on its own behalf.	☐ 개설은행 개설은행은 개설의뢰인의 신청 또는 그 자신을 위하여 신용장을 개설한 은행을 의미한다.
☐ Nominated Bank Nominated bank means the bank with which the credit is available or any bank in the case of a credit available with any bank.	☐ 지정은행 지정은행은 신용장이 이용가능한 은행을 의미하고, 어느 은행에서나 이용가능한 경우 모든 은행을 의미한다.
☐ Presenter Presenter means a beneficiary, bank or other party that makes a presentation.	☐ 제시자 제시자는 제시를 하는 수익자, 은행 또는 다른 당사자를 의미한다.

보충설명

- 통지은행(advising bank)
  - 신용장의 개설을 수익자 앞으로 통지하는 은행이다. 일반적으로 개설은행의 해외지점이나 환거래은행이 통지은행이 된다. 확인신용장의 경우 통지은행이 확인은행이 되는 경우가 많다.

- 개설의뢰인(applicant)

  - 신용장의 개설을 의뢰하는 자로, 일반적으로 수입자(Buyer)가 개설의뢰인이
    된다.

- 수익자(beneficiary)

  - 신용장상의 혜택을 받는 자, 다시 말해 신용장대금을 청구할 수 있는 자이
    다. 일반적으로 수출자(Seller)가 수익자가 된다.

- 확인은행(confirming bank)

  - 개설은행의 수권 또는 요청에 의해 신용장의 대금지급을 확약하는 은행이다.
    개설은행의 신용이 낮은 경우 이를 보완하기 위해 신용이 높은 은행이 신용
    장대금의 지급을 확인한다. 통지은행이 확인은행이 되는 경우가 많다.

- 개설은행(issuing bank)

  - 신용장을 개설하는 은행(=opening bank)

- 지정은행(nominated bank)

  - 개설은행으로부터 지급, 연지급, 인수, 매입을 할 수 있도록 권한을 부여받은
    은행을 말한다. 지정은행의 구체적인 역할은 신용장에서 정해진다.
  - 지정은행의 표시방법 및 역할: 'available with ABC Bank by ~' 'by ~'이하
    에 기재되는 것이 지정은행의 역할이다.

  예시 1) 'available with ABC Bank by negotiation': ABC Bank가 지정은행이며,
     지정은행의 역할은 매입(negotiation)이다. 이 신용장의 경우 ABC Bank
     에서만 매입이 가능하며, 이를 제한매입신용장이라고 부른다.

  예시 2) 'available with any bank by negotiation': '모든 은행(any bank)'이 지정
     은행이 될 수 있으며, 지정은행의 역할은 매입(negotiation)이다. 이 신용장
     의 경우 모든 은행에서 매입이 가능하며, 이를 자유매입신용장이라고
     부른다.

  예시 3) 'available with ABC Bank by payment': ABC Bank가 지정은행이며,
     지정은행의 역할은 지급이다.

  예시 4) 'available with ABC Bank by acceptance': ABC Bank가 지정은행이며,
     지정은행의 역할은 인수(환어음인수)이다.

ㄹ) 신용장상의 용어

☐ Banking day Banking day means a day on which a bank is regularly open at the place at which an act subject to these rules is to be performed.	☐ 은행영업일 은행영업일은 이 규칙이 적용되는 행위가 이루어지는 장소에서 은행이 통상적으로 영업하는 날을 의미한다.
☐ Complying presentation **Complying presentation means a presentation that is in accordance with the terms and conditions of the credit,** the applicable provisions of these rules and international standard banking practice.	☐ 일치하는 제시 일치하는 제시는 신용장 조건, 적용 가능한 범위 내에서의 이 규칙의 규정, 그리고 국제표준은행관행에 따른 제시를 의미한다.
☐ Confirmation Confirmation means a definite undertaking of the confirming bank, in addition to that of the issuing bank, to honour or negotiate a complying presentation.	☐ 확인(Confirmation) 확인(Confirmation)은 일치하는 제시에 대하여 결제(honour) 또는 매입하겠다는 개설은행의 확약에 추가하여 확인은행이 하는 확약을 의미한다.
☐ Credit **Credit means any arrangement, however named or described, that is irrevocable and thereby constitutes a definite undertaking of the issuing bank to honour a complying presentation.**	☐ 신용장 신용장은 그 명칭과 상관없이 개설은행이 일치하는 제시에 대하여 결제(honour)하겠다는 확약으로서 취소가 불가능한 모든 약정을 의미한다.
☐ Honor Honour means: a. to pay at sight if the credit is available by sight payment. b. to incur a deferred payment undertaking and pay at maturity if the credit is available by deferred payment. c. to accept a bill of exchange ("draft") drawn by the beneficiary and pay at maturity if the credit is available by acceptance.	☐ 결제 결제(honour)는 다음과 같은 내용을 의미한다. a. 신용장이 일람지급에 의하여 이용가능하다면 일람출급으로 지급하는 것. b. 신용장이 연지급에 의하여 이용가능하다면 연지급을 확약하고 만기에 지급하는 것. c. 신용장이 인수에 의하여 이용가능하다면 수익자가 발행한 환어음을 인수하고 만기에 지급하는 것.
☐ Negotiation **Negotiation means the purchase by the nominated bank of drafts (drawn on a bank other than the nominated**	☐ 매입 매입은 일치하는 제시에 대하여 지정은행이, 지정은행에 대한 상환의무 있는 은행영업일 또는 그 이전에

bank) and/or documents under a complying presentation, by advancing or agreeing to advance funds to the beneficiary on or before the banking day on which reimbursement is due to the nominated bank.	대금을 지급함으로써 또는 대금지급에 동의함으로써 환어음(지정은행이 아닌 은행 앞으로 발행된) 및 또는 서류를 매수(purchase)하는 것을 의미한다.
□ Presentation Presentation means either the delivery of documents under a credit to the issuing bank or nominated bank or the documents so delivered.	□ 제시 제시는 신용장에 의하여 이루어지는 개설은행 또는 지정은행에 대한 서류의 인도 또는 그렇게 인도된 그 서류 자체를 의미한다.

보충설명

- 은행영업일
  - 은행영업일은 은행이 통상적으로 영업을 하는 날을 의미한다. 은행영업일은 각국마다 상이하며, 각국에 소재하고 있는 은행은 그 국가의 은행영업일 기준을 따른다.

- 일치하는 제시
  - 일치하는 제시 여부는 UCP의 모든 조항과 국제표준은행관행에 따라 판단한다. 여기서 말하는 국제표준은행관행은 ICC에서 발간한 'International Standard Banking Practice: ISBP, ICC Publication No. 745(2013)'만을 의미하는 것이 아니다. 그래서 소문자를 사용하였다.

- 확인
  - 개설은행의 확약에 더하여, 수익자가 일지하는 제시를 하면, 신용장대금을 결제 또는 매입하겠다는 확약이다. 이러한 확약을 한 은행을 확인은행이라고 하며, 확인은행의 지급책임은 개설은행과 동일하다.

- 신용장
  - 신용장은 그 명칭은 상관없다.
  - 일치하는 제시에 대하여 결제하겠다는 개설은행의 확약이 있어야 한다.
  - 신용장은 취소불능이어야 한다.

- **결제(honour)**

  − 결제(honour)는 지급(pay)보다는 넓은 개념으로, 결제에는 지급, 연지급, 인수 등이 모두 포함된다.
  − **일람지급(sight payment):** 환어음인수 후 즉시 지급, 또는 서류접수 후 즉시 지급(환어음 가능)
  − **연지급(deferred payment):** 서류접수 후 일정기간 후에 지급(환어음 없음)
  − **인수후만기일지급(acceptance and payment at maturity):** 환어음인수 후 만기일 지급(환어음 필수)

- **제시**

  − 개설은행 또는 지정은행에 서류를 인도하는 것(또는 인도된 서류 자체)을 말한다.
  − 제시의 기준일은 개설은행이나 지정은행에 서류를 발송하는 것이 아니고, 개설은행이나 지정은행의 접수이다.

☞ **영문해설**

- terms and conditions: 조건
- undertake: (의무 등을) 부담하다. 보증하다.
- bill of exchange: 환어음(documentary draft)
- advance fund: 대금을 지급하다.
- reimburse: 상환하다.

제3조 해석

A credit is irrevocable even if there is no indication to that effect.	신용장은 취소불능이라는 표시가 없더라도 취소가 불가능하다.
A document may be signed by handwriting, facsimile signature, perforated signature, stamp, symbol or any other mechanical or electronic method of authentication.	서류는 자필, 팩시밀리서명, 천공서명, 스탬프, 상징 또는 그 외 기계식 또는 전자식 확인방법으로 서명될 수 있다.
Branches of a bank in different countries are considered to be separate banks.	서로 다른 국가에 위치한 같은 은행의 지점들은 다른 은행으로 간주된다.
The expression "on or about" or similar will be	"그 시경(on or about)" 또는 이와 유사한 표현은 어

interpreted as a stipulation that an event is to occur during a period of five calendar days before until five calendar days after the specified date, both start and end dates included.	떠한 일이 시기(始期)와 종기(終期)를 포함하여 특정 일자의 전 5일부터 후 5일까지의 기간 중에 발생해야 하는 규정으로 해석된다.
The words "to", "until", "till", "from" and "between" when used to determine a period of shipment include the date or dates mentioned, and the words "before" and "after" exclude the date mentioned.	선적기간을 정하기 위하여 "to", "until", "till", "from", 그리고 "between"이라는 단어가 사용된 경우 이는 (기간에) 명시된 일자 혹은 일자들을 포함하고, "before"와 "after"라는 단어는 명시된 일자를 제외한다.
The words "from" and "after" when used to determine a maturity date exclude the date mentioned.	만기(滿期)를 정하기 위하여 "from"과 "after"라는 단어가 사용된 경우에는 명시된 일자를 제외한다.
The terms "first half" and "second half" of a month shall be construed respectively as the 1st to the 15th and the 16th to the last day of the month, all dates inclusive.	어느 월의 "전반(first half)"과 "후반(second)"이라는 단어는 각 해당 월의 1일부터 15일까지, 16일부터 해당 월의 마지막 날까지로 해석되며, 그 기간 중의 모든 날짜가 포함된다.
The terms "beginning", "middle" and "end" of a month shall be construed respectively as the 1st to the 10th, the 11th to the 20th and the 21st to the last day of the month, all dates inclusive.	어느 월의 "초(beginning)", "중(middle)", "말(end)"이라는 단어는 각 해당 월의 1일부터 10일, 11일부터 20일, 21일부터 해당 월의 마지막 날까지로 해석되며, 그 기간 중의 모든 날짜가 포함된다.

보충실명

① 취소불능

신용장은 '취소불능(irrevocable)'이라는 표시가 없어도 취소불능이다. 그러나 '취소가능(revocable)'이라고 표시되어 있으면, 취소가 가능하다. 따라서 신용장을 받으면, 취소가능(revocable)이라고 표시되어 있는지 확인하고, 취소가능이라고 표시되어 있다면, 수입자에게 신용장 조건변경(amendment)을 요청해야 한다.

② 서류 서명

서류는 자필, 팩시밀리서명, 천공서명, 스탬프, 상징 또는 그 외 기계식 또는 전자식 확인방법으로 서명될 수 있다.

③ 은행지점

서로 다른 국가에 소재하고 있는 지점은 다른 은행으로 간주된다. 동일국가에 소재하고 있는 지점은 동일은행으로 본다.

예) KB은행 뉴욕지점 → KB은행(한국 본점)과 서로 다른 은행임

　　KB은행 거제지점 → KB은행(본점)과 동일은행임

④ 일자계산

● on or about

- 특정일자를 포함하여 전 5일부터 후 5일까지 포함한다.

예) on or about June 20 → 6/15 ~ 6/25

● 선적일자 계산

- to, until, from, between: 명시된 일자를 포함한다.

- before, after: 명시된 일자를 제외한다.

예시 1) Shipment should be effected from March 10.

→ 선적은 3월 10일부터 이루어져야 한다.(3월 10일 선적 가능)

예시 2) Shipment should be effected after March 10.

→ 선적은 3월 10일 이후부터 이루어져야 한다.(3월 10일 선적 불가)

예시 3) Shipment should be effected before March 10.

→ 선적은 3월 10일 이전에 이루어져야 한다.(3월 10일 선적 불가)

● (대금지급) 만기의 결정

- from, after: 명시된 일자를 제외한다.

예시 1) draft: 30 days from B/L date (B/L date: March 1)

→ Maturity Date(만기일): March 31

예시 2) draft: 30 days after B/L date (B/L date: March 1)

→ Maturity Date(만기일): March 31

● first half, second half in month

- first half: 1~15일(1월 1~15일, 2월 1~15일)

- second half: 16~말일(1월 16~31일, 2월 16~28(또는 29)일)

- beginning: 1~10일

- middle: 11~20일

- end: 21~말일

⑤ 서류의 발행자를 표현하기 위하여 사용되는 "first class(일류)", "well known(저명한)", "qualified(자격 있는)", "independent", "official(공적인)", "competent(능력 있는)", "local(현지의)" 등의 용어들은 수익자를 제외하고는 해당 서류를 발행하는 모든 서류발행자가 사용할 수 있다. 서류발행자의 자격을 어느 정도 제한하려는 의도인 경우에는 이와 같은 모호한 표현을 쓰지 말고, 서류 발행자를 구체적으로 명시해야 한다.

예시 1) "Inspection Certificate issues and signed by first class inspector."(×)

예시 2) "Inspection Certificate issued and signed by MS. Jasmine, President of Tina Corp.(○)

제4조 신용장과 원인관계: 신용장의 독립성

Article 4 Credits v. Contracts	제4조 신용장과 원인계약
a. A credit by its nature is a separate transaction from the sale or other contract on which it may be based. Banks are in no way concerned with or bound by such contract, even if any reference whatsoever to it is included in the credit. Consequently, the undertaking of a bank to honour, to negotiate or to fulfil any other obligation under the credit is not subject to claims or defences by the applicant resulting from its relationships with the issuing bank or the beneficiary.	a. 신용장은 그 본질상 그 기초가 되는 매매 또는 다른 계약과는 별개의 거래이다. 신용장에 그러한 계약에 대한 언급이 있더라도 은행은 그 계약과 아무런 관련이 없고, 또한 그 계약 내용에 구속되지 않는다. 따라서 신용장에 의한 결제(honour), 매입 또는 다른 의무이행은 개설의뢰인과 개설은행, 수익자 사이에서 발생된 개설의뢰인의 주장이나 항변에 구속되지 않는다.
A beneficiary can in no case avail itself of the contractual relationships existing between banks or between the applicant and the issuing bank.	수익자는 어떠한 경우에도 은행들 사이 또는 개설의뢰인과 개설은행 사이의 계약관계를 원용할 수 없다.

보충설명

• **신용장의 독립성(Independence Principle)**

신용장은 그 본질상 그 기초가 되는 매매 또는 다른 계약과는 별개의 거래이다.

신용장에 그러한 계약에 대한 언급이 있더라도 은행은 그 계약과 아무런 관련이 없고, 또한 그 계약 내용에 구속되지 않는다. 따라서 신용장에 의한 결제 (honour), 매입 또는 다른 의무이행은 개설의뢰인과 개설은행, 수익자 사이에서 발생된 개설의뢰인의 주장이나 항변에 구속되지 않는다(개설은행은 물품에 하자가 있다는 사유로 대금지급을 거절할 수 없다. 물품하자 여부는 매매계약상의 문제이지 신용장상의 문제가 아니다). 또한, 수익자는 어떠한 경우에도 은행들 사이 또는 개설의뢰인과 개설은행 사이의 계약관계를 원용할 수 없다.

이 조항에서는 "신용장의 독립성"을 명시하고 있다. 신용장은 기본계약인 수출계약과는 별개의 독립적인 계약이다. 신용장이 수출계약에 의해 영향을 받는다면 신용장의 담보력은 떨어지게 되어 개설은행(또는 확인은행)의 신용도를 기준으로 사용되는 신용장의 가치가 없어지게 된다.

* pro-forma invoice나 contract를 신용장의 일부로 첨부시키거나 전신으로 L/C개설 후 우편으로 통지은행에 pro-forma invoice나 contract를 L/C의 일부라고 하여 우편발송함으로써 개설의뢰인의 과도한 명세를 추가하려는 노력을 억제시킨다.

제5조 서류와 물품, 서비스 또는 의무이행(제5조): 신용장의 추상성

Article 5 Documents v. Goods, Services or Performance	제5조 서류와 물품, 서비스 또는 의무이행
Banks deal with documents and not with goods, services or performance to which the documents may relate.	은행은 서류로 거래하는 것이며 그 서류가 관계된 물품, 용역, 의무이행으로 거래하는 것은 아니다.

보충설명

• 신용장의 추상성(Abstractness)

은행은 서류로 거래하는 것이며 그 서류가 관계된 물품, 서비스 또는 의무이행으로 거래하는 것이 아니다. 이 조항에서는 "신용장의 추상성"을 규정하고 있다. 신용장거래는 서류상의 거래로 은행은 서류상의 내용으로 결제여부를 결정해야 한다. 수출자가 기본계약과 불일치하는 물품을 선적한 경우에도 서류에 이상이 없다면, 이 조항에 의거 개설은행은 대금을 지급해야 한다. 다만, 물품의 불일치 정도가 중대하여 사기(fraud)에 해당되는 경우 각 준거법에 따라 은행의 지급책임이 면제될 수 있다.

제6조 이용가능성, 유효기일 그리고 제시장소

Article 6 Availability, Expiry Date and Place for Presentation	제6조 이용가능성, 유효기일 그리고 제시장소
a. A credit must state the bank with which it is available or whether it is available with any bank. A credit available with a nominated bank is also available with the issuing bank.	a. 신용장은 그것이 이용가능한 은행을 명시하거나 모든 은행에서 이용가능한지 여부를 명시하여야 한다. 지정은행에서 이용가능한 신용장은 또한 개설은행에서도 이용할 수 있다.
b. A credit must state whether it is available by sight payment, deferred payment, acceptance or negotiation.	b. 신용장은 그것이 일람지급, 연지급, 인수 또는 매입에 이용가능한지 여부를 명시하여야 한다.
c. A credit must not be issued available by a draft drawn on the applicant.	c. 신용장은 개설신청인을 지급인으로 하는 환어음에 의하여 이용가능하도록 개설되어서는 안 된다.
d. i. A credit must state an expiry date for presentation. An expiry date stated for honour or negotiation will be deemed to be an expiry date for presentation. ii. The place of the bank with which the credit is available is the place for presentation. The place for presentation under a credit available with any bank is that of any bank. A place for presentation other than that of the issuing bank is in addition to the place of the issuing bank.	d. i 신용장은 제시를 위한 유효기일을 명시하여야 한다. 신용장대금의 결제(honour) 또는 매입을 위한 유효기일은 제시를 위한 유효기일로 본다. ii. 신용장의 이용가능한 은행의 장소가 제시를 위한 장소이다. 모든 은행에서 이용가능한 신용장에서의 제시장소는 그 모든 은행의 소재지가 된다. 개설은행 이 소재지가 아닌 제시장소는 개설은행의 소재지에 그 장소를 추가한 것이다.
e. Except as provided in sub-article 29 (a), a presentation by or on behalf of the beneficiary must be made on or before the expiry date.	e. 제29조 (a)항에 규정된 경우를 제외하고, 수익자에 의한 또는 수익자를 위한 제시는 유효기일 또는 그 전에 이루어져야 한다.

보충설명

ⅰ) 신용장은 그 이용가능한 은행[1]을 명시하거나 모든 은행에서 이용가능한지 여부를 명시하여야 한다. 지정은행에서 이용가능한 신용장은 또한 개설은행에서도 이용할 수 있다. 신용장은 일람지급, 연지급, 인수 또는 매입에 의해 이용가능한지 여부를 명시하여야 한다. "이용가능하다(available)"는 것은 서류를 제시하고 지급청구를 할 수 있다는 것을 말하며, '이용가능한 은행'이란, 지정은행(nominated bank)을 말한다. 물론 지정은행에서 이용가능한 신용장은 개설은행에서도 이용가능하다. 지정은행이 단순히 신용장을 수익자에게 통지했다는 사실 자체가 지정은행이 지정을 수락한 것으로 간주하지는 않는다. 지정은행이 결제(honour) 또는 매입에 대하여 명백하게 동의하고 이를 수익자에게 통보한 경우에만 지정은행은 결제 또는 매입의무를 부담한다(UCP 600 제12조(a)항).

ⅱ) 신용장은 개설신청인을 지급인으로 하는 환어음에 의하여 이용가능하도록 개설되어서는 안 된다. 신용장거래에서 환어음은 수익자가 발행하고 개설은행(또는 확인은행 포함)이 인수 및 지급책임을 진다. 개설의뢰인이 지급책임을 진다면 신용장의 지급여부가 개설은행이 아니고 개설의뢰인의 신용도에 의존하게 되어 신용장의 본래의 취지에 반하게 된다.

ⅲ) ① 신용장은 제시를 위한 유효기일을 명시하여야 한다. 신용장대금의 결제(honour) 또는 매입을 위한 유효기일은 제시를 위한 유효기일로 본다. ② 신용장의 이용가능한 은행의 장소가 제시를 위한 장소이다. 모든 은행에서 이용가능한 신용장에서의 제시장소는 그 모든 은행의 소재지가 된다. 개설은행이 소재지가 아닌 제시장소는 개설은행의 소재지에 그 장소를 추가한 것이다.

---

1) '이용가능하다'는 것은 'available'로 표기하는데, 'available with ABC Bank'라고 기재된 경우 ABC 은행이 지정은행이 되며, 'available with any Bank'라고 기재된 경우 모든 은행이 지정은행이 된다.

신용장에서 유효기일은 정하는 사유는 기본계약인 매매계약에서도 통상 그 유효기일을 정하고 있으므로 신용장에서도 매매계약의 유효기일과 맞추는 것이 필요하기 때문이다. 신용장의 법적 성격이 매매계약과 독립적이기는 하지만, 신용장은 매매계약을 기본계약으로 하고 매매계약에 따라 개설된다. 지급, 인수, 매입을 위하여 명시된 유효기일은 제시를 위한 유효기일로 간주된다. 유효기일은 서류가 제시되어야 하는 기한을 의미하는 것이며, 개설은행의 지급시한을 의미하는 것이 아니다.

(한국의 수출거래에서의 신용장에서)

31D: Date and Place for Expiry

    20170530 in Korea

41A: Available With －－－－ By －－－－－

    Available with ABC Bank for Negotiation

(2017.5.30.은 매입(Negotiation) 시한이 아니고, 매입은행 앞 서류제시 시한임.)

ⅳ) 제29조 (a)항에 규정된 경우를 제외하고, 수익자에 의한 또는 수익자를 위한 제시는 유효기일 또는 그 전에 이루어져야 한다. 신용장 서류는 신용장 유효기일 내에 지정은행 또는 개설은행에 제시되어야 한다.

신용장에서 주의를 요하는 기한(또는 기간)

1) 선적기한(Latest Date of Shipment)

선적기한 내에 선적이 이루어져야 한다.

2) 운송서류 제시기한

운송서류는 선적일 후 21일 이내에 제시되어야 한다(UCP 제14조 제c항).

* 신용장에서 운송서류의 제시기한을 별도로 정한 경우에는 그 제시기한 내에 제시되어야 한다(참고로 신용장에서 신용장통일규칙과 달리 정한 경우에는 신용장의 내용이 우선한다).

* 일자는 선적일 다음날부터 기산한다(예: 선적일이 10월 1일이면, 서류제시기한은 10월 22일이 된다).

3) 신용장 유효기일(Date of Expiry)

신용장에서 요구하는 서류(운송서류 포함)는 신용장 유효기일 이내에 제시되어야 한다.

* 운송서류는 선적일 후 21일 이내(신용장에서 달리 정한 경우에는 그 기한 이내) 그리고 신용장 유효기일 이내에 제시되어야 한다. 2가지 기한을 모두 충족해야 한다(예를 들어, 1월 1일에 선적되고 신용장 유효기일이 1월 15일이면, 서류제시기한은 1월 22일이 아니고 1월 15일이다).

* 여기서 "제시"라 함은 서류의 송부시점이 아니고 지정은행(또는 개설은행)의 도착시점을

기준으로 한다.

4) 제시장소

제시기한은 제시장소를 기준으로 한다. 예를 들어 한국에 있는 지정은행에 서류를 제시하는 경우에는 제시기한은 한국 시간을 기준으로 하며, 브라질에 있는 개설은행에 서류를 제시하는 경우에는 브라질 시간을 기준으로 한다.

일자 계산

1) on or about

특정일자를 포함하여 전 5일부터 후 5일까지 포함한다.

    예) on or about June 20 → 6/15 ~ 6/25

2) 선적일자 계산

    - to, until, from, between: 명시된 일자를 포함한다.

    - before, after: 명시된 일자를 제외한다.

    예시 1) Shipment should be effected from March 10.

    → 선적은 3월 10일부터 이루어져야 한다. (3월 10일 선적 가능)

    예시 2) Shipment should be effected after March 10.

    → 선적은 3월 10일 이후부터 이루어져야 한다. (3월 10일 선적 불가)

    예시 3) Shipment should be effected before March 10.

    → 선적은 3월 10일 이전에 이루어져야 한다. (3월 10일 선적 불가)

3) (대금지급) 만기의 결정

    - from, after: 명시된 일자를 제외한다.

    예시 1) draft: 30 days from B/L date (B/L date: March 1)

    → Maturity Date(만기일): March 31

    예시 2) draft: 30 days after B/L date (B/L date: March 1)

☞ 영문해설

- sight payment: 일람지급(환어음을 인수하고 즉시 지급하는 것)
- deferred payment: 연지급(일정기간 후에 지급하는 것. 즉 외상)
- acceptance: (환어음의)인수, 승낙
  * 환어음의 인수: 지급인이 환어음의 대금을 지급할 것을 확약하는 것

제7조 개설은행의 의무

Article 7 Issuing Bank Undertaking	제7조 개설은행의 의무
a. Provided that the stipulated documents are presented to the nominated bank or to the issuing bank and that they constitute a complying presentation, the issuing bank must honour if the credit is available by:	a. 신용장에서 규정된 서류들이 지정은행 또는 개설은행에 제시되고, 그것이 신용장조건에 일치하는 제시일 경우 개설은행은 다음과 같은 결제(honour)의 의무를 부담한다.
c. An issuing bank undertakes to reimburse a nominated bank that has honoured or negotiated a complying presentation and forwarded the documents to the issuing bank. Reimbursement for the amount of a complying presentation under a credit available by acceptance or deferred payment is due at maturity, whether or not the nominated bank prepaid or purchased before maturity. An issuing bank's undertaking to reimburse a nominated bank is independent of the issuing bank's undertaking to the beneficiary.	c. 개설은행은 일치하는 제시에 대하여 지정은행이 결제(honour) 또는 매입을 하고, 그 서류를 개설은행에 송부한 지정은행에 대하여 신용장대금을 상환할 의무를 부담한다. 인수신용장 또는 연지급 신용장의 경우 일치하는 제시에 대응하는 대금의 상환은 지정은행이 만기 이전에 대금을 먼저 지급하였거나 또는 매입하였는지 여부와 관계없이 만기에 이루어져야 한다. 개설은행의 지정은행에 대한 상환의무는 개설은행의 수익자에 대한 의무로부터 독립적이다.

보충설명

- **개설은행의 결제의무**

  신용장에서 규정된 서류들이 ① 지정은행 또는 개설은행에 제시되고, ② 그것이 신용장조건에 일치하는 제시일 경우 개설은행은 결제(honour)의 의무를 부담한다.

- **개설은행의 상환의무**

  지정은행이 일치하는 제시에 대하여 지정은행이 결제(honour) 또는 매입을 하고, 그 서류를 개설은행에 송부한 경우 개설은행은 그 지정은행에 대하여 신용장대금을 상환할 의무를 부담한다. 개설은행의 지정은행에 대한 상환의무는 개설행의 수익자에 대한 의무로부터 독립적이다. 수익자는 지정은행을 경유하지 않고 개설은행에 직접 결제청구를 할 수도 있다. 한편, 지정은행은 확인하지 않는 한, 결제하거나 매입할 의무가 없다. 개설은행의 지정은행에 대한 상환의무는 수익자에 대한 의무로부터 독립적이다. 이에 따라 수익자가 서류를 위조한 경우 개설은행은 사기를 이유로 수익자에게 대금지급을 거절할 수 있지만, 지정은행에는 상환을 거부할 수 없다. 이는 순전히 서류만 심사하는 지정은행을 보호하기 위한 것이다. 지정은행은 서류의 외형만 심사하며 서류의 진정성은 심사할 의무가 없다.

제8조 확인은행의 의무

Article 8 Confirming Bank Undertaking	제8조 확인은행의 의무
a. Provided that the stipulated documents are presented to the confirming bank or to any other nominated bank and that they constitute a complying presentation, the confirming bank must:	a. 신용장에서 규정된 서류들이 확인은행 또는 다른 지정은행에 제시되고, 그것이 신용장 조건에 일치하는 제시일 경우:
i. honour, if the credit is available by	ⅰ. 확인은행은 다음과 같은 경우 결제(honour)의 의무를 부담한다.
a) sight payment, deferred payment or acceptance with the confirming bank;	a) 신용장이 확인은행에서 일람지급, 연지급 또는 인수에 의하여 이용될 수 있는 경우
b) sight payment with another nominated bank and that nominated bank does not pay;	b) 신용장이 다른 지정은행에서 일람지급에 의하여 이용될 수 있는데, 해당 지정은행이 대금을 지급하지 않는 경우
c) deferred payment with another nominated bank and that nominated bank does not incur its deferred payment undertaking or, having incurred its deferred payment undertaking, does not pay at maturity;	c) 신용장이 다른 지정은행에서 연지급에 의하여 이용될 수 있는데, 해당 지정은행이 연지급의 의무를 부담하지 않는 경우, 또는 그와 같은 연지급의 의무를 부담하였으나 만기에 대금을 지급하지 않는 경우
d) acceptance with another nominated bank and that nominated bank does not accept a draft drawn on it or, having accepted a draft drawn on it, does not pay at maturity;	d) 신용장이 다른 지정은행에서 인수에 의하여 이용될 수 있는데, 해당 지정은행이 그 지정은행을 지급인으로 한 환어음을 인수하지 않거나 그 환어음을 인수하였더라도 만기에 대금을 지급하지 않는 경우

e) negotiation with another nominated bank and that nominated bank does not negotiate.

ii. negotiate, without recourse, if the credit is available by negotiation with the confirming bank.

b. A confirming bank is irrevocably bound to honour or negotiate as of the time it adds its confirmation to the credit.

c. A confirming bank undertakes to reimburse another nominated bank that has honoured or negotiated a complying presentation and forwarded the documents to the confirming bank. Reimbursement for the amount of a complying presentation under a credit available by acceptance or deferred payment is due at maturity, whether or not another nominated bank prepaid or purchased before maturity. A confirming bank's undertaking to reimburse another nominated bank is independent of the confirming bank's undertaking to the beneficiary.

d. If a bank is authorized or requested by the issuing bank to confirm a credit but is not prepared to do so, it must inform the issuing bank without delay and may advise the credit without confirmation.

---

e) 신용장이 다른 지정은행에서 매입에 의하여 이용될 수 있는데, 해당 지정은행이 매입하지 않는 경우

ii 신용장이 확인은행에서 매입의 방법으로 이용 가능하다면, 확인은행은 상환청구권(recourse) 없이 매입하여야 한다.

b. 확인은행은 신용장에 확인을 추가하는 시점으로부터 취소가 불가능한 결제(honour) 또는 매입의 의무를 부담한다.

c. 확인은행은 일치하는 제시에 대하여 결제(honour) 또는 매입을 하고 그 서류를 확인은행에 송부한 다른 지정은행에 대하여 신용장 대금을 상환할 의무를 부담한다. 인수신용장 또는 연지급신용장의 경우 일치하는 제시에 대응하는 대금의 상환은 다른 지정은행이 그 신용장의 만기 이전에 대금을 먼저 지급하였거나 또는 매입하였는지 여부와 관계없이 만기에 이루어져야 한다. 확인은행의 다른 지정은행에 대한 상환의무는 확인은행의 수익자에 대한 의무로부터 독립적이다.

d. 어떤 은행이 개설은행으로부터 신용장에 대한 확인의 권한을 받았거나 요청 받았음에도 불구하고, 그 준비가 되지 않았다면, 지체 없이 개설은행에 대하여 그 사실을 알려주어야 하고, 이 경우 신용장에 대한 확인 없이 통지만을 할 수 있다.

보충설명

• 확인은행

확인은행은 신용장에 확인을 추가하는 시점으로부터 취소가 불가능한 결제(honour) 또는 매입의 의무를 부담한다. 어떤 은행이 개설은행으로부터 신용장에 대한 확인 요청을 받은 경우("CONFIRM") 확인을 원하지 않는 경우 지체 없이 개

설은행에 대하여 확인 거절 사실을 알려주어야 한다.

확인은행은 개설은행이 부담하는 것과 동일한 의무를 부담한다. 이에 따라 지정은행이 일치하는 서류제시에 대해 결제 또는 매입을 하고, 그 서류를 확인은행에 송부하면 확인은행은 지정은행에 신용장대금을 상환해야 한다. 확인은행은 개설은행과 마찬가지로 신용장대금의 지급책임이 있는 자이므로 **확인은행이 매입하는 경우 비소구조건으로(without recourse) 매입해야 한다.**

신용장 확인에 대한 보충설명

1) 49 field(49: Confirmation Instructions)에는 다음 중 하나 기재
   ① CONFIRM :
      - 수신인(통지은행)에게 확인 추가 요청(a request to add confirmation)
      - 확인을 추가하지 않는 경우 그 사실(확인 미추가 사실)을 개설은행에 통지할 것 (UCP 600 Art 8(d)).
   ② MAY ADD :
      - 수신인(통지은행)에게 확인 추가 권한 부여(an authorization to add confirmation)
      - 수익자가 확인수수료를 부담하는 경우에 확인을 추가함. (통지은행은 확인을 추가하지 않은 채 신용장을 수익자에게 통지하고, 이후 수익자로부터 확인 추가 요청을 받으면, 수익자로부터 확인수수료를 받고 확인을 추가함)
      - 확인을 추가하지 않는 경우 그 사실(확인 미추가 사실)을 개설은행에 통지할 것 (UCP 600 Art 8(d)).
   ③ WITHOUT :
      - 수신인(통지은행)에게 확인 추가 미요청 또는 확인 추가 권한 미부여
      - 확인을 추가할 수 없음.
2) 확인을 추가하는 경우("① CONFIRM"의 경우) : covering letter에 다음의 내용을 기재하여 수익자에게 신용장 교부(다음 문안을 stamp로 날인하는 경우도 있음)
   "As requested by the Issuing Bank, we hereby add our confirmation to the Credit in accordance with the stipulations under UCP 600 Art. 8."
3) 확인을 추가하지 않는 경우("① CONFIRM"의 경우) : covering letter에 다음의 내용을 기재하여 수익자에게 신용장 교부 (다음 문안을 stamp로 날인하는 경우도 있음)
   "We have not added our confirmation to this Credit and consequently this Credit conveys no engagement on our part."
4) ② "MAY ADD"의 경우 통지은행은 다음의 내용을 기재하여 수익자에게 신용장 교부 (다음 문안을 stamp로 날인하는 경우도 있음)

> "We are authorized to add our confirmation to this credit, at your request. Upon our receipt of your request, the matter will receive our further consideration."
>
> 출처: Gary Collyer, *Guide to Documentary Credits*, 5th ed, The London Institute of Banking & Finance, 2017, pp.138-145.

제9조 신용장 및 이에 대한 조건변경의 통지

Article 9 Advising of Credits and Amendments	제9조 신용장 및 이에 대한 조건변경의 통지
a. A credit and any amendment may be advised to a beneficiary through an advising bank. An advising bank that is not a confirming bank advises the credit and any amendment without any undertaking to honour or negotiate.	a. 신용장 및 이에 대한 조건변경은 통지은행을 통하여 수익자에게 통지될 수 있다. 확인은행이 아닌 통지은행은 결제(honour)나 매입에 대한 어떤 의무의 부담없이 신용장 및 이에 대한 조건변경을 통지한다.
d. A bank utilizing the services of an advising bank or second advising bank to advise a credit must use the same bank to advise any amendment thereto.	d. 신용장을 통지하기 위하여 통지은행 또는 제2통지은행을 이용하는 은행은 그 신용장의 조건변경을 통지하기 위하여 동일한 은행을 이용하여야만 한다.
e. If a bank is requested to advise a credit or amendment but elects not to do so, it must so inform, without delay, the bank from which the credit, amendment or advice has been received.	e. 은행이 신용장 또는 조건변경을 통지하도록 요청받았으나 이를 수락하지 않을 경우 신용장, 조건변경 또는 통지를 송부한 은행에 지체 없이 이를 알려주어야 한다.

보충설명

- 통지은행은 결제 또는 매입의무가 없다.

- 통지은행의 의무

  1) 외관상 서류의 진정성 확인
  2) 신용장 및 조건변경 내용을 정확히 통지
  * 신용장의 통지를 요청받은 경우 통지은행이 신용장을 통지해야 할 의무가 있는 것은 아

니다. 그러나 통지요청을 거절하는 경우 이를 개설은행에 알려야 한다. 통지를 요청받은 후 수익자에게 통지하지 않고, 또한 개설은행에 통지거절을 알리지 않는 경우 통지은행은 책임을 져야 한다.

제10조 신용장의 조건변경

Article 10 Amendments	제10조 조건변경
a. Except as otherwise provided by article 38, a credit can neither be amended nor cancelled without the agreement of the issuing bank, the confirming bank, if any, and the beneficiary.	a. 제38조에서 규정한 경우를 제외하고 신용장은 개설은행, 확인은행이 있는 경우에는 그 확인은행, 그리고 수익자의 동의가 없이는 조건변경되거나 취소될 수 없다.
f. A provision in an amendment to the effect that the amendment shall enter into force unless rejected by the beneficiary within a certain time shall be disregarded.	f. 수익자가 일정한 시간 내에 조건변경을 거절하지 않으면 조건변경이 효력을 가지게 된다는 규정이 조건변경 내용에 있는 경우 이는 무시된다.

보충설명

- 신용장은 개설은행, 확인은행이 있는 경우에는 그 확인은행, 그리고 수익자의 동의가 없이는 조건변경되거나 취소될 수 없다.
- 수익자는 조건변경의 수락여부를 알려야 한다. 알리지 않았다면, 조건변경을 수락하지 않은 것으로 간주된다.
- 개설은행은 신용장에 대한 조건을 변경한 경우 그 시점으로부터 변경 내용에 대하여 취소 불가능하게 구속된다.
- 조건변경에 대하여 일부만을 수락하는 것은 허용되지 않으며, 이는 조건변경 내용에 대한 거절의 의사표시로 간주한다.

제12조 지정

Article 12 Nomination	제12조 지정
a. Unless a nominated bank is the confirming bank, an authorization to honour or negotiate does not impose any obligation on that nominated bank to honour or negotiate, except when expressly agreed to by that nominated bank and so communicated to the beneficiary.	a. 지정은행이 확인은행이 아닌 경우, 결제(honour) 또는 매입에 대한 수권은 지정은행이 결제(honour) 또는 매입에 대하여 명백하게 동의하고 이를 수익자에게 통보한 경우를 제외하고는 그 지정은행에 대하여 결제(honour) 또는 매입에 대한 어떤 의무도 부과하지 않는다.
b. By nominating a bank to accept a draft or incur a deferred payment undertaking, an issuing bank authorizes that nominated bank to prepay or purchase a draft accepted or a deferred payment undertaking incurred by that nominated bank.	b. 개설은행은 어떤 은행이 환어음을 인수하거나 연지급의 의무를 부담하도록 지정함으로써 그 지정은행이 대금을 먼저 지급하거나 또는 인수된 환어음을 매수(purchase)하거나, 또는 그 지정은행이 연지급의 의무를 부담하도록 권한을 부여한다.
c. Receipt or examination and forwarding of documents by a nominated bank that is not a confirming bank does not make that nominated bank liable to honour or negotiate, nor does it constitute honour or negotiation.	c. 확인은행이 아닌 지정은행이 서류를 수취하거나 또는 심사 후 서류를 송부하는 것은 그 지정은행에게 결제(honour) 또는 매입에 대한 책임을 부담시키는 것이 아니고, 또한 그것이 결제(honour) 또는 매입을 구성하지도 않는다.

보충설명

- 원칙적으로 지정은행은 결제나 매입할 의무가 없다.

  개설은행이 지정은행에 결제 또는 매입하도록 권리를 부여한 경우
  1) 지정은행이 동의를 명백히 표시하지 않은 경우 → 지정은행은 결제 또는 매입의무가 없다.
  2) 지정은행이 명백히 동의하고 이를 수익자에게 통보 시 → 지정은행은 결제 또는 매입의무가 있다.

- 확인은행이 아닌 지정은행이 서류를 수취하거나 또는 심사 후 서류를 송부하는 것은 그 지정은행에게 결제(honour) 또는 매입에 대한 책임을 부담시키는 것이 아니고, 또

한 그것이 결제(honour) 또는 매입을 구성하지도 않는다.

제13조 은행간 상환

Article 13 Bank-to-Bank Reimbursement Arrangements	제13조 은행간 상환약정
a. If a credit states that reimbursement is to be obtained by a nominated bank("claiming bank") claiming on another party ("reimbursing bank"), the credit must state if the reimbursement is subject to the ICC rules for bank-to-bank reimbursements in effect on the date of issuance of the credit.	a. 신용장에서 지정은행(이하 "청구은행"이라 한다)이 다른 당사자(이하 "상환은행"이라 한다)에게 청구하여 상환을 받도록 규정하고 있다면, 그 신용장은 상환과 관련하여 신용장 개설일에 유효한 은행간 상환에 대한 국제상업회의소 규칙의 적용을 받는지 여부를 명시하여야 한다.

보충설명

- 상환은행은 개설은행으로부터 신용장대금지급을 위임받아 지급·인수·매입은행이 상환은행 앞 신용장대금의 상환을 청구하는 경우 지급·인수·매입은행 앞으로 신용장대금을 상환해주는 은행이다.
- 상환은행은 개설은행의 예치환거래은행이며, 개설은행의 예금계정에서 신용장대금을 인출하여 지급·인수·매입은행 앞으로 지급(송금)한다.
- **상환은행의 비용**: 개설은행이 부담

* 지정은행(nominated bank) = 청구은행(claiming bank)
  상환은행(reimbursing bank)
  1) 지정은행 → 수익자: 저정은행은 서류를 매입하거나 신용장대금을 지급함
  2) 상환은행 → 지정은행: 상환(지정은행이 지급한 대금의 상환)
  3) 개설은행 → 상환은행: 보상(상환은행이 상환한 신용장대금 보상)

제14조 서류심사의 기준

Article 14 Standard for Examination of Documents	제14조 서류심사의 기준
a. A nominated bank acting on its nomination, a confirming bank, if any, and the issuing bank must examine a presentation to determine, on the basis of the documents alone, whether or not the documents appear on their face to constitute a complying presentation.	a. 지정에 따라 행동하는 지정은행, 확인은행이 있는 경우의 확인은행 그리고 개설은행은 서류에 대하여 문면상 일치하는 제시가 있는지 여부를 단지 서류만에 의해서 심사하여야 한다.
b. A nominated bank acting on its nomination, a confirming bank, if any, and the issuing bank shall each have a maximum of five banking days following the day of presentation to determine if a presentation is complying. This period is not curtailed or otherwise affected by the occurrence on or after the date of presentation of any expiry date or last day for presentation.	b. 지정에 따라 행동하는 지정은행, 확인은행이 있는 경우의 확인은행 그리고 개설은행에게는 제시가 일치하는지 여부를 결정하기 위하여 제시일의 다음날로부터 기산하여 최장 5 은행영업일이 각자 주어진다. 이 기간은 유효기일 내의 제시일자나 최종제시일 또는 그 이후에 발생하는 사건에 의해서 단축되거나 달리 영향을 받지 않는다.
c. A presentation including one or more original transport documents subject to articles 19, 20, 21, 22, 23, 24 or 25 must be made by or on behalf of the beneficiary not later than 21 calendar days after the date of shipment as described in these rules, but in any event not later than the expiry date of the credit.	c. 제19조, 제20조, 제21조, 제22조, 제23조, 제24조 또는 제25조에 따른 하나 이상의 운송서류 원본이 포함된 제시는, 이 규칙에서 정하고 있는 선적일 후 21일보다 늦지 않게 수익자에 의하거나 또는 그를 대신하여 이루어져야 하고, 어떠한 경우라도 신용장의 유효기일보다 늦게 이루어져서는 안 된다.
d. Data in a document, when read in context with the credit, the document itself and international standard banking practice, need not be identical to, but must not conflict with, data in that document, any other stipulated document or the credit.	d. 신용장, 서류 그 자체 그리고 국제표준은행관행의 문맥에 따라 읽을 때의 서류상의 정보(data)는 그 서류나 다른 적시된 서류 또는 신용장상의 정보와 반드시 일치될 필요는 없으나, 그들과 저촉되어서는 안 된다.
e. In documents other than the commercial invoice, the description of the goods, services	e. 상업송장 이외의 서류에서, 물품, 서비스 또는 의무이행의 명세는, 만약 기재되는 경우, 신용장상의

or performance, if stated, may be in general terms not conflicting with their description in the credit.

f. If a credit requires presentation of a document other than a transport document, insurance document or commercial invoice, without stipulating by whom the document is to be issued or its data content, banks will accept the document as presented if its content appears to fulfil the function of the required document and otherwise complies with sub-article 14 (d).

g. A document presented but not required by the credit will be disregarded and may be returned to the presenter.

h. If a credit contains a condition without stipulating the document to indicate compliance with the condition, banks will deem such condition as not stated and will disregard it.

i. A document may be dated prior to the issuance date of the credit, but must not be dated later than its date of presentation.

j. When the addresses of the beneficiary and the applicant appear in any stipulated document, they need not be the same as those stated in the credit or in any other stipulated document, but must be within the same country as the respective addresses mentioned in the credit. Contact details (telefax, telephone, email and the like) stated as part of the beneficiary's and the applicant's address will be disregarded. However, when the address and contact details of the applicant appear as part of the consignee or notify party details on a transport document

명세와 저촉되지 않는 일반적인 용어로 기재될 수 있다.

f. 신용장에서 누가 서류를 발행하여야 하는지 여부 또는 그 정보의 내용을 명시함이 없이 운송서류, 보험서류 또는 상업송장 이외의 다른 어떠한 서류의 제시를 요구한다면, 그 서류의 내용이 요구되는 서류의 기능을 충족하는 것으로 보이고 또한 그 밖에 제14조 (d)항에 부합하는 한 은행은 제시된 대로 그 서류를 수리한다.

g. 제시되었으나 신용장에서 요구되지 아니한 서류는 무시될 것이고 제시자에게 반환될 수 있다.

h. 조건과 일치함을 나타낼 서류를 명시함이 없이 신용장에 어떠한 조건이 담겨 있다면, 은행은 그러한 조건이 기재되지 아니한 것으로 간주하고 무시할 것이다.

i. 서류는 신용장 개설일 이전 일자에 작성된 것일 수 있으나 제시일자보다 늦은 일자에 작성된 것이어서는 안 된다.

j. 수익자와 개설의뢰인의 주소가 어떤 요구서류에 나타날 때, 그것은 신용장 또는 다른 요구서류상에 기재된 것과 동일할 필요는 없으나 신용장에 기재된 각각의 주소와 동일한 국가 내에 있어야 한다. 수익자 및 개설의뢰인의 주소의 일부로 기재된 세부 연락처(팩스, 전화, 이메일 및 이와 유사한 것)는 무시된다. 그러나 개설의뢰인의 주소와 세부 연락처가 제19조, 제20조, 제21조, 제22조, 제23조, 제24조 또는 제25조의 적용을 받는 운송서류상의 수하인 또는 통지처의 일부로서 나타날 때에는 신용장에 명시된 대로 기재되어야 한다.

subject to articles 19, 20, 21, 22, 23, 24 or 25, they must be as stated in the credit. k. The shipper or consignor of the goods indicated on any document need not be the beneficiary of the credit. l. A transport document may be issued by any party other than a carrier, owner, master or charterer provided that the transport document meets the requirements of articles 19, 20, 21, 22, 23 or 24 of these rules.	k. 어떠한 서류상에 표시된 물품 선적인 또는 송하인은 신용장의 수익자일 필요가 없다. l. 운송서류가 이 규칙 제19조, 제20조, 제21조, 제22조, 제23조 또는 제24조의 요건을 충족하는 한, 그 운송서류는 운송인, 소유자, 선장, 용선자 아닌 어느 누구에 의해서도 발행될 수 있다.

보충설명

- 문면심사: 진정성 심사의무 없음

  - 개설은행(지정은행, 확인은행 포함)은 서류심사에 대하여 문면상 일치 여부만 심사하며, 서류의 진정성에 대해서는 심사하지 않는다.

- 신용장에서 요구된 서류만 심사

  - 신용장에서 요구된 서류만 심사한다. 따라서 신용장에서 요구되지 않은 서류가 제시된 경우 그 서류에 신용장의 조건과 다른 내용이 있다고 하더라도 서류하자가 아니다.

    예) 신용장에서 원산지를 일본으로 기재하였으나, 원산지증명서를 요구하지 않은 경우 → 비록 원산지 증명서상에 원산지가 중국으로 기재되어 있어도 서류하자가 아니다.

- 서류심사 기간: 최장 5영업일

  - 서류심사 기간은 제시일의 다음날로부터 최장 5영업일 이내이다.
  - 서류심사기간으로 항상 5영업일이 보장되는지 여부에 대해서는 불명확하다.
  - UCP 500에서는 7영업일이내에서 합리적인 기간이었으나, UCP 600에서 최장 5영업일로 단축하였다. 기간이 5영업일로 단축되었을 뿐만 아니라, "합리적인 기간(reasonable time)"이라는 수식어도 삭제되었다.

- 서류제시기한

  - 신용장은 선적 후 며칠 이내에 서류가 제시되어야 하는지 명시되지 않은 경

우 운송서류의 제시는 선적일 후 21일 이내에 제시되어야 한다.
- 어떠한 경우에도 신용장의 유효기일 보다 늦게 제시되어서는 안 된다.
- 신용장에서 서류제시기한을 별도로 정한 경우에는 신용장에서 정한 서류제시기한을 준수해야 한다.
- 신용장에서 요구되지 않은 서류가 제시된 경우 그 서류는 무시되며 개설은행은 이러한 서류를 제시인에게 반환할 수 있다.
- 서류는 신용장개설일 이전일자에 작성된 것일 수 있으나 제시일자보다 늦은 일자에 작성된 것이어서는 안 된다.
- 상업송장 이외의 서류에서, 물품, 서비스 또는 의무이행의 명세는, 만약 기재되는 경우, 신용장상의 명세와 저촉되지 않는 일반적인 용어로 기재될 수 있다.

제16조 하자있는 서류, 권리포기 및 통지

Article 16 Discrepant Documents, Waiver and Notice	제16조 하자있는 서류, 권리포기 및 통지
a. When a nominated bank acting on its nomination, a confirming bank, if any, or the issuing bank determines that a presentation does not comply, it may refuse to honour or negotiate.	a. 지정에 따라 행동하는 지정은행, 확인은행이 있는 경우의 확인은행 또는 개설은행은 제시가 일치하지 않는다고 판단하는 때에는, 결제(honour) 또는 매입을 거절할 수 있다.
b. When an issuing bank determines that a presentation does not comply, it may in its sole judgement approach the applicant for a waiver of the discrepancies. This does not, however, extend the period mentioned in sub-article 14 (b).	b. 개설은행은 제시가 일치하지 않는다고 판단하는 때에는, 자신의 독자적인 판단으로 하자에 대한 권리포기(waiver)를 위하여 개설의뢰인과 교섭할 수 있다. 그러나 이로 인하여 제14조 (b)항에 규정된 기간이 연장되지는 않는다.
c. When a nominated bank acting on its nomination, a confirming bank, if any, or the issuing bank decides to refuse to honour or negotiate, it must give a single notice to that effect to the presenter.	c. 지정에 따라 행동하는 지정은행, 확인은행이 있는 경우의 확인은행 또는 개설은행이 결제(honour) 또는 매입을 거절하기로 결정하는 때에는, 제시자에게 그러한 취지로 한번에 통지하여야 한다.
d. The notice required in sub-article 16 (c) must	d. 제16조 (c)항에서 요구되는 통지는 전신

be given by telecommunication or, if that is not possible, by other expeditious means no later than the close of the fifth banking day following the day of presentation.	(telecommunication)으로, 또는 그것의 이용이 불가능하다면 다른 신속한 수단으로, 제시일의 다음날로부터 기산하여 5영업일의 종료시보다 늦지 않게 이루어져야 한다.

보충설명

- **서류하자의 판단**

지정에 따라 행동하는 지정은행, 확인은행이 있는 경우의 확인은행 또는 개설은행은 제시가 일치하지 않는다고 판단하는 때에는, 결제(또는 매입)를 거절할 수 있다(개설은행 또는 확인은행은 서류제시가 신용장의 조건과 일치하는 경우에만 신용장대금의 지급책임이 있다).

- **하자주장의 포기**

개설은행은 제시가 일치하지 않는다고 판단하는 때에는, 자신의 독자적인 판단으로 하자에 대한 권리포기(waiver)를 위하여 개설의뢰인과 교섭할 수 있다. 그러나 이로 인하여 서류심사기한이 연장되지는 않는다. 개설은행은 서류제시가 신용장의 조건과 일치하는 경우에만 신용장대금의 지급책임이 있으므로 불일치한 서류가 제시되면 원칙적으로 신용장대금을 지급하면 안 된다. 이 경우 반드시 개설의뢰인에게 하자있는 서류의 인수여부를 확인해야 한다. 개설의뢰인에게 하자있는 서류의 인수여부에 대해 문의하지 않고 신용장대금을 지급하는 경우 개설은행은 개설의뢰인에게 신용장대금의 상환을 청구할 수 없다.

- **하자통지의 내용**

지정에 따라 행동하는 지정은행, 확인은행이 있는 경우의 확인은행 또는 개설은행이 결제(또는 매입)를 거절하기로 결정하는 때에는, 제시자에게 그러한 취지로 한 번에 통지하여야 한다. 그리고 통지에는 다음 사항을 기재하여야 한다.

ⅰ) 은행이 결제(honour) 또는 매입을 거절한다는 사실

ⅱ) 은행이 결제(honour) 또는 매입을 거절하는 각각의 하자

ⅲ) a) 제시자의 추가지시가 있을 때까지 은행이 서류를 보관할 것이라는 사실 또는 b) 개설의뢰인으로부터 권리포기를 받고 이를 받아들이기로 동의하거나, 또는 권리포기를 받아들이기로 동의하기 이전에 제시자로부터 추가지시를 받을 때까지, 개설은행이 서류를 보관할 것이라는 사실 또는

c) 은행이 서류를 반환할 것이라는 사실 또는

d) 은행이 사전에 제시자로부터 받은 지시에 따라 행동할 것이라는 사실(하자있는 서류가 제시되는 경우 개설은행 등은 제시은행에 하자통보를 해야 하는데, 하자통보는 한 번에 해야 하며, 어떤 하자를 통보한 후에 추가로 발견된 하자를 통보하면, 추가적인 하자통보는 무시된다)

- **하자통지의 시한**

하자통보는 서류가 제시된 날의 다음날로부터 5영업일의 개설은행 마감시간 이전에 제시은행에 거절통보를 보내야 한다. 개설은행 또는 확인은행이 이 조항의 규정에 따라 행동하지 못하면, 그 은행은 서류에 대한 일치하는 제시가 아니라는 주장을 할 수 없다. 개설은행이 결제(honour)를 거절하거나 또는 확인은행이 결제(honour) 또는 매입을 거절하고 이 조항에 따라 그 취지의 통지를 한 때에는, 그 은행은 이미 지급된 상환 대금을 이자와 함께 반환 청구할 권리를 갖는다.

L/C 하자통지서 기재사항

1) 결제 또는 매입을 거절하였다.
2) 하자사항을 명시해야 한다.
3) 서류의 현황에 대하여 다음 중 하나를 명시해야 한다(UCP 제16조).
   ① We are holding the documents pending your further instructions(귀사(제시자)로부터 추가지시를 기다리며 서류를 보류한다).
   ② We are holding the documents pending receipt of an acceptable waiver from the applicant or until we receive further instructions(개설의뢰인으로부터 권리포기를 받거나 추가지시를 받을 때까지 서류를 보류한다).
   ③ We are returning the documents(우리는 서류를 반송한다).
   ④ We are acting in accordance with previous instructions(사전에 제시자로부터 받은 지시에 따라 행동한다).

하자통지서 예시

MT 734 Advice of Refusal
LC No.
Bank Ref. No.
Date and Amount of Utilisation
03/25/2012   USD 200,000

Total Amount Claimed

　USD 200,000

Discrepancies

<u>LC Expired</u>

Disposal of Documents

　We are holding the documents pending your further instructions

하자의 종류

- DOCS Inconsistent with each other(서류상호간 불일치)
- Late Shipment(선적지연)
- Credit Expired(L/C유효기일 경과)
- Late Presentation(제시기일 경과)
- Received B/L Presented(수취선하증권의 제시)
- Goods shipped on deck(갑판선적)
- Insurance not effective from the date of shipment(선적일부터 부보되지 않음)
- Description of goods on invoice differ from that in the credit(상업송장의 물품명세와 신용장의 물품명세 불일치)
- Under Insured(보험금액 미달)
- Over Drawing(신용장금액 초과발행)
- Short Shipment(선적부족)
- Insurance risks covered not as specified in the credit(신용장에 명시한 대로 부보되지 않음)
- Different Consignee(수하인 상이)
- Weights differs between DOCS(서류 상호간 중량 불일치)

☞ 영문해설

- waiver: 포기
- discrepancy: 하자, 불일치
- expeditious: 신속한

제17조 원본 서류와 사본

Article 17 Original Documents and Copies	제17조 원본 서류 및 사본
a. At least one original of each document stipulated in the credit must be presented.	a. 적어도 신용장에서 명시된 각각의 서류의 원본 한 통은 제시되어야 한다.
b. A bank shall treat as an original any document bearing an apparently original signature, mark, stamp, or label of the issuer of the document, unless the document itself indicates that it is not an original.	b. 서류 자체가 원본이 아니라고 표시하고 있지 않은 한, 은행은 명백하게 원본성을 갖는 서류 발행자의 서명, 마크, 스탬프 또는 라벨이 담긴 서류를 원본으로 취급한다.
c. Unless a document indicates otherwise, a bank will also accept a document as original if it:	c. 서류에 다른 정함이 없다면 서류가 달리 표시하지 않으면, 은행은 또한 다음과 같은 서류를 원본으로 수리한다.
i. appears to be written, typed, perforated or stamped by the document issuer's hand; or	ⅰ. 서류 발행자의 손으로 작성, 타이핑, 천공서명 또는 스탬프된 것으로 보이는 것 또는
ii. appears to be on the document issuer's original stationery; or	ⅱ. 서류 발행자의 원본 서류용지 위에 작성된 것으로 보이는 것 또는
iii. states that it is original, unless the statement appears not to apply to the document presented.	ⅲ. 원본이라는 표시가 제시된 서류에는 적용되지 않는 것으로 보이지 않는 한, 원본이라는 표시가 있는 것
d. If a credit requires presentation of copies of documents, presentation of either originals or copies is permitted.	d. 신용장이 서류 사본의 제시를 요구하는 경우, 원본 또는 사본의 제시가 모두 허용된다.
e. If a credit requires presentation of multiple documents by using terms such as "in duplicate", "in two fold" or "in two copies", this will be satisfied by the presentation of at least one original and the remaining number in copies, except when the document itself indicates otherwise.	e. 신용장이 "in duplicate", "in two folds" 또는 "in two copies"와 같은 용어를 사용하여 복수의 서류의 제시를 요구하는 경우, 이 조건은 그 서류 자체에 달리 정함이 없는 한 적어도 한 통의 원본과 나머지 수량의 사본을 제시함으로써 충족된다.

보충설명

• 적어도 신용장에서 명시된 각각의 서류의 원본 한통은 제시되어야 한다. 서류

자체에 원본이 아니라고 표시하고 있지 않은 한, 은행은 명백하게 원본성을 갖는 서류 발행자의 서명, 마크, 스탬프 또는 라벨이 담긴 서류를 원본으로 취급한다.

- 서류에 다른 정함이 없다면 서류가 달리 표시하지 않으면, 은행은 또한 다음과 같은 서류를 원본으로 수리한다.
  - ⅰ) 서류 발행자의 손으로 작성, 타이핑, 천공서명 또는 스탬프된 것으로 보이는 것
  - ⅱ) 서류 발행자의 원본 서류용지 위에 작성된 것으로 보이는 것
  - ⅲ) 원본이라는 표시가 제시된 서류에는 적용되지 않는 것으로 보이지 않는 한, 원본이라는 표시가 있는 것
- 신용장에서 carbon copy를 요구한 경우 photocopy를 제시한 경우에 ICC에서는 수리할 수 없다고 밝힌 바 있다.

제18조 상업송장

Article 18 Commercial Invoice	제 18조 상업송장

a. A commercial invoice:
  i. must appear to have been issued by the beneficiary(except as provided in article 38);
  ii. must be made out in the name of the applicant(except as provided in sub−article 38 (g));
  iii. must be made out in the same currency as the credit; and
  iv. need not be signed.
	a. 상업송장은,
	  ⅰ. (제38조가 적용되는 경우를 제외하고는) 수익자가 발행한 것으로 보여야 한다.
	  ⅱ. (제38조 (g)항이 적용되는 경우를 제외하고는) 개설의뢰인 앞으로 발행되어야 한다.
	
	  ⅲ. 신용장과 같은 통화로 발행되어야 한다. 그리고
	
	  ⅳ. 서명될 필요는 없다.

b. A nominated bank acting on its nomination, a confirming bank, if any, or the issuing bank may accept a commercial invoice issued for an amount in excess of the amount permitted by the credit, and its decision will be binding upon all parties, provided the bank in question has not honoured or negotiated for an amount	b. 지정에 따라 행동하는 지정은행, 확인은행이 있는 경우의 확인은행 또는 개설은행은 신용장에서 허용된 금액을 초과하여 발행된 상업송장을 수리할 수 있고, 이러한 결정은, 문제된 은행이 신용장에서 허용된 금액을 초과한 금액을 결제(honour) 또는 매입하지 않았던 경우에 한하여, 모든 당사자를 구속한다.

in excess of that permitted by the credit. c. The description of the goods, services or performance in a commercial invoice must correspond with that appearing in the credit.	c. 상업송장상의 물품, 서비스 또는 의무이행의 명세는 신용장상의 그것과 일치하여야 한다.

보충설명

- 상업송장의 발행

  - 신용장이 양도된 경우가 아니면 상업송장(commercial invoice)은 원칙적으로 수익자가 발행한 것으로 보여야 한다.
  - 상업송장은 개설의뢰인 앞으로 발행되어야 한다.
  - 신용장과 같은 통화로 발행되어야 한다.
  - (신용장에서 특별히 요구하지 않았다면)상업송장은 수익자가 서명할 필요는 없다. 그러나 수익자의 명판이 기명된 명판을 상업송장에 표시를 하거나, 수익자의 영문명칭이 서류의 상단에 표시되어 있으면 수익자가 명시된 것으로 본다.
  - 수익자가 명시되어야 한다.
  - 지정에 따라 행동하는 지정은행, 확인은행이 있는 경우의 확인은행 또는 개설은행은 신용장에서 허용된 금액을 초과하여 발행된 상업송장을 수리할 수 있다. 그러나 신용장금액이내에서 결제(honour) 또는 매입해야 한다.
  - 상업송장상의 물품, 서비스 또는 의무이행의 명세는 신용장상의 그것과 일치하여야 한다. 그리고 상업송장은 물품을 표시하는 가장 기본적인 서류이므로 신용장에서 물품에 대해 명시한 대로 명시되어야 한다. 상업송장은 신용장의 내용과 엄격하게 일치해야 하는데, 거울에 비치는 것과 같이 똑같을 것을 요구하는 것은 아니다.
  - 송장의 명칭을 신용장에서 특별히 요구하지 않았다면, 모든 명칭의 송장(예: commercial invoice, tax invoice, customs invoice 등)이 가능하다. 그러나 확정되지 않은 송장인 pro-forma invoice나 provisional invoice는 수리되지 않는다(ISBP para. 57). 그러나 신용장에서 상업송장(commercial invoice)을 요구한 경우, "송장(invoice)"이라는 명칭의 서류는 수리된다(ISBP para. 57).

제20조 선하증권

Article 20 Bill of Lading	제20조 선하증권
a. A bill of lading, however named, must appear to: 　i. indicate the name of the carrier and be signed by: 　　• the carrier or a named agent for or on behalf of the carrier, or 　　• the master or a named agent for or on behalf of the master. Any signature by the carrier, master or agent must be identified as that of the carrier, master or agent. Any signature by an agent must indicate whether the agent has signed for or on behalf of the carrier or for or on behalf of the master. 　ii. indicate that the goods have been shipped on board a named vessel at the port of loading stated in the credit by: 　　• pre-printed wording, or 　　• an on board notation indicating the date on which the goods have been shipped on board. The date of issuance of the bill of lading will be deemed to be the date of shipment unless the bill of lading contains an on board notation indicating the date of shipment, in which case the date stated in the on board notation will be deemed to be the date of shipment. If the bill of lading contains the indication "intended vessel" or similar qualification in relation to the name of the vessel, an on board notation	a. 선하증권은 어떤 명칭을 사용하든 간에 다음과 같이 보여야 한다. 　i 운송인의 명칭이 표시되고 다음의 자에 의하여 서명되어야 한다. 　　• 운송인, 또는 운송인을 위한 또는 그를 대리하는 기명대리인 　　• 선장, 또는 선장을 위한 또는 그를 대리하는 기명대리인 운송인, 선장 또는 대리인의 서명은 운송인, 선장 또는 대리인의 서명으로서 특정되어야 한다. 대리인의 서명은 그가 운송인을 위하여 또는 대리하여 또는 선장을 위하여 또는 대리하여 서명한 것인지를 표시하여야 한다. 　ii. 물품이 신용장에서 명시된 선적항에서 기명된 선박에 본선적재 되었다는 것을 다음의 방법으로 표시하여야 한다. 　　• 미리 인쇄된 문구 또는 　　• 물품이 본선적재된 일자를 표시하는 본선적재표기 선하증권이 선적일자를 표시하는 본선적재표기를 포함하지 않는 경우에는 선하증권 발행일을 선적일로 본다. 선하증권에 본선적재표기가 된 경우에는 본선적재표기에 기재된 일자를 선적일로 본다. 선하증권이 선박명과 관련하여 "예정선박" 또는 이와 유사한 표시를 포함하는 경우에는 선적일과 실제 선박명을 표시하는 본선적재표기가 요구된다.

indicating the date of shipment and the name of the actual vessel is required.

iii. indicate shipment from the port of loading to the port of discharge stated in the credit.

If the bill of lading does not indicate the port of loading stated in the credit as the port of loading, or if it contains the indication "intended" or similar qualification in relation to the port of loading, an on board notation indicating the port of loading as stated in the credit, the date of shipment and the name of the vessel is required. This provision applies even when loading on board or shipment on a named vessel is indicated by pre－printed wording on the bill of lading.

iv. be the sole original bill of lading or, if issued in more than one original, be the full set as indicated on the bill of lading.

v. contain terms and conditions of carriage or make reference to another source containing the terms and conditions of carriage(short form or blank back bill of lading). Contents of terms and conditions of carriage will not be examined.

vi. contain no indication that it is subject to a charter party.

b. For the purpose of this article, transhipment means unloading from one vessel and reloading to another vessel during the carriage from the port of loading to the port of discharge stated in the credit.

c. i. A bill of lading may indicate that the goods will or may be transhipped provided that the entire carriage is covered by one and the

iii. 신용장에 기재된 선적항으로부터 하역항까지의 선적을 표시하여야 한다.

선하증권이 신용장에 기재된 선적항을 선적항으로 표시하지 않는 경우 또는 선적항과 관련하여 "예정된"이라는 표시 또는 이와 유사한 제한을 포함하는 경우에는, 신용장에 기재된 선적항과 선적일 및 선적선박명을 표시하는 본선적재표기가 요구된다. 이 조항은 기명된 선박에의 본선적재 또는 선적이 미리 인쇄된 문구에 의하여 선하증권에 표시된 경우에도 적용된다.

iv. 유일한 선하증권 원본이거나 또는 원본이 한 통을 초과하여 발행되는 경우 선하증권에 표시된 전통(full set)이어야 한다.

ⅴ. 운송조건을 포함하거나 또는 운송조건을 포함하는 다른 출처를 언급하여야 한다(약식 또는 뒷면 백지 선하증권). 운송조건의 내용은 심사되지 않는다.

vi. 용선계약에 따른다는 어떤 표시도 포함하지 않아야 한다.

b. 이 조항의 목적상, 환적은 신용장에 기재된 선적항으로부터 하역항까지의 운송 도중에 하나의 선박으로부터 양하되어 다른 선박으로 재적재되는 것을 의미한다.

c. ⅰ. 선하증권은 전운송이 하나의 동일한 선하증권에 의하여 포괄된다면 물품이 환적될 것이라거나 환적될 수 있다는 것을 표시할 수 있다.

same bill of lading. ii. A bill of lading indicating that transhipment will or may take place is acceptable, even if the credit prohibits transhipment, if the goods have been shipped in a container, trailer or LASH barge as evidenced by the bill of lading. d. Clauses in a bill of lading stating that the carrier reserves the right to tranship will be disregarded.	ii. 환적이 될 것이라거나 될 수 있다고 표시하는 선하증권은, 물품이 컨테이너, 트레일러, 래시 바지에 선적되었다는 것이 선하증권에 의하여 증명되는 경우에는 비록 신용장이 환적을 금지하더라도 수리될 수 있다. d. 운송인이 환적할 권리를 갖고 있음을 기재한 선하증권의 조항은 무시된다.

보충설명

1) 운송인의 명칭 표시

- 운송인 명칭이 반드시 선하증권 앞면에 표시되어야 한다. 'carrier(운송인)'라는 단어도 함께 표시되어야 한다. (예: Carrier, ABC Shipping Company)

2) 서명권자

a) 운송인의 서명

- 운송인의 명칭이 표시되어야 한다.
- 'Carrier(운송인)'라고 표시되어야 한다.
- 운송인의 서명이 있어야 한다.

예) For ERIC Shipping Company, As Carrier
Eric Shipping

- 선하증권 어딘가에 운송회사의 명칭과 'Carrier'가 표시되어 있는 경우, 서명란에는 운송회사의 명칭과 'Carrier'가 모두 있을 필요는 없다.

예1) As Carrier
Eric Shipping

예2) For ERIC Shipping Company
Eric Shipping

예3) For and On Behalf Of ERIC Shipping Company

　　Eric Shipping

b) 운송인의 대리인의 서명
- 운송인의 명칭이 표시되어야 한다.
- 대리인의 명칭이 표시되어야 한다.
- 대리인의 서명이 있어야 한다.

예) For Hansung Shipping Co., As Agent for the Carrier,
ERIC Shipping Co., Ltd.

　　Hansung Kim

c) 선장의 서명
- 선장의 서명이 있어야 한다.
- 선장(master)임이 표시되어야 한다.
- 선장의 명칭은 표시되지 않아도 된다.
- 선하증권 어딘가에 운송인의 명칭과 'Carrier'는 표시되어 있어야 한다.

예) As Master

　　Hansung Kim

d) 선장의 대리인의 서명
- 선장의 대리인의 명칭이 표시되어야 한다.
- 선장의 대리인이라는 것이 표시되어야 한다.
- 선장의 명칭은 표시되지 않아도 된다.

예) For Hansung Shipping Co., As Agent for the Master

　　Hansung Kim

2) 신용장에서 명시된 선적항에서 '본선적재(shipped on board)' 되었음이 표시되어야 한다.

a) 수취선하증권
- 별도의 본선적재표시가 있어야 한다.
- 수취선하증권은 다음의 문구로 시작된다. 'RECEIVED the goods ~ '

b) 선적선하증권

- 선적일자를 표시하는 본선적재표기가 없는 경우 발행일자를 선적일자로 본다.
- 별도의 선적일자를 포함하는 본선적재표기가 있는 경우 그 선적일자가 선적일이 된다.

본선적재 표기
예 1) SHIPPED ON BOARD
　　　JULY 25, 2011
예 2) LADEN ON BOARD
　　　JULY 25, 2011

3) 선적항과 양륙항의 표기

신용장에서 요구한 선적항에서 양륙항까지의 선적을 표시해야 한다.

4) 선하증권 원본의 통수 기재

선하증권 원본이 몇 통이 발행되었는지 표시되어야 한다. 선하증권은 보통 3통이 발행된다.

제28조 보험서류와 부보범위

Article 28 Insurance Document and Coverage	제28조 보험서류 및 부보범위
a. An insurance document, such as an insurance policy, an insurance certificate or a declaration under an open cover, must appear to be issued and signed by an insurance company, an underwriter or their agents or their proxies. Any signature by an agent or proxy must indicate whether the agent or proxy has signed for or on behalf of the insurance company or underwriter.	a. 보험증권, 보험증서 또는 포괄보험에서의 확인서와 같은 보험서류는 보험회사, 보험인수인 또는 그들의 대리인 또는 수탁인(proxies)에 의하여 발행되고 서명된 것으로 나타나야 한다. 보여야 한다. [번역의 일관성을 위하여] 대리인 또는 수탁인에 의한 서명은 보험회사 또는 보험중개인을 대리하여 서명했는지의 여부를 표시하여야 한다.
b. When the insurance document indicates that it has been issued in more than one original, all originals must be presented.	b. 보험서류가 한 통을 초과한 원본으로 발행되었다고 표시하는 경우, 모든 원본 서류가 제시되어야 한다.
c. Cover notes will not be accepted.	c. 잠정적 보험영수증(cover notes)은 수리되지 않는다.
d. An insurance policy is acceptable in lieu of an insurance certificate or a declaration under an open cover.	d. 보험증권은 보험증서나 포괄보험의 확인서를 대신하여 수리 가능하다.
e. The date of the insurance document must be no later than the date of shipment, unless it appears from the insurance document that the cover is effective from a date not later than the date of shipment.	e. 보험서류의 일자는 선적일보다 늦어서는 안 된다. 다만 보험서류에서 부보가 최소한 선적일자 이전에 효력이 발생함을 나타내고 있는 경우에는 그러하지 아니하다. 또는 않다.

f. i. The insurance document must indicate the amount of insurance coverage and be in the same currency as the credit.
  ii. A requirement in the credit for insurance coverage to be for a percentage of the value of the goods, of the invoice value or similar is deemed to be the minimum amount of coverage required.
  If there is no indication in the credit of the
	f. i 보험서류는 부보금액을 표시하여야 하고 신용장과 동일한 통화로 표시되어야 한다.
	
	  ii. 신용장에 부보금액이 물품의 가액, 상업송장 금액 송장가액 또는 그와 유사한 가액에 대한 백분율로 표시되어야 한다는 요건이 있는 경우, 이는 요구되는 부보금액의 최소한으로 본다. 신용장에 부보 범위에 부보금액에 대한 명시가 없는 경우, 부보금액은 최소한 물품의

insurance coverage required, the amount of insurance coverage must be at least 110% of the CIF or CIP value of the goods.

When the CIF or CIP value cannot be determined from the documents, the amount of insurance coverage must be calculated on the basis of the amount for which honour or negotiation is requested or the gross value of the goods as shown on the invoice, whichever is greater.

iii. The insurance document must indicate that risks are covered at least between the place of taking in charge or shipment and the place of discharge or final destination as stated in the credit.

CIF 또는 CIP 가액의 110%가 되어야 한다. 서류로부터 CIF 또는 CIP 가액을 결정할 수 없는 경우, 부보금액의 범위는 신청된 의무이행 요구된 결제(honor) 또는 매입 금액 또는 상업송장에 송장에 나타난 물품에 대한 총가액 중 더 큰 금액을 기준으로 산출되어야 한다.

iii. 보험서류는 최소한 신용장에 명시된 수탁지 또는 선적지로부터 양륙지 또는 최종 목적지 사이에 발생하는 위험에 대하여 부보가 되는 것이어야 한다.

보충설명

- **보험서류의 종류**
  - insurance policy(보험증권): 가장 확실한 보험서류임
  - insurance certificate(보험증서)
  - insurance declaration(보험선언서)
- **신용장에서 보험증서, 보험선언서를 요구한 경우 → 보험증권을 제시할 수 있다.**
  - 신용장에서 보험증권을 요구한 경우 → 보험증서나 보험선언서를 제시할 수 없다.
- **보험서류의 발행자 및 서명권자**
  - 보험회사, 보험인수업자 또는 그들의 대리인
- **보험서류의 발행일자: 선적일자와 같거나 그 이전일자일 것**
- **보험부보금액의 통화**
  - 부보금액은 신용장의 통화로 할 것

- 보험부보금액

  ① 1순위: 신용장에서 요구한 최소부보범위
  ② 신용장에서 부보범위를 명시하지 않은 경우: CIF 또는 CIP 가치의 110% 이상

제29조 유효기일 또는 최종제시일의 연장

Article 29 Extension of Expiry Date or Last Day for Presentation	제29조 유효기일 또는 최종제시일의 연장
a. If the expiry date of a credit or the last day for presentation falls on a day when the bank to which presentation is to be made is closed for reasons other than those referred to in article 36, the expiry date or the last day for presentation, as the case may be, will be extended to the first following banking day.	a. 신용장의 유효기일 또는 최종제시일이 제시가 되어야 하는 은행이 제36조에서 언급된 사유 외의 사유로 영업을 하지 않는 날인 경우, 유효기일 또는 경우에 따라 최종제시일은 그 다음 첫 은행영업일까지 연장된다.
b. If presentation is made on the first following banking day, a nominated bank must provide the issuing bank or confirming bank with a statement on its covering schedule that the presentation was made within the time limits extended in accordance with sub−article 29 (a).	b. 만일 제시가 그 다음 첫 은행영업일에 이루어지는 경우, 지정은행은 개설은행 또는 확인은행에 제시가 제29조(a)항에 따라 연장된 기한 내에 이루어졌음을 기재한 표지서류를 제공하여야 한다.
c. The latest date for shipment will not be extended as a result of sub−article 29 (a).	c. 최종선적일은 제29조 (a)항에 의하여 연장되지 않는다.

보충설명

- 신용장의 유효기일 또는 최종제시일이 제시가 되어야 하는 은행이 영업을 하지 않는 날인 경우, 유효기일 또는 경우에 따라 최종제시일은 그 다음 첫 은행영업일까지 연장된다.

- 그러나 최종선적일은 이런 사유로 연장되지 않는다.

제30조 신용장 금액, 수량 그리고 단가의 허용치

Article 30 Tolerance in Credit Amount, Quantity and Unit Prices	제30조 신용장금액, 수량 그리고 단가의 허용치
a. The words "about" or "approximately" used in connection with the amount of the credit or the quantity or the unit price stated in the credit are to be construed as allowing a tolerance not to exceed 10% more or 10% less than the amount, the quantity or the unit price to which they refer.	a. 신용장 금액 또는 신용장에서 표시된 수량 또는 단가와 관련하여 사용된 "about" 또는 "approximately"라는 단어는, 그것이 언급하는 금액, 수량 또는 단가에 관하여 10%를 초과하지 않는 범위 내에서 많거나 적은 편차를 허용하는 것으로 해석된다.
b. A tolerance not to exceed 5% more or 5% less than the quantity of the goods is allowed, provided the credit does not state the quantity in terms of a stipulated number of packing units or individual items and the total amount of the drawings does not exceed the amount of the credit.	b. 만일 신용장이 수량을 포장단위 또는 개별단위의 특정 숫자로 기재하지 않고 청구금액의 총액이 신용장의 금액을 초과하지 않는 경우에는, 물품의 수량에서 5%를 초과하지 않는 범위 내의 많거나 적은 편차는 허용된다.
c. Even when partial shipments are not allowed, a tolerance not to exceed 5% less than the amount of the credit is allowed, provided that the quantity of the goods, if stated in the credit, is shipped in full and a unit price, if stated in the credit, is not reduced or that sub−article 30 (b) is not applicable. This tolerance does not apply when the credit stipulates a specific tolerance or uses the expressions referred to in sub−article 30 (a).	c. 물품의 수량이 신용장에 기재된 경우 전량 선적되고 단가가 신용장에 기재된 경우 감액되지 않은 때, 또는 제30조(b)항이 적용되지 않는 때에는, 분할선적이 허용되지 않더라도 신용장 금액의 5% 이내의 편차는 허용된다. 이 편차는 신용장이 특정 편차를 명시하거나 제30조(a)항에서 언급된 표현을 사용하는 때에는 적용되지 않는다.

보충설명

1) about, approximately

• 신용장 금액 또는 신용장에서 표시된 수량 또는 단가와 관련하여 사용된

"about" 또는 "approximately"라는 단어는, 그것이 언급하는 금액, 수량 또는 단가에 관하여 10%를 초과하지 않는 범위 내에서 많거나 적은 편차를 허용하는 것으로 해석된다.

- 이러한 과부족 허용단어가 수량에만 사용되고 금액에는 사용되지 않은 경우 수량에 대한 10% 과부족은 가능하나 금액에는 과부족이 적용되지 않는다.

2) 신용장이 수량을 포장단위 또는 개별단위의 특정 숫자로 기재하지 않고 청구금액의 총액이 신용장의 금액을 초과하지 않는 경우에는 신용장에 "about" 또는 "approximately"의 단어가 없는 경우에도, 물품의 수량에서 5%를 초과하지 않는 범위 내의 많거나 적은 편차는 허용된다.

- 이는 곡물 등의 벌크(Bulk)화물의 거래를 원만하게 하기 위함이다. 그러나 이 경우에도 청구금액(또는 환어음 발행금액)이 신용장금액을 초과해서는 안 된다. 이러한 과부족은 수량을 중량단위나 용적단위 또는 길이단위로 표시한 경우에만 적용된다. 그리고 위 "about"나 "approximately"는 금액, 수량, 단가에만 적용되며, 일자나 일수에는 적용되지 않는다.[2]

예시1) L/C amout: US$10,000 → Commercial Invoice: US$11,000

→ 서류하자(상업송장상의 금액이 L/C 금액을 초과했으므로)

예시2) L/C amount: <u>about</u> US$10,000 → Commercial Invoice: US$11,000

→ 서류하자 아님(상업송장상의 금액이 L/C 금액의 10% 이내이므로)

예시3) L/C: 100PCS → Commercial Invoice: 110PCS

→ 서류하자(상업송장상의 수량이 L/C상의 수량과 불일치(수량이 개수인 경우 과부족 허용불허)

예시4) L/C: 100M/T → Commercial Invoice: 105M/T

→ 서류하자 아님(상업송장상의 수량이 L/C상의 5% 이내(수량이 중량인 경우 5% 이내 과부족 허용. 다만, 이 경우에도 청구금액은 신용장금액을 초과할 수 없음))

예시5) L/C: <u>about</u> 100PCS → Commercial Invoice: 110PCS

→ 서류하자 아님(상업송장상의 수량이 L/C상의 수량의 10% 이내이므로)

예시6) L/C: <u>about</u> 100PCS, Amount US$10,000

Commercial Invoice: 110PCS, US$11,000

---

2) 박세운 외 4인, UCP 600 공식번역 및 해설서, 대한상공회의소, 2007, p.221

→ 서류하자(수량만 10% 과부족 가능, 청구금액은 신용장금액을 초과할 수 없음)

☞ **과부족허용(M/L Clause(more or less clause))**

1) 금액이나 수량(중량 등) 앞에 about, 또는 approximately가 있는 경우: ±10%의 과 부족 허용

   － 금액 앞에 about, 또는 approximately가 있는 경우 금액만 ±10%의 과부족 허용

   － 수량(중량 등) 앞에 about, 또는 approximately가 있는 경우 수량(중량 등)만 ±10%의 과부족 허용

   － 금액 및 수량(중량 등) 앞에 모두 about, 또는 approximately가 있는 경우 금 액 및 수량(중량 등)에 대해 ±10%의 과부족 허용

   사례 1) ① $100, ② about 100 pcs → ① $100, ② 90~110PCs

      → 90PCs($90), 100PCs($100), 110PCs ($100)

   사례 2) ① about $100, ②about 100 pcs → ① $90~100, ② 90~100PCs

      → 90PCs($90), 100PCs($100), 110PCs ($110)

   * PCS(pieces, 개수)

2) 금액, 수량(중량 등) 앞에 about, 또는 approximately이 없는 경우

   － 중량, 길이에 대해서만 ±5%의 과부족 허용(이 경우에도 청구금액은 신용장금액 을 초과할 수 없음)

   － 금액, 수량은 과부족 불허

   사례 1) ① $100, ② 100PCs → ① $100, ② 100PCs

   사례 2) ① $100, ② 100M/T → ① $100, ② 95~105M/T

      → 95M/T($95), 100M/T($100), 105M/T($100)

제31조~제33조 분할청구(선적), 할부청구(선적), 서류제시기간

Article 31 Partial Drawings or Shipments	제 31조 분할청구 또는 분할선적
a. Partial drawings or shipments are allowed.	a. 분할청구 또는 분할선적은 허용된다.
Article 32 Instalment Drawings or Shipments	**제32조 할부청구 또는 할부선적**
If a drawing or shipment by instalments within given periods is stipulated in the credit and any instalment is not drawn or shipped within the period allowed for that instalment, the credit ceases to be available for that and any subsequent instalment.	신용장에서 할부청구 또는 할부선적이 일정한 기간 내에 이루어지도록 명시된 경우 동 할부 거래를 위하여 배정된 기간 내에 할부청구나 할부선적이 이루어지지 않으면 동 신용장은 해당 할부분과 향후 할부분에 대하여 더 이상 이용될 수 없다.
Article 33 Hours of Presentation	**제33조 제시시간**
A bank has no obligation to accept a presentation outside of its banking hours.	은행은 자신의 영업시간 외의 제시를 수리할 의무가 없다.

보충설명

- **분할선적, 분할청구**
  - **분할선적**: 나누어 선적하는 것(일괄선적 가능)
  - 분할선적은 원칙적으로 허용된다(신용장에서 금지하지 않으면 가능).
    * 할부선적, 할부청구 – 원칙 금지

- **할부선적(installment shipment), 할부청구**
  - 1월 100개, 2월 100개, 3월 200개 등 선적일정이 L/C에 기재됨
  - 할부선적(할부청구)은 원칙적으로 금지되며 신용장에서 허용한 경우만 가능하다.
  - 일괄선적 불가(반드시 선적일정에 맞추어 선적할 것)
  - 할부선적, 할부청구는 L/C에서 허용한 경우만 가능
  - 할부선적기간 내에 분할선적 가능(1월 100개: 1월 10일 50개, 1월 20일 50개 선적 가능)
  - 1월에 100개를 선적하지 못하면, 2월 이후의 선적스케줄은 무효

제38조 양도가능신용장

Article 38 Transferable Credits	제38조 양도가능신용장
a. A bank is under no obligation to transfer a credit except to the extent and in the manner expressly consented to by that bank.	a. 은행은 자신이 명시적으로 승낙하는 범위와 방법에 의한 경우를 제외하고는 신용장을 양도할 의무가 없다.
b. For the purpose of this article: Transferable credit means a credit that specifically states it is "transferable". A transferable credit may be made available in whole or in part to another beneficiary ("second beneficiary") at the request of the beneficiary ("first beneficiary"). Transferring bank means a nominated bank that transfers the credit or, in a credit available with any bank, a bank that is specifically authorized by the issuing bank to transfer and that transfers the credit. An issuing bank may be a transferring bank. Transferred credit means a credit that has been made available by the transferring bank to a second beneficiary.	b. 이 조항에서는 다음과 같이 해석한다. 양도가능신용장이란 신용장 자체가 "양도가능"이라고 특정하여 기재하고 있는 신용장을 말한다. 양도가능신용장은 수익자(이하 "제1수익자"라 한다)의 요청에 의하여 전부 또는 부분적으로 다른 수익자(이하 "제2수익자"라 한다) 에게 이용하게 할 수 있다. 양도은행이라 함은 신용장을 양도하는 지정은행, 또는 어느 은행에서나 이용할 수 있는 신용장의 경우에는 개설은행으로부터 양도할 수 있는 권한을 특정하여 받아 신용장을 양도하는 은행을 말한다. 개설은행은 양도은행이 될 수 있다. 양도된 신용장이라 함은 양도은행이 제2수익자가 이용할 수 있도록 한 신용장을 말한다.
c. Unless otherwise agreed at the time of transfer, all charges (such as commissions, fees, costs or expenses) incurred in respect of a transfer must be paid by the first beneficiary.	c. 양도시에 달리 합의된 경우를 제외하고, 양도와 관련하여 발생한 모든 수수료(요금, 보수, 경비 또는 비용 등)는 제1수익자가 지급해야 한다.
d. A credit may be transferred in part to more than one second beneficiary provided partial drawings or shipments are allowed. A transferred credit cannot be transferred at the request of a second beneficiary to any subsequent beneficiary. The first beneficiary is not considered to be a subsequent beneficiary.	d. 분할청구 또는 분할선적이 허용되는 경우에 신용장은 두 사람 이상의 제2수익자에게 분할양도될 수 있다. 양도된 신용장은 제2수익자의 요청에 의하여 그 다음 수익자에게 양도될 수 없다. 제1수익자는 그 다음 수익자로 간주되지 않는다.
e. Any request for transfer must indicate if and	e. 모든 양도 요청은 제2수익자에게 조건변경을 통지

under what conditions amendments may be advised to the second beneficiary. The transferred credit must clearly indicate those conditions.

f. If a credit is transferred to more than one second beneficiary, rejection of an amendment by one or more second beneficiary does not invalidate the acceptance by any other second beneficiary, with respect to which the transferred credit will be amended accordingly. For any second beneficiary that rejected the amendment, the transferred credit will remain unamended.

g. The transferred credit must accurately reflect the terms and conditions of the credit, including confirmation, if any, with the exception of:
   − the amount of the credit,
   − any unit price stated therein,
   − the expiry date,
   − the period for presentation, or
   − the latest shipment date or given period for shipment,

any or all of which may be reduced or curtailed. The percentage for which insurance cover must be effected may be increased to provide the amount of cover stipulated in the credit or these articles. The name of the first beneficiary may be substituted for that of the applicant in the credit. If the name of the applicant is specifically required by the credit to appear in any document other than the invoice, such requirement must be reflected in the transferred credit.

h. The first beneficiary has the right to substitute its own invoice and draft, if any, for those of a

---

하여야 하는지 여부와 그리고 어떠한 조건하에서 조건변경을 통지하여야 하는지 여부를 표시하여야 한다. 양도된 신용장은 그러한 조건을 명확하게 표시하여야 한다.

f. 신용장이 두 사람 이상의 제2수익자에게 양도되면, 하나 또는 둘 이상의 수익자가 조건변경을 거부하더라도 다른 제2수익자의 수락은 무효가 되지 않으며, 양도된 신용장은 그에 따라 변경된다. 조건변경을 거부한 제2수익자에 대하여는 양도된 신용장은 변경되지 않은 상태로 남는다.

g. 양도된 신용장은 만일 있는 경우 확인을 포함하여 신용장의 조건을 정확히 반영하여야 한다. 다만 다음은 예외로 한다.
   − 신용장의 금액
   − 그곳에 기재된 단가
   − 유효기일
   − 제시기간 또는
   − 최종선적일 또는 주어진 선적기간

위의 내용은 일부 또는 전부 감액되거나 단축될 수 있다.
부보되어야 하는 백분율은 신용장 또는 이 규칙에서 명시된 부보금액을 규정하기 위하여 높일 수 있다.
신용장의 개설의뢰인의 이름을 제1수익자의 이름으로 대체할 수 있다.
만일 신용장이 송장을 제외한 다른 서류에 개설의뢰인의 이름이 보일 것을 특정하여 요구하는 경우, 그러한 요건은 양도된 신용장에도 반영되어야 한다.

h. 제1수익자는 신용장에서 명시된 금액을 초과하지 않는 한 만일 있다면 자신의 송장과 환어음을 제2

second beneficiary for an amount not in excess of that stipulated in the credit, and upon such substitution the first beneficiary can draw under the credit for the difference, if any, between its invoice and the invoice of a second beneficiary.

i. If the first beneficiary is to present its own invoice and draft, if any, but fails to do so on first demand, or if the invoices presented by the first beneficiary create discrepancies that did not exist in the presentation made by the second beneficiary and the first beneficiary fails to correct them on first demand, the transferring bank has the right to present the documents as received from the second beneficiary to the issuing bank, without further responsibility to the first beneficiary.

j. The first beneficiary may, in its request for transfer, indicate that honour or negotiation is to be effected to a second beneficiary at the place to which the credit has been transferred, up to and including the expiry date of the credit. This is without prejudice to the right of the first beneficiary in accordance with sub−article 38 (h).

k. Presentation of documents by or on behalf of a second beneficiary must be made to the transferring bank.

수익자의 그것과 대체할 권리를 가지고, 그러한 대체를 하는 경우 제1수익자는 만일 있다면 자신의 송장과 제2수익자의 송장과의 차액에 대하여 신용장하에서 청구할 수 있다.

i. 제1수익자가 만일 있다면 자신의 송장과 환어음을 제시하려고 하였으나 첫 번째 요구에서 그렇게 하지 못한 경우 또는 제1수익자가 제시한 송장이 제2수익자가 제시한 서류에서는 없었던 하자를 발생시키고 제1수익자가 첫 번째 요구에서 이를 정정하지 못한 경우, 양도은행은 제1수익자에 대하여 더 이상의 책임이 없이 제2수익자로부터 받은 그대로 서류를 개설은행에게 제시할 권리를 갖는다.

j. 제1수익자는 양도 요청에서, 신용장이 양도된 장소에서 신용장의 유효기일 이전에 제2수익자에게 결제 또는 매입이 이루어져야 한다는 것을 표시할 수 있다. 이는 제38조 (h)항에 따른 제1수익자의 권리에 영향을 미치지 않는다.

k. 제2수익자에 의한 또는 그를 위한 제시는 양도은행에 대하여 이루어져야 한다.

보충설명

- 은행은 자신이 명시적으로 승낙하는 범위와 방법에 의한 경우를 제외하고는 신용장을 양도할 의무가 없다.
- 양도가능신용장이란 신용장 자체가 "양도가능(transferable)"이라고 특정하여 기재하고 있는 신용장을 말하는데, 양도가능신용장은 수익자(이하 "제1수익자"

라 한다)의 요청에 의하여 전부 또는 부분적으로 다른 수익자(이하 "제2수익자"
라 한다)에게 이용하게 할 수 있다.

- 신용장이 양도가능하기 위해서는 신용장에 명시적으로 "양도가능(transferable)"
  이라고 표시되어 있어야 한다.
- 신용장금액, 보험부보, 서류제시기간은 변경될 수 있으나, 요구되는 서류는 변
  경될 수 없다.

■ 양도가능여부

- L/C, ISP98, URDG: 양도가능문구 있을 것. Beneficiary의 동의만 필요
- UCP: 제1수익자 → 제2수익자(○), 제2수익자 → 제3수익자(×)(재양도 불가)
- ISP98, URDG: 제1수익자 → 제2수익자(○), 제2수익자 → 제3수익자(○)(재
  양도 가능)
- 양도신용장 변경 가능: amount, 서류제시기간, 보험금액
- 양도신용장 변경 불가: required DOCS

제39조 대금의 양도

Article 39 Assignment of Proceeds	제39조 대금의 양도
The fact that a credit is not stated to be transferable shall not affect the right of the beneficiary to assign any proceeds to which it may be or may become entitled under the credit, in accordance with the provisions of applicable law. This article relates only to the assignment of proceeds and not to the assignment of the right to perform under the credit.	신용장이 양도가능하다고 기재되어 있지 않다는 사실은, 수익자가 신용장하에서 받거나 받을 수 있는 어떤 대금을 준거법의 규정에 따라 양도할 수 있는 권리에 영향을 미치지 않는다. 이 조항은 오직 대금의 양도에 관한 것이고 신용장 하에서 이행할 수 있는 권리를 양도하는 것에 관한 것은 아니다.

보충설명

- 대금의 양도는 신용장대금을 받는 권리만 양도받는 것이다.
- 신용장상의 수익자가 요구되는 서류를 모두 제시하여 신용장대금을 받을 권

리가 확정된 경우에 대금의 양수인이 신용장대금을 대신 받는 것이다.

* 신용장서류의 제시는 수익자가 해야 한다.
* '양도가능(transferable)'이라고 명시되지 않아도, 대금양도는 가능하다.
* 대금의 양도가 이루어져도 수익자는 변동이 없다.

구 분	신용장 양도	대금의 양도
양도의 형대	신용장 자체를 양도	대금을 받을 권리만 양도
'Transferable' 기재 여부	L/C에 'Transferable' 기재될 것	L/C에 'Transferable' 기재될 필요없음

구성

- CISG는 전문, 총 4편(Part), 101개 조항(Article)로 구성

제1편 적용범위와 총칙 (13개 조문)	제1장 적용범위(제1조~제6조) 제2장 총칙(제7조~제13조)
제2편 계약의 성립 (11개 조문)	제14조~제24조
제3편 물품의 매매 (64개 조문)	제1장 총칙(제25조~제29조)
	제2장 매도인의 의무(제30조~제52조) 제1절 물품의 인도와 서류의 교부(제31조~제34조) 제2절 물품의 적합성과 제3자의 권리주장(제35조~제44조) 제3절 매도인의 계약위반에 대한 구제(제45조~제52조)
	제3장 매수인의 의무(제53조~제65조) 제1절 대금의 지급(제54조~제59조) 제2절 인도의 수령(제60조) 제3절 매수인의 계약위반에 대한 구제(제61조~제65조)
	제4장 위험의 이전(제66조~제70조)
	제5장 매도인과 매수인의 의무에 공통되는 규정 제1절 이행기전의 계약위반과 분할인도계약(제71조~제73조) 제2절 손해배상액(제74조~제77조) 제3절 이자(제78조) 제4절 면책(제79조, 제80조) 제5절 해제의 효과(제81조~제84조) 제6절 물품의 보관(제85조~제88조)
제4편 최종규정 (13개 조문)	제89조~제101조 CISG의 효력발생, 가입, 탈퇴, 일부조항의 유보 등

2 주요 조항

제4조 협약의 적용 및 적용 배제

Article 4	제4조
This Convention governs only the formation of the contract of sale and the rights and obligations of the seller and the buyer arising from such a contract. In particular, except as otherwise expressly provided in this Convention, it is not concerned with:	이 협약은 매매계약의 성립 및 그 계약으로부터 발생하는 매도인과 매수인의 권리의무만을 규율한다. 이 협약에 별도의 명시규정이 있는 경우를 제외하고, 이 협약은 특히 다음과 관련이 없다.
(a) the validity of the contract or of any of its provisions or of any usage;	(가) 계약이나 그 조항 또는 관행의 유효성
(b) the effect which the contract may have on the property in the goods sold.	(나) 매매된 물품의 소유권에 관하여 계약이 미치는 효력

제14조 청약의 정의 및 기준

Article 14	제14조
(1) A proposal for concluding a contract addressed to one or more specific persons constitutes an offer if it is sufficiently definite and indicates the intention of the offeror to be bound in case of acceptance. A proposal is sufficiently definite if it indicates the goods and expressly or implicitly fixes or makes provision for determining the quantity and the price.	(1) 1인 또는 그 이상의 특정인에 대한 계약체결의 제안은 충분히 확정적이고, 승낙시 그에 구속된다는 청약자의 의사가 표시되어 있는 경우에 청약이 된다. 제안이 물품을 표시하고, 명시적 또는 묵시적으로 수량과 대금을 지정하거나 그 결정을 위한 조항을 두고 있는 경우에, 그 제안은 충분히 확정적인 것으로 한다.
(2) A proposal other than one addressed to one or more specific persons is to be considered merely as an invitation to make offers, unless the contrary is clearly indicated by the person making the proposal.	(2) 불특정 다수인에 대한 제안은 제안자가 반대 의사를 명확히 표시하지 아니하는 한, 단지 청약의 유인으로 본다.

제15조 청약의 효력발생시기와 회수

Article 15	제15조
(1) An offer becomes effective when it reaches the offeree. (2) An offer, even if it is irrevocable, may be withdrawn if the withdrawal reaches the offeree before or at the same time as the offer.	(1) 청약은 상대방에게 도달한 때에 효력이 발생한다. (2) 청약은 철회될 수 없는 것이더라도, 회수의 의사표시가 청약의 도달 전 또는 그와 동시에 상대방에게 도달하는 경우에는 회수될 수 있다.

제16조 청약의 철회가능성

Article 16	제16조
(1) Until a contract is concluded an offer may be revoked if the revocation reaches the offeree before he has dispatched an acceptance. (2) However, an offer cannot be revoked: (a) if it indicates, whether by stating a fixed time for acceptance or otherwise, that it is irrevocable; or (b) if it was reasonable for the offeree to rely on the offer as being irrevocable and the offeree has acted in reliance on the offer.	(1) 청약은 계약이 체결되기까지는 철회될 수 있다. 다만, 상대방이 승낙의 통지를 발송하기 전에 철회의 의사표시가 상대방에게 도달되어야 한다. (2) 그러나 다음의 경우에는 청약은 철회될 수 없다. (가) 승낙기간의 지정 그 밖의 방법으로 청약이 철회될 수 없음이 청약에 표시되어 있는 경우, 또는 (나) 상대방이 청약이 철회될 수 없음을 신뢰하는 것이 합리적이고, 상대방이 그 청약을 신뢰하여 행동한 경우

제17조 청약의 거절

Article 17	제17조
An offer, even if it is irrevocable, is terminated when a rejection reaches the offeror.	청약은 철회될 수 없는 것이더라도, 거절의 의사표시가 청약자에게 도달한 때에는 효력을 상실한다.

제18조/제19조 승낙의 의의 및 조건변경 승낙

Article 18	제18조
(1) A statement made by or other conduct of the offeree indicating assent to an offer is an acceptance. Silence or inactivity does not in itself amount to acceptance.	(1) 청약에 대한 동의를 표시하는 상대방의 진술 그 밖의 행위는 승낙이 된다. 침묵 또는 부작위는 그 자체만으로 승낙이 되지 아니한다.
Article 19	제19조
(1) A reply to an offer which purports to be an acceptance but contains additions, limitations or other modifications is a rejection of the offer and constitutes a counteroffer. (2) However, a reply to an offer which purports to be an acceptance but contains additional or different terms which do not materially alter the terms of the offer constitutes an acceptance, unless the offeror, without undue delay, objects orally to the discrepancy or dispatches a notice to that effect. If he does not so object, the terms of the contract are the terms of the offer with the modifications contained in the acceptance. (3) Additional or different terms relating, among other things, to the price, payment, quality and quantity of the goods, place and time of delivery, extent of one party's liability to the other or the settlement of disputes are considered to alter the terms of the offer materially.	(1) 승낙을 의도하고 있으나, 부가, 제한 그 밖의 변경을 포함하는 청약에 대한 응답은 청약에 대한 거절이면서 또한 새로운 청약이 된다. (2) 승낙을 의도하고 있고, 청약의 조건을 실질적으로 변경하지 아니하는 부가적 조건 또는 상이한 조건을 포함하는 청약에 대한 응답은 승낙이 된다. 다만, 청약자가 부당한 지체 없이 그 상위(相違)에 구두로 이의를 제기하거나 그러한 취지의 통지를 발송하는 경우에는 그러하지 아니하다. 청약자가 이의를 제기하지 아니하는 경우에는 승낙에 포함된 변경이 가하여진 청약 조건이 계약 조건이 된다. (3) 특히 대금, 대금지급, 물품의 품질과 수량, 인도의 장소와 시기, 당사자 일방의 상대방에 대한 책임범위 또는 분쟁해결에 관한 부가적 조건 또는 상이한 조건은 청약 조건을 실질적으로 변경하는 것으로 본다.

▪ 조건부 승낙 또는 청약의 내용을 변경한 승낙

　① 실질적 내용 → 계약이 불성립이고, 그 승낙은 반대청약이 됨.
　　* 실질적 내용 : 대금, 대금지급, 물품의 품질과 수량, 인도의 장소와 시기, 당사자
　　　일방의 상대방에 대한 책임범위, 분쟁해결
　② 경미한 사항 → 계약이 성립(다만, 청약자가 이의를 제기한 경우 계약불성립)

- 부분승낙

  청약조건의 변경을 의미하므로 새로운 청약이 되며, 계약 불성립

제24조 본질적 계약위반

Article 25	제25조
A breach of contract committed by one of the parties is fundamental if it results in such detriment to the other party as substantially to deprive him of what he is entitled to expect under the contract, unless the party in breach did not foresee and a reasonable person of the same kind in the same circumstances would not have foreseen such a result.	당사자 일방의 계약위반은, 그 계약에서 상대방이 기대할 수 있는 바를 실질적으로 박탈할 정도의 손실을 상대방에게 주는 경우에 본질적인 것으로 한다. 다만, 위반 당사자가 그러한 결과를 예견하지 못하였고, 동일한 부류의 합리적인 사람도 동일한 상황에서 그러한 결과를 예견하지 못하였을 경우에는 그러하지 아니하다.

제30조 매도인의 의무

Article 30	제30조
The seller must deliver the goods, hand over any documents relating to them and transfer the property in the goods, as required by the contract and this Convention.	매도인은 계약과 이 협약에 따라 물품을 인도하고, 관련 서류를 교부하며 물품의 소유권을 이전하여야 한다.

제53조 매수인의 의무

Article 53	제53조
The buyer must pay the price for the goods and take delivery of them as required by the contract and this Convention.	매수인은 계약과 이 협약에 따라, 물품의 대금을 지급하고 물품의 인도를 수령하여야 한다.

제66조 위험이전의 효과

Article 66	제66조
Loss of or damage to the goods after the risk has passed to the buyer does not discharge him from his obligation to pay the price, unless the loss or damage is due to an act or omission of the seller.	위험이 매수인에게 이전된 후에 물품이 멸실 또는 훼손되더라도 매수인은 대금지급의무를 면하지 못한다. 다만, 그 멸실 또는 훼손이 매도인의 작위 또는 부작위로 인한 경우에는 그러하지 아니하다.

A. General Provisions and Definitions

Art 1 Application of URC 522

a. TC Publication No. 522, shall apply to all collections as defined in Article 2 where such rules are incorporated into the text of the "collection instruction" referred to in Article 4 and are binding on all parties thereto unless otherwise expressly agreed or contrary to the provisions of a national, state or local law and/or regulation which cannot be departed from.

b. Banks shall have no obligation to handle either a collection or any collection instruction or subsequent related instructions.

c. If a bank elects, for any reason, not to handle a collection or any related instruction received by it, it must advise the party from whom it received the collection or the instructions by telecommunication or, if that is not possible, by other expeditious means, without delay.

A. 총칙 및 정의

제1조 URC 522의 적용

a. 1995년도 개정판, ICC간행물 번호 제522호, 추심에 관한 통일규칙은 본 규칙의 준거문언이 제4조에 언급된 "추심지시서"의 본문에 삽입된 경우 제2조에 정의된 모든 추심에 적용할 수 있으며, 별도의 명시적인 합의가 없거나 또는 위반할 수 없는 국가, 주, 또는 현지법 및/또는 규정에 반하지 아니하는 한

모든 당사자들을 구속한다.

b. 은행은 추심 또는 추심지시 또는 관련된 후속지시를 취급해야 할 의무를 지지 아니한다.

c. 은행이 어떠한 이유에서든지, 접수된 추심 또는 모든 관련지시를 취급하지 않기로 결정한다면 추심 또는 지시를 송부한 당사자에게 전신 또는 그것이 불가능한 경우, 다른 신속한 수단으로 지체없이 통지해야 한다.

Art 2. Definition of Collection

For the purpose of these Articles:

a. "Collection" means the handling by banks of documents as defined in sub-Article 2(b), in accordance with instructions received, in order to:

 i. obtain payment and/or acceptance, or

 ii. deliver documents against payment and/or against acceptance, or

 iii. deliver documents on other terms and conditions.

b. "Documents" means financial documents and/or commercial documents:

 i. "Financial documents" means bills of exchange, promissory notes, cheques, or other similar instruments used for obtaining the payment of money;

 ii. "Commercial documents" means invoices, transport documents, documents of title or other similar documents, or any other documents whatsoever, not being financial documents.

c. "Clean collection" means collection of financial documents not accompanied by commercial documents.

d. "Documentary collection" means collection of:

 i. Financial documents accompanied by commercial documents;

 ii. Commercial documents not accompanied by financial documents.

제2조 추심의 정의

본 규칙의 목적상,

a. "추심"이란 은행들이

 i. 지급 및/또는 인수를 취득하거나, 또는

 ii. 지급에 대하여 그리고/또는 인수에 대하여 서류를 인도하거나

iii. 기타 조건에 따라 서류를 인도하기 위하여 접수된 지시에 따라 제2조 b항
　　에 정의된 서류들을 취급하는 것을 의미한다.

b. "서류"란 금융서류 및/또는 상업서류를 의미한다.

　i. "금융서류"란 환어음, 약속어음, 수표 또는 금전의 지급을 받기 위하여 사용
　　되는 기타 유사한 증서들을 의미하며,

　ii. "상업서류"란 송장, 운송서류, 권리증권 또는 이와 유사한 서류, 또는 금융
　　서류가 아닌 모든 기타 서류들을 의미한다.

c. "무화환추심"이란 상업서류가 첨부되지 않은 금융서류의 추심을 의미한다.

d. "화환추심"이란

　i.　상업서류가 첨부된 금융서류의,

　ii. 금융서류가 첨부되지 않은 상업서류의 추심을 의미한다.

Art 3. Parties to a Collection

a. For the purpose of these Article the "parties thereto" are:

　i. the "principal" who is the party entrusting the handling of a collection to
　　a bank;

　ii. the "remitting bank" which is the bank to which the principal has
　　entrusted the handling of a collection;

　iii. the "collecting bank" which is any bank, other than the remitting bank,
　　involved in processing the collection;

　iv. the "presenting bank" which is the collecting bank making presentation
　　to the drawee.

b. The "drawee" is the one to whom presentation is to be made in
　accordance with the collection instruction.

제3조 추심의 당사자

a. 본 규칙의 목적상 관계당사자란 다음과 같은 자들이다.

　i.　은행에 추심의 취급을 위임하는 당사자인 "추심의뢰인"

　ii. 추심의뢰인이 추심의 취급을 위임하는 은행인 "추심의뢰은행"

　iii. 추심과정에 참여하는 추심의뢰은행이 아닌 모든 은행인 "추심은행"

　iv. 지급인에게 제시를 이행하는 추심은행인 "제시은행"

b. "지급인"이란 추심지시에 따라 제시가 이행되는 자를 말한다.

B. Form and Structure of Collections

B. 추심의 형식과 구조

Art 4. Collection Instruction

a. i. All documents sent for collection must be accompanied by a collection instruction indicating that the collection is subject to URC 522 and giving complete and precise instructions. Banks are only permitted to act upon the instructions given in such collection instruction, and in accordance with these Rules.

ii. Banks will not examine documents in order to obtain instructions.

iii. Unless otherwise authorised in the collection instruction, banks will disregard any instructions from any party/bank other than the party/bank from whom they received the collection.

b. A collection instruction should contain the following items of information, as appropriate.

i. Details of the bank from which the collection was received including full name, postal and SWIFT addresses, telex, telephone, facsimile numbers and reference.

ii. Details of the principal including full name, postal address, and if applicable telex, telephone and facsimile numbers.

iii. Details of the drawee including full name, postal address, or the domicile at which presentation is to be made and if applicable telex, telephone and facsimile numbers.

iv. Details of the presenting bank, if any, including full name, postal address, and if applicable telex, telephone and facsimile numbers.

v. Amount(s) and currency(ies) to be collected.

vi. List of documents enclosed and the numerical count of each document.

vii. a. Terms and conditions upon which payment and/or acceptance is to be obtained.

b. Terms of delivery of documents against:

1) Payment and/or acceptance

2) other terms and conditions

It is the responsibility of the party preparing the collection instruction to ensure that the terms for the delivery of documents are clearly and unambiguously stated, otherwise banks will not be responsible for any consequences arising therefrom.

   viii. Charges to be collected, indicating whether they may be waived or not.

   ix. Interest to be collected, if applicable whether they may be waived or not, including:

     a. rate of interest

     b. interest period

     c. basis of calculation (for example 360 or 365 days in a year) as applicable.

  x. Method of payment and form of payment advice.

  xi. Instructions in case of non−payment, non−acceptance and/or non−compliance with other instructions.

c. i. Collection instructions should bear the complete address of the drawee or of the domicile at which the presentation is to be made. If the address is incomplete or incorrect, the collecting bank may, without any liability or responsibility on its part, endeavour to ascertain the proper address.

  ii. The collecting bank will not be liable or responsible for any ensuing delay as a result of an incomplete/incorrect address being provided.

제4조 추심지시서

a. i. 추심을 위해 송부되는 모든 서류에는 그 추심이 URC 522에 적용되고 있음을 표시하고, 완전하고 정확한 지시가 기재된 추심지시서를 첨부해야 한다. 은행은 그러한 추심지시서에 기재된 지시에 대하여, 그리고 본 규칙에 따라서만 행동하도록 허용되어 있다.

  ii. 은행은 지시를 얻기 위하여 서류를 심사하지 않는다.

  iii. 추심지시서에 달리 수권되지 않았으면, 은행은 추심을 송부한 당사자/은행 이외의 모든 당사자/은행의 모든 지시를 무시한다.

b. 추심지시서에는 다음과 같은 정보사항을 적절하게 포함하여야 한다.

 i. 추심을 송부한 은행의 완전한 이름, 우편주소 및 SWIFT주소, 텔렉스, 전화, 팩스번호 및 참조번호를 포함한 명세

 ii. 추심의뢰인의 완전한 이름, 우편주소, 그리고 해당되는 경우, 텔렉스, 전화, 팩스번호를 포함한 명세

 iii. 지급인의 완전한 이름, 우편주소 또는 제시가 이행될 장소 및 해당되는 경우 텔렉스, 전화 및 팩스번호를 포함한 명

 iv. 있는 경우 제시은행의 완전한 이름, 우편주소 및 해당되는 경우 텔렉스, 전화 및 팩스번호를 포함한 명세

 v. 추심되어야 하는 금액과 통화

 vi. 동봉한 서류의 목록과 각 서류의 부수

 vii. a. 지급 및/또는 인수가 취득될 수 있는 조건

    b. 다음에 대한 서류의 인도조건

      1) 지급 및/또는 인수

      2) 기타 조건

추심지시서를 준비하는 당사자는 서류의 인도조건이 분명하고 명확하게 기술되었음을 확인할 책임이 있으며, 그렇지 않은 경우, 은행은 이로 인해 발생하는 모든 결과에 대해서 책임을 지지 아니한다.

 viii. 추심될 수수료. 수수료가 면제될 수 있는지의 여부

 ix. 해당되는 경우, 추심될 이자. 면제될 수 있는 지의 여부와 다음 사항

    a. 이자율

    b. 이자기간

    c. 적용되는 계산방법(예를 들어, 1년을 365일 또는 360일)

 x. 지급방법과 지급통지의 형식

 xi. 지급거절, 인수거절 및/또는 기타 지시와 불일치의 경우, 지시사항

c. i. 추심지시서에는 지급인의 완전한 주소 또는 제시가 이행 되어야 할 곳의 완전한 주소를 기재하여야 한다. 주소가 불완전하거나 부정확한 경우, 추심은행은 자행에 아무런 의무나 책임이 없이 올바른 주소를 확인하기 위해 노력할 수 있다.

 ii. 추심은행은 불완전하거나 부정확한 주소로 인해 발생하는 모든 지연에 대해서 의무나 책임을 지지 아니한다.

C. Form and Structure of Collections

C. 제시의 형식

Art 5. Presentation

a. For the purpose of these Articles, presentation is the procedure whereby the presenting bank makes the documents available to the drawee as instructed.

b. The collection instruction should state the exact period of time within which any action is to be taken by the drawee. Expression such as "first", "prompt", "immediate", and the like should not be used in connection with presentation or with reference to any period of time within which documents have to be taken up or for any other action that is to be taken by the drawee. If such terms are used banks will disregard them.

c. Documents are to be presented to the drawee in the form in which they are received, except that banks are authorised to affix any necessary stamps, at the expense of the party from whom they received the collection unless otherwise instructed, and to make any necessary endorsements or place any rubber stamps or other identifying marks or symbols customary to or required for the collection operation.

d. For the purpose of giving effect to the instructions of the principal, the remitting bank will utilise the bank nominated by the principal as the collecting bank. In the absence of such nomination, the remitting bank will utilise any bank of its own, or another bank's choice in the country of payment or acceptance or in the country where other terms and conditions have to be complied with.

e. The documents and collection instruction may be sent directly by the remitting bank to the collecting bank or through another bank as intermediary.

f. If the remitting bank does not nominate a specific presenting bank, the collecting bank may utilise a presenting bank of its choice.

제5조 제시

a. 이 규칙의 목적상, 제시란 제시은행이 지시받은 대로 서류를 지급인이 사용할 수 있도록 만드는 절차이다.

b. 추심지시서는 지급인이 행동을 취해야 하는 정확한 기간을 명기하여야 한다. 제시 또는 지급인에 의해 서류가 인수되거나 지급인에 의해 서류가 인수되어야 하는 기간에 대한 언급과 관련하여, 또는 지급인에 의해 취해져야 하는 다른 조치에 대하여 "첫째", "신속한", "즉시" 그리고 이와 유사한 표현들을 사용하지 않아야 한다. 만일 그러한 용어가 사용된 경우 은행은 이를 무시한다.

c. 서류는 접수된 형태로 지급인에게 제시되어야 한다. 다만 은행은 별도의 지시가 없는 한, 추심의뢰인의 비용부담으로 필요한 인지를 첨부할 수 있도록 수권되어 있는 경우, 그리고 필요한 배서를 하거나 또는 추심업무에 관례적이거나 요구되는 고무인 또는 기타 인식표시나 부호를 표시할 수 있도록 수권되어 있는 경우에는 그러하지 아니하다.

d. 추심의뢰인의 지시를 실행할 목적으로, 추심의뢰은행은 추심의뢰인에 의해 지정된 은행을 추심은행으로 이용할 수 있다. 그러한 지정이 없는 경우에는 추심의뢰은행은 지급국가 또는 인수국가, 또는 기타 조건이 준수되어야 하는 국가 내에 자신이 또는 다른 은행이 선택한 모든 은행을 이용할 수 있다.

e. 서류와 추심지시서는 추심의뢰은행이 추심은행으로 직접 송부하거나, 다른 은행을 중개인으로 하여 송부될 수 있다.

f. 추심의뢰은행이 특정 제시은행을 지정하지 않은 경우에는 추심은행은 자신이 선택한 제시은행을 이용할 수 있다.

Art. 6 Sight/Acceptance

In the case of documents payable at sight the presenting bank must make presentation for payment without delay.

In the case of documents payable at a tenor other than sight the presenting bank must, where acceptance is called for, make presentation for acceptance without delay, and where payment is called for, make presentation for payment not later than the appropriate maturity date.

제6조 일람지급/인수

서류가 일람지급인 경우에는 제시은행은 신속하게 지급을 위한 제시를 하여야 한다.

서류가 일람지급이 아닌 기한부지급조건인 경우에는 제시은행은 인수가 요구되는 때에는 신속하게 인수를 위한 제시를, 그리고 지급이 요구되는 때에는 적절한 만기일 이내에 지급을 위한 제시를 해야 한다.

Art. 7 Release of Commercial Documents

Documents Against Acceptance (D/A) vs. Documents Against Payment (D/P)

a. Collections should not contain bills of exchange payable at a future date with instructions that commercial documents are to be delivered against payment.

b. If a collection contains a bill of exchange payable at a future date, the collection instruction should state whether the commercial documents are to be released to the drawee against acceptance (D/A) or against payment (D/P).

   In the absence of such statement commercial documents will be released only against payment and the collecting bank will not be responsible for any consequences arising out of any delay in the delivery of documents.

c. If a collection contains a bill of exchange payable at a future date and the collection instruction indicates that commercial documents are to be released against payment, document will be released only against such payment and the collecting bank will not be responsible for any consequences arising out of any delay in the delivery of documents.

제7조 상업서류의 인도

인수인도(D/A)와 지급인도(D/P)

a. 추심은 상업서류가 지급에 대하여 인도되어야 한다는 지시와 함께 미래일자에 지급되는 환어음을 포함하여서는 아니 된다.

b. 추심이 미래일자 지급조건의 환어음을 포함하는 경우, 추심지시서에는 상업서류가 인수인도 (D/A) 또는 지급인도 (D/P)중 어느 조건으로 지급인에게 인도되어야 하는 지를 명시해야 한다.

그러한 명시가 없는 경우, 상업서류는 지급에 대해서만 인도되어야 하며, 서류인도의 지연에 따른 모든 결과에 대해서 추심은행은 책임을 지지 아니한다.

c. 만일 추심이 미래일자 지급조건의 환어음을 포함하고 추심지시서에 상업서류는 지급에 대하여 인도되어야 한다고 기재된 경우에는, 서류는 오직 그러한 지급에 대해서만 인도되고, 추심은행은 서류인도의 모든 지연에서 발생하는 모든 결과에 대해서 책임을 지지 아니한다.

Art. 8 Creation of Documents

Where the remitting bank instructs that either the collecting bank or the drawee is to create documents (bills of exchange, promissory notes, trust receipts, letters of undertaking or other documents) that where not included in the collection, the form and wording of such documents shall be provided by the remitting bank, otherwise the collecting bank shall not be liable or responsible for the form and wording of any such document provided by the collecting bank and/or the drawee.

제8조 서류의 생성

추심의뢰은행이 추심은행 또는 지급인이 추심에 포함되어 있지 않은 서류(환어음, 약속어음, 화물대도증서, 확약서 또는 기타 서류)를 만들도록 지시하는 경우에는 그러한 서류의 형식과 문언이 추심의뢰은행에 의해 제공되어야 한다. 그렇지 않은 경우 추심은행은 추심은행 및/또는 지급인에 의해 제공된 그러한 서류의 형식과 문언에 대하여 의무나 책임을 지지 아니한다.

D. Liabilities and Responsibilities

D. 의무와 책임

Art. 9 Good Faith and Reasonable Care

Banks will act in good faith and exercise reasonable care.

제9조 신의성실과 합리적 주의의무

은행은 신의성실로서 행동하고 합리적인 주의를 기울여야 한다.

Art. 10 Documents vs. Goods/Services/Performances

a. Goods should not be despatched directly to the address of a bank or consigned to or to the order of a bank without prior agreement on the part of that bank.

   Nevertheless, in the event that goods are despatched directly to the address of a bank or consigned to or to the order of a bank for release to a drawee against payment or acceptance or upon other terms and conditions without prior agreement on the part of that bank, such bank shall have no obligation to take delivery of the goods, which remain at the risk and responsibility of the party despatching the goods.

b. Banks have no obligation to take any action in respect of the goods to which a documentary collection relates, including storage and insurance of the goods even when specific instructions are given to do so. Banks will only take such action if, when, and to the extent that they agree to do so in each case. Notwithstanding the provisions of sub-Article 1(c), this rule applies even in the absence of any specific advice to this effect by the collecting bank.

c. Nevertheless, in the case that banks take action for the protection of the goods, whether instructed or not, they assume no liability or responsibility with regard to the fate and/or condition of the goods and/or for any acts and/or omissions on the part of any third parties entrusted with the custody and/or protection of the goods. However, the collecting bank must advise without delay the bank from which the collection instruction was received of any such action taken.

d. Any charges and/or expenses incurred by banks in connection with any action taken to protect the goods will be for the account of the party from whom they received the collection.

e. i. Notwithstanding the provisions of sub−Article 10(a), where the goods are consigned to or to order of the collecting bank and the drawee has honoured the collection by payment, acceptance or other terms and conditions, and the collecting bank arranges for the release of the goods, the remitting bank shall be deemed to have authorised the collecting bank to do so.

　 ii. Where a collecting bank on the instructions of the remitting bank or in terms of sub−Article 10(e)i, arranges for the release of the goods, the remitting bank shall indemnify such collecting bank for all damages and expenses incurred.

제10조 서류와 상품/용역/이행

a. 물품은 은행의 사전동의 없이 은행의 주소로 직접 발송되거나 은행 또는 은행의 지시인에게 탁송되어서는 아니 된다.

그럼에도 불구하고 물품이 은행의 사전동의 없이 지급인에게 지급인도, 인수인도, 또는 기타의 조건으로 인도하기 위하여 직접 발송되거나, 은행 또는 은행의 지시인으로 탁송되는 경우에는 그 은행은 물품을 인수할 의무를 지지 아니하며 그 물품은 물품을 발송하는 당사자의 위험과 책임으로 남는다.

b. 은행은 화환추심과 관계되는 물품에 대하여 물품의 보관, 부보를 포함한 어떠한 조치도 취할 의무가 없으며, 그러한 조치를 취하도록 지시를 받은 경우에도 그러하다.

은행이 그러한 조치를 취하기로 동의한다면, 동의한 때에 동의한 한도까지만 그러한 조치를 취한다.

제1조 c항의 규정에도 불구하고 이 규칙은 추심은행에 의한 모든 특정통지를 하지 않은 경우에도 적용된다.

c. 그럼에도 불구하고, 은행이 지시를 받았든 받지 않았든, 그 물품의 보호를 위해 조치를 취한 경우에는 그 결과 및/또는 물품의 상태 및/또는 물품의 보관

및/또는 보호를 위임받은 모든 제3자 측의 모든 작위 및/또는 부작위에 관하여 어떠한 의무나 책임도 지지 아니한다. 그러나 추심은행은 취한 조치에 대하여 신속하게 추심지시를 송부한 은행에게 통지해야 한다.

d. 물품을 보호하기 위해 취해진 조치와 관련하여 은행에게 발생한 모든 수수료 및/또는 비용은 추심을 송부한 당사자의 부담으로 한다.

e. i. 제10조 a항의 규정에도 불구하고, 물품이 추심은행 또는 추심은행의 지시인에게 탁송되고, 지급인이 추심에 대해 지급, 인수, 또는 기타 조건을 충족시켰으며, 추심은행이 물품의 인도를 주선하는 경우에는, 추심의뢰은행이 추심은행에게 그렇게 하도록 수권한 것으로 간주된다.

  ii. 추심은행이 추심의뢰은행의 지시에 의거하여 또는 제10조 e항 i호와 관련하여 물품의 인도를 주선하는 경우에는 추심의뢰은행은 그 추심은행에게 발생한 모든 피해와 비용을 배상해야 한다.

Art. 11 Disclaimer For Acts of an Instructed Party

a. Banks utilising the services of another bank or other banks for the purpose of giving effect to the instructions of the principal, do so for the account and at the risk of such principal.

b. Banks assume no liability or responsibility should the instructions they transmit not be carried out, even if they have themselves taken the initiative in the choice of such other bank(s).

c. A party instructing another party to perform services shall be bound by and liable to indemnify the instructed party against all obligations and responsibilities imposed by foreign laws and usages.

제11조 지시받은 당사자의 행위에 대한 면책

a. 추심의뢰인의 지시를 이행하기 위하여 다른 은행의 편의를 이용하는 은행은 그 추심의뢰인의 비용과 위험부담으로 이를 행한다.

b. 은행은 은행 자신이 그러한 다른 은행(들)의 선택을 주도한 경우에도 은행이 전달한 지시가 이행되지 않은 경우에 의무나 책임을 지지 아니한다.

c. 다른 당사자에게 편의를 이행하도록 지시하는 당사자는 외국 법률과 관행으로 부과되는 모든 의무와 책임을 져야하며, 또 이에 대하여 지시받은 당사자에게 배상하여야 한다.

Art. 12 Disclaimer on Documents Received

a. Banks must determine that the documents received appear to be as listed in the collection instruction and must advise by telecommunication or, if that is not possible, by other expeditious means, without delay, the party from whom the collection instruction was received of any documents missing, or found to be other than listed. Banks have no further obligation in this respect.

b. If the documents do not appear to be listed, the remitting bank shall be precluded from disputing the type and number of documents received by the collecting bank.

c. Subject to sub−Article 5(c) and sub−Article 12(a) and 12(b) above, banks will present documents as received without further examination.

제12조 접수받은 서류에 대한 면책

a. 은행은 접수된 서류가 추심지시서에 열거된 것으로서 보이는지를 결정하여야 하며, 누락되거나 열거된 것과 다른 모든 서류들에 대하여 신속하게 전신으로, 이것이 불가능하면 기타 신속한 수단으로 지체없이 추심지시서를 송부한 당사자에게 통지해야 한다. 은행은 이와 관련하여 더 이상의 의무가 없다.

b. 만일 서류가 열거된 것과 다르게 보이는 경우, 추심의뢰은행은 추심은행에 의해 접수된 서류의 종류와 부수에 대하여 반박할 수 없다.

c. 제5조 c항 그리고 제12조 a항과 제12조 b항을 조건으로, 은행은 더 이상 심사하지 않고 접수된 대로 서류를 제시한다.

Art. 13 Disclaimer on Effectiveness of Documents

Banks assume no liability or responsibility for the form, sufficiency, accuracy, genuineness, falsification or legal effect of any document(s), or for the general and/or particular conditions stipulated in the document(s) or superimposed thereon; nor do they assume any liability or responsibility for the description, quantity, weight, quality, condition, packing, delivery, value or existence of the goods represented by any document(s), or for the good faith or acts and/or omissions, solvency, performance or standing of the consignors, the carriers, the forwarders, the consignees or the insurers of the goods, or any other person whomsoever.

제13조 서류의 유효성에 대한 면책

은행은 서류의 형식, 충분성, 정확성, 진정성, 허위성 또는 법적 효력에 대하여, 서류에 규정되거나 첨가된 일반적 조건 및/또는 특정조건에 대하여 어떠한 의무나 책임도 지지 아니한다. 또한 은행은 서류에 의해 표시되는 물품의 명세, 양, 무게, 품질, 상태, 포장, 인도, 가격, 또는 존재에 대하여, 또는 물품의 탁송인, 운송인, 운송주선인, 수하인, 또는 보험자, 또는 다른 모든 사람의 신의성실, 작위 및 또는 부작위, 파산, 이행 또는 지위에 대하여 어떠한 의무나 책임도 지지 아니한다.

Art. 14 Disclaimer on Delays, Loss in Transit and Translation

a. Banks assume no liability or responsibility for the consequences arising out of delay and/or loss in transit of any message(s), letter(s) or document(s), or for delay, mutilation or other error(s) arising in transmission of any telecommunication or for error(s) in translation and/or interpretation of technical terms.

b. Banks will not be liable or responsible for any delays resulting from the need to obtain clarification of any instructions received.

제14조 송달중의 지연, 분실 및 번역에 대한 면책

a. 은행은 모든 통보, 서신, 또는 서류의 송달중의 지연 및/또는 멸실로 인하여 발생하는 결과, 또는 모든 전기통신의 송신 중에 발생하는 지연, 훼손 또는 기타의 오류, 또는 전문용어의 번역이나 해석상의 오류에 대하여 어떠한 의무나 책임도 지지 아니한다.

b. 은행은 접수된 지시의 설명을 취득할 필요에서 기인하는 모든 지연에 대해서 책임을 지지 아니한다.

Art. 15 Force Majeure

Banks assume no liability or responsibility for consequences arising out of the interruption of their business by Acts of God, riots, civil commotions, wars, or any other causes beyond their control or by strikes or lockouts.

제15조 불가항력

은행은 천재, 소요, 폭동, 반란, 전쟁 또는 기타 불가항력의 사유 또는 동맹파업이나 직장폐쇄로 인해 발생하는 결과에 대하여 어떠한 의무나 책임도 지지 아니한다.

E. Payment

E. 지급

Art. 16 Payment Without Delay

a. Amounts collected (less charges and/or disbursements and/or expenses where applicable) must be made available without delay to the party from whom the collection instruction was received in accordance with the terms and conditions of the collection instruction.

b. Notwithstanding the provisions of sub−Article 1(c) and unless otherwise agreed, the collecting bank will effect payment of the amount collected in favour of the remitting bank only.

제16조 지연 없는 지급

a. 추심된 금액은 (해당되는 경우 수수료 및/또는 지출금 및/또는 비용을 공제하고) 추심지시서의 조건에 따라 추심지시서를 송부한 당사자에게 신속하게 지급되어야 한다.

b. 제1조 c항의 규정에도 불구하고, 별도의 합의가 없는 경우에는 추심은행은 추심의뢰은행을 수혜자로 하여 추심금액의 지급을 이행한다.

Art. 17 Payment in Local Currency

In the case of documents payable in the currency of the country of payment (local currency), the presenting bank must, unless otherwise instructed in the collection instruction, release the documents to the drawee against payment in local currency only if such currency is immediately available for disposal in the manner specified in the collection instruction.

제17조 내국통화로 지급

지급국가의 통화(내국통화)로 지급하도록 한 서류의 경우에는, 제시은행은 추심지시서에 별도의 지시가 없는 한, 내국통화가 추심지시서에 명시된 방법으로 즉시 처분할 수 있는 경우에만 현지화에 의한 지급을 받고 지급인에게 서류를 인도해야 한다.

Art. 18 Payment in Foreign Currency

In the case of documents payable in a currency other than that of the country of payment (foreign currency), the presenting bank must, unless otherwise instructed in the collection instruction, release the document to the drawee against payment in the designated foreign currency only if such foreign currency can immediately be remitted in accordance with the instructions given in the collection instruction.

제18조 외국통화로 지급

지급국가의 통화 이외의 통화(외국통화)로 지급하도록 한 서류의 경우에는, 제시은행은 추심지시서에 별도의 지시가 없는 한, 그 외국통화가 추심지시서의 지시에 따라 즉시 송금될 수 있는 경우에 한하여 그 외국통화에 의한 지급을 받고 지급인에게 서류를 인도해야 한다.

Art. 19 Partial Payments

a. In respect of clean collection, partial payments may be accepted if and to the extent to which and on the conditions on which partial payments are authorised by the law in force in the place of payment. The financial document(s) will be released to the drawee only when full payment thereof has been received.

b. In respect of documentary collection, partial payments will only be accepted if specifically authorised in the collection instruction. However, unless otherwise instructed, the presenting bank will release the documents to the drawee only after full payment has been received, and the presenting bank will not be responsible for any consequences arising out of any delay in the delivery of documents.

c. In all cases partial payments will be accepted only subject to compliance with the provision of either Article 17 or Article 18 as appropriate. Partial payment, if accepted, will be dealt with in accordance with the provisions of Article 16.

제19조 분할지급

a. 무화환추심에 있어서 분할지급은 지급지의 유효한 법률에 의하여 허용되는 경우에 그 허용되는 범위와 조건에 따라 인정될 수 있다. 금융서류는 지급전액이 수령되었을 때에만 지급인에게 인도된다.

b. 화환추심에 있어서 분할지급은 추심지시서에서 특별히 허용된 경우에만 인정된다. 그러나 별도의 지시가 없는 한, 제시은행은 지급전액을 수령한 후에 한하여 서류를 지급인에게 인도하며, 제시은행은 서류인도의 지연에 따르는 어떠한 결과에 대해서도 책임을 지지 아니한다.

c. 모든 경우에 있어서 분할지급은 제17조 또는 제18조의 해당되는 규정에 따라서만 허용된다. 분할지급이 허용되는 경우 제16조의 규정에 따라 취급된다.

F. Interest, Charges and Expenses

F. 이자, 수수료 및 비용

Art. 20 Interest

a. If the collection instruction specifies that interest is to be collected and the drawee refuses to pay such interest, the presenting bank may deliver the document(s) against payment or acceptance or on other terms and conditions as the case may be, without collecting such interest, unless sub—Article 20(c) applies.

b. Where such interest is to be collected, the collection instruction must specify the rate of interest, interest period and basis of calculation.

c. Where the collection instruction expressly states that interest may not be waived and the drawee refuses to pay such interest the presenting bank will not deliver documents and will not be responsible for any consequences arising out of any delay in the delivery of document(s). When payment of interest has been refused, the presenting bank must inform by telecommunication or, if that is not possible, by other expeditious means without delay the bank from which the collection instruction was received.

제20조 이자

a. 추심지시서에서 이자가 추심되어야 함을 명시하고 지급인이 그 이자의 지급을 거절할 경우에는 제20조 c항에 해당되지 아니하는 한 제시은행은 그 이자를 추심하지 아니하고 서류를, 경우에 따라, 지급인도 또는 인수인도, 또는 기타의 조건으로 인도할 수 있다.

b. 그러한 이자가 추심되어야 하는 경우, 추심지시서에는 이자율, 이자기간 및 계산방법을 명시하여야 한다.

c. 추심지시서가 이자는 면제될 수 없음을 확실하게 명기하고, 지급인이 그러한 이자의 지급을 거절하는 경우, 제시은행은 서류를 인도하지 아니하며, 서류인도의 지연에 따르는 모든 결과에 대해서 책임을 지지 아니한다. 이자의 지급이 거절되었을 때, 제시은행은 전신, 또는 이것이 불가능한 경우 기타 신속한 수단으로 지체없이 추심지시서를 송부한 은행에게 통보해야 한다.

Art. 21 Charges and Expenses

a. If the collection instruction specifies that collection charges and/or expenses are to be for account of the drawee and the drawee refuse to pay them, the presenting bank may deliver the document(s) against payment or acceptance or on other terms and conditions as the case may be, without collecting charges and/or expenses, unless sub-Article 21(b) applies.

Whenever collection charges and/or expenses are so waived they will be for the account of the party from whom the collection was received and may be deducted from the proceeds.

b. Where the collection instruction expressly states that charges and/or expenses may not be waived and the drawee refuses to pay such charges and/or expenses, the presenting bank will not deliver documents and will not be responsible for any consequences arising out of any delay in the delivery of the document(s). When payment of collection charges and/or expenses has been refused the presenting bank must inform by telecommunication or, if that is nit possible, by other expeditious means without delay the bank from which the collection instruction was received.

c. In all cases where in the express terms of a collection instruction or under these Rules, disbursements and/or expenses and/or collection charges are to be borne by the principal, the collecting bank(s) shall be entitled to recover promptly outlays in respect of disbursements, expenses and charges from the bank from which the collection instruction was received, and the remitting bank shall be entitled to recover promptly from the principal any amount so paid out by it, together with its own disbursements, expenses and charges, regardless of the fate of the collection.

d. Banks reserve the right to demand payment of charges and/or expenses in advance from the party from whom the collection instruction was received, to cover costs in attempting to carry out any instructions, and pending receipt of such payment also reserve the right not to carry out such instructions.

제21조 수수료와 비용

a. 추심지시서에 추심수수료 및/또는 비용은 지급인의 부담으로 하도록 명시하고 있으나 그 지급인이 이것의 지급을 거절한다면, 제시은행은 제21조 b항에 해당하지 아니하는 한 수수료 및/또는 비용을 추심하지 아니하고 서류를, 경우에 따라, 지급인도, 인수인도, 또는 기타 조건으로 인도할 수 있다.
이와 같이 추심수수료 및/또는 비용이 포기되는 경우에는 언제나, 추심을 송부한 당사자의 부담으로 하며 추심대금에서 공제될 수 있다.

b. 추심지시서에서 수수료 및/또는 비용은 면제되어서는 안 된다는 것을 확실하게 명기하고 지급인이 이의 지급을 거절하는 경우, 제시은행은 서류를 인도

하지 아니하며 서류인도의 지연에 따르는 모든 결과에 대해서 책임을 지지 아니한다. 추심수수료 및/또는 비용의 지급이 거절되었을 때 제시은행은 반드시 전신, 또는 이것이 불가능한 경우 기타 신속한 수단으로 지체 없이 추심지시서를 송부한 은행에게 통보하여야 한다.

c. 추심지시서의 명시된 조건에서 또는 이 규칙에 따라 지출금 및/또는 비용 및/또는 추심수수료를 추심의뢰인의 부담으로 하는 모든 경우에 있어서 추심은행은 지출금, 비용, 수수료와 관련한 지출경비를 추심지시서를 송부한 은행으로부터 즉시 회수할 권리가 있다. 또 추심의뢰은행은 추심의 결과에 관계없이, 자신이 이렇게 지급한 모든 금액과 자신의 지출금, 비용 및 수수료를 추심의뢰인으로부터 즉시 회수할 권리가 있다.

d. 은행은 모든 지시를 이행하려고 시도하는 데 있어서의 경비를 충당하기 위하여 수수료 및/또는 비용의 사전지급을 추심지시서를 송부한 당사자에게 요구할 권리를 보유하며, 그 지급을 받을 때까지 그러한 지시를 이행하지 아니할 권리를 보유한다.

G. Other Provisions

G. 기타 조항

Art. 22 Acceptance

The presenting bank is responsible for seeing that the form of the acceptance of a bill of exchange appears to be completed and correct, but is not responsible for the genuineness of any signature or for the authority of any signatory to sign the acceptance.

제22조 인수

제시은행은 환어음의 인수형식이 완전하고 정확하게 보이는지를 확인해야 할 책임이 있다. 그러나 제시은행은 모든 서명의 진정성이나 인수의 서명을 한 모든 서명인의 권한에 대하여 책임을 지지 아니한다.

Art 23. Promissory Notes and Other Instruments

The presenting bank is not responsible for the genuineness of any signature or for the authority of any signatory to sign a promissory note, receipt, or other instruments.

제23조 약속어음과 기타증서

제시은행은 모든 서명의 진정성 또는 약속어음, 영수증, 또는 기타 증서에 서명을 한 모든 서명인의 권한에 대하여 책임을 지지 아니한다.

Art. 24 Protest

The collection instruction should give specific instructions regarding protest (or other legal process in lieu thereof), in the event of non−payment or non−acceptance.

In the absence of such specific instructions, the banks concerned with the collection have no obligation to have the document(s) protested (or subjected to other legal process in lieu thereof) for non−payment or non−acceptance.

Any charges and/or expenses incurred by banks in connection with such protest, or other legal process, will be for the account of the party from whom the collection instruction was received.

제24조 지급거절증서

추심지시서에는, 인수거절 또는 지급거절의 경우, 거절증서 (또는 이에 갈음하는 기타 법적절차)에 관한 구체적인 지시를 주어야 한다.

그러한 별도의 지시가 없는 경우, 추심에 관여하는 은행은 지급거절 또는 인수거절에 대하여 서류의 거절증서를 작성할 (또는 이를 대신하는 법적절차가 취해지도록 할) 의무를 지지 아니한다.

그러한 거절증서 또는 기타 법적절차와 관련하여 은행에서 발생하는 모든 수수료 및/또는 비용은 추심지시서를 송부한 당사자의 부담으로 한다.

Art. 25 Case-of-Need

If the principal nominates a representative to act as case−of−need in the event of non−payment and/or non−acceptance the collection instruction should clearly and fully indicate the powers of such case−of−need. In the absence of such indication banks will not accept any instructions from the case−of−need.

제25조 추심도우미

만일 추심의뢰인이, 인수거절 및/또는 지급거절의 경우 추심참고인으로서 행동할 도우미를 지명하는 경우에는, 추심지시서에 그러한 추심도우미의 권한을 명확하고 완전하게 기재하여야 한다. 그러한 지시가 없는 경우에는 은행은 추심도우미로부터의 어떠한 지시에도 응하지 아니한다.

Art. 26 Advices

Collecting banks are to advise fate in accordance with the following rules:

a. Form of Advice

All advices or information from the collecting bank to the bank from which the collection instruction was received, must bear appropriate details including, in all cases, the latter bank's reference as stated in the collection instruction.

b. Method of Advice

It shall be the responsibility of the remitting bank to instruct the collecting bank regarding the method by which the advices detailed in (c)i, (c)ii and (c)iii are to be given. In the absence of such instructions, the collecting bank will send the relative advices by the method of its choice at the expense of the bank from which the collection instruction was received.

c. i. Advice of Payment

The collecting bank must send without delay advice of payment to the bank from which the collection instruction was received, detailing the amount or amounts collected, charges and/or disbursements and/or expenses deducted, where appropriate, and method of disposal of the funds.

ii. Advice of Acceptance

The collecting bank must send without delay advice of acceptance to the bank om which the collection instruction was received.

iii. Advice of Non-Payment and/or Non-Acceptance

The presenting bank should endeavour to ascertain the reasons for non-payment and/or advice of non-acceptance and advise accordingly, without delay, the bank from which it received the collection instruction.

The presenting bank must send without delay advice of non-payment and/or advice of non-acceptance to the bank from which it received the collection instruction.

On receipt of such advice the remitting bank must give appropriate instructions as to the further handling of the documents. If such instructions are not received by the presenting bank within 60 days after its advice of non-payment and/or non-acceptance, the documents may be returned to the bank from which the collection instruction was received without any further responsibility on the part of the presenting bank. (End)

제26조 통지

추심은행은 다음과 같은 규칙에 따라 추심결과를 통지하여야 한다.

a. 통지의 형식

추심은행이 추심지시서를 송부한 은행으로 보내는 모든 지시 또는 정보에는 항상 추심지시서에 언급된 은행참조번호를 포함한 적절한 명세를 기재하여야 한다.

b. 통지의 방법

추심의뢰은행은 추심은행에게 c항 1호, c항 2호 및 c항 3호에 상술된 통지를 주는 방법에 대해 지시해야 할 의무가 있다.

그러한 지시가 없는 경우에는, 추심은행은 자신이 선택한 방법으로 추심지시서를 송부한 은행의 부담으로 관련통지를 보낸다.

c. i. 지급통지

추심은행은 추심의뢰서를 송부한 은행에게 추심한 금액, 해당되는 경우 공제한 수수료 및/또는 지출금 및/또는 비용 및 그 자금의 처분방법을 상술한 지급통지를 지체없이 보내야 한다.

ii. 인수통지

추심은행은 추심의뢰서를 송부한 은행으로 인수의 통지를 지체없이 보내야 한다.

iii. 지급거절 또는 인수거절의 통지

제시은행은 지급거절 또는 인수거절의 사유를 확인하기 위하여 노력하고 그 결과를 추심지시서를 송부한 은행에게 지체없이 통보하여야 한다.

제시은행은 지급거절 또는 인수거절의 통보를 지체없이 추심지시서를 송부한

은행으로 보내야 한다.

추심의뢰은행은 그러한 통보를 받은 때에는 향후의 서류취급에 대한 적절한 지시를 주어야 한다. 만일 그러한 지시가 지급거절 또는 인수거절을 통지한 후 60일 이내에 제시은행에 의해 접수되지 않는 경우에는 서류는 제시은행 측에 더 이상의 책임 없이 추심지시서를 송부한 은행으로 반송될 수 있다.

1 영문편지

- I look forward to meeting with you soon. (당신과 곧 만나길 기대합니다.)
- We are looking forward to your favorable reply. (우리는 귀사의 우호적인 회신을 기대합니다.)
  - − We look forward to your positive reply.
  - = We are looking forward to your positive reply.
- It would be highly appreciated if you reply promptly. (신속하게 답변을 주시면 대단히 감사하겠습니다.)
  - = Your prompt reply would be highly appreciated.
  - − We would appreciate it if you reply promptly.
- We would like to thank you for your order of the 15th of June for women's jackets. (우리는, 여성용 자켓에 대한 6월 15일자의 귀사의 주문에 대해 감사드립니다.)
- Thank you for your letter of 3 December. (12월 3일자의 귀사의 서신에 대해 감사드립니다.)
- We are pleased to receive your inquiry. (귀사의 문의를 받게 되어 기쁩니다.)
- Your company's name has been given to us by the New York Chamber of Commerce. (뉴욕 상업회의소를 통하여 귀사의 상호를 알게 되었습니다.)
- I am writing to tell you that we are one of the leading companies in electronic devices. (우리는 전자장치에서 선도하는 회사들 중의 하나라는 것

을 알리게 위하여 귀사에 서신을 작성합니다.)

- We are a leading bicycle dealer in this city where cycling is popular, and have branches in 10 nearby cities. (우리는 자전거 타기가 대중적인 이 도시에서 앞서가는 자전거 판매점이며, 10개의 인근 도시에 지점들을 보유하고 있습니다.)

- I am writing to you concerning order, No. CU 1234. (귀사의 주문, No. CU 1234.에 대하여 귀사에 서신을 작성합니다.)

- We will place our first order with you as soon as we receive a reply granting the discount. (할인을 승인하는 회신을 받는 즉시 우리는 귀사에 대하여 첫 주문을 할 것입니다.)

- Upon your request, we will send our sample books and price lists to you immediately. (요청이 있으면, 우리는 귀사에 견본 책과 가격표를 즉시 보낼 것입니다.)

- Please fax or email us as soon as you have arranged shipment. (귀사가 선적을 주선하는 즉시 우리에게 팩스나 이메일을 보내시기 바랍니다.)

- I look forward to some indication of your disposition in this regard. (이 점에 대하여 귀사의 처분의사를 기대합니다.)

- Please let us know your decision as soon as possible. (가능하면 빨리 귀사의 결정을 우리에게 알려주시기 바랍니다.)

- We would like to thank you for sending us a positive reply. (우리에게 긍정적인 회신을 보내신 것에 대하여 감사드리고 싶습니다.)

- ABC Co. enters into business relations with XYZ Co. (ABC사는 XYZ사와 사업관계를 맺는다.)

- ABC Co. enjoys a good reputation. (ABC사는 평판이 좋다.)

- It would be highly appreciated if you would provide us with some infor−mation of the textile market in Spain. (스페인의 섬유시장에 대한 정보를 우리에게 제공해주시면 대단히 감사하겠습니다.)

- It would be highly appreciated if you introduce us some reliable buyers who are interested in the electronic devices. (전자장치에 관심이 있는 신뢰할 만한 구매자들을 우리에게 소개해 주시면 대단히 감사하겠습니다.)

- Your prompt reply would be highly appreciated. (귀사에서 신속히 회신해 주시면 대단히 감사하겠습니다.)

- We are pleased to inform you as follows; (우리는 귀사에 다음을 알리게 되어 기쁩니다.)
- All the information provided by us shall be treated strictly confidential. (우리가 제공한 모든 정보는 엄격히 기밀로 취급되어야 합니다.)
- We are interested in expanding our market share to your country. (우리는 당신의 국가에서 시장점유를 확장하는데 관심이 있습니다.)
- You are requested to draw your kind attention to this matter. (이 문제에 대해 관심을 보여 주시기 바랍니다.)
- We have enjoyed a good reputation for exporting electronic devices. (우리는 전자장치를 수출하는 데 좋은 명성을 누려왔다.)
- We would like to expand our business to your country. (우리의 사업을 당신국가로 확대하고자 합니다.)
- You may feel free to contact Korea Exchange Bank to check our financial status. (우리의 재무상태를 확인하기 위해 당신은 외환은행에 자유롭게 연락할 수 있습니다.)
- We would appreciate it if you would inform us of ABC Co.'s current financial standing and business activities. (ABC사의 현재 재무상태 및 영업활동에 대한 정보를 알려 주시면 대단히 감사하겠습니다.)
- All the information provided by us shall be treated strictly confidential without any responsibility on our side and be used solely for your reference. (당행이 제공한 모든 정보는 당행의 책임 없이 엄격히 기밀로 취급되어야 하며, 귀행의 참고용으로만 사용되어져야 합니다.)
- We have enclosed our financial statements as of December 31, 2015 for your reference. (당신이 참고하도록 우리는 2015년 12월 31일사 기준 우리회사의 재무제표를 동봉합니다.)
- You may feel free to contact ABC Bank to check our financial status. (우리의 재무상태를 확인하기 위해 당신은 ABC은행에 자유롭게 연락할 수 있습니다.)
- It is regretful to inform you that we have no plan to establish business relationship with your company. (우리는 귀사와 사업관계를 맺을 계획이 없음을 알리게 되어 유감입니다.)
- We appreciate your inquiry about out products. (우리의 제품에 대한 당신의 문의에 감사드립니다.)

- Thank you for your inquiry about out products.

2 계약 체결

- We are pleased to make an offer. (청약을 하게 되어 기쁘다.)
- We are pleased to receive your order. (우리는 귀사의 주문을 받게 되어 기쁩니다.)
  - receive (or take) your order (주문을 받다)
- We will place our first order with you. (우리는 귀사에게 우리의 첫 주문을 할 것입니다.)
- We would like to place a substantial (or large) order with you. (우리는 귀사에게 대량주문을 할 것입니다.)
- ABC Co. placed an order with XYZ Co. for mobile phones of 10,000 PCs. (ABC사는 XYZ사에게 이동전화 1만개를 주문했다.)
- ABC Co. placed an order with us for the value of US$1,000,000 of silk fabrics. (ABC사는 우리에게 100만불 상당의 실크제품을 주문했다.)
- We acknowledge your order No. 106 dated September 20, 2016.
  - acknowledge an order (주문을 인정하다.)
- For your reference, we are enclosing our catalogue. (당신이 참고하도록 우리의 카탈로그를 송부합니다.)
- We accept the 15% trade discount you offered and the terms of payment. (우리는, 귀사가 제공한 15% 거래 할인과 결제조건을 수락합니다.)
- If the quality of your goods is satisfactory and the prices are reasonable, we will place regular orders. (귀사의 물품의 품질이 만족스럽고 가격이 합리적이면, 우리는 정규적이 주문을 할 것입니다.)
  - regular order (정기주문, = constant order, unbroken order)
- We cannot accept your offer of June 20, 2016, because we have a lot of stock. (우리는 재고가 많기 때문에, 2016년 6월 20일자 귀사의 청약을 수락할 수 없습니다.)
- We regret to inform you that we are unable to accept your order at present.

(현재 우리는 귀사의 주문을 수락할 수 없음을 알리게 되어 유감입니다.)

- We regret to inform you that it is impossible to accept your price. (당신의 가격을 받아들일 수 없다는 것을 알리게 되어 유감입니다.)

- We regret to inform you that we are unable to accept your order at present because the products have run out of stock. (지금은 재고가 떨어져서 귀사의 주문을 수용할 수 없음을 알리게 되어 유감입니다.)

- We as seller hereby confirm sales of the following. (우리는 매도인으로서 여기에서 다음의 매매를 확인합니다.)

- We hereby confirm sales of the following. (우리는 다음의 매매를 확인합니다.)

- We are pleased to confirm our sale to you of the following goods on the terms and conditions set forth below: (우리는, 아래의 조건에 의거 다음의 물품을 귀사에 매도하는 것을 확인합니다.)

- We are pleased to offer the under-mentioned article(s) as per conditions and details described as follows. (우리는 아래의 품목을 다음에 기술된 조건 및 세부사항에 따라 청약하게 되어 기쁩니다.)

- We hereby confirm sales of the following. (우리는 다음의 매매를 확인합니다.)

- We have the pleasure to confirm our purchase of the following goods under the terms and conditions specified below: (우리는 아래에 기술된 조건에 따라 다음 물품의 구매를 확인합니다.)

- SALE NOTE

  We are pleased to confirm our sale to you of the following goods on the terms and conditions set forth below: (우리는, 아래의 조건에 의거 다음의 물품을 귀사에 매도하는 것을 확인합니다.)

- PURCHASE NOTE

  This is to confirm having bought from you the following goods at the price and on the terms and conditions stated below: (아래에 기술된 가격과 조건에 의거 다음의 물품을 귀사로부터 구매함을 확인합니다.)

- We regret to inform you that the prices you quoted are far higher than we expected. (귀사가 제시한 가격은 우리가 기대한 것보다 상당히 높다는 것을 귀사에 알리게 되어 유감입니다.)

- We would be pleased to place an order with you if you could reduce the price by 10% to USD 20.00 per piece. (개당 20달러로 가격을 10% 인하하여 주시면 우리는 기쁘게 귀사에 주문을 하겠습니다.)

- The price is quoted on the basis of FOB Busan. (그 가격은 FOB 부산을 기준으로 견적된 것이다.)
- Upon your request, we will send the samples and price lists to you immediately. (귀사의 요청을 받으면, 우리는 즉시 견본과 가격표를 귀사에 송부하겠습니다.)
- The price barely covers the cost of production. (그 가격은 겨우 생산원가를 충당합니다.)

3　계약서

- This contract is subject to the general terms and conditions set forth on back hereof : 이 계약은 이면(뒷면)에 명시된 일반조건에 구속됩니다. (일반조건을 적용받습니다.)
- In case of contradiction the general conditions and the specific conditions, the specific conditions shall prevail. (일반조건과 특정조건이 상충하는 경우 특정조건이 우선한다.)
- This contract shall be governed by the laws of Korea. (이 계약의 준거법은 한국법이다.)
  - The governing law of this contract shall be the laws of Korea. = This contract shall be governed by and interpreted in accordance with the laws of Korea.
- The award rendered by the arbitrators shall be final and binding upon both parties concerned. (중재인의 의한 중재판정은 최종적이며, 관련 당사자를 구속한다.)
- Shipment will be done within 30 days. (선적은 30일 이내에 이루어져야 한다.)
- Any action for non-conformity of the goods must be taken by the Buyer not later than 30 days from the date of arrival of the goods at destination. (물품의 불일치로 인한 소송은, 물품이 목적지에 도착한 날로부터 30일 이내

에 제기되어야 한다.)

- No modification of the Contract is valid unless agreed in writing. (이 계약의 수정은, 서면으로 합의하지 않는 한 유효하지 않다.)

- Inspection of the Goods shall be carried out at the port of unloading at Buyer's expense. (물품검사는 매수인의 비용으로 양륙항에서 수행되어야 한다.)

- All trade terms provided in this contract shall be interpreted in accordance with Incoterms 2020. (이 계약서상의 모든 거래조건은 Incoterms 2020에 따라 해석되어야 한다.)

- This contract is made and entered into on May 10, 2015 by and between Party A and Party B. (이 계약은 2015년 5월 10일자에 Party A와 Party B 사이에 체결된다.)

- Terms of Payment: D/A 60 Days from B/L Date. (결제조건: 선적일로 60일)

- All disputes shall be finally settled by arbitration. (모든 분쟁은 중재에 의해 해결된다).

- This contract shall be effective and valid when both parties sign hereunder. (양당사자가 아래에 서명하면, 이 계약서는 효력이 발생된다.)

- The contract amount is USD 300,000 based on CIF Singapore. (계약금액은 CIF 싱가포르 기준으로 30만 달러이다.)

- A project company is subject to penalties for late completion. (프로젝트 컴퍼니는 완공지연에 대해 벌칙금을 적용받는다.)

- Any dispute arising out of or in connection with this contract shall be finally settled by arbitration in seoul in accordance with the international arbitration rules of the Korean Commercial Arbitration Board. (이 계약으로부터 또는 이 계약과 관련하여 발생하는 모든 분쟁은 서울에서 대한상사중재원의 국제중재규칙에 따라 중재에 의해 최종 해결한다.)

- These specific Conditions have been prepared in order to permit the parties to agree the particular terms of their sale contract by completing the spaces left open or choosing (as the case may be) between the alternatives provided in this document. (다음의 세부 조건들은, 당사자들이 공란에 기재하거나 또는 이 모델계약서에서 제시된 대안들 중에서 선택함으로써 매매계약의 특정조건들에 대해 동의하는 것을 허용하기 위해 준비되었다.)

- Unless otherwise agreed, the Buyer does not acquire any intellectual property rights relating to the goods. (달리 합의하지 않는 한, 매수인은 그 물품에 대한 지식재산권을 취득하지 못한다.)

- Inspection (검사):

Inspection of the Goods shall be carried out at the place or port of unloa− ding at Buyer's expense. Inspection may be done in the presence of Seller if Seller so desired. (물품검사는 매수인의 비용으로 양륙항 또는 양륙지에서 수행되어야 한다. 매도인이 그렇게 원하면, 검사는 매도인의 참석 하에 수행될 수 있다.)

- Trade Terms:

All trade terms provided in this contract shall be interpreted in accordance with the latest Incoterms of the International Chamber of Commerce. (거래조건: 이 계약서상의 모든 거래조건은 ICC의 Incoterms 최신판에 따라 해석되어야 한다.)

 4   계약이행(선적, 대금결제 등)

- The goods you ordered are ready for shipment. (당신이 주문한 물품은 선적 준비가 완료되었습니다.)
- Delivery will be made within three weeks of your order. (당신의 주문은 3주 내에 인도될 것입니다.)
- Seller must perform his delivery obligations according to the Sales Contract. (매도인은 매매계약에 따라 인도의무를 이행해야 한다.)
- We trust that the shipment will reach you in good condition and meet your expectation. (화물이 완전한 상태로 당신에게 도착되고 당신의 기대를 충족시킬 것으로 믿습니다.)
- Your account shows an overdue balance of US$ 100,000 which was payable on July 31, 2011. (당신의 계정(미지급금)에는 2011년 7월 31일자에 결제해야 할 금액 10만 달러가 지급기일이 경과했습니다.)
- The Goods shall be delivered by the Seller to the Buyer in accordance with the agreed Shipment schedule. (합의된 선적일정에 따라 매도인은 물

품을 매수인에게 인도한다.)

- A Seller draws a draft on a Buyer at 60 days from B/L date for USD 200,000. (매도인은 매수인을 지급인으로 미화 20만불의 선적 후 60일의 환어음을 발행하다.)

- A Seller draws a draft on a Buyer at 60 days after sight for USD 200,000. (매도인은 매수인을 지급인으로 미화 20만불의 일람후 60일의 환어음을 발행하다.)

- All negotiable sets of the Bill of Lading made out to the order of a bank must be endorsed by the shipper. (은행 지시식으로 작성된 유통가능 선하증권 전통에는 화주의 배서가 필요합니다.)

  - negotiable: 유통가능한, 양도가능한, negotiable Bill of Lading: 유통가능선하증권

    to order of − −: − −의 지시식으로 (to order of A Co − 'A Co의 지시식'(이 의미는 A Co가 지시하는 자가 그 증권의 권리자가 된다는 것임)

    endorse: 배서하다(= indorse), shipper: 송하인(= consignor)

- We are pleased to inform you that the cargo covering your order No. ABC− 110420−02 has been shipped as follows; (귀사의 주문 ABC−110420−02에 대한 화물이 다음과 같이 선적되었다는 것을 귀사에 알리게 되어 대단히 기쁩니다.)

- A full set of negotiable shipping documents will be sent you by DHL courier today. (유통가능선적서류 전통이 오늘 DHL로 귀사에 발송될 것입니다.)

- We have received the goods you shipped per the S.S. "Santa Maria". (우리는, 귀사가 Santa Maria호로 선적하 물품을 수령하였습니다.)

- We are pleased to advise you that we had shipped the subject goods, on July 5. (대상 물품을 7월 5일에 선적하였음을 알리게 되어 기쁩니다.)

- Your account is now overdue for one month. (귀사의 계정(미지급금)은 1개월간 연체입니다.)

- A draft drawn on an issuing bank (개설은행을 지급인으로 하는 환어음)

- We hereby certify that above goods has been inspected before shipment and found in good order. (우리는, 상기의 물품이 선적전에 검사되었고 상태가 양호한 것으로 밝혀졌음을 여기에 확인합니다.)

- The holder may obtain recourse without protest of non−payment. (소지인

은 지급거절증서 없이 소구권을 취득합니다.)

- A ship deviated from the voyage contemplated by the insurance policy. (선박은 보험증권에 기재된 항로에서 이로했다(벗어났다).)

5 신용장

- Credit means any arrangement, however named or described, that is irrevo- cable and thereby constitutes a definite undertaking of the issuing bank to honour a complying presentation. (신용장(Credit)은 그 명칭과 상관없이 개설은행이 일치하는 제시에 대하여 결제(honour)하겠다는 확약으로서 취소가 불가능한 모든 약정을 의미한다.)
- An Issuing Bank issues an irrevocable credit at sight in favor of a Seller at the request of a Buyer for USD 200,000. (개설은행은 Buyer의 요청에 의해 Seller를 수익자로 하는 미화 200,000달러의 취소불능일람불신용장을 개설한다.)
- Would you please issue an irrevocable credit in our favor? (우리를 수익자로 하는 취소불능신용장을 개설해주시겠습니까?)
- We have instructed ABC Bank to issue an irrevocable L/C in your favor. (우리는 당신을 수익자로 하는 취소불능신용장을 개설토록 ABC은행에 지시하였습니다.)
- This credit is subject to UCP 600. (이 신용장은 UCP 600에 따른다.)
- We will issue an L/C in your favor soon. (우리는 당신을 수익자로 하는 신용장을 곧 개설할 것이다.)
- ALL REQUIRED DOCS TO BE PREPARED IN ENGLISH. (모든 서류는 영어로 준비될 것)
- We are holding the documents pending your further instructions. (우리는, 귀사(제시자)로부터 추가지시를 기다리며 서류를 보류하겠습니다.)
- Description of goods on invoice differ from that in the credit. (상업송장의 물품명세와 신용장의 물품명세 불일치)
- As requested by the Issuing Bank, we hereby add our confirmation to the Credit. (개설은행으로부터 요청받은 대로, 우리는 신용장에 우리의 확인을 추

가한다.)

- An Issuing Bank issues an irrevocable credit at sight in favor of a Seller at the request of a Buyer for USD 200,000. (개설은행은 Buyer의 요청에 의해 Seller를 수익자로 하는 미화 200,000 달러의 취소불능일람불신용장을 개설한다.)

- Please establish a confirmed credit in our favor by the end of September, 2010. (2010년 9월 말까지 우리를 수익자로 하는 확인신용장을 개설해 주시기 바랍니다.)

- We shall be much obliged if you will issue an irrevocable credit. (취소불능신용장을 개설해 주시기 바랍니다.)

- Transferable letter of credit at sight must be issued in our favor within 10 days after the date of the contract. (계약체결일로 10일 이내에 우리를 수익자로 하는 일람불양도가능신용장이 개설되어야 한다.)

- We hereby issue this irrevocable documentary credit in your favor available with any bank by negotiation. (우리는 당신을 수익자로 하여 자유매입 취소불능신용장을 개설합니다.)

- We issued an irrevocable documentary letter of credit in your favor for which you can draw a draft at 180 days after sight drawn on us. (우리는 당신을 수익자로 하는 취소불능화환신용장을 개설했습니다. 이 신용장으로 당신은 우리를 지급인으로 하는 일람후 180일 환어음을 발행할 수 있습니다.)

- A draft is to be drawn at sight. (환어음은 일람출급으로 발행된다.)

- We have instructed ABC Bank to issue an irrevocable L/C in your favor for sum of US$ 1,000,000 valid until July 31. (우리는 당신을 수익자로 하는 7월 31일까지 유효한 1백만 달러의 취소불능신용장을 개설토록 ABC은행에 지시하였습니다.)

- Complying presentation means a presentation that is in accordance with the terms and conditions of the credit, the applicable provisions of these rules and international standard banking practice. (일치하는 제시(Complying presentation)는 신용장 조건, 적용 가능한 범위 내에서의 이 규칙의 규정, 그리고 국제표준은행관행에 따른 제시를 의미한다.)

- All banking charges are for beneficiary's account. (모든 은행수수료는 수익자 부담이다.)

  (for beneficiary's account. = for the account of beneficiary)

- We have drawn a draft on you at 60 days after sight for US$100,000. (우리는 10만 달러의 일람 후 60일 조건으로 당신을 지급인으로 하는 환어음을 발행했습니다.)

- Upon receipt of documents and drafts in conformity with the terms and conditions of this Credit, we shall remit the proceeds to the bank designated by a negotiating bank. (신용장의 조건과 일치하는 서류 및 환어음을 수령하면, 우리는 매입은행이 지정한 은행앞으로 대금을 송금할 것이다.)

- Documents shall be presented within 21 days after the date of shipment but within the validity of the credit. (서류는 선적일로 21일 이내에, 그리고 신용장 유효기일 이내에 제시되어야 한다.)

- The letter of credit to cover your order has not been received by us. (당신의 주문서에 대한 신용장이 아직 당사에 도착하지 않았습니다.)

- As your L/C expires on June 30, please extend E/D by July 31. (당신의 신용장은 6월 30일에 만료되므로 유효기일을 7월 31일까지 연장하여 주시기 바랍니다.)

- A credit calls for a draft at 95 days from bill of lading date drawn on the confirming bank. (신용장은, 확인은행을 지급인으로 하며, 지급기일이 선적일로 95일인 환어음을 요구한다.)

- A credit is issued for an amount of about USD 50,000.00 payable with drafts drawn at 30 days from bill of lading date. (지급기일이 선적일로 30일인 환어음으로 지급되는 50만 달러의 신용장이 개설되었다. → 선적일로 30일인 기한부신용장이 개설되었다.)

- This documentary credit is subject to the version of the ICC Uniform Cus‒ toms and Practice For Documentary Credits, 2007 version, ICC Publication No. 600. (이 신용장은 신용장통일규칙, 2007개정분(ICC 발행번호 600)의 적용을 받는다.)

- I want to open a bank account. (나는 은행계좌를 개설하고 싶습니다.)

- The goods will soon be ready for shipment. Would please issue an L/C immediately so as to enable us to ship them on time? (물품이 곧 선적준비가 될 것입니다. 물품을 납기 내에 선적할 수 있도록 즉시 신용장을 개설해 주시겠습니까?)

- All charges are for the account of the drawee.

모든 수수료는 지급인의 부담이다. (＝ All charges are for drawee's account.)

* All interests are for the account of a seller. 모든 이자는 매도인의 부담이다.

• FULL SET OF INSURANCE POLICY FOR 110% OF THE INVOICE VALUE. (송장금액의 100%에 해당하는 보험증권 전통)

• At the request of the Seller ("Principal"), we issue this Standby Letter of Credit in favour of the Buyer. (매도인(주채무자)의 요청에 의해, 우리는 매수인을 수익자로 하는 보증신용장을 개설한다.)

• This standby L/C is subject to ISP98. (이 보증신용장은 보증신용장통일규칙을 따른다.)

• The Principal is required to provide you with a performance guarantee in the amount of USD 2,000,000. (주채무자는 귀사에게 미화 2백만 달러의 계약이행보증서를 제공해야 한다.)

• We hereby irrevocably undertake to pay immediately to you, upon your first demand. (귀사의 단순 지급청구를 받으면, 우리는 귀사에 즉시 지급할 것을 취소불능적으로 확약합니다.)

(Documents Required (요구되는 서류))

• SIGNED COMMERCIAL INVOICES IN 3 ORIGINALS STATING THE NAME AND ADDRESS OF MANUFACTURERS/PROCESSORS. (제조자와 가공자의 상호와 주소가 기재된 서명된 상업송장 원본 3장)

• Full set of clean on board bills of lading made out to the order of Citi Bank, marked "freight prepaid" and notify ABC Co. ("운임선지급"이 표시되고 ABC사를 통지처로 기재한, Citi Bank의 지시식으로 발행된 무고장선적 선하증권 전통)

• FULL SET OF CLEAN SHIPPED ON BOARD OCEAN BILLS OF LADING ISSUED TO THE ORDER OF DUBAI BANK, MARKED FREIGHT COL-LECT SHOWING NOTIFY APPLICANT. (두바이은행의 지시식으로 발행된 무고장선적선하증권 전통, 운임후불이 표시되고, 개설의뢰인을 통지처로 기재할 것)

• FULL SET OF CLEAN ON BOARD OCEAN BILLS OF LADING MADE OUT TO THE ORDER OF BANK OF CHINA, AND MARKED FREIGHT PREPAID

AND NOTIFY APPLICANT. (BANK OF CHINA의 지시식으로 발행되고, 운임 선지급이 표시되고, 개설의뢰인을 통지처로 하는 무고장선적선하증권 전통.)

- SIGNED COMMERCIAL INVOICES IN 3 ORIGINALS (제조사의 상호와 주소가 기재된 서명된 상업송장 원본 3장)
- FULL SET OF INSURANCE POLICY FOR 110% OF THE INVOICE VALUE. (송장금액의 100%에 해당하는 보험증권 전통)

6 국제규칙

- The insurer is discharged from liability as from the time of deviation. (보험자는 이로가 있은 때로부터 면책된다.) (MIA 46(1))
- The EXW Rule represents the minimum obligation for the seller. (EXW 규칙은 매도인의 최대의무를 나타낸다.)
- A seller places goods at the disposal of a buyer. (매도인은 물품을 매수인의 임의처분하에 놓는다.)
- Drafts must be accompanied by the following documents. (환어음에는 다음 서류가 첨부되어야 한다.)
- A Carrier means any person who undertakes to perform carriage. (운송인은 운송을 수행하는 자를 말한다.)
- The seller delivers when it places the goods at the disposal of the buyer. (매도인이 물품을 매수인의 처분하에 놓을 때, 매도인이 인도한다.)
- The seller delivers the goods to the carrier. (매도인이 운송인에게 물품을 인도한다.)
- The risk passes to the buyer. (위험이 매수인에게 이전된다.)
- The risk passes when the goods are on board the vessel. (물품이 선박에 적재될 때, 위험이 이전된다.)
- The seller clears the goods for export. (매도인이 수출통관을 한다.)
- The risk of damage to the goods passes when the goods are on board the vessel. (물품이 선적될 때, 물품의 손상 위험이 이전된다.)
- Negotiation means the purchase by the nominated bank of drafts and/or

documents under a complying presentation. (매입은 일치하는 제시에 대하여 지정은행이, 환어음 및/또는 서류를 매수(purchase)하는 것을 의미한다.)

7   클레임(분쟁)

- We regret to inform you that the quality of the goods is inferior to the samples. (물품의 품질이 샘플보다 떨어진다는 것을 귀사에 알리게 되어 유감입니다.)

- We were surprised to find that the color of the goods delivered was com— pletely different from the samples you sent. (인도된 물품의 색상이 당신이 보낸 샘플과 완전히 다르다는 것을 알게 되어 놀랐습니다.)

- We regret to inform you that the goods is a different item from the specifications of our order. (물품이 우리의 주문명세와 다르다는 것을 알게 되어 유감입니다.)

- I am very sorry to hear from your letter of September 18 that the goods we supplied were damaged during shipment. (당사가 공급한 물품이 선적 중에 손상되었다는 귀사의 9.18자 서신에 대해 대단히 유감입니다.)

- Since you may think that we should be responsible for the damage, we must clarify our position as follows: (손상에 대하여 당사가 책임을 져야 한다고 귀사가 생각할 수도 있어서 다음과 같이 당사의 입장을 명확히 밝히고자 합니다.)

- We are very sorry to learn from your letter of November 11, that our shipment of your order was inferior in quality. (11월 11일자 당신의 편지로부터 당신의 주문에 대한 화물이 품질이 떨어진다는 것을 알게 되어 유감입니다.)

- Upon unpacking the cases, we found that the quality was far inferior to the sample on which we placed the order. (상자를 열어보니 품질이 당사가 주문했던 견본보다 훨씬 불량합니다.)

- We are compelled to claim on you. (우리는 귀사에 클레임을 제기할 수밖에 없습니다.)

- Your prompt settlement of this claim will be appreciated. (귀사가 이 클레임을 신속히 해결해 주시면 감사하겠습니다.)
- It is likely that the damage to the goods was caused by rough handling. (물품의 손상은 부주의한 취급 때문인 것 같습니다.)
- We would suggest that you file a claim against the insurance company. (우리는, 귀사가 보험회사에 보험금을 청구할 것을 제안합니다.)
- Unless your account is settled by May, we shall be compelled to take legal steps for the collection. (귀사의 계정(미지급채무)이 5월까지 결제(해결)되지 않으면, 우리는 채권회수를 위한 법적조치를 취하지 않을 수 없습니다.)
- After investing your complaint, we have learned that an error was made in our sales department. (당신의 불만 제기를 조사한 결과, 우리의 영업부서에서 실수가 있었다는 것을 알게 되었습니다.)
- In order to adjust your claim at this time, we would like to send you the right goods as soon as possible. (당신의 클레임을 해결하기 위하여, 우리는 가능한 빨리 정확한 물품을 보내겠습니다.)
- We deeply apologize for your inconvenience. (당신의 불편함에 대해 깊이 사과드립니다.)
- We will replace them with a new shipment by the first available vessel. (가장 이른 선박편으로 새로운 화물로 그것들을 교체해드리겠습니다.)
- We will immediately replace the said machine with a new one. (언급된 그 기계를 새로운 기계로 즉시 교체하겠습니다.)

PART
02

영문해석·영작문
기출문제 해설

▣ 무역거래에서 주요 Letter

• Overseas Market Research(해외시장조사)

• Selection of Business Partners(거래처 발굴/선정)

• Credit Inquiry(신용조회 요청/신용조회 회신)

• Introduction(자사 소개)

• Business Inquiry(상품조회)

• Business Proposal(거래제안)

• Offer(청약)

• Acceptance(승낙)

• Shipping Advice(선적통지서)

• Claim(클레임 제기, 클레임 회신)

▣ Business Letter의 순서

• Business Letter는 다음 4개 part로 구성

  1) Opening

  2) Focus

  3) Action

  4) Closing

구 분	내 용	예 시
Opening	• 상대방이 <u>취한 조치</u>에 대한 <u>감사</u> (서신을 작성하게 된 경위) • 상대방의 서신(또는 주문) 등에 대한 회신임을 나타냄 • 상대방을 알게 된 경위(자신의 소개)	① 이미 취한 조치에 대한 감사 - Thank you for your letter of 3 December. - Thank you for your letter of February 17. - Thank you for your email. - Thank you for your letter of 3 December in which you enquired about credit facilities. - We would like to thank you for your offer of the 15th of June for women's jackets. ② 상대방의 편지(주문 등)에 대한 회신임을 나타내는 표현 - I am writing to tell you that ~ . - I am writing to you concerning order, No. CU 1234. - We are pleased to receive your inquiry. ③ 상대방을 알게 된 경우(또는 자신의 소개) - Your company's name has been given to us by the Chamber of Commerce of Buenos Aires, ~ - We are one of the leading companies in electronic devices. - We are a leading bicycle dealer in this city where cycling is popular, and have branches in 10 nearby cities.
Focus	• 서신의 실질적인 내용	
Action	• 자신이 취할 조치 • 상대방이 취할 조치에 대한 요청	1) We will place our first order with you as soon as we receive a reply granting the discount. 2) Upon your request, we will send our sample books and price lists to you immediately. 3) Please fax or email us as soon as you have arranged shipment. 4) Please let us know your decision as soon as possible.
Closing	• 향후 희망 또는 기대 • 회신에 대한 기대 • 상대방이 취할 조치에 대한 감사 • 마지막 인사	1) We are looking forward to your reply. 2) I look forward to some indication of your disposition in this regard. 3) I wish to assure you that your order will receive our best attention. 4) We appreciate your interest in our product. 5) We wish you every success in your business.

■ 질문 유형

• Letter에서의 질문 유형은 다음과 같다.

① 편지의 주된 목적(What is the main purpose of the letter?)

② 진위 여부(Which of the following is CORRECT according to the letter above? Which of the following is true according to the letter below?)

③ 문장순서(Please put the sentences in order.

④ 유추해석(Which of the following can be inferred from the letter below?)

⑤ 직전 편지 또는 직후 편지(Which of the following is MOST likely to be found in the previous letter? Which of the following is correct about the previous letter?)

■ Style(전후 문장) 찾기

1) Which of the following is most UNLIKELY to appear right before the passage below?

2) Which of the following is most likely to come before the text below?

3) Read the passage in the box and then choose the option as the following content after the passage.

4) Which of the following is MOST likely to appear right after the passage below?

01 Which of the following CANNOT be inferred from the passage below?

Dear Mr. Cooper,

Thank you for your letter in reply to our advertisement in EduCare.
Although we are interested in your proposition, the 5% commission you quoted on the invoice values is higher than we are willing to pay. However, the other terms quoted in your quotation would suit us.

Again we do not envisage paying more than 3% commission on net invoice values, and if you are willing to accept this rate, we would sign a one−year contract with effect from 1 August.

One more thing we would like to add is that the volume of business would make it worth accepting our offer.

Yours sincerely,

Peter

① Peter is an agent.
② Cooper is engaged in a commission based business.
③ 3% commission is a maximum to the Principal to go with.
④ Low commission might be compensated by large volume of business.

해설 당사의 EduCare 광고에 대한 회신에 감사드립니다. 우리는 당신의 제안에 관심이 있지만, 송장금액(청구서 금액)에 대해 당신이 제시한 5%의 커미션은 우리가 지급하려고 하는 것보다 높습니다. 그러나 당신의 견적서에 제시된 기타 조건들은 우리에게 적합합니다. 다시 한 번 우리는 순 송장금액(청구서 금액)에 대해 3% 이상의 커미션을 지급하는 것을 상정할 수 없는바, 만약 당신이 이 수수료율을 수용할 의향이 있다면, 우리는 8월 1일부터 1년 기간의 계약을 체결하려고 합니다. 한 가지 덧붙이고자 하는 것은 사업 규모가 커지면 우리 제안을 수용할 가치가 있을 것이라는 것입니다.
• 이 letter는 agent(대리인) Cooper의 커미션 제안(5%)에 대한 principal(본인) Peter의 reply이다. Cooper는 5%의 커미션을 제안했으나, Peter는 3% 이상의 커미션을 지급할 수 없다고 회신하였다.

(정답 ①)

※ Read the following and answer.

> We are pleased to state that KAsia in your letter of 25th May is a small but well−known and highly respectable firm, (A) <u>who has established in this town for more than five years.</u>
>
> We ourselves have now been doing business with them (B) <u>for more than five years on quarterly open account terms</u> and although (C) <u>they have not taken advantage of cash discounts</u>, they have always paid promptly on the net dates. The credit we have allowed the firm (D) <u>has been well above USD100,000 you mentioned.</u>

02 Who might be the writer?

　① Bank　　② Referee　　③ Seller　　④ Buyer

03 Which is grammatically WRONG?

　① (A)　　②(B)　　③ (C)　　④ (D)

해설 귀사의 5월 25일자 서신에서 언급된 KAsia는 이 마을에 설립된 지 5년 이상 된 작지만 유명하고 매우 존경받는 회사입니다. 우리도 분기별 O/A조건으로 5년 이상 거래를 해왔으며, 그 회사는 현금 할인을 이용하지는 않았지만, 그 회사는 항상 적시에 지급해 왔습니다. 우리가 그 회사에 허용한 신용한도(외상한도)는 귀사가 언급한 USD100,000을 훨씬 넘습니다.

02 이 letter는 KAsia에 대한 정보제공의뢰 letter에 대한 reply이다. 따라서 이 letter의 작성자는 KAsia에 대하여 강력히 추천하고 있는바, 추천인(Referee, Recommender)이라고 볼 수 있다. 참고로 이 letter의 작성자는 KAsia와 실물거래를 해 온 기업에 해당되어 Bank라고는 볼 수 없다.

03 (A) who <u>has established</u> in this town for more than five years. → who <u>has been established</u> in this town for more than five years.

(정답 2−②, 3−①)

※ Read the following and answer.

> Thank you for your letter regarding opening an account with our company for trading our goods.
> Please fill in the enclosed *financial information* form for 3 years and provide us with two or more trade references as well as one bank reference.
> Of course, all information will be kept in strict confidence.
> Thank you very much for your cooperation.
>
> Your sincerely,

04 Who is likely to be the writer?

① banker   ② seller   ③ buyer   ④ collector

05 What would NOT be included in the financial information?

① cash flow   ② profit and loss account

③ balance sheet   ④ draft

해설 우리 회사와 물품거래에 대한 거래처 개설에 관한 귀사의 서신에 감사드립니다. 동봉한 3년 간의 재무 정보 양식을 기재하고, 2개 이상의 거래 조회처와 1개 은행 조회처를 우리 회사에 제공해주시기 바랍니다. 물론, 모든 정보는 엄격히 기밀로 처리될 것입니다. 협조해 주셔서 대단히 감사합니다.

04 이 letter에서는 상대방에게 3개년간 재무자료, 거래 조회처로 거래처 2 곳 이상과 1개 은행을 요청하고 있다. 수입자에게 외상을 제공하는 수출자는 첫 거래에서 수입자의 지급능력과 신용도를 파악하기 위하여 이러한 자료를 요청하는 경우가 많다.

05 어느 기업의 "financial information(재무정보)"는 Statement of financial position(재무상태표 = Balance sheet(B/S) 대차대조표), Income statement = statement of profit or loss(손익계산서), statement of cash flow(현금흐름표) 등을 통해서 파악한다. draft는 환어음으로 재무정보와는 무관하다.

(정답 4-②, 5-④)

※ Read the following and answer the questions.

Dear Mr. Brown,

We thank you very much for your inquiry of July 5th and are glad to hear that you are interested in our products. In your letter, you requested a special price discount of 5% off the list prices. While appreciating your interest in our products, we have to point out that we have already cut our prices to the minimum possible and that these goods are not obtainable elsewhere at these prices.

However, 'in case' you are ready to increase your order for over 100,000 pieces at a time, please be advised that we can allow you quantity discount of 5% as you requested.

Sincerely yours,

Mike Son

---

06 Which does NOT have similar meaning to 'in case'?

① in spite   ② provided   ③ if   ④ when

07 Which is MOST appropriate about the letter?

① Mr. Brown asked Mike Son to raise the price.

② The writer accepts Mr. Brown's offer.

③ Mike Son is a buyer.

④ Mike Son suggests a volume discount.

해설   7월 5일자 귀사의 문의에 대하여 감사드리며, 귀사가 당사의 제품에 대하여 관심이 있다는 것을 듣게 되어 기쁩니다. 귀사의 서신에서, 귀사는 5%의 특별할인을 요청하였습니다. 당사는 이미 당사의 가격을 최저로 인하하였고, 어느 곳에서도 이 가격에 이 제품들을 구입할 수 없다는 점을 지적하고자 합니다. 그러나 당사가 한 번에 10만 개 이상을 주문하는 경우, 귀사의 요청대로 수량할인 5%를 제공할 수 있습니다.

- in case = provided, if, when (~하는 경우)
  in spite (~에도 불구하고) (=despite, even if, although, even though)
  volume discount (수량할인, =quantity discount, discount for large orders)
- 이 letter는 Mr. Brown(Buyer)의 5% 가격할인 문의에 대한 Mike Son(Seller)의 회신이다. Mike Son은 5%의 가격할인은 불가능하며, 10만개 이상 주문시 수량할인 5%는 가능하다고 말하고 있다.

(정답 6-①, 7-④)

08 Below is a reply to a letter. Which of the following is the MOST appropriate title for the previous letter?

Thank you for your interest in our solutions at Bespoke Solutions Inc. We are a leading software development firm with an impressive track record creating responsive solutions to support organizational objectives. We offer a broad range of website development solutions.

Attached is our comprehensive price list, please find.

---

① Request for Acceptance

② Request for Quotation (RFQ)

③ Purchase Order (P/O)

④ Shipment Notice

해설　Bespoke Solutions사의 솔루션에 대한 귀사의 관심에 감사드립니다. 당사는, 선도하는 소프트웨어 개발회사로서 조직의 목적을 지원하는 대응 솔루션을 창출하는 감명적인 트랙 레코드를 보유하고 있습니다. 당사는 광범위한 웹사이트 개발 솔루션을 제공합니다. 당사의 종합가격표를 첨부하였습니다.

- ① Request for Acceptance(수락(승낙) 요청) ② Request for Quotation(RFQ)(견적서 요청) ③ Purchase Order(P/O)(주문서) ④ Shipment Notice(선적통지서)
- 이 letter는 'Buyer의 letter(즉 이전 편지(previous letter))'에 대한 reply(회신)이다. 질문은 'Buyer의 letter(즉 이전 편지(previous letter))'의 제목(title)을 묻고 있다. 이 letter에서 price list(가격표)를 첨부하였는데, 이는 이전 편지(previous letter)에서 Buyer가 견적서(Request for Quotation (RFQ))를 요청하였기 때문이다.
- track record : 실적

(정답 ②)

※ Read the following and answer the questions.

Thank you for your inquiry regarding opening an account with our company. Please, fill in the enclosed *financial information* form and provide us with two or more trade references as well as one bank reference. Of course, all information will be kept in the strictest confidence.

Thank you very much for your cooperation.

---

09 Which of the following is MOST likely to be found in the previous letter?

① We therefore request you to send us the names of three department stores with which your company already has accounts at present.

② If your company can supply us with two additional credit references as well as current financial statements, we will be pleased to reconsider your application.

③ We request that you open an account with us on 30−day credit terms, starting with the order listed.

④ I have enclosed our company's standard credit form for you to complete and would appreciate it if you would return it to me as soon as possible.

10 What would NOT be included in the underlined 'financial information'?

① balance sheet

② profit and loss account

③ cash flow

④ business registration certificate

해설 당사와 거래를 시작하는 것에 대한 문의에 대하여 감사드립니다. 첨부의 재무정보 양식을 기재하고, 2곳 이상의 거래처와 신용조회처 은행을 알려주시기 바랍니다. 물론, 모든 정보는 엄격히 기밀로 취급될 것입니다. 협조해 주셔서 감사합니다.

09 상기의 Letter은 "your inquiry regarding opening an account with our company"에 대한 회신이다. 따라서 the previous letter는 "inquiry regarding opening an account with our company"이다. 따라서 정답은 ③

10 financial information(재무정보)에는 Statement of financial position[재무상태표 =Balance Sheet(B/S) 대차대조표], Income statement = statement of profit or loss (손익계산서, = profit and loss account), statement of cash flow(현금흐름표) 등이 포함된다. 그러나 business registration certificate(사업자등록증), copy of corporate registration(법인등기부등본)은 해당되지 않는다.
- open an account(은행에 계좌를 개설하다, 거래를 트다)

(정답 9-③, 10-④)

※ Read the following and answer the questions.

> Please send us your current catalogue and price list for bicycles. We are interested in importing models for both men and women.
>
> a. This would enable us to maintain the low selling prices which are important for the growth of our business.
>
> b. In return we would be prepared to place orders for a guaranteed annual minimum number of bicycles, the figure to be mutually agreed.
>
> c. If the quality of your products is satisfactory and the prices are reasonable, we would place large orders.
>
> d. We are the leading bicycle dealers in this city where cycling is popular, and have branches in five neighbouring towns.
>
> e. Please indicate whether you will allow us a quantity discount.

11 Put the following sentences in order.

① d-e-c-b-a   ② d-e-c-a-b

③ d-c-e-a-b   ④ d-e-b-a-c

12 What CANNOT be inferred from the above?

① The buyer wants a detailed price terms.

② The buyer could handle large number of bicycles.

③ This is to confirm an order.

④ Seller may give a discount for large orders.

해설 자전거에 대한 귀사의 현행 카탈로그와 가격표를 보내주시기 바랍니다. 당사는 남성용과 여성용 모델 모두를 수입하려고 합니다.

a. 이것(수량 할인)은 낮은 가격으로 자전거 판매가 가능하게 할 것이며, 이는 당사의 사업 성장에 매우 중요합니다.

b. 그 대가로 당사는 연간 최소 수량 이상의 주문을 보장할 것입니다. 다만, 그 최소 수량 은 상호 합의가 필요합니다.

c. 품질이 만족스럽고, 가격이 합리적이면, 당사는 다량을 주문하고자 합니다.

d. 당사는 자전거 타기가 대중적인 이 도시에서 앞서가는 자전거 판매점으로 인근 5개의 타운에 지점을 소유하고 있습니다.

e. 귀사가 수량 할인을 제공할 수 있는지 알려주세요.

(정답 6−③, 7−③)

※ Read the following and answer the questions.

In the letter you mention a need for a straight 10% reduction across our full product range to "match recent reductions" carried out by your competitors. In line with your request we are (a) *reducing our F.O.B. prices to you by 5%.* (b) *This is the minimum that we can do for you* at this time. Even this 5% reduction represents (c) a considerate sacrifice in your profits, a sacrifice which we expect you to match.

Please understand that we are always willing to consider ways to assist you in making your operation more competitive. However, in analyzing the supporting data you provided, we noticed that at least part of (d) *your competitor's reductions are being accomplished* by deleting accessories previously included in the package. This sort of creative pricing strategy is another approach you should promptly consider.

---

13 What is the mian purpose of this letter?

① to delete accessories

② for reducing the import

③ to complain about a price raise

④ to answer price cut request

14 Which of the following is correct according to the logic of the letter?

① (a)   ② (b)   ③ (c)   ④ (d)

해설 (번역) 귀사는 서신에서, 귀사의 경쟁사들이 실시한 최근 가격인하를 맞추기 위하여 당사의 전 제품에 대한 10% 가격인하 필요성을 언급하였습니다. 귀사 요청의 일환으로 당사는 귀사에게 (a) FOB 기준 5% 가격인하를 할 것입니다. (b) 이것은 현재 당사가 제공할 수 있는 최소가격인하입니다. 5%의 가격인하가 (c) 귀사의 이익에 상당한 희생을 나타내는

데, 우리는 귀사가 이 희생을 맞출 수 있을 것으로 기대합니다. 당사는 귀사의 운영을 보다 경쟁적이 만드는 데 있어 귀사를 지원할 방법을 항상 고려하고 있다는 점을 이해하여 주시기 바랍니다. 그러나, 귀사가 제공한 참고자료를 분석함에 있어, 당사는, (d) 귀사의 경쟁사의 가격인하는 패키지에 포함된 액세서리(보조용품)를 삭제하는 방법으로 실시되었다는 것을 알게 되었습니다. 이러한 유형의 독창적인 가격전략은, 귀사가 즉각적으로 고려해야 하는 또 다른 접근방법입니다.

13 이 서신은 Buyer의 10% 가격인하요청에 대한 Seller의 회신이다.
- "To allow 5 price cut instead of 10%"도 위 서신의 목적이 될 수 있다.

(정답 ④)

14 상대방의 가격인하에 대한 회신이므로 논리적으로 볼 때, 다음과 같이 수정해야 한다.
(b) This is the minimum that we can do for you at this time. → This is <u>the maximium</u> that we can do for you at this time.
(c) a considerate sacrifice in your profits → a considerate sacrifice in <u>our profits</u>
(d) your competitor's reductions are being accomplished → <u>our competitor's</u> reductions are being accomplished

(정답 ①)

※ Read the following and answer the questions.

Dear Mr. Freeman,

Thank you for your enquiry dated 8 February. I have a pleasure in enclosing the catalogue of typewriters as you requested. This includes details of a number of electronic typewriters by various manufacturers.

Regarding the memory, have you considered a dedicated word processor? You will find details on pages 15−25, and will see from the price list that prices of the smaller models compare very reasonably with electronic typewriters.

If you would like demonstrations of any of the models in the catalogue, I would be happy to arrange for our representative to call on you whenever convenient.

---

15 This is a reply to a letter. Which of the following is MOST likely to be found in the previous letter?

① You will find details of our terms in the price list printed on the inside front cover.

② Perhaps you would consider placing a trial order to provide you with an opportunity to test its efficiency.

③ I am particularly interested in purchasing a product with a reasonable memory.

④ At the same time this would enable you to see for yourself the high quality of material and finish put into this model.

16 Which of the following CANNOT be inferred from the letter?

① The representative is willing to visit Mr. Freeman.

② The electronic typewriter may be less expensive than the smaller model.

③ In the catalogue, there are price lists and explanations about various products.

④ The writer recommends a dedicated word processor.

해설 2월 8일자 당신의 문의에 대하여 감사합니다. 당신이 요청한 타자기의 카탈로그를 동봉하였습니다. 메모리에 관하여, 당신은 워드프로세스 전용기를 고려했습니까? 15~25페이지에서 세부내용을 확인할 수 있고, 소형모델은 전동타자기와 매우 합리적으로 비교될 수 있다는 것을 가격표로부터 확인할 수 있습니다. 카탈로그에 있는 모델에 대한 시현을 원하면, 아무 때나 편리한 시간에 당사의 직원이 당신을 방문할 수 있도록 일정을 잡겠습니다.

• dedicated word processor: 워드프로세스 전용기
• finish put: 섬세한 마무리

15 이 서신은 판매자가 구매자에게 보낸 서신이고, previous letter은 구매자가 판매자에게 보낸 서신이다. 선택지 중에서 ③만 구매자가 작성한 내용이고, 나머지는 모두 판매자가 작성한 내용이다. 이러한 유형은 우선, 작성자가 판매자나 구매자 중에서 누구인지 확인하는 것이 중요하다.

(정답 ③)

16 소형모델의 가격은 전동타자기에 상당히 비교될 수 있다는 것이므로 전동타기가 소형모델보다는 같거나 약간 비싸다고 추론할 수 있다.

(정답 ②)

17 What is the main purpose of the letter?

> Dear Sir,
>
> Your firm has been recommended to us by some business acquaintances in this city, we shall be pleased to receive a copy of your price−list and best trade terms, together with a selection of tasting samples of Wines and Spirits. We are ready to place large orders if T&C is satisfactory. Therefore, please supply us with your quotation.
>
> Awaiting your early reply,

① Awaiting your early reply   ② Ordering some good

③ Requesting price terms   ④ Ensuring size of business

해설 귀사를 이 도시에서 사업상 지인 몇 명으로부터 추천을 받았는데 시음용 와인 그리고 증류주와 함께 귀사의 가격과 거래조건서를 받고자 합니다. 가격과 거래조건이 만족스러우면 대량 주문을 할 것입니다. 그러므로 귀사의 견적 을 주시기 바랍니다. 답장 기다리겠습니다.
− T&C (Terms and Conditions)：거래조건

(정답 ③)

18 Which of the following is AGAINST the logic from the letter?

> As you may know, record−breaking heat waves hit this country last year, (1) <u>boosting the sales of beer to an unprecedented extent.</u> You will be pleased to know that an increasing number of Korean people are beginning to enjoy foreign beers, (2) <u>whose prices have been raised because of the appreciation of the won.</u> In these circumstances, we at ABC, a Busan−based trading company that deals in European food stuffs, (3) <u>are very interested in marketing your beers from this year onward.</u> Foreign beers are being imported to Korea from various countries. (4) <u>We may be able to sell your beers in considerable numbers if your products are superb in quality.</u>

① (1)   ② (2)   ③ (3)   ④ (4)

해설 아시는 바와 같이, 지난해 기록적인 폭염이 이 나라를 강타했고, <u>(1) 전례 없는 정도의 맥주판매를 부추겼습니다.</u> 외국 맥주를 즐기기 시작한 한국인들이 증가하고 있고, <u>(2) 원화의 평가 절상 때문에 외국 맥주 가격이 인상되었다는 것을 알게 되면,</u> 귀사는 기쁠 것입니다. 이러한 상황에서 부산에 근거하는 무역회사로 유럽 식품을 취급하는 우리 ABC사

는, (3) 금년부터 계속하여 귀사의 맥주를 판매하는 데 관심이 있습니다. 외국 맥주는 다양한 국가로부터 한국으로 수입됩니다. (4) 귀사의 제품이 품질이 뛰어나다면, 당사는 상당한 양의 귀사 맥주를 판매할 수 있습니다.

- 이 문제는 논리적으로 모순되는 표현을 찾는 것이다. (2) 원화가치 상승(appreciation)되면 수입품의 국내판매가격은 하락하고, 원가치 하락(depreciation)의 경우 수입품의 국내판매가격은 상승한다. 따라서 the appreciation of the won → the depreciation of the won.
— 원화 평가절상: USD 1 = KRW 1,100 → USD 1 = KRW 1,000 (1달러 수입품의 국내가격: 1,100원 → 1,000원)
— 원화 평가절하: USD 1 = KRW 1,100 → USD 1 = KRW 1,200 (1달러 수입품의 국내가격: 1,100원 → 1,200원)
- superb: 최상의 (= excellent, supreme, grand)

(정답 ②)

19 Fill in the blanks in the comment of the letter.

Dear Ms. Kim,
We intend to purchase a new office copier before the end of the fiscal year. We would like to consider an RBM copier and wonder if you have a model that would suit our needs. Our office is small, and a copier would generally be used by only three secretaries. We run approximately 3,000 copies a month and prefer a machine that uses regular paper. We would like a collator, but rarely need to run off more than 25 copies at any one time. We would also like to know about your warranty and repair service. Since our fiscal years ends June 30, 2015, we hope to hear from you soon.

<Comments>
Through the letter, Ms. Kim can determine which of the company's products might interest you. By mentioning the _____ for your inquiry, you motivate her to respond. Besides, by letting her know _____ you intend to buy, you encourage her to reply in time.

① explanation-where   ② people-what
③ reason-when   ④ number-how

해설 우리는 회계 연도가 끝나기 전에 새로운 사무실 복사기를 구입하고자 합니다. 우리는 RBM 복사기를 고려중인데, 당신이 우리의 필요에 맞는 복사기를 보유하고 있는지 궁금합니다.

우리의 사무실은 작고, 복사기는 일반적으로 단지 세명의 비서가 사용합니다. 우리는 월약 3,000개의 복사를 하고, 일반 용지를 사용하는 기계를 선호합니다. 우리는 조합기를 선호 좋아하지만, 한 번에 25개 이상의 복사를 할 필요는 매우 드뭅니다. 우리는 또한 보증 및 수리 서비스에 대해 알고 싶습니다. 우리의 회계연도는 2015. 6. 30.에 종료되므로 조만간 회신을 받길 원합니다.

(Comment) 이 편지를 통하여 Ms. Kim은 회사의 어떤 제품이 당신의 흥미를 유발할지 결정할 수 있습니다. 당신의 문의에 대한 (이유(reason))를 설명함으로써, 당신은 그녀가 반응하도록 동기를 부여합니다. 그 외에, 그녀가, (언제(when)) 당신이 구매하려고 하는지 그녀에게 알림으로써 당신은 그녀가 적시에 회신할 수 있도록 고무할 수 있습니다.

(정답 ③)

20 What is NOT correct according to the letter?

Dear John,

We are happy to send you, in confidence, the credit information you requested concerning Mr. Steve Han, owner of Standard Electric Store.

Mr. Steve Han has had personal checking and savings accounts with us for the past fifteen years. His accounts were always in order, with adequate balances to cover all checks drawn.

His store, at 1235 North Ridge Street, was opened last August. For this undertaking, he borrowed $120,000 from this bank and has had begun making regular payments against the loan. We are unaware of any further outstanding debts he may have. On the basis of our experience with him, we believe Mr. Han to be credit worthy.

James Bradley

① This is to reply for a credit reference.
② James Bradley is a manager in HR team.
③ John sent a credit inquiry to a bank.
④ Mr. Han has no overdue payments against bank loan.

해설 당사는 당신이 요청한 Standard Electric Store의 소유주인 Mr. Steve Han에 관한 신용정보를 기밀로 당신에게 송부합니다. Mr. Steve Han은 지난 15년 간 당행에 개인 당좌계좌(personal checking account)와 저축예금계좌(savings account)를 보유해 오고 있습니다. 그의 계좌는 항상 정상적이었고, 발행된 수표를 결제할 적당한 잔고를 보유하고 있었습니다. 1235 North Ridge Street에 소재한 그의 상점은 지난 8월에 개업하였습니다. 이로 인하여(즉 상점 개업) 그는 당행에 $120,000을 대출받았고, 대출금에 대하여 정기적으로 상환하기 시작했습니다. 당행은 그의 추가적인 채무에 대해서는 아는 바가 없습니다. 그와의 거래경험에 근거할 때, 우리는 Mr. Han는 신용이 있다고 믿습니다.

　－ 이 지문은 신용조회에 대한 회신이다
　－ checking account: 당좌계좌(이자 있음, monthly fee 없음)
　－ saving account: 저축계좌(이자 없음, monthly fee 있음)
② James Bradley는 은행의 신용조사담당자이다.

(정답 ②)

21 Please put the following sentences in order.

> 1. We fully appreciate your reasoning and share your desire to achieve maximum market penetration as quickly as possible.
> 2. Therefore, given the very substantial developmental and facility costs involved, a lower price is not feasible at this stage.
> 3. Still, we are confident these devices will find a ready market.
> 4. This is why these state－of－the－art devices were offered to you at such a low initial price.

　　① 1－2－3－4　　　② 1－4－2－3　　　③ 2－4－1－3　　　④ 4－1－2－3

해설　1. 당사는, 귀사의 논리에 대해서는 충분히 이해하고 있으므로, 최대의 시장진입을 가능한 빨리 실현하고자 하는 귀사의 열망에 공감합니다.
2. 그러므로 개발 · 설비에 소요된 상당한 금액의 비용을 고려할 때, 가격을 인하하는 것은 현 단계에는 현실적으로 가능하지 않습니다.
3. 그러나, 이 제품들은 판매가 잘 될 것으로 확신합니다.
4. 이러한 이유로 이 최첨단의 장치들이 이런 낮은 가격에 제공된 것입니다.

- 1. We fully appreciate your reasoning and share your desire to achieve maximum market penetration as quickly as possible. (이미 처리된 것에 대한 감사 표시이므로 첫 번째에 온다.)
- 2. Therefore, given the very substantial developmental and facility costs involved, a lower price is not feasible at this stage. (결론을 의미하는 "therefore"가 있으므로 마지막 지문이다.)
- penetration (진입, 진출), feasible (타당한, 실현가능한), feasibility study (타당성 조사), state－of－the－art device (최첨단 장치)

(정답 ②)

22 Which of the following is MOST likely to come right before the passage below?

> However, we feel the prices of your products appear to be somewhat on the high side in the market here.
> Please understand that the market here is very tight because a lot of cell phones are imported from Japan, Europe, and Southeast Asian countries.
> In order for us to maintain competitiveness in this market, we need a steady supply of products at prices which are appropriate for the market.

① We are favorably impressed with the quality of your products which we believe are perfectly suited to the needs of the customers here.

② May we ask you to reduce the unit price to US$100.00? This would greatly facilitate our ability to introduce your products to our customers.

③ We hope that you will take advantage of this occasion so that you will benefit from the expanding market. We are awaiting your consideration and favorable reply.

④ We are confident that the conditions we offer are fully competitive with those of other manufacturers and hope you will take advantage of this opportunity.

해설 그러나, 당사는, 귀사의 제품이 여기 시장에서는 다소 높다고 생각합니다. 일본, 유럽, 그리고 서남아시아 국가로부터 많은 휴대폰이 수입되고 있기 때문에 이 시장은 매우 경쟁적이라는 점을 이해하여 주시기 바랍니다. 이 시장에서 당사가 경쟁력을 유지하기 위해서는, 이 시장에 적합한 가격으로 지속적인 공급이 필요합니다.

• Letter의 논리적 전개를 찾는다. (품질만족 → 가격 높음 → 가격할인(적정가격))

① We are favorably impressed with the quality of your products which we believe are perfectly suited to the needs of the customers here(당사는, 이곳 고객들의 필요에 완벽하게 맞다고 믿는 귀사의 제품의 품질에 감동받았습니다).

(정답 ①)

23 (   ) 안에 적합한 것을 고르시오.

> Under such circumstances we have to ask you your most competitive price on the particular item, your sample No. 5 which is (   ).

① on good demand   ② in good demand

③ against good demand   ④ by good demand

⑤ over good demand

해설 in good demand (수요가 많은, 잘 팔리는 = in high demand)
· competitive price (= low price)

(정답 ②)

24 (   ) 안에 적합한 것을 고르시오.

> Our revised price (   ) covers the cost of production and then we shall not be able to make any (   ) shading of price in spite of our eagerness to materialize an initial business.

① still - farther   ② hard - further   ③ hardly - farther

④ scarcely - farther   ⑤ barely - further

해설 shading of price(가격할인), barely(간신히 ~하다.), farther(더 멀리(거리를 나타냄)), further(더 많이(정도를 나타냄)), hardly(거의 ~할 수 없다)
- I scarcely know him.(그를 거의 모른다.)
- We barely had time to catch the train.

(정답 ⑤)

29 Choose one that has a right order to complete the letter below.

ⓐ If we lose this chance, the shipment will be delayed and there will be nothing we can do about it.

ⓑ As to your e-mail of May 10, 2015 requesting us to suspend the production of your order No. AET-34, we contacted the manufacturers and learned the situation.

ⓒ Please airmail the new design samples immediately. We must have them by May 20.

ⓓ They said that they could not wait because of the rush of orders. But we have persuaded them to wait until May 20.

We expect you, therefore, to send new designs immediately or accept the original ones.

---

① ⓓ-ⓑ-ⓐ-ⓒ

② ⓑ-ⓐ-ⓒ-ⓓ

③ ⓑ-ⓓ-ⓒ-ⓐ

④ ⓓ-ⓐ-ⓑ-ⓒ

해설   ⓐ 이 기회를 상실하면, 선적은 지연될 것이고 우리가 할 수 있는 것은 없을 것이다.
ⓑ 귀사의 주문 AET-34의 생산을 정지하라는 2015.5.10.자 귀사의 이메일에 대하여 당사는 제조사에 연락을 했고 그 상황을 알게 되었습니다.
ⓒ 새로운 디자인 샘플을 즉시 항공우편으로 보내주세요. 우리는 5.20.까지 그것들을 받아야 합니다.
ⓓ 주문을 서두르기 때문에 그들은 기다릴 수 없다고 합니다.
그러므로 당사는, 귀사가 즉시 새로운 디자인을 보내거나 본래의 것을 받아줄 것을 기대합니다.

(정답 ③)

※ Read the following and answer.

Dear Mr. Han,

Thank you for your enquiry about our French Empire range of drinking glasses. There is a revival of interest in this period, so we are not surprised that these products have become popular with your customers.

I am sending this fax pp. 1−4 of our catalogue with CIF Riyadh prices, as you said you would like an immediate preview of this range. I would appreciate your comments on the designs <u>with regard to</u> your market.

I look forward to hearing from you.

---

26 What kind of transaction is implied?

    ① a reply to a trade enquiry   ② a firm offer

    ③ an acceptance of an offer   ④ a rejection of an offer

해설 이 서신은 프랑스 황실의 유리컵(drinking glasses) 관련 문의에 대한 회신임.

(정답 ①)

27 Which is NOT similar to the underlined with regard to?

    ① regarding   ② about   ③ concerning   ④ in regard for

해설 프랑스 황실의 유리컵에 대한 귀사의 문의 감사합니다. 이 기간에 관심이 고조되고 있으므로, 이 제품들이 귀사의 고객들에게 인기가 있다는 것에 놀라지는 않습니다. 귀사가 이 제품을 즉시 사전 검토하겠다고 말했으므로 CIF 리야드 가격조건으로 당사의 카탈로그 1~4쪽을 팩스로 전송합니다. 귀사의 시장과 관련하여 디자인에 대한 코멘트를 해 주시면 감사하겠습니다.

(정답 ④)

28 Which of the following fits LEAST in the letter below?

> Thank you for your email telling us that you received the wrong part. We are embarrassed to have made such a careless mistake. (a) <u>Today we are shipping Part No. 810 by air at our expense.</u> (b) <u>I hope that the air shipment will reach you in time to avoid any serious delay on your end.</u> We apologize for your inconvenience and assure you that no error like this will ever happen again. (c) <u>Please ship back Part No. 801 at your earliest convenience at our expense.</u> (d) <u>We would add the charge at our next invoice.</u>

① (a)   ② (b)   ③ (c)   ④ (d)

해설 당신이 잘못된 부품을 수령했다는 것을 우리에게 알려준 당신의 이메일에 대해 감사 드립니다. 이 같은 부주의한 실수를 하게 되어 당황스럽습니다. (a) 오늘 당사의 비용부담 으로 항공운송을 통해 부품 번호. 810을 송부하겠습니다. (b) 항송운송물이 적시에 도착하 여 당신의 목적에 심각한 지연을 피할 수 있길 바랍니다. 불편을 초래한 것에 대해 사과드 리고, 이런 실수가 다시 발생하지 않도록 할 것입니다. (c) 부품 번호 801을 가장 이른 편 리한 시간에 당사의 비용부담으로 반송해 주시기 바랍니다. (d) 다음 청구서에 비용(대금) 을 추가하겠습니다.

▪ 잘못된 부품을 반송 받고 정확한 부품을 다시 송부하는 것이므로 비용을 다시 청구할 수 없다. 그런데 (d)에서는 다음 청구서에 비용(대금)을 청구한다고 기재하였으므로 잘못된 표현이다.

(정답 ④)

※ Read the following and answer the questions.

> a. It is therefore with regret that we have to announce that one third of the work force will be made redundant over the next month as production will be cut by 40 percent.
> b. We express our sympathies to those affected and would like to thank them for their help in the past and their co-operation in these unfortunate circumstances.
> c. The company has been running at a loss for the past three years, due to rising costs of production and a fall in demand for our products because of the economic situation.
> d. Those employees affected will be advised within the next fortnight and will receive full severance pay, plus holiday pay, which, we hope, will help them until they find new jobs.

30 Please put the following sentences in order.

① b－d－a－c   ② b－c－d－a   ③ c－a－d－b   ④ c－d－b－a

31 What is the main subject of the letter?

① allowance to employees

② layoff of employees

③ less demand of products

④ cooperation in the economic situation

해설 a. 따라서 생산이 40% 감축될 것이므로 다음 달에 대해 작업량의 3분의 1은 남게 될 것이라는 것을 알려야만 하는 것이 유감스럽습니다.

b. 당사는 그 영향에 대해 동정을 하고, 지난번 그들의 도움 및 이러한 불행한 상황에서 그들의 협조에 대해 감사합니다.

c. 경제상황 때문에 생산비의 상승과 수요의 감소로 그 회사는 지난 3년간 손실을 기록하였습니다.

d. 영향을 받은 종업원들은 2주일(fortnight) 내에 통지를 받을 것이고, 휴일 수당과 해고수당(severance)이 전액 지급될 것인데, 이것이 그들이 새로운 일자리를 찾는 데 도움이 되길 바랍니다.

30 (정답 ③)

31 이 지문은 경영악화로 인한 종업원의 해고(layoff)에 대한 내용이다.

(정답 ②)

32 Read the following letter. Put the sentences in the most appropriate order.

Dear Mr. Yoon:

(a) Unfortunately, business commitments on the West Coast will make it impossible for me to attend.

(b) I will give you a call when I return from Los Angeles so we can set up a lunch date.

(c) Thank you for the invitation to be your guest at the information systems conference next week.

(d) I appreciate your thoughtfulness and hope that I will be able to attend next week.

Best regards,

---

① d－c－a－b   ② c－a－d－b   ③ d－a－b－c   ④ c－b－a－d

해설 (A) 아쉽게도 서부(West Coast)에서의 업무상약속으로 참가하는 것이 곤란합니다.
(B) LA에서 돌아오면 귀하에게 전화하여 점심약속을 정하겠습니다.
(C) 정보시스템회의에 초대해 주셔서 감사합니다.
(D) 귀하의 배려에 감사드리며, 내년에는 참석할 수 있도록 하겠습니다.
- 편지의 당사자: Invitee(Guest) → Invitor(Host)
- (c) 편지를 쓰게 된 동기(초청에 대한 감사)로 가장 먼저 온다.
- (b) 향후 취할 조치이므로 마지막에 온다.
- business commitment(업무상약속), commitment(약정, 약속), commitment fee(약정수수료), conference(회의)

(정답 ②)

33 Please put the sentences in order.

> (a) Our requirements in this regard include translation of English menus into Korean, Japanese, Chinese, and French, and editing, layout and printing of menu books.
>
> (b) We are looking for a company which specializes in menu book printing for airlines.
>
> (c) We owe your name to Mr. Richard Kim, Senior Vice President of Pacific Airlines.
>
> (d) Should your company be interested in this project, please send us a proposal, including your costing scheme, as to how your company could assist us in this matter.

① b−c−a−d ② c−b−a−d   ③ b−a−c−d   ④ c−b−a−d

해설 (A) 이와 관련 당사의 요구조건은 영어메뉴를 한국어, 일본어, 중국어, 및 불어로 번역하는 것과 메뉴책자의 편집, 구성 그리고 인쇄에 관한 것이 포함되어 있습니다.
(B) 당사는 항공기용 메뉴책자인쇄를 전문으로 하는 회사는 찾고 있습니다.
(C) 퍼시픽항공사의 부사장 리처드 김을 통하여 귀사를 알게 되었습니다. (Your name has been given to us by Mr. Richard Kim)
(D) 귀사가 이 프로젝트에 관심이 있으면, 이와 관련 당사를 도울 귀사의 제안서(비용견적 포함)를 보내주시기 바랍니다.
- 편지의 당사자: Airlines(항공사) → Printing Co.(인쇄소)

(정답 ②)

34 Which of the following is MOST likely to appear right after the passage below?

> Your name has been recommended to us by the Chamber of Commerce of New York as one of the well—known importers handling various bicycles and parts and we wish to open an account with you.
> As you will see in the enclosed pamphlet, we have been established here for more than thirty years as an exporter of Korean—made bicycles and parts.
> In this line of business, we enjoy a specially advantageous position as we have wide and direct connections with the first—class manufactures in Korea, and we can assure you that any orders you may send us will be executed at the lowest market prices and on the best terms possible.

① We do business on a confirmed Letter of Credit, under which we draw a draft at 60 d/s. Prices are quoted FOB Busan in U.S. dollars, but we can make up CIF prices, delivery at any part of your country if you desire so.

② As we are now planning to expand our business to your market, we will greatly appreciate if you introduce us to some reliable firms in your city who are interested in this line of business.

③ We will appreciate it very much if you let us know the names of any reliable firms enjoying a good reputation in your city and who are interested in importing our goods.

④ For the past thirty years, we have been marketing your lines of business and have succeeded in establishing excellent sales networks all over Korea.

해설 뉴욕상공회의소로부터, 귀사는 다양한 자전거와 부품을 취급하는 명성 있는 수입업체중 하나로 소개받았으며, 우리는 귀사와 거래를 시작하길 희망합니다.
첨부된 팜플릿에서 보듯이 우리는 한국산 자전거와 부품의 수출업체로서 설립된 지 30년이 넘었습니다.
동업계에서 우리는 한국의 일류제조업체와의 넓고도 직접적인 관계 때문에 특별히 유리한 위치에 있습니다. 그리고 귀사가 우리에게 보내는 주문품을 가장 낮은 시장가격과 가능한 최고의 조건으로 제공해드리겠습니다.
- open an account(계좌를 개설하다. 거래를 개시하다)

(정답 ①)

35 Please put the sentences in order.

㉠ We trust, therefore, you will make every effort to revise your prices. Thank very much for your effort.

㉡ Your present prices actually are not competitive in this market. Therefore, we are unable to place an order with you at this time, even though we are favorably impressed with your samples.

㉢ We have received your quotation of March 31, 2005. Thank you for the supply of samples No. 45614/5 which are according to our expectation.

㉣ Under such circumstances, we have to ask for your most competitive prices on the particular items, your samples No. 56214/5 which are in high demand.

---

① ㉡-㉠-㉢-㉣   ② ㉡-㉣-㉢-㉠   ③ ㉢-㉣-㉢-㉠

④ ㉢-㉡-㉣-㉠   ⑤ ㉢-㉠-㉡-㉣

해설   ㉢ We have received your quotation of March 31, 2005. Thank you for the supply of samples No. 45614/5 which are according to our expectation. (Opening)

㉡ Your present prices actually are not competitive in this market. Therefore, we are unable to place an order with you at this time, even though we are favorably impressed with your samples. (Focus)

㉣ Under such circumstanced, we have to ask for your most competitive prices on the particular items, your samples No. 56214/5 which are in high demand. (Focus)

㉠ We trust, therefore, you will make every effort to revise your prices. Thank very much for your effort. (Action)

(정답 ④)

※ Read the following and answer the questions.

Dear Mr. Merton,

Please find attached an order(R1432) from our principals, Mackenzie Bros Ltd, 1−5 Whale Drive, Dawson, Ontario, Canada. They have asked us to instruct you that the 60 sets of crockery ordered should be packed in 6 crates, 10 sets per crate, with each piece individually wrapped, and the crates marked clearly with their name, the words 'fragile' and 'crockery', and numbered 1−6. Please send any further correspondence relating to shipment or payment direct to Mackenzie Bros, and let us have a copy of the commercial invoice when it is made up.

Many thanks,

David Han

01 Who might be Mackenzie Bros Ltd?

① buyer ② seller ③ freight forwarder ④ carrier

02 Why does David Han want a copy of commercial invoice?

① to calculate an agent commission to be charged to the Mackenzie Bros Ltd later.

② to ask an agent commission to Mr. Merton after supply of goods.

③ to keep it as a record for principal.

④ to calculate import tax for his customer.

해설 당사(대리인)의 본인(principal)인 Mackenzie Bros사(Whale Drive, Dawson, Ontario, Canada 소재)의 주문서(R1432)를 첨부합니다. 그들은(본인(principal), 즉 Mackenzie Bros 사) 크로커리(도자기류 그릇) 60 세트는, 6개의 상자에 포장, 각 상자는 10세트씩, 그리고

각각 별개로 포장되어야 하고, 각 상자에는 명확히 "fragile and crockery"이 표기되고, 1~6번의 번호가 기재되어야 한다는 것을 귀사에 지시하라고 하였습니다. 선적 또는 대금지급에 대해서는 Mackenzie Bros사에 연락하시고, 완료되면 상업송장 사본을 당사에 보내주시기 바랍니다.

- 본인(principal) : 대리인(agent)에게 사무를 위임하는 자
- 이 서신은 Mackenzie Bros사(Buyer)의 대리인인 David Han이 Mr. Merton(Seller)에게 보내는 서신이다.

(정답 1-①, 2-①)

※ **Read the following and answer the questions.**

Dear Chapman,

We were pleased to receive your order of 15th April for a further supply of transistor sets, but as the balance of your account now stands at over USD400,000, we hope you will be able to reduce it before we grant credit for further supplies.

We should therefore be grateful if you could send us your check for, say, half the amount you owe us. We could then arrange to supply the goods you now ask for and *charge* them to your account.

Yours faithfully,

Brown Kim

---

03 Which is MOST similar to the underlined 'charge'?

① remove　　② allow　　③ credit　　④ debit

04 Which is LEAST correct about the letter?

① Chapman placed an order with Brown.
② The writer is reluctant to extend credit.
③ The action of this letter resulted from the previous account which remains unpaid.
④ Brown Kim wants the overdue to be reduced at least by USD200,000 this time.

해설 4. 15자 귀사의 추가적인 트랜지스터 세트 공급 주문을 받게 되어 기쁩니다. 그러나 현재 귀사의 미결제 잔액이 미화 40만 달러를 초과하여 당사가 추가적인 공급을 하지 전에 귀사가 미결제 잔액을 감축할 수 있길 바랍니다. 따라서 귀사가 당사에 지급할 금액의 절반에 상당하는 귀사의 수표를 당사에 송부할 수 있으면 감사하겠습니다. 그러면 당사는 귀사가 요청한 물품공급을 주선하고, 그것을 귀사에 청구하겠습니다.

03 charge to your account (귀사에 청구하다)

• debit A's account (A의 계좌에서 차감하다(출금하다))

• credit A's account (A의 계좌에 입금하다.)

04 ① Chapman은 주문자(Buyer)이고, Brown Kim은 공급자(Seller)이다. ② The writer is reluctant to extend credit(작성자는 신용제공(외상판매)을 꺼려한다) Chapman의 미결제 잔액이 미화 40만 달러를 초과하여 작성자(Brown Kim)는 추가적인 신용제공(외상판매)을 꺼려하고 있다. 따라서 현재 미결제 잔액의 절반을 수표로 결제할 것을 요청하고 있다. ③ The action of this letter resulted from the previous account which remains unpaid.(이 편지의 조치는 결제되지 않고 있는 이전거래로부터 초래되었다) 결국 작성자(Brown Kim)는 추가적인 신용제공(외상판매)을 꺼려하는 이유는 이전거래에서의 미결제 잔액(미화 40만 달러)이 있기 때문이다. ④ Brown Kim wants the overdue to be reduced at least by USD200,000 this time.(Brown Kim은 이번에 연체금액이 최소 20만 달러 감소되길 원한다.) → Brown Kim does not want the overdue to exceed USD400,000 this time.

(정답 3-④, 4-④)

05 The following is a part of offer. What kind of offer is it?

> We appreciate your recent offer for your A-124.
> Although we highly value the quality of your product, we find that your price is rather high for the customers in our country.
> We have to point out that similar model can be purchased from other Asian or European manufacturers at a 15% lower price than your quoted price. We are planning to place a large order, which is at least 10,000 units, so we request you to lower the price by 15%.

① firm offer   ② counter offer   ③ conditional offer   ④ free offer

해설 귀사의 A-124 제품에 대한 귀사의 최근 청약(offer)에 대하여 감사드립니다. 당사는 귀사의 제품의 품질을 높게 평가함에도 불구하고, 우리 국가의 고객들에게는 다소 가격이 높다는 것을 당사는 알게 되었습니다. 기타 아시아 또는 유럽 제조사들로부터 귀사가 제시한 가격보다 15% 낮은 가격으로 유사한 제품을 구매할 수 있다는 점을 당사는 지적하고자 합니다. 당사는 최소 10,000개의 다량 주문을 계획하고 있는바, 가격을 15% 인하할 것을 요청합니다.

• 청약(offer)의 종류를 묻는 문제이다. 상대방의 청약에 대해 실질적 변경(대금, 대금지급, 물품의 품질과 수량, 인도의 장소와 시기, 분쟁해결 등)을 한 응답(reply)는 승낙이 아니라 새로운 청약 또는 반대청약(counter offer)가 된다.

(정답 ②)

06 Choose the most appropriate word for the blank.

> We are a large music store in the center of Seoul and would like to know more about the DVDs you advertised in this month's edition of "Nature Voice". Could you tell us if the DVDs are out of intellectual property issue and are playable in Korean language. Also please let us know if there are volume discount (ex. orders for more than 1,000 PCs). If the above matters are answered to our satisfaction, we may (   ) a substantial order.

    ① place   ② take   ③ provide   ④ offer

해설 당사는 서울 중심부에 소재한 대규모 악기상점이고, "Nature Voice"지의 이번 달 호에서 광고한 귀사의 DVD에 대하여 좀 더 알고 싶습니다. DVD는 지식재산권 분쟁의 적용대상이 아니고, 한국어로 재생이 가능한지 알려주실 수 있습니까? 또한, 수량할인(예: 1,000개 이상 주문)이 있는지 알려 주시기 바랍니다. 위 문제가 당사의 기대에 부합하면, 당사는 다량 주문을 할 수 있습니다.
Could you tell us if the DVDs are out of intellectual property issue(지식재산권 분쟁의 적용대상인지 알려주시겠습니까?)
• place an order(주문하다, =put in an order), volume discount(수량할인, quantity discount) If I put in an order, when can I get my item by?

                                                          (정답 ①)

※ 다음을 읽고 물음에 답하시오.

> Please find enclosed our official order, No. AZ0412.
> For this order, we accept the 15% trade discount you offered and the terms of payment (sight draft).
> For payment, please send the shipping documents and your sight draft to Korea Trade Bank, Namdaemoon Branch, Seoul, Korea.
> We would appreciate delivery within the next six weeks, and look forward to your acknowledgement.

07 What is the purpose of the letter?

    ① Placing an order

    ② Request for early delivery

    ③ Request for shipping documents

    ④ Inquiry of the payment and shipment

08 Which of the following is NOT correct according to the letter?

    ① 위 서신의 작성자는 상대방의 가격과 지급조건에 동의한다.

    ② 지급을 위하여 선적서류와 함께 일람출급환어음이 발행되어야 한다.

    ③ 위 서신의 작성자는 선적서류를 신용장 개설은행에 송부하도록 요구한다.

    ④ 위 서신의 작성자는 물품이 6주 내에 인도되기를 희망한다.

해설 우리의 공식주문서(No. AZ0412)를 첨부합니다.

이 주문에 대하여 우리는 귀사가 제안한 15%의 거래할인과 결제조건(일람불환어음)을 수락합니다. 지급에 대하여, 선적서류와 일람불환어음을 서울의 Korea Trade Bank 남대문지점으로 송부해 주시기 바랍니다. 다음의 6주 이내로 인도해 주시면 감사하겠으며 귀사의 확인을 기대합니다.

- 위 편지에서는 order를 첨부하였다.(find enclosed our official order)
- sight draft: 일람불환어음(지급인이 환어음을 인수하고 즉시 환어음대금을 지급함)
  time draft(bill), term draft(bill): 기한부환어음(지급인이 환어음을 인수하고 만기일(상당 기간 후)에 대금을 지급함)

(정답 7-①, 8-③)

09 What is the main purpose of the letter below?

> Thank you for your order, No. F-8601, which we received yesterday. Unfortunately, we cannot offer the 30% trade discount you requested. 20% is our maximum discount, even on large orders, as our prices are extremely competitive. Therefore, in this instance, I regret that we will have to turn down your order.

    ① Decline of order   ② Request for discount

    ③ Request for large orde   ④ Reply to complaint

해설 당사가 어제 받은 귀사의 주문서 No. F-8601에 대해 감사드립니다. 불행하게도 당사는, 귀사가 요청한 30%의 할인을 제공할 수 없습니다. 당사의 가격이 매우 경쟁적이기 때문에, 다량 주문의 경우에도 최대 할인폭은 20%입니다. 그러므로 이번에는 귀사의 주문을 거절해야만 합니다.

- competitive: 경쟁적인(즉 가격이 낮은, good price)

상대방은 30%의 할인을 요청하였으나, 당사의 최대 할인한도는 20%이므로 상대방의 주문을 거절한다는 내용이다.

(정답 ①)

10 The following is a letter from an exporter to an importer. Which of the following is true?

We want to thank you for your order of May 24 for our digital camera, Model K－10. However, we regret to inform you that we are unable to fulfill your order for the time being.

Currently, we have no stock available for the items requested and cannot say with certainty as to when we are able to make a delivery.

However, we can offer to you our new model K－11, which is far superior to Model K－10 in quality and performance. The price of Model K－11 is only slightly higher at USD135.50. At present it is the best－selling model in our domestic market.

If you feel that the new model is a little expensive, we would like to recommend our model K－9, which is similar to Model K－10 in features, performance, and overall quality, but at a much lower price of USD105.00.

We await any further requests you may have.

---

① The importer has ordered digital cameras, Model K－10, and the exporter will be able to make a delivery after a short while.

② The price of Model K－11 is higher than Model K－10 by USD135.00, and that of Model K－10 is lower than Model K－9 by USD105.00.

③ The exporter recommends the two models of digital camera; one is more expensive than what the importer wants to buy and the other one may be less expensive.

④ Both Model K－9 and K－11 are the best selling models in the domestic market because of their quality and performance.

해설 당사의 디지털 카메라 K－10에 대한 귀사의 5.24자 주문에 대해 감사드립니다. 그러나 당분간 귀사의 주문을 만족시킬 수 없음을 알리게 되어 유감입니다. 현재 요청하신 품목의 재고가 없으며, 당사가 언제 그 물품을 인도할 수 있을지도 정확히 말씀드릴 수 없습니다. 그러나 당사는 품질과 기능면에서 모델 K－10보다 훨씬 우수한 신제품 K－11을 귀사에 공급할 수 있습니다. 모델 K－11의 가격은 K－10보다 약간 높은 $135.5입니다. 현재 그것은 국내시장에서 아주 잘 판매되는 모델입니다. 귀사가 신모델이 다소 비싸다고 생각하면, 당사의 모델 K－9을 권해드리는데, 이 모델은 외양과 성능 그리고 전반적인 품질면에서 모델 K－10과 유사합니다만, 가격은 $105로 모델 K－10보다 상당히 낮습니다.

(정답 ③)

11 Which of the following is MOST likely to appear right BEFORE the passage in the box?

> In response to your inquiry, we are pleased to send you an estimate as follows:
>
> 　Item: Digital Camera System
> 　Model: DCS-9
> 　Quantity: 1
> 　Price: US$2,000 CIF Brisbane
>
> Please note that the above price is not a firm offer. The various functions of this model are explained in detail in the enclosed brochure. We are currently receiving a lot of orders from all over the world, and we hope you will place some orders. We look forward to hearing from you as soon as possible.

① Thank you very much for stopping by our booth at the IFI Exhibition in Hong Kong last month.

② Thank you for your letter of July 17, in which you expressed your willingness to open an account with us.

③ Please send me, if available, export guides for Australia and New Zealand. I would appreciate your placing me on the mailing list to receive them upon publication.

④ Thank you for your letter of September 12 expressing your interest in our digital camera system DCS-9.

해설　귀사의 문의에 대한 회신으로 다음과 같은 견적을 보내게 되어 기쁩니다.
위 가격은 확정 청약(firm offer)이 아닙니다. 이 모델의 나양한 기능에 대해서는 동봉한 안내서에 상세히 설명되어 있습니다. 당사는 현재 전 세계로부터 많은 주문을 받고 있고, 귀사가 주문하시길 희망합니다. 가능한 빨리 귀사의 회신이 있길 기대합니다.
• 상품주문(또는 관심표시)에 대한 회신
• 이 편지의 Item은 Digital Camera System이므로, 상대방의 편지는 Digital Camera System에 대한 편지일 것이다. 따라서 이 편지의 시작은 Digital Camera System에 대한 상대방의 편지에 대한 감사로 시작될 것이다.

(정답 ④)

12 Which of the following best fits the blank in the box below?

> I appreciate the good quality, but _____. To accept the prices you quote would leave me with only a small profit on my sales.

① the prices are subject to change.

② these are really our rock bottom prices.

③ the prices quoted above are provisional.

④ your prices appear to be on the high side.

해설 우수한 품질에 대해서는 감사드리지만, 귀사의 가격은 높은 편입니다(your prices appear to be on the high side) 귀사가 제시한 가격을 수용하면, 당사의 이윤은 매우 적게 됩니다.

(정답 ④)

13 Which of the following is correct according to the letter?

> We refer to your offer for USD 2 million CIF 2,000 (two thousand) XG 3001 computers in your Catalogue No. 2011. We are interested in goods at this moment. Would you please send us a few samples for our further consideration? We may then put a purchase order in due course.

① Buyer wants to see seller's catalogue.

② Buyer is not satisfied with the price terms.

③ Seller wants the buyer to arrange the vessel for ocean shipment.

④ Seller shall insure at his expense the goods when the deal is done.

해설 카탈로그 No. 2011에서 CIF 조건 2백만 달러의 XG 3001 컴퓨터 2,000개의 귀사의 청약과 관련됩니다. 당사는 이 물품에 대해 관심이 있습니다. 당사의 추가 고려를 위하여 샘플 몇 개를 보내주시겠습니까? 그러면 당사는 정상적인 절차를 통하여 주문을 할 것입니다.

• CIF조건에서는 Seller가 보험계약 체결 및 보험료 부담한다.

(정답 ④)

14 Please put the following sentences in order.

1. As explained in our previous letter, our budget constraint does not allow excessive expenditure this year.
2. We refer to your letter dated 13th of January, 2010 with respect to the procurement condition of DDD Testing Equipment.
3. We hereby confirm that we have received your proposal no. 57831 and intend to proceed with the procurement in 2010.
4. Therefore, our procurement will be in early June, 2010 subject to what your proposal submitted to us remains in the current conditions including the specifications, price and delivery.

① 4-3-2-1   ② 2-3-1-4   ③ 3-4-1-2   ④ 1-2-3-4

해설 1. 지난 서신(letter)에서 설명한 바와 같이, 당사의 예산상 제약으로 인하여 금년에는 과도한 비용지출이 곤란합니다.
2. DDD 테스트 장비의 구매조건에 대한 귀사의 2010.1.13.자 서신과 관련됩니다.
3. 당사는 귀사의 제안서 No. 57831을 잘 받았음을 확인합니다. 그리고 2010년에 구매를 진행할 의향이 있습니다.
4. 그러므로 당사의 구매는 2010년 6월 초에 있을 예정인데, 이는 귀사의 제안이 사양, 가격, 인도일을 포함한 현재의 조건대로 유지되는 것을 조건으로 합니다.

• 2. We refer to your letter dated 13th of January, 2010 with respect to the procurement condition of DDD Testing Equipment. (도입을 나타내므로 첫 번째에 온다)
• Therefore, our procurement will be in early June, 2010 subject to what your proposal submitted to us remains in the current conditions including the specifications, price and delivery. (결론을 의미하는 "therefore"가 나오므로 마지막 지문이다)
• budget (예산), constraint (제약, 제한), procurement (조달, 구매), proceed with~ (~을 진행하다), be subject to ~ (~을 조건으로 하다, ~에 종속되다. ~을 따르다)

(정답 ②)

15 Please put the following sentences in order.

(A) The offer we made is virtually a rock−bottom one sacrificing our own margin, so we are convinced that you will be able to carry out a most profitable business at this time.

(B) We have received your letter of May 23, confirming your acceptance on the phone for Silk Scarfs.

(C) Shipment will be effected during July, of course. We have enclosed our Sales Note No. 58 and also copies of cables exchanged between us.

(D) Immediately upon receipt of your letter of credit for the above, we will make every arrangement necessary to clear the goods by the first available vessel to New Orleans.

　We thank you again for this initial order and wish to assure you that your order will receive our best attention.

---

　　① B−A−D−C　　② A−B−D−C　　③ C−D−A−B　　④ D−A−C−B

해설 (상대방의 승낙에 대한 회신)

(A) 당사의 청약은 당사의 마진을 희생하면서 제안하는 가장 낮은 가격입니다. 따라서 당사는 금번에 귀사가 많은 이익을 창출하게 될 것으로 확신합니다.

(B) 실크스카프에 대하여 귀사가 전화로 승낙했음을 확인하는 귀사의 5.23자 서신을 받았습니다.

(C) 물론, 선적은 7월 중에 실행될 것입니다. 당사는 매매계약서 No. 58과 우리들 사이에 교신된 전신문 사본도 동봉합니다.

(D) 상기주문서에 대한 신용장을 받는 즉시 당사는 뉴올리언즈행 첫 선박에 물품을 선적하기 위한 모든 노력을 할 것입니다. 귀사의 첫 주문에 대해 다시 한번 감사드리고, 귀사의 주문에 대해 당사는 최선을 다할 것을 확인합니다.

- rock−bottom (최저의, 바닥의), virtually (사실상, in reality), clear the goods for export (수출통관하다)
- (B) We have received your letter of May 23, confirming your acceptance on the phone for Silk Scarfs. (편지를 작성하게 된 계기(원인)이므로 첫 번째 지문이 된다)
- We thank you again for this initial order and wish to assure you that your order will receive our best attention. (향후 희망 또는 기대를 나타내므로 마지막 지문이 된다)

　　　　　　　　　　　　　　　　　　　　　　　　　　　　　　(정답 ①)

16 Which of the following is MOST appropriate in order after the first sentence?

> Thank you for your letter of 3 December in which you enquired about credit facilities.
> (A) This allows us only small profit margins and prevents us from offering any of our customers credit facilities.
> (B) We appreciate that you have placed a number of orders with us in the past, and are sure that you can supply the necessary references to support your request.
> (C) However, as you probably realize, our products are sold at extremely competitive prices.

① (A) - (B) - (C)   ② (A) - (C) - (B)

③ (B) - (A) - (C)   ④ (B) - (C) - (A)

해설 (신용공여(대출, 자금공여, 외상거래) 문의에 대한 회신)

• credit facility: 신용공여(대출, 외상제공, 자금공여 등)

(B) we appreciate that you have placed a number of orders with us in the past(이전에 주문을 많이 해 주어서 감사합니다.)

(C) However, as you probably realize, our products are sold at extremely competitive prices.(귀사도 알다시피, 우리제품은 매우 경쟁적인 가격(낮은 가격)에 판매되고 있습니다)

(A) This allows us only small profit margins and prevents us offering any of our customers credit facilities. (마진이 적어서 고객들에게 신용을 제공할 수 없다)

(정답 ④)

1) Thank you for your letter ~: 이미 처리한 것에 대한 감사이므로 첫 번째에 온다.

2) we appreciate that you have placed a number of orders: 이미 주문한 것에 대한 감사이므로 첫 번째에 온다.

17 What is the main purpose of the letter below?

> Thank you for your order, No. AR0422, which we received today. Unfortunately, we cannot offer the 35% trade discount you asked for. The 25% is our maximum discount, even on large orders. Therefore, in this instance, regretfully we have to turn down your order.

① Refusal of order　　　　　② Acknowledgement of order

③ Request for discount　　　④ Request for large order

해설　당사가 오늘 접수한 귀사의 주문서 NO. AR0422에 대해 감사드립니다. 불행하게도 당사는 귀사가 요청하신 35%의 거래할인을 제공할 수 없습니다. 대량 주문의 경우에도 25%는 당사의 최대 할인폭입니다. 그러므로 금번에는 유감스럽게도 귀사의 주문을 거절해야만 합니다.

• turn down, refuse, reject: 거절하다.

(정답 ①)

18 Please put the following sentences in order.

> 1. Upon your request, we will send our sample books and price lists to you immediately.
> 2. Your company's name has been given to us by the Chamber of Commerce of Buenos Aires, as one of the most reputable importers of wireless telephones in your country.
> 3. We produce various kinds of wireless devices. For a demonstration and simulation of our products, please visit our website at www.wire_less.co.kr
> 4. We are large−scale manufacturers and exporters of wireless telephones in Korea.

① 2−4−3−1　　② 1−4−3−2　　③ 3−4−2−1　　④ 4−2−1−3

해설　1. 귀사의 요청이 있으면, 당사는 즉시 당사의 견본책과 가격표를 귀사에 송부하겠습니다.
2. Buenos Aires의 상업회의소로부터 당신의 국가에서 가장 명성 있는 무선전화기 수입자들 중 하나로 귀사를 소개받았습니다.
3. 당사는 다양한 종류의 무선장비를 생산하고 있습니다. 당사 제품의 시연과 시뮬레이션을 보기 위해서는, 당사의 웹사이트 www.wire_less.co.kr를 방문하시기 바랍니다.
4. 당사는 한국에 소재하는 무선전화기의 대규모 제조사이면서 수출자입니다.

- 2. Your company's name has been given to us by the Chamber of Commerce of Buenos Aires(도입을 나타내므로 첫 번째에 온다)
- Upon your request, we will send our sample books and price lists to you immediately (향후 요청을 나타내므로 마지막 지문이다.)

(정답 ①)

1 핵심정리

◼ 청약과 승낙

■ **청약의 정의: Definition of an offer (CISG Article 14)**

- A proposal for concluding a contract addressed to one or more specific persons constitutes an offer if it is sufficiently definite and indicates the intention of the offeror to be bound in case of acceptance. A proposal is sufficiently definite if it indicates the goods and expressly or implicitly fixes or makes provision for determining the quantity and the price. (1인 또는 그 이상의 특정인에 대한 계약체결의 제안은 충분히 확정적이고, 승낙시 그에 구속된다는 청약자의 의사가 표시되어 있는 경우에 청약이 된다. 제안이 물품을 표시하고, 명시적 또는 묵시적으로 수량과 대금을 지정하거나 그 결정을 위한 조항을 두고 있는 경우에, 그 제안은 충분히 확정적인 것으로 한다.)

- A proposal other than one addressed to one or more specific persons is to be considered merely as an invitation to make offers, unless the contrary is clearly indicated by the person making the proposal. (불특정 다수인에 대한 제안은 제안자가 반대 의사를 명확히 표시하지 아니하는 한, 단지 청약의 유인으로 본다.)

■ **청약의 종류**

- 불확정청약(free offer) (일반적 청약, 철회가능청약, 자유청약): 청약자가 승낙이나 회신의 유효기간을 정하지 않고 기타 청약이 확정적(firm)이라는 표시를

하지 않은 청약

- CISG(제16조): free offer가 원칙(청약은 원칙적으로 철회가 가능하다. 다만, 승낙기간을 정하거나 기타 철회할 수 없음을 표시한 경우는 제외)

• **확정청약(firm offer) (철회불능청약)**: 청약자가 승낙기간을 정하는 청약 또는 청약자가 (일정기간동안) 청약을 철회하지 않기로 하는 청약

• **반대청약(counter offer)**: 피청약자가 청약의 내용의 일부를 변경해서 원래의 청약자에게 다시 청약하는 것(반대청약도 청약이 되며, 반대청약에 대해 원청약자가 승낙을 하면 계약 성립)

• **Sub-con offer**: 법적 효력은 청약의 유인과 유사 (즉 청약 아님), sub-con offer에 대해 상대방(피청약자)이 승낙을 해도 계약이 성립되지 않음. (예시: This offer is subject to our final confirmation.)

• **청약의 유인 (invitation for offer)**: 청약과 청약의 유인(invitation for offer)은 구별되어야 한다. 청약은 그에 대응하는 승낙만 있으면 곧 계약이 성립하는 확정적 의사표시이지만, 청약의 유인은 타인으로 하여금 자기에게 청약을 하게 하려는 의도에서 이루어지는 것으로 청약의 유인을 받은 자의 의사표시가 청약이 되며, 이에 대해 청약을 유인한 자가 다시 승낙해야 계약이 성립된다. 불특정 다수인에 대한 제안은 원칙적으로 청약의 유인이 된다.(예: 가격표나 견적서, 가격이 적힌 카탈로그의 송부, 전시장 진열)

■ **승낙(acceptance)**: ① 청약에 대응하여 ② 계약을 성립시킬 목적으로 ③ 피청약자가 청약자에게 행하는 ④ 의사표시(승낙은 청약에 대한 무조건·절대적 동의이고, 청약에 대한 승낙이 있으면 계약 성립)

• A statement made by or other conduct of the offeree indicating assent to an offer is an acceptance. Silence or inactivity does not in itself amount to acceptance.(CISG Article. 18) (청약에 대한 동의를 표시하는 상대방의 진술 그 밖의 행위는 승낙이 된다. 침묵 또는 부작위는 그 자체만으로 승낙이 되지 아니한다.)

• **승낙의 자유**: 청약을 받은 사실은 아무런 의무를 부담시키지 않는다.
  (예: 청약에서 '회신이 없으면 승낙한 것으로 간주하겠다.' → 회신 없어도 계약불성립)

• **침묵에 의한 승낙**: 불인정

• **조건부 승낙 또는 청약의 내용을 변경한 승낙**
  ① 실질적 내용 → 계약이 불성립이고, 그 승낙은 반대청약이 됨

② 경미한 사항 → 계약이 성립.(다만, 청약자가 이의를 제기한 경우 계약불성립)

• **부분승낙**: 청약조건의 변경을 의미하므로 새로운 청약이 되며, 계약 불성립

■ 무역계약서(Contract, Purchase Order, Offer Sheet 등)

☞ 계약서 관련 문제 풀이 Tip

1) Seller와 Buyer를 확인할 것

  • Seller와 Buyer를 구분할 수 있도록 표시할 것

2) 한국의 수출거래인지, 수입거래인지 확인할 것

① **수출거래**: 선적항 한국 (또는 양륙항(목적항) 외국)

  예1) Port of shipment (or Loading): Busan(or Incheon)

  예2) Delivery Term(or Price Term): FOB Busan(or FOB Incheon)

  예3) Delivery Term(or Price Term): CIF New York(or CIF L.A.)

② **수입거래**: 양륙항(목적항) 한국 (또는 선적항 외국)

  예1) Port of Discharge (or Unloading): Busan(or Incheon)

  예2) Destination: Busan(or Incheon)

  예3) Delivery Term(or Price Term): CIF Busan(or CIF Incheon)

  예4) Delivery Term(or Price Term): FOB New York(or FOB L.A.)

3) 대금지급조건 확인할 것

4) 선적기일 확인할 것

5) 대금지급기일 확인할 것

6) 완전한 계약서, offer sheet, purchase order, proforma invoice 여부 확인할
   것(Sender – Receiver 확인)

  • offer sheet, purchase order은 일종의 편지형식으로 상대방에게 송부되며,
   상대방이 조건 없이 승낙하면 계약이 체결된다. 따라서 넓은 의미의 계약서
   로 볼 수 있다.

7) 물품의 단가, 수량, 총금액 확인할 것

8) Incoterms 2020의 기본적인 내용을 숙지할 것

① 수상운송방식에만 사용되는 규칙: FAS, FOB, CFR, CIF

  – 선적항과 도착항이 모두 항구일 것

  – FAS, FOB 다음에는 선적항 기재: 수출의 경우(FOB Busan, FOB Incheon,
    FOB L.A.(×))

  – CFR, CIF 다음에는 도착항 기재: 수입의 경우(CIF Busan, CFR Incheon, CIF

L.A.(×))
- CFR: Seller가 운임 부담, CIF: Seller가 운임 및 보험료 부담(보험은 송장의 110%)

② 모든 운송방식에 사용되는 규칙: EXW, FCA, CPT, CIP, DAT, DAP, DDP

③ Seller가 보험가입해야 할 의무가 있는 규칙: CIP, CIF
- CIP : 부보조건(송장금액의 110%, ICC(A) 조건)
- CIF : 부보조건(송장금액의 110%, ICC(C) 조건)
- 도착지 인도조건인 DAP, DPU, DDP는 Seller에게 보험계약체결의무는 없지만, Seller는 자신을 위해서 보험에 가입할 것이며, 이 경우 피보험자는 Seller가 된다.

■ 계약조건

1) 품질조건

국제물품매매에서 매수인은 물품의 인도를 받음으로써 거래의 목적을 달성하게 되므로 물품의 품질은 매우 중요하다. 물품의 품질은 거래의 목적을 달성할 수 있는지를 결정하게 되므로 당사자는 물품의 품질에 대해 상세하게 정하는 것이 바람직하다. 그러나 품질에 대해 구체적인 합의가 없다면, 물품은 통상의 목적에 적합하여야 하며, 계약체결시 매도인이 알 수 있는 특정 목적에 적합해야 한다.

(1) 견본에 의한 매매(Sale by Sample)

상품의 일부 또는 한 개를 견본(sample)으로 정하여 견본과 동일한 물품을 거래의 목적으로 정하는 방법이다. 실제 동일한 물품을 직접 보고 정하기 때문에 매우 안전한 거래가 된다. 공산품은 기계로 생산되어 모든 제품들이 동일하므로 견본에 의해 품질을 정한다.

(2) 명세서에 의한 매매(Sale by Specification)

물품의 소재, 구조, 규격, 성능, 성분 등을 구체적으로 기술한 명세서(specification)에 따라 물품의 품질을 정하는 방식이다. 이 방법은 선박, 철도차량, 대형기계류 등 견본이나 표준품으로 품질을 표시하기 곤란한 경우에 사용한다. 매수인이 특별히 원하는 사양을 계약서나 명세서에 구체적으로 기재하며, 복잡한 경우에는 추가로 청사진, 설계도 등이 이용되기도 한다. (주로 주문계약에 사용된다.)

(3) 표준품 매매(Sale by Standard)

농축산물, 임산물 등은 일정한 규격이 없으므로 품질을 약정하기 곤란하다. 따라서 표준품을 제시하여 표준품과 유사한 정도의 물품을 인도하는 것으로 정한다. 표준품매매의 표시방법에는 다음과 같은 것이 있다.

① 평균중등품질조건(fair average quality : FAQ)

- 일정한 규격이 없고 견본제시도 곤란한 경우
- 곡물류, 원유(서부텍사스중질유(WTI), 브렌트유, 두바이유 등)

② 판매적격품질조건(good merchant table quality : GMQ)

- 목재, 냉동어류 등 그 내부의 품질을 외관상 알 수 없으므로 목적지에서 검사하여 판매에 적격품으로 인정될 때 적용

③ 보통품질조건(usual standard quality : USQ)

- 공인기관, 공인표준기준에 의하여 보통표준물품으로 정함(주로 원면거래에 이용)

(4) 상표에 의한 매매(Sale by Brand)

물품의 상표가 국제적으로 널리 알려져 있는 경우 그 상표를 신뢰하여 품질의 기준으로 정하는 방법이다. 정해진 상표가 부착된 물품이면 품질조건을 충족한 것으로 본다. (예: 샤넬, 루이비통, 에르메스, 프라다 등)

(5) 규격에 의한 매매(Sale by Type or Grade)

상품의 규격이 국제적으로 통일되어 있거나 수출국의 공식적인 규격이 있는 경우에 사용된다. 예를 들면, ISO(International Standardization Organization : 국제표준화기구), 일본 JIS(Japanese Industtrial Standard), 한국의 KS(Korean Standard) 등

2) 수량조건

수량조건은 개수, 길이, 넓이, 부피(용적), 중량 등을 포함한다. 특히 주의할 것은 수량의 단위, 수량의 결정시기, 과부족용인조항 등이다. 부피(용적)를 나타내는 단위에서 알아두어야 할 것으로는 CBM(cubic meter : 입방미터), CFT(cubic feet: 입방피트),

TEU, FEU가 있다. 소량화물은 CBM, CFT를 사용하며, 컨테이너에 가득 적재할 화물은 TEU나 FEU를 사용한다.

* TEU : twenty-foot equivalent unit의 약자로 컨테이너의 크기를 나타내는 것으로 8feet×8.6feet×20feet 사이의 컨테이너를 의미한다(길이 약 6미터, 33.1 CBM, 2.290Kg).

* FEU : forty-foot equivalent unit의 약자로 컨테이너의 크기를 나타내는 것으로 8feet×8.6feet×40feet 사이의 컨테이너를 의미한다(길이 약 12미터, 67.5CBM, 3,890Kg).

① 중량톤(weight ton)

L/T(Long Ton)	2,240 lbs(파운드)	1,016kg	영국계
M/T(Metric Ton)	2,204 lbs(파운드)	1,000kg	기타
S/T(Short Ton)	2,000 lbs(파운드)	907kg	미국계

* 1 lb(파운드) = 454g

② 용적톤(measurement ton)

1 Measurement Ton(용적톤)=40 Cubic Feet=1 CBM(cubic meter)

③ 총중량(gross weight)

포장물을 포함한 전체 중량(포장용기(tare) 및 함유잡물(dust)이 일정한 면화, 소맥, 분발 등 그 성질상 포장과 분리가 어려운 특성을 지닌 제품에서 많이 사용)

④ 순중량(net weight)

총중량에서 포장물의 중량을 제외한 내용물 중량

⑤ 법적순중량(legal net weight)

과세목적의 중량으로 중량관세의 부과를 위하여 사용되는 중량으로 총중량에서 겉포장 재료의 무게를 공제한 중량

⑥ 정미순중량(net)

순중량에서 함유잡물(dust)의 중량을 제외하거나(예, 농산물) 부자재의 중량을 제

외한(예, 섬유류) 중량

3) 가격조건 및 인도조건

가격조건에는 가격표시방법(또는 계약금액), 가격결정방법, 인도조건이 포함된다. 가격표시에는 'US$10 per unit FOB Busan'에서 보듯이 통화, 단가, 인도조건, 비용의 분기점을 기재한다. 그리고 인도조건에 적용되는 인코텀즈(Incoterms 2020) 규칙을 기재한다. 계약이 유효하기 위해서는 계약금액을 정해야 하는데, 계약금액은 확정적인 금액으로 정하거나 계약금액을 정할 수 있는 기준(예 : 인도시의 시장가격, 선적시의 시장가격 등)을 명시해야 한다.

4) 선적조건

선적조건에는 선적기일 및 선적일의 증명, 선적방법(분할선적, 할부선적), 지연선적, 선적항과 도착항이 포함된다.

5) 결제조건

결제조건은 선지급방식(payment in advance), 오픈어카운트방식(open account), 추심결제방식(documentary collection), 신용장방식(documentary credits)으로 구분하기도 한다. 한편, 무역대금결제는 지급방식에 따라 전신송금, 우편송금, 송금수표 등으로 구분하기도 한다.

6) 포장조건

(1) 개설

무역거래에서 물품은 운송, 보관, 하역, 판매되는데, 그 과정에서 물품의 내용과 외형을 보호하고 상품으로서의 판매가치를 유지하기 위하여 적절한 재료나 용기로 물품을 포장할 필요가 있다. 물품수출은 장거리/장기간의 운송이 불가피하므로 포장은 튼튼하고, 운송비 부담이 적고, 저렴하고, 보기 좋게 하는 것이 필요하다.

(2) 포장의 종류

- 개장(unitary packaging) : 하나의 용기에 담을 물품 하나를 보호하기 위하여 그것을 적절한 소용기나 재료로 싸는 포장
- 내장(interior packaging) : 개장된 물품을 운송 또는 취급하기 편리하도록 적절한 재료로 둘러싸거나 용기에 담는 포장

- 외장(exterior packaging) : 화물을 운송함에 있어서 파손, 변질, 도난 등을 방지하기 위하여 적절한 용기나 재료로 화물의 안정한 보호를 목적으로 하는 포장

  나무상자(wooden case), 판지상자(carton), 부대(bag), 드럼(drum) 등을 이용한다.

(3) 화인(shipping mark)

- 화인은 물품을 포장한 후 그 외장상에 특정의 기호, 포장번호, 목적지, 취급주의 문구 등의 각종 표시를 함으로써 운송인이나 수입자 등에게 다른 화물과의 식별을 용이하게 하는 것을 말한다.

2 기출문제 해설

01 Which is related to "offer subject to prior sale"?

① We are pleased to offer subject to receiving your reply by September 30, 2018.

② We are pleased to offer you the following items subject to our final confirmation.

③ We have the pleasure in offering you the following items subject to being unsold.

④ We have the pleasure in offering you the following items subject to receiving your reply by September 30, 2018.

해설 "offer subject to prior sale(선착순 매매 청약)"를 고르는 문제
① 승낙기간을 정한 firm offer(확정청약)
② sub-con offer (상대방은 승낙에 대하여 청약자가 최종 확인(final confirmation)을 해야 계약이 성립된다. 따라서 법적으로는 청약은 아니고, 청약의 유인(invitation for offer)에 해당된다.
③ 다음 품목이 매매되지 않는 것을 조건으로(다시 말해, 누군가 먼저 다음 품목을 매수하면 이 청약은 효력을 상실함)하는 청약이다. 따라서 "offer subject to prior sale(선착순 매매 청약)"으로 볼 수 있다.
④ 승낙기간을 정한 firm offer(확정청약)

(정답 ③)

02 What kind of contract is the below?

> Bailment of goods to another (bailee) for sale under agreement that bailee will pay bailor for any sold goods and will return any unsold goods.

① contract of sale   ② offer on approval

③ sole agent agreement   ④ consignment contract

해설 수치인(bailee)이 임치인(bailer)에게 판매된 물품에 대하여 지급하고, 판매되지 않은 물품은 반환하는 약정하에 타인(수치인)에게 물품의 판매를 위탁하는 것
• 지문은 위탁판매계약(consignment contract)에 대한 설명이다.
① contract of sale(매매계약)

② offer on approval(점검매매조건부청약: 물품을 점검하는 조건으로 계약이 성립되는 조건부청약－매도인이 청약할 때, 물품을 송부하여 매수인이 이 물품을 점검해 보고 승낙 여부를 결정하는 청약) ③ sole agent agreement(독점대리점계약) ④ consignment contract(위탁판매계약)

(정답 ④)

03 What type of contract would be for the following?

> The candidate will be responsible for generating sales by exploring potential customers. This is to increase the principal's sales overseas at certain commissions.

① purchasing contract　　　② agent contract
③ loan contract　　　　　　④ joint venture contract

해설 지원자(후보자)는 잠재적인 고객을 탐색함으로써 매출을 창출할 책임이 있다. 이것은 일정 수수료로 본인(principal)의 해외매출을 증가시키기 위한 것이다.
• agent: 대리인(본인으로부터 특정 사무의 처리를 위임받은 자)
• principal: 본인(대리인에게 특정 사무의 처리를 위임하는 자)
• loan contract: 대출계약, joint venture contract: 합작투자계약
이 지문은 대리점계약(agency contract, agent contract)에 대한 것이다.

(정답 ②)

04 The following statement is a part of contract. What kind of clause is it?

> If any provision of this Agreement is subsequently held invalid or unenforceable by any court or authority agent, such invalidity or unenforceability shall in no way affect the validity or enforceability of any other provisions thereof.

① Non－waiver clause　　② Infringement clause
③ Assignment clause　　　④ Severability clause

해설 법원 또는 당국에 의해 이 계약서의 어느 조항이 무효 또는 집행불능으로 결정되는 경우, 이러한 무효 또는 집행불능은 다른 조항의 유효성 또는 집행가능성에 영향을 주지 않는다.
• 계약서 조항의 개별성(Severability)에 대한 설명이다.
• Non－waiver clause (권리불포기조항): 당사자가 계약 조건의 이행청구를 하지 않았다고

해서 향후 동 계약 조건의 이행청구를 포기한 것으로 볼 수는 없다는 것
(예시 조항: No claim right of either party under this Agreement shall be deemed to be waived or renounced in whole or in part unless the waiver or renunciation of such claim or right is acknowledged or confirmed in writing by such party.)

(정답 ④)

05 What does the following refer to?

> Neither party shall be bound by any condition, definition, warranty or representation other than as expressly provided for in this agreement, or as may be on a subsequent date duly set forth in writing and signed by a duly authorized officer of the party to be bound.

① entire agreement   ② warranty agreement
③ amendment agreement   ④ disclaimer agreement

해설 이 계약서에서 명시적으로 규정된 것 외에는 또는 서면으로 작성되고 당사자의 정당한 권한을 부여받은 임원에 서명된 것 외에는, 당사자들은 어떠한 조건, 보장 또는 진술에 구속되지 않는다.
• 완전조항(entire agreement, entire clause)에 대한 설명이다. 완전조항이란 계약서 자체만으로 해석해야 하고, 그 이전의 조건이나 합의 등은 계약내용이 아니라는 것이다.

(정답 ①)

※ The followings are parts of sales contract. Answer the questions.

> Sales Contract No. 101
> Description: Printed Synthetic Fabric 44 x
> Quantity: 20,000 yards
> Price: US$1.52 per yard FOB Busan (total amount: US$30,400.00)
> Shipment: Not later than May 15, 2015
> Destination: New York, U.S.A.
> Payment: By a Documentary Letter of Credit at 30 days after sight in the Seller's favor
> Packing: About 500 yards in a carton box

> General Terms and Conditions
> 1. Quantity: Ⓐ Quantity is subject to a variation of five percent(5%) plus or minus at Seller's option.

2. Shipment: The date of Bill of Lading shall be taken as the conclusive date of shipment. Partial shipment and/or transhipment shall be permitted, unless otherwise stated on the face hereof. Seller shall not be responsible for non−shipment or late shipment in whole or in part by reason of Force Majeure, such as fires, floods, earthquakes, tempests, strikes, lockouts, and other industrial disputes, mobilization, war, threat of war, riots, civil commotion, hostilities, blockade, requisition of vessel, and any other contingencies beyond Seller's control.

3. Inspection: Inspection performed under the export regulation of exporter's country is final in respect of quality and/or conditions of the contracted goods, unless otherwise stated on the face thereof.

06 Which clause is for the underlined one Ⓐ

① More or Less Clause

② Unknown Clause

③ Force Majeure Clause

④ Infringement Clause

07 Choose one that is NOT correct according to the 'Price term'.

① The currency for payment is US dollar.

② The total amount, being US$30,400.00 does not include the cost for carriage up to New York.

③ The price includes the cost for insurance up to New York.

④ It is not the seller's obligation to procure insurance for the goods from Busan to New York.

08 Choose one that is NOT right about the 'Shipment term'

① If the date of Bill of Lading is May 16, 2015, the seller may be rejected for payment.

② It does not constitute a breach of contract if the seller does not deliver the goods because of earthquakes.

③ Transhipment is allowed for this transaction.

④ The buyer can claim for the damage if the seller delays the shipment because of strikes.

해설 (일반조건)

1. 수량: 매도인의 선택에 따라 수량은 5% 가감될 수 있다.
2. 선적: 선하증권일은 선적일에 대한 결정적인 증거가 된다. 이 계약서의 전면에 달리 기재되지 않으면, 분할선적 및/또는 환적은 허용된다. fires(화재), floods(홍수), earthquakes(지진), tempests(폭풍), strikes(파업), lockouts(직장폐쇄), 그리고 기타 산업분쟁(other industrial disputes), mobilization(동원령), war(전쟁), threat of war(전쟁위협), riots(폭동), civil commotion(폭동), hostilities(적대행위), blockade(봉쇄), requisition of vessel(선박징발), 그리고 기타 매도인의 통제밖의 사태(contingencies)와 같은 불가항력의 사유에 의한 경우 매도인은 미선적 또는 지연선적에 대하여 책임이 없다.
3. 검사: 이 계약서의 전면에 달리 기재되지 않는 한, 수출국의 수출규정에 따라 수행된 검사는 계약물품의 품질 및/또는 조건에 관하여 최종적이다.

06 5% 이내에서 가감될 수 있다는 내용이므로 이는 "과부족조항(More or Less Clause)"에 해당된다.

(정답 ①)

• Unknown Clause: 부지약관 (선하증권에서 운송인이 화물의 내용에 대해 모르기 때문에 책임이 없다는 취지로 기재한 문구를 말한다. 예) "shipper's load and count", "Said to Contain")
• Infringement Clause: 권리침해조항(지식재산권의 침해 등)

07 ② ③ FOB조건이므로 운임 및 보험료가 포함되지 않는다.

(정답 ③)

08 ① 선적기한은 5월 15일이다. 따라서 5월 16일에 계약위반이 되고 대금을 지급받지 못할 수 있다. ④ 위 계약서에서는, strike(파업)은 불가항력사유로 이로 인한 미선적 및 선적지연에 대해서는 매도인 책임이 없다고 정하고 있다.

(정답 ④)

09 다음 문장을 완성하는 데 적절한 용어나 문장을 고르시오.

> We offered 100 pairs of Leather Gloves for shipment during November, 2010 at USD 50 a pair (   ). Therefore the following 'we confirm your acceptance' from the offeror constitutes an acceptance in a legal sense.

① subject to prior sale
② subject to your acceptance
③ subject to our final confirmation
④ subject to the goods being unsold

해설 당사는 켤레당 \$50로 2010.11월 중 선적조건으로 그리고 (당사의 최종 확인을 조건 (subject to our final confirmation))으로 가죽장갑 100 켤레를 청약합니다. 따라서 청약자의 '당사는 귀사의 승낙을 확인합니다'라는 문구는 법적의미에서 승낙이 됩니다.

(정답 ③)

10 Which of the following BEST completes the blanks in the box?

> The initial contract will be for one year, _____ renewal by mutual agreement, and that disputes will be settled _____ Dutch law, as our relative legal systems are different.

① responsible for − with reference to

② due to − in addition

③ object to − similar to

④ subject to − according to

해설 최초 계약은 1년간 유효하고, 상호합의에 따라 갱신됩니다. 그리고 우리의 관련 법률체도가 다르므로 분쟁은 네덜란드법에 따라 해결될 것입니다.

• according to (pursuant to) Dutch Law = under Dutch Law.

(정답 ④)

※ Read the following letter and answer the question.

> DREAMROAD MASTER INC.
> 4400 South Hose Avenue, Milwaukee 15321
>
> Date: September 25, 2010
> Our Contract No. 323
> Your order No. 5386
>
> DREAMROAD MASTER INC. as Seller hereby confirms having this day sold to you as Buyer the following goods on terms and conditions below:
>
> | Description | Qty | Unit Price | Amount | Total Amount |
> |---|---|---|---|---|
> | SLH-76BH | 12-PCS | @USD 890.00 | USD 10680 | USD 15580 |
> | SLH-77BH | 05-PCS | @USD 980.00 | USD 4900 | |
>
> DELIVERY TERM: C.I.F. Incheon
> SHIPMENT: End of November
> PORTS OF SHIPMENT: Seattle

PAYMENT: Drafts to be drawn at 30 days after sight under an irrevocable letter
        of credit

Please refer to General Terms and Conditions on the reverse side hereof which
are also integral parts of the contract.

Accepted and confirmed by Kims Trading Co. Ltd.

DREAMROAD MASTER INC.

---

11 Which of the following is **CORRECT** according to the letter above?

  ① Kims Trading Co. Ltd. will pay the bill at the end of November.

  ② Dreamroad Master Inc. will deliver the goods on FOB base.

  ③ The seller's goods will be ported at Incheon.

  ④ The total sum is USD 15580.

해설 ① 대금지급조건: 신용장방식으로 개설은행이 대금을 지급함. 결제기일은 일람 후 30일의 환어음임. 11월 말은 결제기일이 아니고 선적기일임.
② 인도조건은 CIF임.
③ CIF 다음에는 목적항을 기재함. 따라서 Incheon은 목적항(양륙항)임.
– PAYMENT: Drafts to be drawn at 30 days after sight under an irrevocable letter of credit(취소불능신용장에서 일람후 30일 조건의 환어음)
– General Terms and Conditions on the reverse side hereof which are also integral parts of the contract.(이 계약의 필수 구성요소인 계약서 이면에 기재된 일반조건)

                                           (정답 ④)

12 What is the main purpose of the letter above?

  ① Sales Contract

  ② Memorandum of Understanding

  ③ Purchase Order

  ④ Agreement on General Terms

해설 계약을 확정한 내용이므로 계약서가 된다.

                                           (정답 ①)

※ Read the following model contract and answer the questions.

9.1 Upon the Effective Date and subject to the payment by the Franchisee of
the Initial Fee, the Franchisor shall deliver to the Franchisee the start–up
package, i.e., all relevant know–how, including written technical information

financial data, the Manual and any other specifications specifically relating to the System and the Proprietary Rights and their utilization thereof which is available to the Franchiser as of the Effective Date.

Insofar as such know—how shall be delivered in a material form or recorded in a material form, such materials shall be provided to the Franchisee on loan only.

9.2 Any know—how not furnished under Article 9.1, such as general knowledge and experience, shall be conveyed by the Franchiser in the manner provided for in Articles 9.4, 9.8. and 15.1.

9.3 The Franchisee shall not have the right to file patent, copyright, design and/or trademark applications and/or to acquire any other intellectual property rights concerning such know—how, the Proprietary Rights and/or the System in any country of the world without the prior written consent of the Franchiser.

13 What is the main purpose of the model contract?

① To clarify the specifications of the know—how.

② To clarify the obligations of the Franchisee about the know—how.

③ To clarify the rights that the Franchisee shall acquire about the know—how.

④ To clarify the obligations of the Franchiser and the Franchisee about the know—how.

14 Which of the following is NOT true according to the above contract?

① The Franchiser shall provide the start—up package to the Franchisee who has paid the Initial Fee.

② The start—up package means all relevant know—how, including written technical information, financial data, the Manual and other specifications.

③ Insofar as the know—how shall be delivered in a material form, such materials shall be offered to the Franchisee with ownership rights.

④ Any know—how not under Article 9.1, such as general knowledge and experience, shall be conveyed by the Franchiser in the manner written in other Articles.

해설 9.1 효력발생일 이후에 그리고 가맹점이 최초수수료를 지급하면, 가맹본부는 개업지원패키지, 예를 들면, 서면의 기술정보 및 회계자료를 포함한 관련 노하우, 시스템 및 소유권과 관련된 매뉴얼과 기타 세부사항, 그리고 효력발생일 기준 가맹본부가 이용할 수 있는 기술을 가맹점에 제공하여야 한다.

9.2 가맹본부는 제9.1조에 규정되지 않는 노하우 즉 일반지식과 경험 등을 제9.4조, 제9.8조, 그리고 제15.1조에서 규정된 방법에 따라 양도하여야 한다.

9.3 가맹본부의 서면 사전동의 없이는 가맹점은 특허권, 저작권, 의장권, 그리고/또는 상표권의 특허출원을 할 수 권리가 없고, 노하우와 관련 등록된 권리를 세계 어느 나라에서도 취득할 권리가 없다.

- franchise agreement(가맹점계약), franchisee(가맹점사업자, 가맹점), franchisor(가맹본부)
- start-up package(개업지원패키지), patent(특허권), copyright(저작권), design(의장권)
- trademark(상표권), utility right(실용신안권), intellectual property(지식재산권)
- property right(소유권, ownership), proprietary right(등록된 권리, 사용권)

- 계약의 목적과 계약의 내용을 파악하는 문제
- 가맹사업(franchise(프랜차이즈))이란, 가맹본부(franchisor)가 가맹점사업자(franchisee(가맹점))로 하여금 자기의 상표, 서비스표, 상호, 휘장(徽章) 또는 그 밖의 영업표지를 사용하여 일정한 품질기준이나 영업방식에 따라 상품 또는 용역을 판매하도록 하면서 이에 따른 경영 및 영업활동 등에 대한 지원·교육과 통제를 하고, 가맹점사업자는 이에 대한 대가로 가맹본부에 금전을 지급하는 계속적인 거래관계를 말한다. (가맹사업진흥에 관한 법률 제2조)

(정답 13-④, 14-③)

15 The following are excerpts from a model of a TECHNICAL LICENSE AGREEMENT. Which of the following is true?

1. Licensor hereby grants to Licensee, upon the terms and conditions hereinafter specified, an exclusive and non-assignable license to use the Licensed Trademarks during such time as this Agreement subsists in such manner as not to deceive the public, on and in connection with the Licensed Products. Licensor will not grant a License to use the Licensed Trademarks in the Contract Territory to any other third party in Korea during the term of this Agreement.

2. Licensee shall be entitled to use Licensed Trademarks on Licensee's letterhead, invoices and all advertising and promotional materials in such form and in such manner as shall be approved at the first consulting in writing with the Licensor.

3. Each Licensed Trademark shall be used only after it has been duly registered with the Patent Office, and after this Agreement has also been duly

44

registered with the Patent Office.

4. This License to use the Licensed Trademark is provided on a royalty free basis and Licensee shall have the right to use combined trademark on the Licensed products.

① During the Agreement term, Licensor can grant a License to any other third party in Korea.

② Licensee shall have the right to use Licensed Trademarks on Licensee's materials as agreed upon in writing with the Licensor, provided that the trademark is registered.

③ Right after the agreement with the Licensor, Licensee shall use each Licensed Trademark.

④ Licensee shall have the right to use combined trademark on Licensed products with royalties paid.

해설　1. 여기에 기재된 조건에 따라 기술제공자(Licensor)는 이 계약이 존재하는 기간 대중들을 기망하지 않는 방법으로, 기술제공계약 대상 제품에 대하여 계약 대상 상표를 사용할 수 있는 독점적 및 양도불가의 사용권을 기술도입자(Licensee)에게 허용한다. 기술제공자는 이 계약 기간에 대한민국내의 제3자에게 계약 지역 내에서 대상 상표를 사용할 권리를 허용하지 않는다.

2. 기술도입자는 기술도입자의 편지용지, 송장과 모든 광고판촉물에 기술제공자로부터 먼저 서면으로 협의를 통하여 승인받는 방법으로 계약 대상 상표를 사용할 수 있다.
3. 각 계약 대상 상표는 특허청에 합법적으로 등록하고, 본 계약도 특허청에 합법적으로 등록된 후에 사용할 수 있다.
4. 이 계약 대상 상표를 사용할 권리는 사용료 없이 제공되고, 기술도입자는 계약 대상 제품에 결합상표를 사용할 권리를 갖는다.
• License Agreement(기술제공계약): 특정조건하에 일정기간 동안 기술 등 라이센스대상인 지식재산권의 사용권을 주는 계약(특허권 실시계약/ 특허권 이전계약)
• Licensor(기술제공자), Licensee(기술도입자)
• be entitled to ~ (~할 권리가 있다)
• running royalty(경상기술료), fixed royalty(확정기술료)
① During the Agreement term, Licensor can grant a License to any other third party in Korea. → 이는 non-exclusive license agreement(비독점라이센스계약)에 대한 설명임. 그러나 지문은 exclusive license agreement(독점라이센스계약)임.
③ Right after the agreement with the Licensor, Licensee shall use each Licensed Trademark. → Licensee shall use each Licensed Trademark, after it has been duly

registered with the Patent Office.
• 기술이전계약서 내용 파악

(정답 ②)

16 Please fill in the blanks using the given information.

① (A) 4,000

(B) Standard import packing

(C) By an irrevocable letter of credit payable at sight

② (A) 3,500

(B) By a stand−by letter of credit

(C) Standard export packing

③ (A) 5,000

(B) By a levy of 5% special additional duty

(C) By non−transferable Credit

④ (A) 4,000

(B) By an irrevocable letter of credit payable at sight

(C) Standard export packing

To: Daniels Co., Ltd.   P/O No.: XYZ−101250
                               Date : Jan. 12, 2010

Gentlemen,

We are pleased to issue our purchase order for the following commodities in accordance with the terms and conditions given below.

Description	Quantity	Unit Price	Total Amount
Printer Cartridge	(A) _____ pieces	USD 50.00	USD 200,000
			USD 200,000.- FOB Korea seaport

− Delivery: By January 30, 2010
− Terms of payment: (B) _____
− Country of origin: Republic of Korea
− Shipping port: Incheon seaport, Korea
− Unloading port: Charleston, SC, U.S.A.
− Packing: (C) _____
− Inspection: Maker's inspection to be final
− Insurance: To be covered by us

Your prompt order confirmation would be very much appreciated.

해설 다음의 조건에 따라 다음의 물품에 대한 당사의 구매주문서(발주서)를 발행하게 되어 기쁩니다.
－ 인도: 2010.1.30
－ 결제조건: By an irrevocable letter of credit payable at sight
－ 원산지: 대한민국(Republic of Korea(ROK)
　　　　　　북한(Democratic People's Republic of Kora: DPRK)
－ 선적항: 인천
－ 양륙항: 미국 사우스캐롤라이나 Charleston
－ 포장: Standard export packing
－ 검사: 제조사의 검사는 최종적임
－ 보험: 당사가 부보함
A) 수량을 기재함. 4,000(수량) * US$50(단가) = 200,000이므로 수량은 4,000개임.
B) 대금지급조건을 기재함. C) 포장방법을 기재함. 'Standard export packing'이 적합

(정답 ④)

※ Read the following passage and answer the questions.

NOW, THEREFORE, in consideration of mutual conditions and covenants hereinafter, the parties agree as follows;

Article 1. Description of Goods
Refrigerator
Article 2. Quantity
200 sets
Article 3. (A) ＿＿＿＿＿＿
"DongHwa" presented its preferred price USD 500,000.－ to "Mitzhara", and "Mitzhara" shall present its price idea to "DongHwa" by June 11, 2010 in order for the parties to enter into a "Supply and Purchase Agreement."
Article 4. (B) ＿＿＿＿＿＿
The parties shall enter into a "Supply and Purchase Agreement" within 30 days after settlement on the price.
Article 5. Other Conditions
Other conditions shall be discussed in due course, and the details will be clearly expressed in the "Supply and Purchase Agreement" to be made.
Article 6. (C) ＿＿＿＿＿＿
This LOI shall become effective upon signing and effective only for a period before signing the "Supply and Purchase Agreement" is made between the parties.

---

17 Please fill in the blanks of the above letter of intent.

① (A) Agreement   (B) Duration   (C) Importer

② (A) Product   (B) Agreement   (C) Price

③ (A) Price   (B) Agreement   (C) Duration

④ (A) Exporter   (B) Duration   (C) Payment

18 Which of the following is MOST likely to appear right AFTER the passage?

① IN WITHESS WHEREOF, the parties hereto have caused this LOI to be executed by their respective duly authorized representatives as of the day and year first above written.

② The exemption provided by this article is effective for the period during which the impediment exists.

③ Please cover us for the amount of USD 2000 at 3% on W.A. including breakage as per your quotation just received on all goods in transit to our warehouse.

④ LOI, the following terms have the following meanings: "Dollars" means the lawful currency of the United States of America.

해설 이제, 따라서, 다음의 상호 조건과 약속의 약인으로 당사자들은 다음과 같이 합의한다.
제1조 물품명세: 냉장고
제2조 수량: 200세트
제3조 <u>Price(가격)</u>: DongHwa는 Mitzhara에게 50만 달러를 우선 가격으로 제안하였고, Mitzhara는 당사자간들이 "공급구매계약서"를 체결할 수 있도록 2010.6.11까지 DongHwa에게 자신의 가격을 제시한다.
제4조 <u>Agreement(약정)</u>
양 당사자는 가격 결정 후 30일 이내에 "공급구매계약서"를 체결한다.
제5조 기타 조건
기타 조건들은 적절한 때에 논의될 것이며, 세부사항은 작성되는 "공급구매계약서"에 명확하게 기술되어야 한다.
제6조 <u>Duration(기간)</u>
본 의향서(LOI)는 서명후에 효력이 발생되고, 공급구매계약서가 양당사자간에 서명되기 전까지만 유효하다.
• in due course(적절한 때에, 제시간에, 적당한 때에), holder in due course((어음, 수표의) 정당한 소지인), due diligence(실사, 상당한 주의)

17 Price(가격), Agreement(약정, 협정), Duration(기간), LOI(Letter of Intent(지원의향서)로 법적 구속력 없음)

(정답: ③)

18 ① 이상의 증명으로, 당사자들은 상기의 날짜에 정당한 권한을 부여받은 당사자들의 대표가 LOI를 체결할 수 있도록 한다.

(정답 ①)

※ **Please read and answer the questions.**

Hansarang Merchantile Corporation

November 10, 2010

Cable Address "HANSARANG YES"
Telex Call No.: KKT 7852

SALES NOTES NO. 2134

AP. Gabins& Co., Ltd.
Auckland, New Zealand

We are pleased to confirm having sold to you the following goods on the terms and conditions set forth below:

Commodity: Canned Tuna, "TAP STEP" Brand of Korean origin.

Quality: Same as above

Quantity: 12,000 cans in 400 cartons, each containing 30 cans:each can containing 250cc, net.

Price: NZ $1.45 per carton, CIF Auckland

Total Amounts: NZ $580.00

Packing: Packed in expert carton

Payment: By a Confirmed Irrevocable Letter of Credit available against a sight draft

Shipment: By October 10, 2010

Shipping Mark:
```
        A.P.G.
      Auckland
    Made in Korea
    c/# 001-400
```

Insurance: Institute All Risks, including Institute War and S.R. C.C. Clauses.

Remarks: Your cable of November 9 & ours of the same date.

Sincerely,
HANSARANG MERCHANTILE CORPORATION
Export Manager

19 What is the main purpose of the letter above?

① Confirming the sales of goods and informing the terms and conditions

② Quoting the price of the insurance policy including All Risks and War

③ Advertising the imported food and promoting the sales of it

④ Their profits and interests.

20 Which of the following is CORRECT according to the letter above?

① Certificate of Origin will be published in New Zealand.

② Hansarang and AP Gabins& Co., Ltd. keep the same cable of Nov. 10.

③ AP. Gabins & Co., Ltd. exports "Canned Tuna" to Korea.

④ The payment method has been specified as Irrevocable Letter of Credit.

해설   (Letter → Acceptance → 계약서)
• Hansarang (Seller) → Gabins (Buyer)
  * 계약서가 출제되는 경우 우선 다음을 확인하고 마킹을 할 것.
    − Seller, Buyer
    − 수출국(선적항), 수입국(양륙항, 목적항)
• terms and conditions: 조건
• CIF Auckland: CIF 다음에는 목적항이 기재된다. 따라서 물품의 목적항은 뉴질랜드의 Auckland(뉴질랜드 북섬 북부지역)이다.
• Payment: By a Confirmed Irrevocable Letter of Credit available against a sight draft (대금지급: 일람불취소불능확인신용장)
• promote the sales: 판매를 촉진하다.
• certificate of origin: 원산지 증명서(이 계약에서 원산지는 한국이다. (Korean Origin)
(정답: 19−①, 20−④)

21 Which of the following clauses could be included in the contract considering the letter below?

Thank you for your email. As you requested, we enclose a draft contract for the agency agreement.

You will see that we prefer our customers to pay us direct, and usually deal on a letter of credit basis except otherwise agreed. You would not be required to hold a large stock of our products, only a representative selection of samples. We can meet orders from the Middle EAST within three weeks of receipt.

Advertising leaflets and brochures would be sent to you, but we would also allow 7,000 in the first year for publicity, which could be spent on the types of advertising you think most suitable for your market. In our other markets we have found that newspapers and magazines are generally the best media. The initial contract would be for one year, subject to renewal by mutual agreement. Disputes would be settled with reference to EU law.

① The parties may agree on the advertising to be jointly made in the Territory. The contents of any advertising must be approved by the Principal. The cost of advertising carried out by the Agent shall be apportioned between the parties.

② The Agent shall maintain an adequate inventory of the Products, so as to be able at all times to meet without delay the reasonably anticipated demand for the Products for at least 90 days.

③ This contract shall be automatically renewed for successive periods of one year, unless terminated by either party by notice given in writing by means of communication ensuring evidence and date of receipt, not less than four months before the date of expiry.

④ The Principal shall, at its expense, expeditiously provide samples, sale literature, and promotion material, requested by the Agent necessary for the Agent's performance of its duties under the agreement.

해설 귀사의 메일에 대해 감사드립니다. 귀사가 요청한 대로, 대리점계약에 관한 계약 초안을 동봉합니다. 당사는, 당사 고객이 당사에 직접 지급하는 것을 선호하고, 달리 합의하는 경우를 제외하고는 당사는 보통 신용장방식으로 거래를 합니다. 귀사는 대량 재고를 보유할 필요는 없고, 단지 대표 물품만 보유하면 됩니다. 당사는 접수 후 3주 이내에 중동지역의 주문을 처리할 수 있습니다. 홍보전단과 브로셔가 귀사로 송부될 것입니다만, 귀사 시장에 귀사가 가장 적절하다고 생각하는 광고에 사용될 수 있는 홍보용 7,000매만 보내줄 수 있습니다. 당사의 다른 시장에서는 신문과 잡지가 일반적으로 가장 좋은 홍보매체라는 것을 알게 되었습니다. 최초 계약은 1년간 유효라고, 상호합의에 의해 갱신될 수 있습니다. 분쟁은 EU법에 따라 해결될 것입니다.

(계약서에 포함될 조항)

- we enclose a draft contract for the agency agreement. (대리점계약서에 대한 계약서초안을 동봉합니다) (draft: 환어음, 초안)
- representative selection(대표물품)
- leaflet(전단지), brochure(브로셔)
- we would also allow 7,000 in the first year for publicity (첫해에는 홍보용으로 7,000개를 허용하겠다)
- initial contract: 최초의 계약
- subject to renewal by mutual agreement. (상호합의에 의해 갱신되는 것을 조건으로 한다)
- The Principal: 본인(대리인에게 업무를 위임하는 자), Agent(대리인)

① The parties may agree on the advertising to be jointly made in the Territory. The contents of any advertising must be approved by the Principal. The cost of advertising carried out by the Agent shall be apportioned between the parties.
 → the advertising 자료는 Seller가 제작해서 Agent에게 보냄.

② The Agent shall maintain an adequate inventory of the Products, so as to be able at all times to meet without delay the reasonably anticipated demand for the Products for at least 90 days. (최소 90일간의 예상 제품수요를 지연없이 만족시키기 위해 적당한 재고를 유지해야 한다)
 → You would not be required to hold a large stock of our products, only a representative selection of samples. We can meet orders from the Middle EAST within three weeks of receipt.

③ This contract shall be automatically renewed for successive periods of one year, unless terminated by either party by notice given in writing by means of communication ensuring evidence and date of receipt, not less than four months before the date of expiry.
 → subject to renewal by mutual agreement.

(정답 ④)

22 Which of the following CANNOT be included in the sales contract given the letter below?

We hereby confirm having sold to you the following goods on the terms and conditions as stated below and on the attachment hereof.

Shipment: dispatch within one week upon receipt of your firm order
Packing: each roll by 1 gross (144 yards) in length in a carton box 50 rolls per cardboard carton
Departing port: Busan sea port, Korea
Destination: Long Beach, CA. USA
Price: CFR USD 2 million   100M/T Textiles
Original: Made in Korea
Payment: 100% irrevocable confirmed letter of credit at sight
Remarks: Please insert "partial shipment allowed" an L/C.

① Except otherwise agreed to by the parties, all the payments for the goods shall be made in United States Dollars by an irrevocable letter of credit in favor of the Seller.

② The Buyer shall arrange a suitable vessel of any flag to transport the Goods to the destination, Long Beach, California, USA.

③ The letter of credit shall be established by the Buyer at least two months prior to the scheduled shipment and to be negotiable at sight against draft.

④ The Seller shall notify by e−mail, facsimile, or telex, the Buyer of the necessary information after the shipment so that the Buyer may make arrangements for receipt and inland transportation, if necessary, of the Goods.

해설 우리는 다음에 기술된 조건과 첨부물에 따라 다음 물품을 귀사에 매도함을 확인합니다.
− 선적: 확정주문 수령일로 1주일 내 발송
− 포장: 각 롤은 길이 144야드로 상자에 적입되고, 판지(cardboard)로 만든 상자에 50롤 적입
− 출발항: 부산항, 대한민국
− 목적지: 미국 캘리포니아 롱비치항
− 가격: CFR 2백만 달러 100톤 섬유
− 원산지: 대한민국

- 지급: 100% 일람출급취소불능확인신용장
- 기타: "분할선적이 허용됨"을 신용장에 삽입할 것
• CFR에서는 Seller가 운임을 부담하고 운송계약을 체결한다.

(정답 ②)

23 Which of the following is CORRECT according to the letter and contract below?

(Letter to the importer)

I am writing to tell you that unfortunately there will be a three—week delay in delivery of your order No. 3476 for 20 hi—fi music centers in the sum of 50,000. This is due to a fire in our Changwon factory which destroyed most of the machinery. Your order has been transferred to our Gumi factory and will be processed there as soon as possible. I apologize for this delay.

(Part of the sales contract)

In the event that the Seller delays shipment of the Goods in accordance with the Shipment Schedule for reasons solely attributable to the Seller, the Buyer shall grant [seven days'] grace, without liquidated damage on each specified delivery. After that [seven days'] grace, the Buyer has the right to claim [one percent(1%)] of the contract prices of the Goods of which shipment shall have been delayed, per each full week from [seven days] after the scheduled delivery date until actual shipping date thereof. The total amount of the liquidated damage under the Agreement shall be limited to [six percent(6%)] of the contract prices of the Goods delayed.

---

① The buyer will be compensated 500 for the delay of the order NO. 3476.

② The buyer will be compensated none for the delay of the order NO. 3476.

③ The buyer will be compensated 1500 for the delay of the order NO. 3476.

④ The buyer will be compensated 1000 for the delay of the order NO. 3476.

해설 (수입자에 대한 서신)

합계 5만의 20 hi—fi 뮤직센터에 대한 귀사의 주문 No. 3476이 불행하게도 3주간 인도지연될 것임을 알려드립니다. 이는 대부분의 기계를 파손시킨 당사의 창원공장 화재 때문입니다. 귀사의 주문은 당사의 구미공장으로 이전되었고, 그곳에서 가능한 빨리 처리될 것입니다. 이번 지연에 대해 사과드립니다.

(계약서 일부)

오로지 매도인의 귀책사유로 매도인이 물품선적을 지연하는 경우에, 매수인은 각각의 특정 인도에 대하여 지연손해금 없이 매도인에게 (7일 안)의 유예기간을 허용한다. (7일 간)의 유예기간 경과 후, 매수인은 실제 선적일까지 예정된 인도일과 경과 후 (7일 후)부터 1주일에 계약금액의 1%를 청구할 권리가 있다. 이 계약에 따른 총지연손해금은 지연된 물품에 대한 계약금액의 6% 이내로 한다.

- 3주가 지연되었고, 1주일은 유예기간이므로 지연손해금은 2주×1%이다. 50,000×2% = 1,000

(정답 ④)

24 Which of the following best fits the blanks in the sentences below?

> * The Liquidated Damages (1) _____ the value of the Contract.
> * The Seller acknowledges and agrees that   (2) _____ later than the Delivery Dates may be the sole or partial causes of financial or economic loss being sustained by the Customer.

① (1) shall deduct   (2) the Essence of the Contract
② (1) shall in no event exceed   (2) the Delivery of the Equipment
③ (1) shall be entitled to   (2) the Customer
④ (1) shall reduce the price   (2) the Manufacturer under the Contract

해설 어떠한 경우에도 지연손해금은 계약금액을 초과할 수 없다. 매도인은 인도일보다 늦은 장비의 인도에 따라 초래된 금융 또는 경제적 손실에 대하여 단독 또는 일부분에 대해 고객에게 책임일 진다는 것을 인정하고 동의한다.

- Liquidated Damages(지연손해금, 손해배상예정액) (An amount contractually stipulated as a reasonable estimation of actual damages to be recovered by one party if the other party breaches a contract.)
- Punitive damages: 징벌적 손해배상

(정답 ②)

25 다음 (   ) 안에 들어갈 용어를 순서대로 바르게 나열한 것은?

> All goods sold in accordance (   ) this agreement shall be shipped (   ) the stipulated time. The date of bills of lading shall be (   ) as conclusive proof of the date of shipment. Unless (   ) agreed upon, the port of shipment shall be at the Seller's option.

① with - within - taken - expressly

② of - within - taken - otherwise

③ with - in - taken - otherwise

④ of - within - took - expressly

⑤ with - in - took - expressly

해설   이 계약서에 따라서 매매된 모든 물품은 지정된 시간 내에 선적되어야 한다. 선하증권의 발행일은 선적일에 대한 결정적인 증거가 된다. 명시적으로 합의되지 않는다면, 선적항은 매도인의 선택이다.

(정답 ①)

26 다음은 한국의 수출자가 미국의 수입자에게 보낸 청약서(Offer Sheet)의 내용 중 일부이다. 이 중 적절하지 않은 표현은?

① Payment: Draft at Sight under Irrevocable and Confirmed L/C in your favor.

② Packing: Export Standard Packing

③ Shipment: By the end of April, 2022.

④ Unit Price: US$8.30/piece CPT New York

⑤ Quality: As per Sample No. 948

해설   신용장의 수익자는 수출자이어야 한다. "in your favor" → "in our favor"

(정답 ①)

27 다음 무역계약서의 한 조항이다. (   ) 안에 들어가기에 적합한 용어를 고르시오.

(   ) :   Seller shall not be responsible for non-delivery or delay in delivery resulting from causes beyond its control. In the event of such an occurrence, Seller may at its option either postpone delivery until removal of the causes, or cancel the balance of the order in the Contract.

① Arbitration   ② Payment   ③ Claim

④ Force Majeure   ⑤ Infringement

해설 (불가항력으로 인한 면책)

(정답 ④)

28 다음 (   ) 안에 가장 적합한 것을 고르시오.

> Where particular terms and conditions contain contradictory clauses to this agreement, clauses printed in handwriting shall (   ).

① control   ② prevail   ③ prevent   ④ effect   ⑤ be done

해설 육필로 작성한 조항이 우선한다.

(정답 ②)

29 What would Jenny's representative do on the coming visit?

> Dear Jenny,
>
> With reference to our phone conversation this morning, I would like one of your representatives to visit our store at 443 Teheran Road, Seoul to give an estimate for a complete refit. Please could you contact me to arrange an appointment?
> As mentioned on the phone, it is essential that work should be completed before the end of February 2018, and this would be stated in the contract.
> I attach the plans and specifications.

① offer   ② credit enquiry   ③ trade enquiry   ④ compensation

해설 Jenny의 직원(Jenny's representative)이 당사의 상점을 방문하여 견적을 제시함. 이러한 견적은 청약(offer)이 될 것임.

(정답 ①)

30 What is NOT a good example in consideration of the following?

> In international trade, the seller should make certain that <u>the essential elements</u> <u>of the contract</u> are clearly stated in the communications exchanged by the buyer.

    ① The description of goods shall include the HS Cord of exporting country.

    ② The purchase price and the terms of payment should be stated.

    ③ The terms of delivery should be set out.

    ④ Instructions for transportation and insurance is to be specified.

해설 CISG에서 규정하고 있는 청약의 필수요소는 물품, 수량 및 대금이고(제14조), 청약의 내용 중에서 대금, 대금지급, 물품의 품질과 수량, 인도의 장소와 시기 등을 변경한 청약에 대한 동의는 승낙이 되지 않고 반대청약이 됨(제19조). 따라서 제14조 및 제19조에서 규정하는 사항들을 계약의 필수요소로 볼 수 있음. 통상 계약서에 물품의 HS 코드는 명시하지 않음.

(정답 ①)

1 핵심정리

▣ CISG 개요

1) CISG의 성립

1980년 비엔나에서 열린 UNCITRAL 총회에서 「국제물품매매계약에 관한 유엔협약(United Nations Convention on Contracts for the International Sale of Goods)」으로 채택되었다(아랍어, 중국어, 영어, 프랑스어, 러시아어, 스페인어 등 6개 국어로 작성). 이 협약은 비엔나회의에서 채택되었기 때문에 "비엔나협약(Vienna Convention)" 또는 약자로 "CISG"라고 불린다. CISG는 1988년 1월 1일에 발효되었으며, 2022년 1월 현재 체약국은 94개국이다.

2) CISG의 구성

CISG는 전문과 총 4편(Part)에 101개 조항(Article)으로 구성되어 있다.

제1편 적용범위와 총칙 (13개 조문)	제1장 적용범위(제1조~제6조) 제2장 총칙(제7조~제13조)
제2편 계약의 성립 (11개 조문)	제14조~제24조
제3편 물품의 매매 (64개 조문)	제1장 총칙(제25조~제29조) 제2장 매도인의 의무(제30조~제52조)

	제1절 물품의 인도와 서류의 교부(제31조~제34조)
	제2절 물품의 적합성과 제3자의 권리주장(제35조~제44조)
	제3절 매도인의 계약위반에 대한 구제(제45조~제52조)
	제3장 매수인의 의무(제53조~제65조)
	제1절 대금의 지급(제54조~제59조)
	제2절 인도의 수령(제60조)
	제3절 매수인의 계약위반에 대한 구제(제61조~제65조)
	제4장 위험의 이전(제66조~제70조)
	제5장 매도인과 매수인의 의무에 공통되는 규정
	제1절 이행기전의 계약위반과 분할인도계약(제71조~제73조)
	제2절 손해배상액(제74조~제77조)
	제3절 이자(제78조)
	제4절 면책(제79조, 제80조)
	제5절 해제의 효과(제81조~제84조)
	제6절 물품의 보관(제85조~제88조)
제4편 최종규정 (13개 조문)	제89조~제101조
	CISG의 효력발생, 가입, 탈퇴, 일부조항의 유보 등

▣ CISG 주요 내용

1) 적용범위와 총칙

(1) CISG 적용요건

제1조

(1) 이 협약은 다음의 경우에, 영업소가 서로 다른 국가에 있는 당사자간의 물품매매 계약에 적용된다.
　(가) 해당 국가가 모두 체약국인 경우, 또는
　(나) 국제사법 규칙에 의하여 체약국법이 적용되는 경우
(2) 당사자가 서로 다른 국가에 영업소를 가지고 있다는 사실은, 계약으로부터 또는 계약체결 전이나 그 체결시에 당사자간의 거래나 당사자에 의하여 밝혀진 정보로부터 드러나지 아니하는 경우에는 고려되지 아니한다.
(3) 당사자의 국적 또는 당사자나 계약의 민사적·상사적 성격은 이 협약의 적용 여부를 결정하는 데에 고려되지 아니한다.

---

① 공통의 적용요건

CISG의 명칭(국제물품매매계약에 관한 유엔협약)에서 알 수 있듯이 CISG의 적용대상은 국제물품매매계약(contract of international sale of goods)이며, 세부적인 적용요건은 다음과 같다(매매계약, 물품, 국제성).

ⅰ. 거래유형은 매매계약일 것

거래유형은 매매계약이어야 한다. 다만, 계약의 민사적·상사적 성격은 고려되지 않으므로 민사계약 및 상사계약 모두 CISG의 적용대상이 된다.

* 증여, 임대차, 사용대차, 교환 등에 의한 무역거래는 "매매"가 아니므로 CISG의 적용대상이 아님.

ⅱ. 매매계약의 목적물은 물품일 것

매매계약의 목적물은 물품이어야 한다. 용역(service) 또는 지식재산권은 적용대상이 아니다. 참고로 CISG는 물품의 개념에 대해 정의하고 있지 않아 물품 여부에 대해 분쟁이 발생할 수 있으므로 모호한 경우에는 계약서에 CISG의 적용 여부를 명시하는 것이 바람직하다.

ⅲ. 당사자의 영업소가 서로 다른 국가에 소재할 것('국제성')

CISG가 적용되기 위해서는 원칙적으로 '당사자의 영업소가 서로 다른 국가에 소재'해야 한다. 이것을 CISG의 적용요건으로서의 '국제성'이라고 한다.

* 국제성은 당사자의 '영업소(place of business)'를 기준으로 하며, '국적'을 기준으로 하지 않는다. 따라서 당사자의 국적이 다르지만, 영업소가 동일한 국가에 소재하는 경우에는 국제성은 충족되지 않는다. 국제성은 당사자의 영업소가 서로 다른 국가에 있으면 인정되기 때문에 실제로 국경을 넘어 물품 인도가 이루어졌는지는 고려요소가 아니다.

(영업소)
1) 영업소의 개념
CISG에서는 영업소의 개념에 대해 규정하지 않고 있으며, 영업소를 결정하는 기준으로 '설립지', '주소지' 등과 같은 하나의 고정된 기준을 규정하고 있지 않다. 다만, 영업소가 없는 경우 상거소(habitual residence)를 영업소로 본다고 규정하고 있다

(제10조(나)호)

> 제10조
> 이 협약의 적용상,
> (가) 당사자 일방이 둘 이상의 영업소를 가지고 있는 경우에는, 계약체결 전이나 그 체결
>   시에 당사자 쌍방에 알려지거나 예기된 상황을 고려하여 계약 및 그 이행과 가장 밀
>   접한 관련이 있는 곳이 영업소로 된다.
> (나) 당사자 일방이 영업소를 가지고 있지 아니한 경우에는 그의 상거소를 영업소로 본다.

2) 복수의 영업소

당사자가 복수의 영업소를 가지고 있는 경우 "계약과 가장 밀접한 관련이 있는 영업소"를 기준으로 국제성을 결정해야 한다(제10조(가)호). 컨소시엄을 구성하는 계약의 경우 당사자의 영업소가 다수이기 때문에 CISG 적용요건인 국제성을 판단하는데 어려움이 있는데, 통상 컨소시엄을 통한 계약은 그 종류가 많고 내용이 복잡하므로 각 계약서에 CISG의 적용여부 및 준거법에 대해 명시하는 것이 필요하다.

② 직접적용 및 간접적용

ⅰ. 직접적용(양 당사국이 모두 체약국)

매도인의 영업소와 매수인의 영업소가 상이한 국가에 소재하고 양국이 모두 CISG의 체약국인 경우 CISG가 적용되는데(제1조제1항(가)호), 이를 '직접적용(direct applicability)' 또는 '자동적용(autonomous applicability)'이라고 한다. 이 경우 계약서 등에서 당사자가 CISG의 적용을 배제하지 않았다면, CISG가 적용된다. 직접적용의 요건은 ① 양 당사자의 영업소가 서로 다른 국가에 소재할 것 ② 해당 당사국이 모두 체약국일 것 그리고 ③ CISG의 배제합의가 없을 것이다.

ⅱ. 간접적용(체약국의 법이 준거법인 경우 CISG 적용)

매도인의 영업소와 매수인의 영업소가 소재하는 국가 중 CISG의 체약국이 없는 경우, 또는 하나의 국가만 체약국인 경우에도 체약국의 법이 준거법이 되는 경우 CISG가 적용될 수 있는데, 이를 '간접적용(indirect applicability)' 또는 '국제사법의 규칙에 의한 적용' 이라고 한다. 간접적용에 의한 CISG의 적용을 원하지 않는 체약국은 제95조에 따라 적용을 유보하는 선언을 할 수 있다. (간접적용 유보선언국 : 미국, 중국, 싱가포르, 아르메니아, 세인트빈센트, 슬로바키아)

(간접적용 예시)

사례1) 한국(체약국)과 영국(비체약국)간의 국제물품매매계약에서 한국 법원에 소
　　　송이 제기되어 한국법이 준거법으로 결정된 경우 : CISG 적용(간접적용)
사례2) 한국(체약국)과 영국(비체약국)간의 국제물품매매계약에서 한국 법원에 소
　　　송이 제기되어 영국법이 준거법으로 결정된 경우 : CISG 비적용

(2) CISG 적용배제

CISG 제2조에서는 적용이 배제되는 거래유형을 규정하고 있으며, 제6조에서는 합의에 의해 CISG의 전부를 배제하거나 일부의 내용을 변경할 수 있다고 규정하고 있다. 또한, CISG는 강행법규가 아니므로 당사자들이 CISG의 배제를 합의한 경우 CISG는 적용되지 않는다.

① 거래대상(또는 거래성격)에 의한 적용배제(제2조)

제2조

이 협약은 다음의 매매에는 적용되지 아니한다.
(가) 개인용·가족용 또는 가정용으로 구입된 물품의 매매
　　　다만, 매도인이 계약체결 전이나 그 체결시에 물품이 그와 같은 용도로 구입
　　　된 사실을 알지 못하였고, 알았어야 했던 것도 아닌 경우에는 그러하지 아니
　　　하다.
(나) 경매에 의한 매매
(다) 강제집행 그 밖의 법령에 의한 매매
(라) 주식, 지분, 투자증권, 유통증권 또는 통화의 매매
(마) 선박, 소선(小船), 부선(浮船), 또는 항공기의 매매
(바) 전기의 매매

② 재료공급 및 서비스공급에의 적용배제(제3조)

> **제3조** (1) 물품을 제조 또는 생산하여 공급하는 계약은 이를 매매로 본다. 다만, 물품을 주문한 당사자가 그 제조 또는 생산에 필요한 재료의 중요한 부분을 공급하는 경우에는 그러하지 아니하다.
> (2) 이 협약은 물품을 공급하는 당사자의 의무의 주된 부분이 노무 그 밖의 서비스의 공급에 있는 계약에는 적용되지 아니한다.

원칙적으로 제작물공급계약도 매매로 인정되어 CISG가 적용되지만, 주문자가 재료의 '중요한 부분(substantial part)'을 공급하는 경우에는 매매로 보지 않아 CISG가 적용되지 않는다.

③ 계약의 효력 등에 대한 적용배제(제4조)

CISG는 매매계약의 모든 사항을 규정하는 것이 아니다. CISG는 매매계약의 성립 및 그 계약으로부터 발생하는 매도인과 매수인의 권리의무만을 규율하며, 이 협약에 별도의 명시규정이 있는 경우를 제외하고, 계약이나 그 조항 또는 관행의 유효성, 그리고 매매된 물품의 소유권에 관하여 계약이 미치는 효력에는 적용되지 않는다.

④ 제조물책임에 의한 인적 손해의 적용배제(제5조)

물품으로 인하여 발생한 사람의 사망 또는 상해에 대한 매도인의 책임에는 적용되지 않는다. 제조물책임(PL책임) 중에서 인적 손해에 대해서는 CISG가 적용되지 않고, 재산에 대한 피해에 대해서는 CISG가 적용된다.

⑤ 합의에 의한 적용배제(제6조)

CISG에서는 당사자자치(party autonomy)를 인정하고 있다. 당사자는 계약상 합의에 의해 CISG의 전체 또는 일부 규정의 적용을 배제하거나 그 규정의 효과를 변경할 수 있다. 또한, 당사국이 비체약국인 경우에도 당사자는 CISG의 적용을 합의할 수 있으며, 이 경우 CISG는 적용된다.

(3) 매매계약의 방식과 입증방법(제11조-제13조, 제96조)

> **제11조** 매매계약은 서면에 의하여 체결되거나 입증될 필요가 없고, 방식에 관한 그 밖의 어떠한 요건도 요구되지 아니한다. 매매계약은 증인을 포함하여 어떠한 방법에 의하여도 입증될 수 있다.
>
> **제12조** 매매계약, 합의에 의한 매매계약의 변경이나 종료, 청약·승낙 그 밖의 의사표시를 서면 이외의 방법으로 할 수 있도록 허용하는 이 협약 제11조, 제29조 또는 제2편은 당사자가 이 협약 제96조에 따라 유보선언을 한 체약국에 영업소를 가지고 있는 경우에는 적용되지 아니한다. 당사자는 이 조를 배제하거나 그 효과를 변경할 수 없다.
>
> **제13조** 이 협약의 적용상 『서면』에는 전보와 텔렉스가 포함된다.

CISG에 의하면 계약방식은 원칙적으로 자유이다. 서면에 의하여 체결되거나 입증될 필요가 없으며, 방식에 관한 그 밖의 어떠한 요건도 요구되지 않는다.

2) 계약의 성립

(1) 청약(제14조)

> **제14조**
>
> (1) 1인 또는 그 이상의 특정인에 대한 계약체결의 제안은 충분히 확정적이고, 승낙 시 그에 구속된다는 청약자의 의사가 표시되어 있는 경우에 청약이 된다. 제안이 물품을 표시하고, 명시적 또는 묵시적으로 수량과 대금을 지정하거나 그 결정을 위한 조항을 두고 있는 경우에, 그 제안은 충분히 확정적인 것으로 한다.
>
> (2) 불특정 다수인에 대한 제안은 제안자가 반대 의사를 명확히 표시하지 아니하는 한, 단지 청약의 유인으로 본다.

① 청약의 요건

청약은 충분히 확정적이고, 승낙 시 그에 구속된다는 청약자의 의사가 표시되어 있어야 한다. 그리고 청약은 1인 또는 그 이상의 특정인에게 해야 한다.

※ 청약의 요건 : ① 청약의 상대방은 특정인일 것 ② 청약의 내용은 확정적일 것 ③ 구속된다는 의사가 있을 것

② 청약의 효력발생(제15조) : 도달주의

제15조

(1) 청약은 상대방에게 도달한 때에 효력이 발생한다.
(2) 청약은 철회될 수 없는 것이더라도, 회수의 의사표시가 청약의 도달 전 또는 그와 동시에 상대방에게 도달하는 경우에는 회수될 수 있다.

③ 청약의 철회(제16조) : 원칙적으로 철회가능

제16조

(1) 청약은 계약이 체결되기까지는 철회될 수 있다. 다만, 상대방이 승낙의 통지를 발송하기 전에 철회의 의사표시가 상대방에게 도달되어야 한다.
(2) 그러나 다음의 경우에는 청약은 철회될 수 없다.
  (가) 승낙기간의 지정 그 밖의 방법으로 청약이 철회될 수 없음이 청약에 표시되어 있는 경우, 또는
  (나) 상대방이 청약이 철회될 수 없음을 신뢰하는 것이 합리적이고, 상대방이 그 청약을 신뢰하여 행동한 경우

④ 청약의 거절(제17조) : 청약의 효력상실

제17조

청약은 철회될 수 없는 것이더라도, 거절의 의사표시가 청약자에게 도달한 때에는 효력을 상실한다.

(2) 승낙(제18조, 제19조, 제23조)

① 승낙의 요건과 효력발생(제18조) : 도달주의

승낙(acceptance)이란, 청약에 대한 동의를 표시하는 상대방의 진술 그 밖의 행위이다. 침묵 또는 부작위는 그 자체만으로 승낙이 되지 아니한다.

제18조

(1) 청약에 대한 동의를 표시하는 상대방의 진술 그 밖의 행위는 승낙이 된다. 침묵 또는 부작위는 그 자체만으로 승낙이 되지 아니한다.

(2) 청약에 대한 승낙은 동의의 의사표시가 청약자에게 도달하는 시점에 효력이 발생한다. 동의의 의사표시가 청약자가 지정한 기간 내에, 기간의 지정이 없는 경우에는 청약자가 사용한 통신수단의 신속성 등 거래의 상황을 적절히 고려하여 합리적인 기간 내에 도달하지 아니하는 때에는, 승낙은 효력이 발생하지 아니한다. 구두의 청약은 특별한 사정이 없는 한 즉시 승낙되어야 한다.

(3) 청약에 의하여 또는 당사자간에 확립된 관례나 관행의 결과로 상대방이 청약자에 대한 통지 없이, 물품의 발송이나 대금지급과 같은 행위를 함으로써 동의를 표시할 수 있는 경우에는, 승낙은 그 행위가 이루어진 시점에 효력이 발생한다. 다만, 그 행위는 제2항에서 정한 기간 내에 이루어져야 한다.

---

② 청약내용을 변경한 승낙(제19조)

제19조

(1) 승낙을 의도하고 있으나, 부가, 제한 그 밖의 변경을 포함하는 청약에 대한 응답 은 청약에 대한 거절이면서 또한 새로운 청약이 된다.

(2) 승낙을 의도하고 있고, 청약의 조건을 실질적으로 변경하지 아니하는 부가적 조건 또는 상이한 조건을 포함하는 청약에 대한 응답은 승낙이 된다. 다만, 청약자가 부당한 지체 없이 그 상위(相違)에 구두로 이의를 제기하거나 그러한 취지의 통지를 발송하는 경우에는 그러하지 아니하다. 청약자가 이의를 제기하지 아니하는 경우에는 승낙에 포함된 변경이 가하여진 청약 조건이 계약 조건이 된다.

(3) 특히 대금, 대금지급, 물품의 품질과 수량, 인도의 장소와 시기, 당사자 일방의 상대방에 대한 책임범위 또는 분쟁해결에 관한 부가적 조건 또는 상이한 조건 은 청약 조건을 실질적으로 변경하는 것으로 본다.

승낙의 내용은 청약의 내용과 일치해야 한다. CISG는 청약의 내용을 변경한 응답(reply)('승낙(acceptance)'과 구분하기 위해 '응답(reply)으로 표현)에 대해서는 그 변경의 정도에 따라 "실질적 변경"과 "사소한 변경"으로 구분하여 다른 법적효과를 규정하고 있다.

① **실질적 변경의 경우**

승낙을 의도하고 있으나, 부가, 제한 그 밖의 변경을 포함하는 청약에 대한 응답('승낙'과 구분하기 위해 '응답(reply)으로 표현)은 청약에 대한 거절이면서, 새로운 청약이 된다.(제19조제1항) 다시 말해, 청약의 내용을 변경한 응답으로는 계약이 성립되지 않으며, 이러한 응답은 반대청약(counter offer)으로서 새로운 청약이 된다.

② **사소한 변경의 경우**

승낙을 의도하고 있고, 청약의 조건을 실질적으로 변경하지 아니하는 부가적 조건 또는 상이한 조건을 포함하는 청약에 대한 응답은 승낙이 된다. 다만, 청약자가 부당한 지체 없이 그 상위(相違, discrepancy)에 구두로 이의를 제기하거나 그러한 취지의 통지를 발송하는 경우에는 그러하지 아니하다. 그러나 변경(사소한 변경)된 승낙에 대해 청약자가 이의를 제기하지 아니하는 경우에는 승낙에 포함된 변경이 가하여진 청약 조건이 계약조건이 된다.

③ **연착된 승낙(제21조)**

제21조

(1) 연착된 승낙은 청약자가 상대방에게 지체 없이 승낙으로서 효력을 가진다는 취지를 구두로 통고하거나 그러한 취지의 통지를 발송하는 경우에는 승낙으로서의 효력이 있다.
(2) 연착된 승낙이 포함된 서신 그 밖의 서면에 의하여, 전달이 정상적이었다면 기간 내에 청약자에게 도달되었을 상황에서 승낙이 발송되었다고 인정되는 경우에는, 그 연착된 승낙은 승낙으로서의 효력이 있다. 다만, 청약자가 상대방에게 지체 없이 청약이 실효되었다는 취지를 구두로 통고하거나 그러한 취지의 통지를 발송하는 경우에는 그러하지 아니하다.

④ **승낙의 회수(제22조)**

제22조

승낙은 그 효력이 발생하기 전 또는 그와 동시에 회수의 의사표시가 청약자에게 도달하는 경우에는 회수될 수 있다.

(3) 계약의 성립(제23조)

계약은 승낙이 효력을 발생하는 시점에 성립된다. 승낙은 청약자에게 도달한 때에 효력이 발생하므로, 승낙이 청약자에게 도달한 때에 계약이 성립된다.

제23조

계약은 청약에 대한 승낙이 이 협약에 따라 효력을 발생하는 시점에 성립된다.

■ **계약의 변경 · 종료(제29조)**

제29조
(1) 계약은 당사자의 합의만으로 변경 또는 종료될 수 있다.
(2) 서면에 의한 계약에 합의에 의한 변경 또는 종료는 서면에 의하여야 한다는 규정이
    있는 경우에, 다른 방법으로 합의 변경 또는 합의 종료될 수 없다. 다만, 당사자는
    상대방이 자신의 행동을 신뢰한 한도까지는 그러한 규정을 원용할 수 없다.

계약은 당사자의 합의만으로 변경 또는 종료될 수 있다. 따라서 원칙적으로 계약의
변경(또는 종료)은 서면에 의하지 않아도 된다.(다만, 제96조에 따라 유보선언을 한
체약국에 대해서는 계약의 변경·종료는 서면에 의해야 한다.)
한편, ① 계약을 서면으로 체결하였고, ② 그 서면계약서에서 합의에 의한 변경 또
는 종료는 서면에 의하여야 한다는 규정이 있는 경우, 반드시 서면에 의해 변경 또
는 종료해야 한다.

3) 물품의 매매

(1) 개설

제3편(물품의 매매)은 제2편(계약의 성립)에 따라 성립된 계약에서 매도인과 매수
인의 권리의무관계를 규정하고 있다. 구체적으로 보면, 제1장 총칙, 제2장 매도인의
의무, 제3장 매수인의 의무, 제4장 위험의 이전, 제5장 매도인과 매수인의 의무에 공
통되는 규정으로 구성되어 있다. 제1장 총칙에서는 본질적 계약위반, 계약해제의 통
지, 의사전달에서의 발신주의, 특정이행청구와 법정지의 국내법, 계약의 변경에 대해
규정하고 있다.

(2) 본질적 계약위반(제25조)

제25조

당사자 일방의 계약위반은, 그 계약에서 상대방이 기대할 수 있는 바를 실질적으로 박탈할 정도의 손실을 상대방에게 주는 경우에 본질적인 것으로 한다. 다만, 위반 당사자가 그러한 결과를 예견하지 못하였고, 동일한 부류의 합리적인 사람도 동일한 상황에서 그러한 결과를 예견하지 못하였을 경우에는 그러하지 아니하다.

'본질적 계약위반(fundamental breach)'이란, 계약에서 상대방이 기대할 수 있는 바를 실질적으로 박탈할 정도의 손실을 상대방에게 주는 것이다. 다만, 예외적으로 ⅰ) 위반한 당사자가 그러한 결과를 예측하지 못하였고, ⅱ) 동일한 부류의 합리적인 사람도 동일한 상황에서 그러한 결과를 예견하지 못하였을 경우에는 '본질적 계약위반'을 부정하고 있다. 본질적 계약위반이 되기 위해서는 ① 어느 당사자의 계약위반이 있고, ② 그 계약위반이 피해당사자(aggrieved party)의 기대를 실질적으로 박탈할 정도의 손실을 주고, ③ 위반당사자(breaching party)가 그 기대의 실질적 박탈을 예견할 수 있어야 한다.

(3) 매도인과 매수인의 의무

① 매도인과 매수인의 의무 개요

매도인의 의무	매수인의 의무
① 물품인도의무(제30조)	① 대금지급의무(제53조)
② 서류교부의무(제30조,제34조)	② 물품수령의무(제53조)
③ 소유권이전의무(제30조)	③ 물품검사의무(제38조)
④ 물품의 계약적합의무(제35조,제41조)	④ 부적합통지의무(제39조)
⑤ 대금반환시 이자지급의무(제84조제1항)	⑤ 물품반환시 이익지급의무(제84조제2항)
매도인과 매수인의 공통 의무	
① 손실경감의무(제77조)　② 면책사유통지의무(제79조)　③ 물품보관의무(제85조,제86조)	

② 매도인의 의무

ⅰ. 소유권이전의무 및 물품인도의무

매도인은 물품에 대한 소유권을 매수인에게 이전하고 물품을 인도해야 한다(제

30조). 물품매매는 매도인이 물품의 소유권을 이전하고 매수인이 대금을 지급하는 계약이므로 소유권이전의무와 물품인도의무는 매도인의 가장 기본적인 의무이다.

ⅱ. 물품의 계약적합의무

매도인은 계약에서 정한 수량, 품질 및 종류에 적합하고, 계약에서 정한 방법으로 용기에 담겨지거나 포장된 물품을 인도하여야 한다(제35조제1항). 원칙적으로 매도인은 수량, 종류, 포장이 계약 및 그 물건의 사용목적에 합치하는 물품(conformity of goods)을 인도해야 할 뿐만 아니라, 그 권리행사에 아무런 지장이 없는 물품을 인도해야 한다(제41조).

ⅰ 서류인도의무

매도인은 물품인도과 관련한 서류를 교부해야 한다(제30조). 그리고 서류를 교부하는 경우에는 계약에서 정한 시기, 장소, 방식에 따라 매수인에게 서류를 교부해야 한다(제34조).

③ 매수인의 의무

ⅰ 대금지급의무

대금지급의무는 매수인의 가장 기본적인 의무이다(제53조).

* 대금지급장소 : 계약서에서 정하지 않은 경우 매도인의 영업소에서 지급
* 대금지급시기 : 계약서에서 정하지 않은 경우 물품 또는 그 처분을 지배하는 서류를 매수인의 처분 하에 두는 때(제58조)

ⅱ. 물품수령의무

매수인은 매도인의 물품인도에 협력하여 물품을 수령해야 한다(제53조).

ⅲ. 물품검사의무

매수인은 실행가능한 단기간 내에 물품을 검사해야 한다(CISG 제38조).

ⅳ. 하자통지의무

검사결과 물품의 하자를 발견한 경우 매수인은 합리적인 기간 내에 매도인에게 통지해야 한다.

> * 매수인의 검사의무 및 하자통지 해태 시 물품하자주장권 상실
> 1) CISG(제39조)
>   - 물품의 부적합을 발견하였거나 발견할 수 있었던 때로부터 <u>합리적인 기간 내</u>
>   <u>에</u> 매도인에게 그 부적합한 성질을 특정하여 통지하지 아니한 경우에는 매수
>   인의 물품의 부적합을 주장할 권리를 상실한다.
>   - 물품이 매수인에게 현실로 교부된 날로부터 늦어도 <u>2년 내에</u> 상기의 통지를
>   하지 않으면, 매수인의 물품의 부적합을 주장할 권리를 상실한다.(단, 계약서
>   상의 하자보증기간이 우선)

(4) 상대방의 계약위반에 대한 구제권리(청구권)

구분	매수인의 구제권리(매도인의 계약위반 시)	매도인의 구제권리(매수인의 계약위반 시)
공통	• 의무이행청구권(특정이행청구권) 　(제46조 제1항) • 부가기간지정권(제47조 제1항) • 계약해제권(제49조 제1항) • 손해배상청구권(제45조제1항(나)호, 　제74조-제77조)	• 의무이행청구권 　(특정이행청구권)(제62조) • 부가기간지정권(제63조 제1항) • 계약해제권(제64조) • 손해배상청구권(제61조제1항(나)호, 　제74조-제77조)
차이	• 대체물인도청구권(제46조 제2항) • 부적합치유청구권(제46조 제3항) • 대금감액권(제50조) • 이행기 전 인도 시 수령거절권(제50조) • 초과인도 시 수령거절권(제50조)	• 불이행치유권(제48조) • 물품명세지정권(제65조)

* 손해배상청구권은 다른 구제권리와 병존하여 행사 가능
* 계약해제권 및 대체물인도청구권 : 본질적 계약위반 필요
* 본질적 계약위반이 아닌 경우 : 부적합치유청구권(O), 대체물인도청구권(X)

불가항력에 의한 면책

> 제79조 (불가항력에 의한 면책)
> (1) 당사자는 그 의무의 불이행이 자신이 통제할 수 없는 장애에 기인하였다는 것
>   과 계약 체결시에 그 장애를 고려하거나 또는 그 장애나 그로 인한 결과를 회
>   피하거나 극복하는 것이 합리적으로 기대될 수 없었다는 것을 증명하는 경우에
>   는, 그 의무불이행에 대하여 책임이 없다.
> (2) 당사자의 불이행이 계약의 전부 또는 일부의 이행을 위하여 사용한 제3자의 불이

행으로 인한 경우에는, 그 당사자는 다음의 경우에 한하여 그 책임을 면한다.

(가) 당사자가 제1항의 규정에 의하여 면책되고, 또한

(나) 당사자가 사용한 제3자도 그에게 제1항이 적용된다면 면책되는 경우

(3) 이 조에 규정된 면책은 장애가 존재하는 기간 동안에 효력을 가진다.

(4) 불이행 당사자는 장애가 존재한다는 것과 그 장애가 자신의 이행능력에 미치는 영향을 상대방에게 통지하여야 한다. 불이행 당사자가 장애를 알았거나 알았어야 했던 때로부터 합리적인 기간 내에 상대방이 그 통지를 수령하지 못한 경우에는, 불이행 당사자는 불수령으로 인한 손해에 대하여 책임이 있다.

(5) 이 조는 어느 당사자가 이 협약에 따라 손해배상 청구권 이외의 권리를 행사하는 것을 방해하지 아니한다.

* 참고로 제79조 불가항력에 의해 손해배상책임만 면책된다. 따라서 상대방은 계약해제, 대금감액 등은 청구할 수 있다.

2 기출문제 해설

01 What is NOT obligation of seller according to CISG?

① delivery of the goods

② hand over any documents relating to the delivery

③ transfer the property in the goods

④ examine the goods after arrival

해설 CISG에서 매도인의 의무

① 물품인도   ② 서류교부

③ 소유권 이전: 매도인의 의무   ④ 물품검사의무 - 매수인의 의무

(정답 ④)

(CISG에서 매도인과 매수인의 의무)

매도인의 의무	매수인의 의무
① 물품인도의무(제30조)	① 대금지급의무(제53조)
② 서류교부의무(제30조,제34조)	② 물품수령의무(제53조)
③ 소유권이전의무(제30조)	③ 물품검사의무(제38조)
④ 물품의 계약적합의무(제35조,제41조)	④ 부적합통지의무(제39조)
⑤ 대금반환시 이자지급의무(제84조제1항)	⑤ 물품반환시 이익지급의무(제84조제2항)
매도인과 매수인의 공통 의무	
① 손실경감의무(제77조) ② 면책사유통지의무(제79조)	
③ 물품보관의무(제85조,제86조)	

02 Which is correct according to CISG?

On 1 July Seller delivered an offer, which is valid until 30 Sep 2018, to Buyer. On 15 July Buyer sent letter "I do not accept your offer because the price is too high" but on 10 August the Buyer sent again "I hereby accept your prior offer of 1 July." Seller immediately responded that he could not treat this "acceptance" because of Buyer's earlier rejection.

① Buyer can not insist his last acceptance.

② Seller shall accommodate the buyer's acceptance.

③ As long as the offer is valid, buyer can claim his last acceptance.

④ Buyer is able to withdraw his first acceptance.

해설 청약은 철회될 수 없는 것이더라도, 거절의 의사표시가 청약자에게 도달한 때에는 효력을 상실한다. (CISG 제17조)

• 비록 Seller의 청약이 유효기일을 정하고 있어 확정청약(firm offer)에 해당되지만, 7.15. Buyer는 청약에 대하여 거절의 의사표시를 하였는바, 그 거절의 의사표시가 Seller에게 도달하면 청약은 효력을 상실한다. 따라서 그 이후에는 Buyer는 승낙할 수 없다.

(정답 ①)

03 According to the CISG, which one is regarded as a valid acceptance?

① Acceptance by silence

② Offerree's conduct indicating assent to the offer

③ Acceptance by inactivity

④ Counter offer for expiry extension

해설 청약에 대한 동의를 표시하는 상대방의 진술 그 밖의 행위는 승낙이 된다. 그러나 침묵(silence) 또는 부작위(inactivity)는 그 자체만으로 승낙이 되지 아니한다.

A statement made by or other conduct of the offeree indicating assent to an offer is an acceptance. Silence or inactivity does not in itself amount to acceptance. (CISG Article. 18)

(정답 ②)

04 What is NOT proper contractual position according to CISG?

> We received your offer of April 1. 2018. After careful examination, we decided to accept your offer if you can reduce the price per set by US$2.

① The offeree rejects the original offer.

② This terminates the offer.

③ This is a conditional acceptance.

④ This is a counter offer.

해설 "가격, 대금, 대금지급, 물품의 품질과 수량, 인도의 장소와 시기, 당사자 일방의 상대방에 대한 책임범위, 분쟁해결"은 중요한 사항이므로 가격, 대금, 대금지급, 물품의 품질과 수량, 인도의 장소와 시기, 당사자 일방의 상대방에 대한 책임범위, 분쟁해결"을 변경하는 청약에 대한 회신은 승낙이 되지 않고, 청약의 거절이면서 새로운 청약이 된다. 그리고 피청약자가 청약을 거절하면 청약은 효력이 상실된다. (CISG 제19조)

(정답 ③)

05 Which has similar meaning with the sentence below under CISG?

> Our offer is open until 30 July 2017.

① Our offer is valid until 30 July 2017 and irrevocable unless otherwise agreed.

② Our offer is free until 30 July 2017 and revocable unless otherwise agreed.

③ Our offer is not bound until 30 July 2017 but irrevocable unless otherwise agreed.

④ Our offer expires on your side by 30 July 2017 but subject to your acceptance.

해설 청약의 유효기간을 정했으므로 유효기간 내에는 청약을 철회할 수 없다. → firm offer가 된다.

(정답 ①)

06 Choose the most improperly translated part.

> 당사자의 일방이 범한 계약위반이 그 계약하에서 상대방이 기대할 권리가 있는 것을 실질적으로 박탈할 정도의 손해를 상대방에게 주는 경우에 기초적 위반이다. 다만 위반한 당사자가 그러한 결과를 예견하지 못하였으며, 또한 동일한 종류의 합리적인 자도 동일한 사정에서 그러한 결과를 예견할 수가 없었던 경우에는 그러하지 아니한다.

① A breach of contract committed by one of the parties is fundamental

② if it results in such detriment to the other party as substantially to deprive him of what he is entitled to expect under the contract,

③ if the party of breach did not foresee and

④ a reasonable person of the same kind in the same circumstances would not have foreseen such a result.

해설 이 문제는 CISG 제25조의 조문을 그대로 옮겨놓은 것이다.
- ③ if the party of breach did not foresee and → ③ unless the party in breach did not foresee and
- the party in breach(계약위반 당사자, = the breaching party, the defaulting party)

(정답 ③)

07 Choose the one which has the inappropriate part.

> 당사자의 일방이 범한 계약위반이 그 계약하에서 상대방이 기대할 권리가 있는 것을 실질적으로 박탈할 정도의 손해를 상대방에게 주는 경우가 근본적 위반이다. 다만 위반한 당사자가 그러한 결과를 예견하지 못하였으며, 또한 동일한 종류의 합리적인 자도 동일한 사정에서 그러한 결과를 예견할 수가 없었던 경우에는 그러하지 아니한다.

① A breach of contract committed by one of the parties is fundamental

② if it results in such detriment to the other party as substantially to deprive him of what he is entitled to expect under the contract,

③ unless the party of breach did not foresee and

④ a reasonable person of the same kind in the same circumstances would not have foreseen such a result.

해설 이 문제는 CISG 제25조의 조문을 그대로 옮겨놓은 것이다.
- ③ unless the party of breach did not foresee and → ③ unless the party in breach did not foresee and
- the party in breach(계약위반 당사자, breaching party)

(정답 ③)

08 Choose one that is NOT correct about the remedies regulated in the CISG(United Nation Convention on Contracts for the International Sale of Goods).

① The buyer may require the delivery of substitute goods only when non-conformity constitutes a fundamental breach of contract.

② The buyer may require to repair the goods only when non-conformity constitutes a fundamental breach of contract.

③ When non-delivery of goods constitutes a fundamental breach of goods, the buyer may declare avoidance of contract.

④ The buyer may claim for damage even when non−conformity does not constitute a fundamental breach of contract.

해설 ② 물품의 부적합이 있는 경우 수리에 의한 부적합치유청구권을 행사할 수 있다. 대체물인도 청구에서는 본질적 계약위반이 요구되나, 수리에 의한 부적합치유청구권에서는 본질적 계약위반일 것을 요구하지 않는다.
• ① non−conformity (or defect)가 fundamental breach를 구성하는 경우 → substitute goods(대체물인도청구), avoid(계약해제), damage(손해배상청구)
• ② non−conformity (or defect)가 fundamental breach를 구성하지 않는 경우 → repair(하자보완(수리)청구), deduction(대금감액청구), damage(손해배상청구)

(정답 ②)

09 Which of the following is correct about the buyer's claim, according to CISG?

> Seller delivered an offer to Buyer on 1 July, which read:
> "I will hold this offer open until 30 September" To this offer, Buyer delivered the following to the Seller on 15 July: "I do not accept your offer because the price is too high," but on 10 August the Buyer delivered the following to Seller: "I hereby accept your prior offer of 1 July." Seller immediately responded that he could not treat this "acceptance" because of earlier rejection. Buyer reminded Seller that the offer was valid until 30 September.

① Buyer is not in a position to insist upon his second acceptance.
② Seller shall agree to the buyer's second acceptance.
③ Seller shall amend his offer.
④ Buyer can withdraw his first acceptance.

해설 매도인은 7.1에 다음과 같은 청약을 발송했다.: "우리는 9.30까지 본 청약을 유지할 것입니다."
7.15.자에 매수인은 다음을 발송했다.: "가격이 너무 높기 때문에 귀사의 청약을 수락할 수 없습니다."
그러나 8.10.자에 매수인은 다음을 매도인에게 발송했다.: "우리는 귀사의 7.1자 청약을 수락합니다."
이전의 거절 때문에 이 승낙을 수락할 수 없다고 매도인은 즉시 회신하였다. 매수인은 청약은 9.30까자 유효하다는 점을 매도인에게 상기시켰다.
• 비록 확정청약이었지만, 7.15.자 매수인의 거절로 매도인의 7.1.자 확정청약은 효력이 상실되었다. 따라서 매수인은 거절 이후에 승낙을 할 수 없다.

(정답 ①)

10 다음 청약의 내용 중 확정청약(firm offer)은?

① We are pleased to offer you without engagement.

② We are pleased to offer you subject to market fluctuation.

③ We are pleased to offer you subject to your reply being received here by May 30, 2013.

④ We are pleased to offer you subject to change without notice.

⑤ We are pleased to offer you subject to prior sale

해설 ① 불확정청약 ② 시황조건부청약 ③ 확정청약
④ 불확정청약 ⑤ 선착순매매 조건부청약

(정답 ③)

11 승낙(accptance)으로 볼 수 있는 문장은?

① We will accept your offer if you guarantee shipment during September, not October.

② We accept your offer of May 12 in order to execute the first transaction with you.

③ We will accept your offer if shipment is to be made in June.

④ We regret that we have to decline your offer for the time being.

⑤ We would accept your offer if it is possible to discount 5% off the price you have offered.

해설 승낙은 청약에 대한 무조건적인 수락이어야 한다.

(정답 ②)

1 핵심정리

▣ Incoterms 2020

(Incoterms® 2020 규칙 분류)

그 룹	규칙 (Rule)	세부명칭 (영문)	세부명칭 (번역)	인도장소/ 위험이전장소
모든 운송방식용 (Any Mode or Modes of Transport)	EXW	Ex Works	공장인도	지정인도장소(수출국)
	FCA	Free Carrier	운송인인도	지정장소(수출국)
	CPT	Carriage Paid To	운송비지급인도	인도장소(수출국)
	CIP	Carriage and Insurance Paid To	운송비·보험료지급인도	인도장소(수출국)
	DAP	Delivered at Place	도착지인도	지정목적지(수입국)
	DPU	Delivered at Place Unloaded	도착지양하인도	지정목적지(수입국)
	DDP	Delivered Duty Paid	관세지급인도	지정목적지(수입국)
수상운송방식용 (Sea and Inland Waterway Transport)	FAS	Free Alongside Ship	선측인도	지정선적항(수출국)
	FOB	Free on Board	본선인도	지정선적항(수출국)
	CFR	Cost and Freight	운임포함인도	선적항(수출국)
	CIF	Cost Insurance and Freight	운임·보험료포함인도	선적항(수출국)

• 모든 운송방식용
 − 운송수단이 1개인 경우뿐만 아니라 2개 이상인 경우에도 이용가능
 − 해상운송이 전혀 포함되지 않은 운송에도 이용가능
 − 선박이 일부 구간의 운송에 이용되는 경우에도 이용가능

- 수상운송방식용
  - 해상운송 또는 내수로운송에만 이용가능
  - 인도지점과 물품이 매수인에게 운송되어야 하는 장소가 모두 항구인 경우에만 이용가능(부산항 → 뉴욕항(O), 대구 → 뉴욕항(X))
- DPU : 도착지에서의 양하비는 Seller가 부담(단, 수입통관은 Buyer가 부담)

▣ Incoterms 2020 Introduction

Ⅰ. What the Incoterms Rules do

Ⅱ. What the Incoterms Rules do NOT do

Ⅲ. How best to incoporate the Incoterms Rules

Ⅳ. Delivery, Risk and Costs in the Incoterms 2020 Rules

Ⅴ. Incoterms 2020 Rules and the Carrier

Ⅵ. Rules for the contract of sale and their relationship to other contracts

Ⅶ. The eleven Incoterms 2020 Rules — "Sea and Inland Waterway" and "Any mode(s) of Transport": Getting it Right

Ⅷ. Order within the Incoterms 2020 Rules

Ⅸ. Differences between Incoterms 2010 and 2020

Ⅹ. Caution with Variants of Incoterms Rules

Ⅰ. What the Incoterms Rules do

- The Incoterms rules explain a set of (A) of the most commonly−used three−letter trade terms, e.g. CIF, DAP, etc., reflecting business−to−business practice in contracts for the sale and purchase of goods.
- Incoterms rules describe :
  - Obligations : Who does what as between seller and buyer
  - Risk : Where and when the seller "delivers" the goods, in other words where risk transfers from seller to buyer.
  - Costs : Which party is responsible for which costs.

Ⅱ. Incoterms rules do NOT deal with :

- whether there is a contract of sale at all
- the specification of the goods sold

- the time, place, method or currency of payment of the price
- the remedies which can be sought for breach of the contract of sale
- the consequences of delay and other breaches in the performance of contractual obligations
- the effect of sanctions
- the imposition of tariffs
- force majeure or hardship
- export or import prohibition
- intellectual property rights
- the method, venue, or law of dispute resolution in case of such breach
- the transfer of property/title/ownership of the goods

■ Changes in Incoterms 2020

- Bills of lading with an on-board notation and the FCA Incoterms rule
- Costs, where they are listed
- Different levels of insurance cover in CIF and CIP
- Arranging for cariage with seller's or buyer's own means of transport in FCA, DAP, DPU and DDP
- Change in the three-letter initials for DAT to DPU
- Inclusion of secutiry-related requirements within carriage obligations and costs
- Explanatory Note for Users

■ Incoterms 핵심 쟁점

(1) 인코텀즈의 주요 내용은 위험의 이전, 비용의 배분이며, 소유권이전에 대해서는 규정하고 있지 않다.

(2) 인코텀즈 각 규칙(인도조건)과 장소를 기재한다.

① Seller가 운송비를 부담하는 규칙의 경우 규칙과 수입국의 장소(목적지, 목적항)를 기재하고, 그 외는 수출국의 장소(수출자의 창고, 선적항 등)를 기재한다.

예) EXW Seoul, FCA Seoul, CPT Chicago, CIP Chicago, FOB Busan, CIF L.A.

② 수상운송방식용의 경우 출발지와 도착지가 항구일 것(FAS, FOB, CFR, CIF)

예) FOB Incheon (FOB Seoul(×)), CIF L.A.(CIF Washington D.C.(×))

③ 출발지나 도착지 중 항구가 아닌 장소가 있는 경우에는 수상운송방식용(FAS, FOB, CFR, CIF)을 사용할 수 없다.

　예) FOB 대신 FCA, CFR 대신 CPT, CIF 대신 CIP를 사용해야 한다.

　예) 수출자가 자신의 공장에서 부산항을 거쳐 미국 뉴욕항까지 해상운송한 후 시카고까지 철도운송하여 시카고까지 운송비를 부담하는 경우

　　– 수출자의 공장에서 위험이전 및 비용분담 : FCA

　　– 수출자의 공장에서 위험이전 및 시카고까지의 비용부담 : CPT

　　– 수출자의 공장에서 위험이전 및 시카고까지의 비용부담 : CIP

　　– 시카고에서 위험이전 및 시카고까지의 비용부담 : DAP. DPU, DDP

(3) 보험계약(주로 해상보험계약)

① Seller에게 보험계약체결의무가 있는 것

　– CIP, CIF("I"는 "Insurance"의 약자, "I"가 포함되어있는 규칙은 CIP와 CIF뿐이다) 이 경우 Buyer가 피보험자가 되며, 보험사고가 발생하면, Buyer가 보험금을 받는다.

　– 부보율 : 송장금액의 110%

　– 담보조건 : CIP는 ICC(A)조건(Incoterms 2020에서 ICC(C) → ICC(A)로 개정됨).
　　　　　　　CIF는 ICC(C)조건

② 수입국에서 인도가 이루어지는 조건(즉 Seller가 자신의 비용과 위험으로 수입국까지 물품을 운송하여 인도하는 조건)인 DAT, DAP, DDP는 Seller에게 보험계약체결의무는 없지만, 통상 Seller은 운송중의 위험을 담보하기 위해 보험계약을 체결한다. 따라서 피보험자는 Seller가 되며, 피보험이익은 Seller에게 있다.

(4) 기본적으로 Seller가 운송비나 보험료를 부담하는 지 여부만 파악하는 것으로 충분하다. 그 외 수출통관비, 적재비, 양하비 등에 대한 출제는 매우 제한적이다.

① 수출통관비: EXW조건만 Buyer가 부담하고, 모두(10개 규칙) Seller가 부담한다.

② 수입통관비: DDP조건만 Seller가 부담하고, 모두(10개 규칙) Buyer가 부담한다.

③ 도착지 양하비(unloading cost): DPU (매도인 부담. Incoterms 2020의 개정사항으로 반드시 숙지할 것), DAP/DDP(매수인 부담)

2 기출문제 해설

01 Which is NOT suitable in the blank?

> The Incoterms® 2020 rules do NOT deal with (　　).

   ① whether there is a contract of sale at all

   ② the specifications of the goods sold

   ③ the effect of sanctions

   ④ export/import clearance and assistance

해설　① ② ③은 Incoterms 2020이 규정하지 않는 사항이고, ④는 규정하는 사항임.

(정답 ④)

02 The following is on Incoterms® 2020. Select the right ones in the blanks.?

> The Incoterms® rules explain a set of (A) of the most commonly−used three−letter trade terms, e.g. CIF, DAP, etc., reflecting (B) practice in contracts for the (C) of goods.

   ① (A) twelve (B) business−to−consumer (C) sale and purchase

   ② (A) eleven (B) business−to−business (C) sale and purchase

   ③ (A) eleven (B) business−to−consumer (C) sales

   ④ (A) twelve (B) business−to−business (C) sales

해설　(정답 ②)

03 Select the wrong explanation of changes in Incoterms® 2020.

   ① Bills of lading with an on−board notation could be required under the FCA Incoterms rule.

   ② Obligations which are listed in one clause.

   ③ Different levels of insurance cover in CIF and CIP.

   ④ Arranging for carriage with seller's or buyer's own means of transport in FCA, DAP, DPU and DDP.

해설　(정답 ②)

04 The following are on CIF under Incoterms® 2020. Select the wrong one.

① The insurance shall cover, at a minimum, the price provided in the contract plus 10% (ie 110%) and shall be in the currency of the carriage contract.

② The insurance shall cover the goods from the point of delivery set out in this rule to at least the named port of destination.

③ The seller must provide the buyer with the insurance policy or certificate or any other evidence of insurance cover.

④ Moreover, the seller must provide the buyer, at the buyer's request, risk and cost, with information that the buyer needs to procure any additional insurance.

해설　① in the currency of the carriage contract. → in the currency of the contract.

(정답 ①)

05 Select the wrong one in the blank under Incoterms® 2020.?

The seller must pay (　) under FCA.

① all costs relating to the goods until they have been delivered in accordance with this rule other than those payable by the buyer under this rule

② the costs of providing the transport document to the buyer under this rule that the goods have been delivered

③ where applicable, duties, taxes and any other costs related to export clearance under this rule

④ the buyer for all costs and charges related to providing assistance in obtaining documents and information in accordance with this rule

해설　(정답 ②)

06 The following are the purpose of the text of the introduction of Incoterms® 2020. Select the wrong one.

① to explain what the Incoterms® 2020 rules do and do NOT do and how they are best incorporated

② to set out the important fundamentals of the Incoterms rules such as the basic roles and responsibilities of seller and buyer, delivery, risk etc.

③ to explain how best to choose the right Incoterms rules for the general sale contract

④ to set out the central changes between Incoterms® 2010 and Incoterms® 2020

해설 ③ to explain how best to choose the right Incoterms rules for the <u>general</u> sale contract. → to explain how best to choose the right Incoterms rules for the <u>particular</u> sale contract.

(정답 ③)

07 Select the wrong explanation of changes in Incoterms® 2020.

① Bills of lading with an on−board notation could be required under the FCA Incoterms rule.

② Obligations which are listed in one clause.

③ Different levels of insurance cover in CIF and CIP.

④ Arranging for carriage with seller's or buyer's own means of transport in FCA, DAP, DPU and DDP.

해설 (정답 ②)

08 The following are on CIF under Incoterms® 2020. Select the wrong one.

① The insurance shall cover, at a minimum, the price provided in the contract plus 10% (ie 110%) and shall be in the currency of the carriage contract.

② The insurance shall cover the goods from the point of delivery set out in this rule to at least the named port of destination.

③ The seller must provide the buyer with the insurance policy or certificate or any other evidence of insurance cover.

④ Moreover, the seller must provide the buyer, at the buyer's request, risk and cost, with information that the buyer needs to procure any additional insurance.

해설 ① in the currency of the carriage contract. → in the currency of the contract.

(정답 ①)

09 Select the wrong one in the blank under Incoterms® 2020?

> The seller must pay (   ) under FCA.

① all costs relating to the goods until they have been delivered in accordance with this rule other than those payable by the buyer under this rule

② the costs of providing the transport document to the buyer under this rule that the goods have been delivered

③ where applicable, duties, taxes and any other costs related to export clearance under this rule

④ the buyer for all costs and charges related to providing assistance in obtaining documents and information in accordance with this rule

해설   (정답 ②)

10 The following are the purpose of the text of the introduction of Incoterms® 2020. Select the wrong one.

① to explain what the Incoterms® 2020 rules do and do NOT do and how they are best incorporated

② to set out the important fundamentals of the Incoterms rules such as the basic roles and responsibilities of seller and buyer, delivery, risk etc.

③ to explain how best to choose the right Incoterms rules for the general sale contract

④ to set out the central changes between Incoterms® 2010 and Incoterms® 2020

해설 ③ to explain how best to choose the right Incoterms rules for the general sale contract. → to explain how best to choose the right Incoterms rules for the particular sale contract.

(정답 ③)

11 What is WRONG in the explanation of Incoterms 2020?

① DPU requires the seller to bear all transportation−related costs (including unloading cost) and risks up to the delivery point at the agreed destination, which may be in the buyer's country.

② CPT requires the seller to clear the goods for export, where applicable. However, the seller has no obligation to clear the goods for import, pay any import duty.

③ FOB requires the seller to deliver the goods on board the vessel or to procure goods already so delivered for shipment.

④ CIF requires the parties to specify the port of destination, which is where risk passes to the buyer.

해설 ④ CIF requires the parties to specify <u>the port of shipment,</u> which is where risk passes to the buyer. (FOB, CFR, CIF에서는 선적항에서 위험이 매수인에게 이전한다)

(정답 ④)

12 Which is WRONG in the explanation of CIP under Incoterms 2020?

① The seller must contract or procure a contract for the carriage of the goods from the agreed point of delivery, if any, at place of delivery to the named place of destination.

② The contract of carriage must be made on usual terms at the seller's expense and provide for carriage by the usual route and in a customary manner.

③ The seller must obtain at its own expense cargo insurance at least with the minimum cover.

④ The buyer must pay the costs of any mandatory pre−shipment inspection, except when such inspection is mandated by the authorities of the country of export.

해설 ① The seller must obtain at its own expense cargo insurance at least with the minimum cover. → The seller is required to obtain extensive insurance cover complying with Institute Cargo Clauses (A) or similar clauses. (Incoterms 2020에서 minimum cover (ICC(C) → ICC(A) (extensive cover)로 개정됨.

(정답 ③)

13 The following is a part of the contract. Which document is MOST appropriate for transport under the price terms?

> Description : TV Monitors (Item No. 123−ABS)
> Quantity : 2,000 pcs
> Price : USD200/pcs *FCA Daejeon*
> Place of Destination: New York

① Multimodal Transport Bill of Lading

② Air Waybill

③ Ocean Bill of Lading

④ Inland Waterway Transport Document

해설 FCA Daejeon이므로 복합운송(육상 + 해상)이 가장 적합하다. 참고로 "FOB Busan" 또는 "CFR New York"인 경우 해상운송이 요구되어 선하증권(Ocean Bill of Lading)이 적합하다.

(정답 ①)

14 Which is most WRONG about the difference between EXW and FCA under Incoterms 2020?

① In terms of EXW, the obligation of delivery of goods by the seller is only limited to arrange goods at his premises.

② In terms of FCA, the export cleared goods are delivered by the seller to the carrier at the named and defined location mentioned in the contract.

③ In terms of FCA, the delivery of goods also can be at the seller's premises, if mutually agreed between buyer and seller.

④ If the buyer can not carry out the export formalities, either directly or indirectly, EXW terms are opted in such business transactions.

해설 ④ EXW에서는 Buyer가 수출통관(export formalties, export clearance)을 해야 한다. 따라서 Buyer가 수출통관을 할 수 없는 경우에는 EXW를 사용할 수 없다. (EXW terms are opted in ~ → EXW terms are opted out ~)

(정답 ④)

15 What is the correct town/port to use after INCOTERMS 2020 FOB for below scenario?

> A container is loaded in the town of Daejeon and trucked to Busan port where it is loaded on board a ocean vessel to Hamburg. Then reloaded onto a feeder vessel and discharged in Copenhagen port. After arriving Copenhagen port container is trucked to consignees warehouse. Finally goods are costumed cleared and ready to use or sell.

① FOB Busan   ② FOB Hamburg   ③ FOB Daejeon   ④ FOB Copenhagen

해설 FOB는 해상운송(수상운송) 구간에서만 사용될 수 있고, FOB 다음에는 "선적항"을 기재한다. 지문에서의 선적항은 Busan이다.

(정답 ①)

16 Which is NOT correct in the explanation of CIF under Incoterms 2020? (1급 2017-2회)

① "Cost, Insurance and Freight" means that the seller delivers the goods on board the vessel or procures the goods already so delivered.

② The seller pay the costs and freight to bring the goods to the named port of destination.

③ The seller contracts for insurance cover against buyer's risk of loss of or damage to the goods during the carriage.

④ The buyer should note that under CIF, the seller is required to obtain insurance at maximum cover.

해설 ④ maximum cover → minimum cover

(정답 ④)

17 What explains wrongly about CIP, under Incoterms 2020?

  ① CIP is the same as CPT except for insurance coverage.

  ② In the case of multimodal transport, the risk is transferred from the seller to the buyer when the goods are delivered to the first carrier.

  ③ Insurance is a seller's obligation.

  ④ The insurance may not cover War risk.

해설 ④ 담보조건 : (Incoterms 2020에서는 CIP의 담보조건이 ICC(C) → ICC(A)로 개정됨(따라서 전 위험 담보)

(정답 ④)

18 If the goods are lost or damaged in transit, in which case would the seller bear highest risk when they are not insured?

  ① CFR with payment 30 days in advance before shipment.

  ② EXW with O/A payable at 60 days after shipment.

  ③ FOB with L/C payable at 90 days after shipment.

  ④ DPU with D/A payable at 90 days after shipment, supported by a standby L/C

해설 DPU에서는 물품이 목적지(통상 수입국에 소재하는 수입자의 창고 등)에 도착해야 인도되고 위험이 매수인에게 이전된다. 따라서 목적지까지의 운송에 대한 위험은 매도인이 부담한다.

(정답 ④)

19 Choose one that is NOT correct according to the Incoterms 2020.

  ① FCA means that the seller delivers the goods to the carrier or another person nominated by the buyer at the buyer's premises.

  ② When CPT and CFR are used, the seller fulfills its obligation to deliver when the seller hands the goods over to the carrier and not when the goods reach the place of destination.

  ③ DPU may be used irrespective of the mode of transport selected and may also be used where more than one mode of transport are employed.

  ④ Under DDP, the seller should clear the goods for import and make them ready for unloading at the named place of destination.

해설 ① FCA는 매도인이 물품을 매수인의 영업구내에서 매수인이 지정한 운송인이나 제3자에게 인도하는 것을 의미한다. → 매도인의 영업구내에서

② CPT와 CFR이 사용될 때, 화물이 목적지에 도착한 때가 아니라 운송인에게 화물을 교부하는 때에 매도인은 자신의 인도의무를 이행한다.

③ DPU는 운송방식을 가리지 않고 사용될 수 있으며, 둘 이상의 운송방식이 채택된 경우에도 사용될 수 있다.

④ DDP에서는 매도인은 수입통관을 하고 지정목적지에서 화물을 양화준비상태로 두어야 한다.

• FCA는 수출국에서 인도가 이루어진다.

(정답 ①)

20 Which Incoterms rules are suitable for the following watching point?

Although the seller is not obliged to load the goods, if the seller does so, let this be at the buyer's risk.

A. EXW
B. EXW & DAP
C. FOB
D. EXW & FOB

① A　　　　　② B　　　　③ C　　　　④ D

해설 매도인이 물품을 적재할 의무는 없지만, 매도인이 그렇게 한다면(적재한다면), 매수인의 위험으로 이것(적재)을 하게 한다.

• EXW에서는 매도인이 물품을 매수인의 처분하에 놓으면 인도되며, 매도인은 적재의무가 없다. FOB에서는 매도인은 본선에 적재할 의무가 있다.

(정답 ①)

21 The following is an interpretation of CPT according to Incoterms 2020. Choose one that is matched correctly for the blanks.

"Carriage Paid To" means that the seller delivers the goods to the carrier or another person nominated by the (ⓐ) at an agree place and that the (ⓑ) must contract for and pay the costs of carriage necessary to bring the goods to the named place of (ⓒ).

① ⓐ seller － ⓑ buyer － ⓒ departing

② ⓐ buyer － ⓑ seller － ⓒ departing

③ ⓐ seller — ⓑ buyer — ⓒ destination

④ ⓐ seller — ⓑ seller — ⓒ destination

해설 지문은 Incoterms 2020의 Explanatory Notes for Users와 A4 Carriage의 내용임. CPT에서는 Seller가 지정목적지까지의 운임부담.

(정답 ④)

22 What is the correct town/port to use after INCOTERMS 2020 FOB for below scenario?

> A container is loaded in the town of Daejeon and trucked to Busan port where it is loaded on board a ocean vessel to Hamburg. Then reloaded onto a feeder vessel and discharged in Copenhagen port. After arriving Copenhagen port container is trucked to consignees warehouse. Finally goods are costumed cleared and ready to use or sell.

① FOB Busan   ② FOB Hamburg

③ FOB Daejeon   ④ FOB Copenhagen

해설 대전에서 컨테이너가 적재되었고, 부산항까지 트럭운송을 했으며, 부산항에서 함부르크행 선박에 선적되었다. 그리고 피더선에 다시 적재되었고 코펜하겐항에서 양륙되었다. 코펜하겐항에 도착한 후에 컨테이너는 수하인의 창고로 트럭운송되었다. 마침내 수입통관되어 사용 또는 판매할 준비가 되었다.

• Incoterms 2020의 11개 규칙에는 장소를 기재한다. FOB에는 선적항, CFR, CIF에는 목적항을 기재한다. 이 지문에서의 선적항은 부산항이다. 따라서 FOB Busan이 적합하다.

(정답 ①)

23 Which is NOT correct in explanation of CIF under Incoterms 2020?

> A. "Cost, Insurance and Freight" means that the seller delivers the goods on board the vessel or procures the goods already so delivered.
>
> B. The seller pay the costs and freight to bring the goods to the named port of destination.
>
> C. The seller contracts for insurance cover against buyer's risk of loss of or damage to the goods during the carriage.
>
> D. The seller is required to obtain extensive insurance cover complying with Institute Cargo Clauses (A) or similar clauses.

① A　　② B　　③ C　　④ D

해설　A. "운임·보험료포함인도"는 매도인이 물품을 본선에 적재하여 인도하거나 이미 그렇게 인도된 물품을 조달하는 것을 의미한다.

B. 매도인은 물품을 지정목적항까지 운송하는 데 필요한 비용과 운임을 지급한다.

C. 매도인은 또한 운송중 매수인의 물품의 멸실 또는 손상의 위험에 대비하여 보험계약을 체결한다.

D. CIF에서 매도인은 단지 최대부보조건으로 부보하도록 요구된다는 것을 매수인은 주목해야 한다.

• CIF 및 CIP에서는 Seller(매도인)에게 보험계약체결의무가 있다. 보험금액은 계약금액의 110%이고, 담보조건은 CIF는 limited insurance cover이고, CIP는 extensive insurance cover이며, 보험계약통화는 매매계약의 통화와 같아야 한다.

• D. The seller is required to obtain extensive insurance cover complying with Institute Cargo Clauses (A) or similar clauses. (이것은 CIP규칙에서의 부보조건임) → The seller is required to obtain limited insurance cover complying with Institute Cargo Clauses (C) or similar clauses (CIF규칙에서의 부보조건).

(정답 ④)

24 Below is a cost analysis applying Incoterms. What is the best price terms for the Seller?

Cost of Goods － USD10,000
All licensing and loading costs (in exporting country) － USD500
Main Carriage cost － USD1,000
Minimum insurance cover － USD500
Unloading costs and import duties (in importing country) － USD1,500

① EXW － USD9,500　　② FOB － USD11,000
③ CIF － USD12,000　　④ DDP － USD12,500

해설　어떤 인도조건을 선택할 때, Seller에게 가장 유리한(즉 가장 이득이 되는) 것을 찾는 문제이다.

① EXW: Seller은 부담하는 비용이 없으므로 최저가격은 물품가격인 US10,000이다. 보기에서는 USD9,500이므로 최저가격 USD10,000 보다도 USD500이 낮다.

② FOB: Seller가 본선적재비용을 부담하므로 최저가격은 USD10,500(물품가격 USD10,000 + 본선적재비 USD500)이다. USD 11,000이므로 최저가격보다 USD500이 높다.

③ CIF: Seller가 본선적재비용, 운임, 보험료를 부담하므로 최저가격은 USD12,000(물품가격 USD10,000 + 본선적재비 USD500 + 운임 USD1,000 + 보험료 USD500)이다.

④ DDP: Seller가 본선적재비용, 운임, 보험료, 양륙비, 수입관세를 부담하므로 최저가격은 USD13,500(물품가격 USD10,000 + 본선적재비 USD500 + 운임 USD1,000 + 보험료 USD500+양륙비 및 수입관세 USD 1,500)이다. 최저가격 USD13,500 보다도 USD1,000이 낮다. 따라서 4개의 예시 중에서 Seller에게 가장 불리한 조건이고, Buyer에게는 가장 유리한 조건이다.

(정답 ②)

25 What is best price terms for the Buyer based on cost analysis on buyer side?

> Cost of Goods – USD10,000
> All licensing and loading costs (in exporting country) – USD500
> Main Carriage cost – USD1,000
> Minimum insurance cover – USD500
> Unloading costs and import duties (in importing country) - USD1,500

　　① EXW – USD10,500　　② FOB – USD11,500

　　③ CIF – USD11,500　　④ DDP – USD13,500

해설 ① EXW: 최저가격은 물품가격인 USD10,000이다. 계약금액 USD10,500은 최저가격보다 USD500이 높다.

② FOB: 최저가격은 USD10,500(물품가격 USD10,000+본선적재비용 USD500)이다. 계약금액 USD11,500은 최저가격보다 USD1,000이 높다.

③ CIF: 최저가격은 USD12,000(물품가격 USD10,000+본선적재비용 USD500+주된 운송비 USD1,000+보험료 USD500)이다. 계약금액 USD11,500은 최저가격보다 USD500이 낮아 매도인에게는 불리하고, 그 만큼 매수인에게는 유리하다.

④ DDP: 최저가격은 USD13,500(물품가격 USD10,000 +본선적재비용 USD500+주된 운송비 USD1,000+보험료 USD500+수입항 양륙비 및 수입관세 USD1,500)이다. 계약금액 USD13,500은 최저가격과 동일하다.

(정답 ③)

26 Below is a description of 'DAP' quoted from INCOTERMS 2020. Which of the followings is most appropriate for the blank?

DAP (Delivered At Place)

DAP term is used for any type of shipments. The shipper/seller pays for carriage to the named place, except for costs related to import ( ), and assumes all risks prior to the point that the goods are ready for unloading by the buyer.

---

① cleanness   ② clarification   ③ authorization   ④ clearance

해설 DAP는 모든 운송에 사용된다. 송화인/매도인은, 수입통관(import clearance) 비용을 제외하고 지정목적지까지의 운임을 지급하고, 물품이 매수인에 의해 양화준비상태로 놓이는 그 지점 이전의 모든 위험을 부담한다.

• import clearance (수입통관)

(정답 ④)

27 If the goods are lost or damaged in transit, in which case would the seller bear the highest risk when the seller is not insured?

① CFR with payment 30 days in advance

② EXW with 60 days O/A

③ FOB with 90 days usance L/C

④ DDP with 30 days D/A

해설 DAP, DPU, DDP에서는 물품이 수입국에 도착해야 인도가 되고 위험이 이전된다. 따라서 적하보험에 가입되지 않는 경우 매도인은 화물의 멸실, 손상 등에 대한 손실을 보상받을 수 없다.

(정답 ④)

28 Which of the following is most far from the role of Incoterms? (1급 2014-1회)

① FAS, FOB, CFR and CIF shall be used for ocean transportation

② Incoterms are part of contract of carriage

③ The same terms are often used in both contract of sale and contract of carriage

④ To match contract of sale with contract of carriage is sometimes difficult

해설 ② Incoterms are part of contract of sale.

(정답 ②)

> The relation between the Incoterms rules and the contract of carriage creates particular problems, because
> • some of the Incoterms rules can be used only when the goods are intended to be carried by sea (FAS, FOB, CFR, CIF);
> • the same terms are often used in both contracts of sale and contracts of carriage;
> • commercial practice under contracts of carriage changes from time to time and varies in different places, ports and regions;
> • the contract of sale is sometimes difficult to match the contract of carriage;
> • under contracts of sale and the applicable law, such as CISG, the seller has to tender goods or documents representing them and the buyer has to pay for them;
>
> (Jan Ramberg, ICC Guide to Incoterms 2010, ICC Publication No. 720E, 2011, pp.27 − 28.)

29 Fill in the blank with suitable word.

> FOB or Free on Board is used to indicate when the goods are being sent from a seller to a buyer. The (   ) is the one responsible for transportation of the goods (to the named port of shipment) and the cost of their loading. Then, the (   ) pays the costs of ocean freight, the security charges, the insurance, transportation and unloading.

    ① buyer - seller   ② seller - buyer

    ③ seller - carrier   ④ carrier - seller

해설 FOB에서는 선적항에서 본선에 적재된 때에 인도가 된다. 따라서 본선 적재까지의 비용은 매도인이 부담한다. 그러나 해상운임은 매수인이 부담한다.

(정답 ②)

30 Which is NOT correct in explanation of CIF under Incoterms 2020?

> A. "Cost, Insurance and Freight" means that the seller delivers the goods on board the vessel or procures the goods already so delivered.
> B. The seller pays the costs and freight to bring the goods to the named port of destination.
> C. The seller contracts for insurance cover against seller's risk of loss of or damage to the goods during the carriage.
> D. The seller is required to obtain limited insurance cover complying with Institute Cargo Clauses (C) or similar clauses.

   ① A   ② B   ③ C   ④ D

해설 CIF조건에서는 본선적재 시 물품위험은 매수인에게 이전된다. 매도인은 매수인의 위험에 대하여, 매수인을 위해 보험을 들어줄 뿐이다.

(정답 ③)

31 Incoterms 2020 개별 규칙의 사용 예로서 틀린 것은?

   ① DPU seller's warehouse in Chicago
   ② FCA seller's factory in Seoul
   ③ DDP buyer's warehouse in New York
   ④ DAP buyer's warehouse in Chicago

해설 DPU는 도착지인도조건이므로 수입국의 Buyer의 장소가 기재된다.

(정답 ①)

32 Below is a description of 'DPU' quoted from INCOTERMS 2020. Which of the followings is most appropriate for the blank?

> DPU (Delivered At Place Unloaded)
> "Delivered at Place Unloaded" means that the seller delivers the goods − and transfers the risk − to the buyer when the goods, (　　　) the arriving means of transport, are placed at the disposal of the buyer at the named place of destination or at the agreed point within that place, if any such point is agreed.

① ready for unloading
② paying the loading cost for
③ cleared for import on
④ once unloaded from

해설 DPU는 Incoterms 2020에서 변경된 규칙이다(DAT → DPU로 볼 수도 있고, DAT 삭제 및 DPU 신설로 볼 수도 있다.). 따라서 DPU규칙에 대한 숙지가 필요하다.

(정답 ④)

1 핵심정리

1) 개요

무역대금결제는 선지급방식(payment in advance), 오픈어카운트방식(open account), 추심결제방식(documentary collection), 신용장방식(documentary credits)으로 구분(한편, 무역대금결제는 지급방식에 따라 전신송금, 우편송금, 송금수표 등으로 구분하기도 함)

Category	Terms of Payments
Payment in Advance(선지급방식)	cash in advance: 선지급방식(선수금방식)
Open Account(오픈어카운트방식)	Open Account(O/A: 오픈어카운트) * cash in arrears
Documentary Collection (or bank collection) (추심방식)	Documents against Payment(D/P): 지급인도조건 * sight draft, cash against documents
	Documents against Acceptance(D/A): 인수인도조건 * time draft
Documentary Credits (신용장방식)	Sight L/C: 일람출급신용장
	Acceptance L/C: 인수신용장 * time L/C
	Deferred Payment L/C: 연지급신용장
	Negotiation L/C: 매입신용장
Other Methods	Bank Payment Obligation (BPO)
	Consignment(위탁판매)
By the Technical Methods of	Telegraphic Transfer(T/T)(전신송금)

Category	Terms of Payments
Payment (지급수단에 따라)	• advance remittance(사전송금)
	• later remittance(사후송금)
	Credit Card(신용카드)
	Demand Draft(D/D) or Check(송금수표)
	Mail Transfer(M/T)(우편송금)
concurrent payment (동시지급방식)	CAD(Cash against Documents) (서류상환지급방식)
	COD(Cash on Delivery) (물품인도지급방식)

* O/A방식: 수출자가 수출물품을 선적하고 상업송장과 운송서류 등을 은행을 경유하지 않고 직접 수입자에게 발송하며 선적서류를 수취한 수입자는 약정된 기일에 대금을 수출자에게 송금하는 방식

2) 오픈어카운트(Open Account)

오픈어카운트(Open Account)방식이란, 수출자가 수출물품을 선적하고 상업송장과 운송서류 등을 은행을 경유하지 않고 직접 수입자에게 발송하며 선적서류를 수취한 수입자는 약정된 기일에 대금을 수출자에게 송금하는 방식을 말한다. 간단히 'O/A방식'이라고도 하고, '선적통지 결제방식', '사후송금방식', '선적통지부 사후송금방식' 등이라고도 한다. 선적후에 대금을 받기 때문에 일종의 사후송금방식으로 볼 수 있다. 보통 수출입자가 서로 잘 알고 오랫동안 거래경험이 있는 경우에 이용된다. O/A방식은 선적서류 등이 은행을 경유하지 않는다는 점에서 추심방식이나 신용장방식과는 다르다.

3) 추심결제방식(Documentary Collection))

추심결제방식에는 D/P(Documents against Payment(지급인도))와 D/A(Documents against Acceptance(인수인도))이 있다.

- D/P: 수출자가 수입자와의 매매계약에 따라 물품을 선적한 후 수입자를 지급인으로 하는 일람불환어음(sight draft)을 발행하여 운송서류와 함께 거래은행(추심의뢰은행)에 추심의뢰하고, 동 추심의뢰은행(remitting bank)이 수입자의 거래은행(추심은행) 앞으로 추심을 의뢰하고, 동 추심은행(collecting bank)이 수입자에게 환어음을 제시하여 수입자가 어음대금을 지급하면 그와 동시에 운송서류를 수입자에게 인도하고, 추심은행이 그 어음대금을 추심의뢰은행에 송금하여 수출자가 수출대금을 지급받는 거래방식.
- D/A 수출자가 수입자와의 매매계약에 따라 물품을 선적한 후 수입자를 지급

인으로 하는 기한부환어음(time draft)을 발행하여 운송서류와 함께 거래은행 (추심의뢰은행)에 추심의뢰하고, 동 추심의뢰은행(remitting bank)이 수입자의 거래은행(추심은행) 앞으로 추심을 의뢰하고, 동 추심은행(collecting bank)이 수입자에게 환어음을 제시하여 수입자가 환어음을 인수하면 그와 동시에 운송서류를 수입자에게 인도하고, 환어음의 만기일에 추심은행이 수입자로부터 어음대금을 지급받아 추심의뢰은행에 송금하여 수출자가 지급받는 거래방식.

추심결제방식 도해

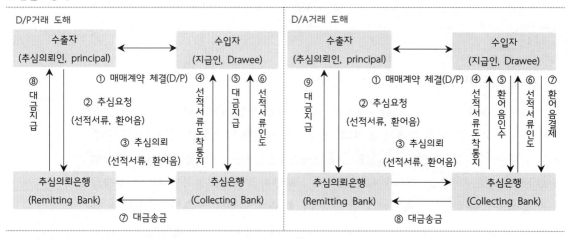

4) 대금지급 관련 당사자 및 결제조건 예시

- **추심(또는 매입)거래**: Principal, Remitting Bank, Negotiating Bank, Collecting Bank, Drawee
- **신용장거래**: Issuing Bank, Beneficiary, Applicant, Advising Bank, Nominated Bank

예1) Payment (or Terms of Payment): T/T 60 Days from B/L Date
    (O/A방식이며, 선적 후 Seller은 은행을 경유하지 않고 수입자에게 직접 선적서류를 송부한다. D/A방식이나 L/C방식에 비해 Seller에게 위험이 높다)

예2) Payment (or Terms of Payment): D/A 60 Days from B/L Date
    (추심방식이며, Seller은 선적후 거래은행(추심의뢰은행 또는 매입은행)을 통해 선적서류를 수입국의 추심은행에 송부한다. 환어음이 있으며, 환어음의 지급인은 Buyer가 된다. Buyer가 환어음을 인수해야 추심은행(수입국에 소재하는 은행)은 선적서류를 Buyer에게 인도한다)

예3) Payment(or Terms of Payment): By Irrevocable L/C at Sight
  (취소불능 일람불신용장방식, 개설은행은 서류 및 환어음 인수 즉시 대금
  을 지급한다)

2 기출문제 해설

01 Select the best one which explains well the following passage.

> The shipping documents are surrendered to the consignee by the presenting bank upon acceptance of the time draft. The consignee obtaining possession of the goods is thereby enabled to dispose of them before the actual payment falls due.

① D/A   ② D/P   ③ Collection   ④ Open Account

해설 추심결제방식(D/P, D/A)에서 수출자가 추심의뢰은행을 통하여 추심은행에 선적서류와 환어음을 보낸다. D/P에서는 수입자가 환어음을 결제하면 선적서류를 수입자에게 인도하고, D/A에서는 수입자가 환어음을 인수하면 선적서류를 수입자에게 인도하며 수입자는 환어음의 결제기일에 대금을 지급한다. 따라서 D/A에서는 대금지급 없이 선적서류가 인도(실질적으로 화물인도)되므로 수출자는 대금결제 없이 화물을 잃게 되는 위험이 있다.

(정답 ①)

※ Read the following and answer.

> Dear Mr Couper,
> The above order has now been completed and sent to Busan Port where it is awaiting to be loaded on to the SS Arirang, sailing for London on 06 July and arriving on 30 July. When we have the necessary documents, we will forward them to (A) Seoul Bank, here, and they will forward them to HSBC London for collection.
> We have taken particular care to see that the goods have been packed ( ) your instructions: the six crates have been marked with your name.
> If you need any further information, please contact us.
> Yours sincerely,
> Peter Han

02 What role may (A) Seoul Bank assume if D/A is employed as payment?
① Remitting Bank   ② Advising Bank   ③ Collecting Bank
④ Confirming Bank

03 Fill in the blank with suitable word.

① as per   ② regarding   ③ with reference   ④ into

해설 상기의 주문은 완료되어 부산항으로 송부될 것이며, 부산항에서 아리랑호에 선적될 것이며, 아리랑호는 7월 6일에 런던으로 출항하여 7월 30일에 도착할 예정입니다. 당사가 필요한 서류를 확보하게 되면, 여기의 서울은행에 그 서류를 전달할 것이며, 서울은행은 추심을 위하여 HSBC 런던지점에 송부할 것입니다. 물품이 귀사의 지시대로 포장되도록 특별한 주의를 기울일 것입니다. 그리고 6개의 상자에는 귀사의 상호가 표기될 것입니다. 추가적인 정보가 필요하면, 당사에 연락을 주시기 바랍니다.
- 추심방식(D/P, D/A)에서 수출자가 추심의뢰은행(서울은행)을 통하여 추심은행(HSBC 런던)에 서류를 보내는 내용이다.
- Seoul Bank는 remitting bank이고, HSBC 런던은 collecting bank이다. 통지은행 (advising bank)이나 확인은행(confirming bank)은 신용장방식에 관련된 은행이다.
- as per ~ : ~ 에 따라서 (= in accordance with, according to)

(정답 2-①, 3-①)

※ **Read the following and answer.**

Dear Mr Han,

We are pleased to tell you that the above order has been shipped on the SS Marconissa and should reach you in the next 30 days. Meanwhile, our bank has forwarded the relevant documents and draft for USD3,000,000 which includes the agreed trade and quantity discounts, to HSBC Seoul for your acceptance of the draft. We are sure you will be very satisfied with the consignment and look forward to your next order.

Best wishes,

William Cox

Daffodil Computer

---

04 What payment method can be inferred?

① COD   ② CAD   ③ D/P   ④ D/A

05 Which document is most far from the underlined 'relevant documents'?

① bill of exchange

② commercial invoice

③ packing list

④ bill of lading

해설　상기의 주문이 Marconissa호에 선적되었고, 30일 내에 기사에 도착할 것을 귀사에 알리게 되어 기쁩니다. 한편, 당사의 거래은행은 관련 서류(relevant documents)와 합의된 수량할인을 포함하는 3백만불의 환어음(draft) HSBC 서울지점으로 송부하여 귀사가 인수 (accept)하도록 할 것입니다. 귀사는 탁송품(consignment)에 만족할 것으로 확신하고 귀사의 다음 주문을 기대합니다.

3. 수입자가 환어음을 인수(accept)하고 나중에 결제기일에 환어음을 결제하므로 D/A거래에 해당된다. 참고로 D/P가 되기 위해서는 "for your acceptance of the draft" → "for your payment of the draft"로 변경되어야 한다.

(정답 ④)

4. D/P나 D/A거래에서는 선적서류와 환어음이 추심은행을 통하여 수입자에게 전달된다. 지문에서는 "관련 서류(relevant documents)"와 환어음(draft)이라고 기술되어 있는바, "관련 서류(relevant documents)"는 환어음(draft 또는 bill of exchange)을 제외한 추심서류를 말한다.

(정답 ①)

06 Fill out the blank with suitable words.

> (　　) terms allows the importer to make payments at some specific date in the future and without the buyer issuing any negotiable instrument evidencing his legal commitment to pay at the appointed time. These terms are most common when the importer/buyer has a strong credit history and is well-known to the seller.

　① Open account　　　　　　　② Letter of credit
　③ Documentary Collection　　④ Cash on Delivery

해설　Open Account는 외상거래(신용거래)방식으로 환어음이나 신용장 등의 지급담보장치가 없다.

(정답 ①)

07 What payment method is the best for the following? (1급 2016-2회)

> The draft and shipping documents, including bill of lading, invoice, and insurance policy have been passed to our agent Seoul Bank, and the documents will be forwarded to ANZ Bank in Sydney for your payment.

　① Open Account
　② Cash against Acceptance
　③ Banker's Acceptance Credit

④ Document against Payment

해설 선하증권, 송장 및 보험증권을 포함하는 환어음과 선적서류는 당사의 대리인 Seoul Bank에 전달되었고, 그 서류들은 귀사의 대금지급을 위하여 시드니의 ANZ Bank에 전달되었습니다.
- agent: 대리인(본인으로부터 특정 사무의 처리를 위임받은 자)
- principal

결제조건을 묻는 문제이다. 환어음이 요구되므로 이는 추심거래이고, 대금지급을 위해 은행에 환어음이 전달되므로 "Documents against Payment(D/P)" 또는 "Cash against Documents" 거래이다. (Documents against Payment(D/P)=Cash against Documents) 참고로 환어음이 인수(acceptance)되기 위하여 은행에 전달되면 "Documents against Acceptance(D/A)" 또는 "Cash against Acceptance"가 된다. (Documents against Acceptance (D/A)=Cash against Acceptance)

(정답 ④)

08 What is the most suitable pair for the blanks under documentary collection?

> The collection instruction should give specific instructions regarding protest, in the event of dishonour. In the absence of such specific instructions, the banks concerned with the collection have no obligation to have the document(s) protested for (   ) or (   ).

① acceptance, non－payment   ② non－acceptance, payment

③ acceptance, payment   ④ non－payment, non－acceptance

해설 추심지시서는, 지급거절의 경우, 거절증서 에 관한 구체적인 지시를 주어야 한다. 의 지급거절증서에 대한 특정 지시를 준다. 그러한 별도의 지시가 없는 경우, 추심에 관여하는 은행은 지급거절 또는 인수거절에 대하여 서류의 거절증서를 작성할 의무를 지지 아니한다.
- 이 지문은 URC 522 제24조를 그대로 옮겨 놓은 것이다.
- collection instruction(추심지시서), protest of non－payment(지급거절증서, = protest (거절증서))

(정답 ④)

※ Read the following and answer the questions.

---

a. As our business relations with you over the past 2 years have been entirely satisfactory, we are prepared to make the transfer, based on a 90−day settlement period.

b. It will not be necessary for you to supply references.

c. We hope the expansion of your business leads to increased orders.

d. We refer to your letter of 18 November requesting payment from invoice to open−account terms.

---

09 Please put the sentences in the most proper order.

① a−c−b−d   ② b−a−c−d   ③ d−a−b−c   ④ c−a−b−d

10 Which of the following is LEAST likely found in the previous letter?

① This arrangement would save us the inconvenience of making payments on each shipment.

② We have been very satisfied with your handling of our past orders, and as our business is growing, we expect to place even larger orders with you in the future.

③ We hope you will agree to allow us open−account facilities with quarterly settlements.

④ We will send you the reference which you required, and please keep it in confidence.

해설 (a) 지난 2년 동안 귀사와의 사업관계는 매우 만족스러웠기 때문에, 우리는 90일의 결제조건으로 이전할 준비가 되어있습니다.
(b) 귀사는 신용조회처를 제공할 필요는 없습니다.
(c) 당사는, 귀사의 사업 확장이 주문 증가로 연결되길 바랍니다.
(d) 오픈어카운트 조건의 결제를 요청하는 당신의 11월 18일자 편지에 대한 회신입니다.
• 편지의 당사자: Seller → Buyer
• 편지의 본문(Body)는 Open−Focus−Action−Closing의 순서로 구성된다. Open은 편지를 작성하게 된 경위를 나타낸다. d.는 이 편지가 수신인이 보낸 11.18자 편지에 대한 회신임을 밝히고 있는바, Open에 해당되어 맨 앞에 온다. 그리고 c.는 희망을 나타내므로 Closing에 해당되고 맨 마지막에 온다.
• 이 편지는 buyer가 seller에게 보낸 편지에 대하여 seller가 buyer에게 보낸 회신이다. 이 편지에서 seller는 신용조회처가 필요 없다는 내용을 기재하고 있으므로, 이전의 편지

(buyer가 seller에게 보낸 편지)의 내용은 참조처를 제공하는 내용일 것이다.
- make the transfer(인도하다), settlement period(결제기간, 결제기일), open account(오 픈어카운드 결제방식), reference(신용조회처)

(정답 9-③, 10-④)

11 Which of the following is correct according to the letter below?

> We are pleased to inform you that above order has been loaded on to the MV Arirang, which sails tomorrow and is due in Jakarta on 3 May. The shipping documents have been handed to Seoul Bank with our draft drawn on you for USD300,000 at 90 days after Sight. Seoul Bank will forward the documents to HSBC who may advise you for collection by next week. We have supplied the certificate of test that you asked for. However, we wonder if this is for re-selling purposes. We should point out that your customers would only be covered by the warranty provided that the goods are not modified in any way.

① Buyer is supposed to pay on receipt of shipping documents and drafts

② 3rd buyers are covered though the goods are modified to some extend

③ Seoul Bank would be a collecting bank

④ HSBC is not responsible for the buyer's credit risk

해설 상기의 주문이, 내일 출항하여 5월 3일에 자카르타에 도착예정인 Arirang호에 선적되었다는 것을 알리게 되어 기쁩니다. 선적서류는, 일람후 90일 지급조건의 $300,000의 당신을 지급인으로 하는 우리의 환어음과 함께 서울은행에 제시되었습니다. 서울은행은 서류를 HSBC에 전달할 것이고, HSBC는 다음주까지 추심을 위해 당신에게 통지할 것입니다. 우리는, 당신이 요청한 테스트 증명서를 제공했습니다. 그러나, 이것이 재판매 목적에 적합한지는 의문입니다. 물품이 어떤 방법으로든지 변경되지 않는 경우에만 당신의 고객의 품질보증을 받을 수 있다는 점을 지적합니다.
- 이 편지는 Seller가 Buyer에게 보낸 편지이다.
- 대금결제조건은 일람후 30일의 환어음(draft at 90 days after Sight)이다.
① Buyer is supposed to pay on receipt of shipping documents and drafts. → ① Buyer is supposed to at 90 days after Sight.)
- 물품이 변경되면 Buyer의 고객(3rd buyer)는 품질보증을 받지 못한다. ② 3rd buyers are covered though the goods are modified to some extend. → ② 3rd buyers are not covered by the warranty if the goods are modified to some extend.
- Seoul Bnak는 추심의뢰은행(remitting bank)이고, HSBC가 추심은행(collecting bank)이다. ③ Seoul Bank would be a collecting bank → ③ Seoul Bank would be a remittinfg bank.

• 신용장의 개설은행과는 달리 추심은행은 대금지급책임이 없다. 따라서 추심은행인 HSBC 는 Buyer의 신용위험(대금미지급 등)에 대하여 책임이 없다.

(정답 ④)

12 Which of the following is MOST likely to appear right BEFORE the passage the box?

> We are writing today to ask for your cooperation in dealing with this problem. Specifically, we request that you grant us an additional 60 days usance on all payments until inventories can be adjusted to normal levels. This will probably require another four to five months depending on sales in the interim.
> Your usual prompt and positive consideration of this request would help a great deal at this time.

① We regret that we can't accept your request for price cut because of the market situation of raw materials.

② Your price is still far From our target.

③ You are no doubt aware of the recent sharp declines in sales in our market due the recession here.

④ It is very difficult us to increase our price by 10%.

해설 이 문제를 처리함에 있어서 귀사의 협조를 구하고자 오늘 연락을 드립니다. 특히. 재고 분량이 정상적인 수준으로 조정될 때까지 모든 결제에 대해 60일의 추가 유예 기간을 주시기 바랍니다. 이 사이 판매에는 4. 5개월 정도 필요 할듯합니다. 이 요청에 신속하고도 긍정적으로 배려해 주시면 이번에 큰 도움이 될 것입니다.
• 60 days usance(60일 외상), in the interim(그 사이에), recession(불황, slump, depression)

(정답: ③)

13 What is most suitable rewriting for the underlined?

> The collection instruction should give specific instructions regarding protest, in the event of non–payment or non–acceptance. In the absence of such specific instructions, the banks concerned with the collection have no obligation to have the document(s) protested for non–payment or non–acceptance.

① The collection instruction should explain protest fully.

② The collection instruction should give a solution for protest.

③ The collection instruction should provide protest results.

④ The collection instruction should specify about protest.

해설 추심지시서에는, 인수거절 또는 지급거절의 경우, 거절증서 (또는 이에 갈음하는 기타 법적절차)에 관한 구체적인 지시를 주어야 한다. 그러한 별도의 지시가 없는 경우, 추심에 관여하는 은행은 지급거절 또는 인수거절에 대하여 서류의 거절증서를 작성할 (또는 이를 대신하는 법적절차가 취해지도록 할) 의무를 지지 아니한다.

• 지문은 URC 522 제25조의 규정이다.

• protest(지급거절증서(=protest of non-payment)), regarding ~(~에 관하여(= about ~ concerning ~)

(정답 ④)

14 Which of the following is MOST likely to appear right BEFORE the passage in the box?

> We are a large chain of retailers and are looking for a manufacturer who can supply us with a wide range of jackets for the teenage-girls and ladies market.
>
> As we usually place very large orders, we would expect a quantity discount in addition to a 30% trade discount off net list prices, and our terms of payment are normally 30-day bill of exchange, documents against acceptance.
>
> If these conditions interest you and you can meet orders of over 500 garments at one time, please send us your current catalogue and price-list. We hope to hear from you soon.

① We are pleased to accept the kind invitation of yours to the party at 5:00pm on Saturday, May 15th at the Mayfield Hotel.

② We were impressed by the selection of jackets that were displayed on your stand at the 'Womenswear Exhibition' that was held in Milano last month.

③ Thank you for your letter of February 26 inquiring about Jacket. We are pleased to hereby submit an offer to you as follows.

④ Please be assured that if there is any way that International Air Cargo can assist you with your exporting problems, we would be delighted to hear from you.

해설 우리는 대형 소매업체인점이며, 10대 여자와 여성용 시장을 위한 다양한 자켓을 우리에게 공급해 줄 수 있는 제조업체를 물색중에 있습니다. 우리는 보통 대량주문을 하고 있는데 정가에서 30%의 거래할인을 추가적으로 요망하고 있고, 당사의 결제조건은 D/A 30일입니다. 본 조건에 관심이 있으시고, 한번에 500벌의 주문을 받을 수 있다면 귀사의 최신 카탈로그와 가격표를 당사에 송부해 주시기 바랍니다.

(정답 ②)

15 Which of the following best fits the blank in the letter below? (1급 2011-2회)

As you will remember from our phone call, we have recently been experiencing a number of difficulties with several large customers. This has resulted in unfortunate delays in paying outstanding accounts. We are extremely sorry that your company has been affected by these developments. (   )
I would very much appreciate it if you could bear with us patiently, as I assure that liquidation on our part would not be in your interest either.

① We are doing everything possible to rectify the situation. Indeed we hope to be able to settle our debts within the very near future.

② Once the strike is over, which should be within the next few days, we will be able to clear the balance.

③ We would like to thank you for your sympathetic and understanding actions. We shall do everything in our power to settle our accounts as promptly as possible in future.

④ Our insurance company have promised us compensation within the next few weeks. Once we have received this, the account will be paid in full.

해설 귀사가, 당사의 전화통화로부터 기억하듯이, 당사는, 최근에 당사의 수개의 고객으로부터 많은 문제를 겪어 왔습니다. 이는 현재 미지급금의 연체의 결과를 초래하였습니다. 귀사가 이러한 상황전개로 귀사가 영향을 받은 것에 대하여 대단히 죄송하게 생각합니다. (   )
우리 측의 청산으로 귀사가 관여되는 일은 없을 것으로 확신하므로, 인내심을 가지고 기다려 주시면 대단히 감사하겠습니다.

- liquidation(청산, 해산), rectify(잘못을 바로 잡다.), account payable(미지급금, 외상매입금), account receivable(외상매출금, 미수금)

(정답 ①)

16 Which of the following does NOT fit with the others in the letter below?

(A) As we have done business with your company for the past 18 months on the basis of payment on invoice, we would now like to request that you grant us open credit terms with monthly settlement.

(B) For more information concerning our company's promptness in paying invoices, we refer you to the following credit references:

Nathan Kane Export Company, 867 Oxford Street, Nashville, TN

Samsom, Inc. 91 North 34 Ave., Palo Villas, CA

If you require additional information, we will be glad to supply it.

(C) For that reason, I would like to request your permission to propose your name for membership at the Centreville Polo Club at the next bimonthly meeting scheduled for Monday, October 4.

(D) You may check our credit rating with Mr. Howard Williams, Branch Manager of the Bank of America, 532 Orchard Street, IN.

① (A)   ② (B)   ③ (C)   ④ (D)

해설 (A) 우리는 귀사와 지난 18개월간 청구에 의한 지급방식으로 거래를 해 왔으며, 월별 결제로 하는 O/A방식을 허용하여 주시기 바랍니다.

(B) 청구금액에 대한 우리의 신속한 결제에 관한 상세한 정보는 다음의 신용조회처에 조회해 보시기 바랍니다.

(C) 이런 이유로 10.4 화요일 두 달에 한 번씩 모이는 센트레빌 폴로 클럽의 회원가입을 위하여 귀하의 이름을 제안하는 것을 허용해 주시기 바랍니다.

(D) 귀사는 아메리카은행의 시섬상 Mr. Howard에게 우리의 신용을 확인할 수 있습니다.

- Letter의 유형을 구분하는 문제 (C는 사교클럽 회원가입 권유, 기타는 결제 및 신용조회)

(정답 ③)

17 What risks is the Buyer exposed under Advance Payment method?

A. Country risk of seller

B. Seller's bank risk

C. Seller's performance risk

D. Country risk of buyer

① B & C   ② A & D   ③ A & C   ④ A & B & D

해설 Advance Payment method(선지급방식)에서는 Buyer(매수인)은 Seller의 계약불이행 및 수출국의 수출금지 조치 등의 위험에 노출되고, Open Account, D/A(documents against acceptance) 등의 외상방식에서는 Seller(매도인)이 Buyer의 대금미지급, 수입국의 국가위험 등에 노출된다.

(정답 ③)

※ Read the following and answer.

> A sight draft is used when the exporter wishes to retain title to the shipment until it reaches its destination and payment is made.
> In actual practice, the ocean bill of lading is endorsed by the exporter and sent via the exporter's bank to the buyer's bank. It is accompanied by the sight draft with invoices, and other shipping documents that are specified by either the buyer or the buyer's country (e.g., packing lists, consular invoices, insurance certificates). The foreign bank notifies the buyer when it has received these documents. As soon as the draft is paid, the (A) foreign bank turns over the bill of lading thereby enabling the buyer to obtain the shipment.

18 Which payment method is inferred from the above?

① Sight L/C   ② D/P   ③ Usance L/C   ④ D/A

19 What is the appropriate name for the (A) foreign bank?

① collecting bank   ② remitting bank
③ issuing bank   ④ nego bank

해설 D/P조건에서는 수입자가 환어음(여기서 사용되는 환어음은 sight draft/sight bill)을 결제해야만 collecting bank(통상 수입국에 소재하며 수입자의 거래은행)가 수입자에게 선적서류를 인도하고, 수입자는 그 선적서류로 화물을 인도받는다.

(정답 18-②, 19-①)

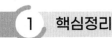

1 핵심정리

■ 신용장 정의(UCP 제2조)

Credit means any arrangement, however named or described, that is irrevocable and thereby constitutes a definite undertaking of the issuing bank to honour a complying presentation. (신용장은 그 명칭과 상관없이 개설은행이 일치하는 제시에 대하여 결제(honour)하겠다는 확약으로서 취소가 불가능한 모든 약정을 의미한다)

신용장거래 도해

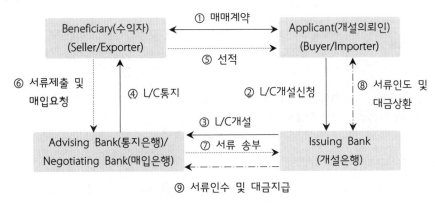

■ 신용장 종류

1) 화환신용장과 클린신용장

- 화환신용장(documentary credit)이란, 지급제시의 조건으로 환어음, 운송서류 등을 요구하는 신용장을 말한다.
- 클린신용장(clean credit) 또는 무화환신용장(non-documentary credit)은 이러한 서류를 요구하지 않는 신용장을 말하는 것으로 보증신용장(standby L/C)이 이에 해당된다.

2) 확인신용장

- 확인신용장(confirmed credit)이란, 개설은행이 발행한 신용장에 대해 확인은행이 결제를 확인한 신용장을 말한다. 확인신용장에서는 개설은행뿐만 아니라 확인은행도 결제의무가 있다. 통상 개설은행의 신용도가 낮은 경우 신용도가 높은 은행이 확인하여 개설은행의 신용도를 보완하는 역할을 한다.

3) 일람출급신용장, 연지급신용장, 매입신용장, 인수신용장

일람출급신용장 (sight credit)	환어음 또는 선적서류가 개설은행에 제시되면, 개설은행이 선적서류와 상환으로 즉시 신용장대금을 지급한다. 환어음이 요구되는 경우도 있고 요구되지 않는 경우도 있는데, 환어음이 요구되는 경우에는 일람출급환어음(sight draft, sight bill)이 요구된다.
연지급신용장 (deferred payment credit)	선적서류가 개설은행에 제시되고 일정기간 경과 후에 개설은행이 신용장대금을 지급한다. 연지급신용장에서는 환어음이 발행되지 않는다는 점에서 기한부신용장과 다르다.
매입신용장 (negotiation credit)	환어음과 선석서류를 매입하는 은행을 지정한 신용장을 말한다. 매입은행을 특정은행으로 제한할 수도 있고, 모든 은행으로 정할 수도 있는데, 전자를 매입제한신용장, 후자를 자유매입신용장이라고 한다.
인수신용장 (acceptance credit)	선적서류와 환어음을 제시하면 지정은행이 어음을 인수하고 환어음의 만기일에 대금을 지급하는 신용장이다.

4) 내국신용장

- 내국신용장(Local L/C)은 수출자가 국내에서 생산되는 수출용 완제품 또는 수출용 원자재를 국내의 다른 공급업체로부터 구매할 때, 공급업체를 수익자로 하여 개설되는 신용장이다. 내국신용장은 수출자의 신용도를 보완하는 역할을 하며 수출자가 개설의뢰인이 된다. 국내업체간 이용된다는 점을 제외하고는 일반신용장과 그 특징이 동일하다.

- 내국신용장과 유사한 것으로 구매확인서가 있는데, 구매확인서라 함은 내국신용장을 개설할 수 없는 상황하에서 수출용 원자재구매의 원활을 기하고자 수출자의 거래은행이 내국신용장에 준하여 발급하는 증서를 말한다.

5) 백투백신용장(Back to Back credit) : 견질신용장, 동시개설신용장

- 원신용장의 수익자가 그 신용장을 담보로 물품공급업체 앞으로 제2신용장을 제공하는 경우 원신용장을 백투백신용장이라고 한다. 백투백 신용장방식 보다는 원신용장을 양도하는 방식이 보다 편리하다.

제1유형

① 개설은행 → 수출자: L/C 제공(Back to Back L/C) ② 수출자 → 공급업체: L/C 제공(Back to Back L/C를 담보로 수출자의 거래은행에서 L/C 개설(Local L/C)

제2유형

한국(수입자) → 중국(수출자): 수입 L/C 제공. 중국에서도 연계무역용 L/C를 한국(수출자)에게 제공해야 한국(수입자)이 제공한 수입 L/C 유효(중국 수출자는 한국의 L/C를 중국의 은행에 견질로 제공하여 L/C 개설신청하며, 견질로 제공된 한국의 L/C를 "Back to Back L/C"라고 함.)

6) 토마스신용장(Thomas Credit)

- 토마스신용장은 백투백신용장과 유사하나, 토마스신용장에서는 신용장개설을 조건으로 하지 않고, 신용장을 개설하겠다는 보증서를 제출하는 조건으로 하는 신용장을 말한다.

  (한국(수입자) → 중국(수출자): 수입 L/C 제공(중국에서도 연계무역용 L/C를 개설하겠다는 보증서를 제공해야 수입 L/C 유효)

7) 선대신용장(Advance Payment Credit, Red Clause Credit)

선대신용장이란, 수출자가 선적 전에 물품대금을 선지급받을 수 있도록 되어 있는 신용장을 말한다. 수출자가 수출계약을 이행하기 위해서는 수출물품의 생산, 구매 등에 자금이 소요되므로 자금이 부족한 수출자에게 이러한 자금을 제공하는 신용장이다. 영어로 'red clause credit'라고도 한다.

■ 신용장 주요 사항

① 신용장은 SWIFT라는 은행간 전신망을 통해 개설되어, 그 형식과 내용이 정형화되어 있다.
② 신용장 관련 용어 숙지

- Issuing Bank(개설은행), Beneficiary(수익자, Seller), Applicant(개설의뢰인, Buyer), Advising Bank(통지은행, 수출국 소재), Nominated Bank(지정은행, 이하에서 보충설명), Confirming Bank(확인은행)

* 통상 통지은행이 지정은행, 확인은행이 되는 경우가 많다.

③ 신용장에서 숙지해야 할 항목은 다음과 같다.

ⅰ) 46A: Documents Required(요구되는 서류)

- 신용장은 서류상의 거래이며, Seller가 수출을 이행한 후 이를 증명하는 서류("선적서류")를 개설은행에 제시하며, 개설은행은 선적서류가 신용장 조건과 일치하면 서류를 인수하고 대금을 지급한다.

- 위 선적서류는 신용장내용과 엄격하게 일치해야 하며, 신용장에서는 요구되는 서류에 대해 구체적으로 정하고 있는바, 그 내용을 정확하게 해석해야 한다.

- 일반적으로 요구되는 서류는 다음과 같다(B/L, Commercial Invoice, Packing List, Inspection Certificate(검사증명서), Draft(환어음))

- 기타 CIF조건의 경우 Insurance Policy(보험증권)이 요구되며, 경우에 따라서 Certificate of Origin(원산지증명서)가 요구되기도 한다.

1) FULL SET OF CLEAN ON BOARD OCEAN BILLS OF LADING MADE OUT TO THE ORDER OF BANK OF CHINA, MARKED FREIGHT PREPAID NOTIFY APPLICANT. (BANK OF CHINA의 지시식으로 발행되고, 운임선지급이 표시되고, 개설의뢰인을 통지처로 기재된 무고장본선적재 선적선하증권 전통)

* CFR, CIF: Seller가 운임을 부담하므로 "FREIGHT PREPAID" (운임선지급)

* FOB: Seller가 운임을 부담하지 않으므로 "FREIGHT COLLECT" (운임후불)

2) SIGNED COMMERCIAL INVOICES IN 3 ORIGINALS STATING THE NAME AND ADDRESS OF MANUFACTURERS.(제조사의 상호와 주소가 기재된 서명된 상업송장 원본 3장)

* UCP 600에서 서명되지 않은 상업송장도 제시될 수 있다.(제18조)

* in 3 Copies, in 3 Folds, in triplicate: 원본 1부, 사본 2부 제시 가능

3) CERTIFICATE OF ORIGIN IN 1 ORIGINAL PLUS 1 COPY.(원산지증명서 원본 1부와 사본 1부)

4) FULL SET OF INSURANCE POLICY FOR 110% OF THE INVOICE VALUE. (송장금액의 110%를 담보하는 보험증권)

* CIF나 CIP에서는 Seller가 보험계약을 체결하므로 보험증권이 요구되며, 부보금액은 송장 금액의 110%임. 담보조건(부보약관)은 CIF에서는 ICC(C)이고, CIP에서는 ICC(A)임.

* Insurance Policy(보험증권)을 요구한 경우 보험증권을 제시해야 하며, Insurance Certificate(보험가입증서)나 Insurance Declaration(보험선언서)를 제시할 수 없다. 그러나 Insurance Certificate(보험가입증서)나 Insurance Declaration(보험선언서)를 요구한 경우 Insurance Policy(보험증권)을 제시할 수 있다.

　ⅱ) 선적일: 선적기일내에 선적해야 한다.
　ⅲ) 서류제시기한: 신용장에 달리 정하지 않은 경우 선적일 다음날로부터 21일 이내 그리고 신용장의 유효기일 이내에 선적서류를 개설은행에 제시해야 한다(다만, 신용장의 유효기일 및 장소가 수출국인 경우 수출국에 소재하는 지정은행(매입은행, 지급은행, 인수은행 등)에 제시하면 된다).
　ⅳ) Partial Shipment(분할선적): 신용장에서 금지하지 않으면 허용된다.
　　☞ 신용장에서 분할선적 허용 여부에 대한 명시가 없으면 분할선적 가능
　ⅴ) Transhipment(환적)

```
□ 환적 (복합운송 제19조)

• 신용장에서 요구하지 않는 구간인 선적전의 구간, 하역후의 구간에서 옮겨 싣는 것은 환적 아님
• 신용장에서 환적 허용시: 환적 가능
• 신용장에서 '환적' 문구 없을 때: 선적지에서 도착지까지 전체의 운송구간이 하나의 동일한 운송서류에 의해 커버되는 경우에는 환적이 가능, 그 외에는 환적 금지
• 신용장에서 '환적'금지시: 환적을 금지하는 것으로 해석, 선적항에서 도착항까지 전체의 해상 운송구간이 하나의 동일한 선하증권에 의해 커버되면서 관련 화물이 컨테이너, 트레일러, LASH Barge에 의해 선적되는 경우에는 예외적으로 환적이 가능
* 항공운송 및 복합운송의 경우에는 전체의 운송구간이 하나의 동일한 운송서류에 의해 커버되는 경우에는 환적 가능
```

　ⅵ) 신용장양도와 대금양도
　　• 대금의 양도는 신용장대금을 받는 권리만 양도받는 것이다.
　　• 신용장상의 수익자가 요구되는 서류를 모두 제시하여 신용장대금을 받을 권리가 확정된 경우에 대금의 양수인이 신용장대금을 대신 받는 것이다.
　　• 신용장서류의 제시는 수익자가 해야 한다.
　　• '양도가능(transferable)'이라고 명시되지 않아도, 대금양도는 가능하다.
　　• 대금의 양도가 이루어져도 수익자는 변동이 없다.

구 분	신용장 양도	대금의 양도
양도의 형태	신용장 자체를 양도	대금을 받을 권리만 양도
'Transferable' 기재 여부	L/C에 'Transferable' 기재될 것	L/C에 'Transferable' 기재될 필요 없음

vii) 과부족허용(M/L Clause(more or less clause))

1) 금액이나 수량(중량 등) 앞에 about, 또는 approximately가 있는 경우: ±10%의 과부족 허용

- 금액 앞에 about, 또는 approximately가 있는 경우 금액만 ±10%의 과부족 허용

- 수량(중량 등) 앞에 about, 또는 approximately가 있는 경우 수량(중량 등)만 ±10%의 과부족 허용

- 금액 및 수량(중량 등) 앞에 모두 about, 또는 approximately가 있는 경우 금액 및 수량(중량 등)에 대해 ±10%의 과부족 허용

2) 금액, 수량(중량 등) 앞에 about, 또는 approximately이 없는 경우

- 중량, 길이에 대해서만 ±5%의 과부족 허용(이 경우에도 청구금액은 신용장금액을 초과할 수 없음)

- 금액, 수량은 과부족 허용 안됨.

viii) 지정은행(nominated bank)

- 개설은행으로부터 지급, 연지급, 인수 또는 매입을 할 수 있도록 권한을 부여받은 은행을 말한다. 지정은행의 구체적인 역할은 신용장에서 정해진다(지정은행의 지급, 매입 등은 지정은행의 권한일 뿐이며, 지정은행에게 지급, 매입 등의 의무가 있는 것은 아니다).

- 지정은행의 표시방법 및 역할: 'available with ABC Bank by ~' 'by ~'이하에 기재되는 것이 지정은행의 역할이다.

■ 지정은행(nominated bank)과 역할

• '이용가능하다'는 것은 'available'로 표기하는데, 'available with ABC Bank'라고 기재된 경우 ABC 은행이 지정은행이 되며, 'available with any Bank'라고 기재된 경우 모든 은행이 지정은행이 된다.

• 지정은행이란, 개설은행으로부터 지급, 연지급, 인수, 매입을 할 수 있도록 권한을 부여받은 은행을 말한다. 지정은행의 구체적인 역할은 신용장에서 정해진다.(지정은행의 지급, 매입 등은 지정은행의 권한일 뿐이며, 지정은행에게 지급, 매입 등의 의무가 있는 것은 아니다.)

- 지정은행의 표시방법 및 역할 : 'available with ABC Bank by ~' 'by ~'이하에 기재되는 것이 지정은행의 역할이다.
  - 예시 1) 'available with ABC Bank by negotiation' : ABC Bank가 지정은행이며, 지정은행의 역할은 매입(negotiation)이다. 이 신용장의 경우 ABC Bank에서만 매입이 가능하며, 이를 "제한매입신용장(restricted negotiable credit, domiciled negotiation credit)"이라고 한다.
  - 예시 2) 'available with any bank by negotiation' : '모든 은행(any bank)'이 지정은행이 될 수 있으며, 지정은행의 역할은 매입(negotiation)이다. 이 신용장의 경우 모든 은행에서 매입이 가능하며, 이를 "자유매입신용장(freely negotiable credit, circular negotiation credit)"이라고 한다.
  - 예시 3) 'available with ABC Bank by sight payment' : ABC Bank가 지정은행이며, 지정은행의 역할은 일람지급이며, 이를 "일람지급신용장(sight credit)"이라고 한다.
  - 예시 4) 'available with ABC Bank by deferred payment' : ABC Bank가 지정은행이며, 지정은행의 역할은 연지급이며, 이를 "연지급신용장(deferred payment credit)"이라고 한다.
  - 예시 5) 'available with ABC Bank by acceptance' : ABC Bank가 지정은행이며, 지정은행의 역할은 인수(환어음인수)이며, 이를 "인수신용장(acceptance credit)"이라고 한다.

- 지정은행 관련, 대법원에서는 '연지급신용장이 개설된 사안에서 당해 연지급신용장은 대금의 지급이나 선적서류 매입을 위한 지정은행을 특별히 지정하지 않고 그 문면상 자유매입에 대한 명확한 수권도 없는 반면, 오히려 명확히 대금의 지급은 개설은행에서만 가능하다는 점과 그 선적서류의 제시 장소와 신용장의 유효기간의 기준장소도 개설은행이 소재하고 있는 곳으로 기재되어 있는 사실에 비추어 신용장에 관하여 대금의 지급이나 선적서류 매입을 위한 개설은행에 의한 은행의 지정이나 수권은 이루어지지 않았다.'고 판시하였다.(대법원 2003. 1. 24. 선고 2001다68266 판결)

ix) 확인은행
- 개설은행은 통지은행에 확인을 요청할 수 있다(통상 통지은행이 확인은행이 된다). 그러나 확인은행이 확인할 의무는 없으나, 확인요청을 받고 확인을 원하지 않는 경우 이 사실을 개설은행에 통지해야 한다.
- 확인은행이 확인을 한 경우 확인은행은 신용장대금의 지급의무가 있다.
- 개설은행의 확인요청이 있어야 확인이 가능하다.

④ 기타
- "취소가능(revocable)" 여부에 대한 명시가 없으면, 취소불가("취소가능"이라고 명시된 경우만 취소가능)
- **신용장의 조건변경(amendment):** 개설은행(확인은행) 및 수익자의 동의가 있을 것

(신용장 해설)

————————————— Message Header —————————————

Swift Output   : FIN 700 Issue of a Documentary Credit

② Sender: DUIBAEADLCS

　　　　　　DUBAI ISLAMIC BANK (신용장 개설은행)

　　　　　　(DEPARTMENT LETTERS OF CREDIT)

　　　　　　DUBAI AE

Receiver: SAABKRSXXXX

　　　　　　SAUDI BRITISH BANK SEOUL BR KR (신용장 통지은행)

☞ DUBAI ISLAMIC BANK가 신용장을 개설하여 SWIFT로 SAUDI BRITISH BANK 서울지점으로 전송한다. SAUDI BRITISH BANK 서울지점은 신용장을 출력하여 수출자에게 교부한다.

MT 700 (신용장), MT 710 (비은행발행신용장), MT 760 (보증, 보증신용장)

MT (message type)

————————————— Message Text —————————————

27: Sequence of Total

　1/1

① 40A: Form of Documentary Credit

　　　　　IRREVOCABLE

　　　　　　☞ 취소불능신용장 (공란으로 되어 있으면, 취소불능임 − UCP Art.3))

☞ SWIFT의 field

40A, 20, 31C 등을 SWIFT의 field라고 한다. SWIFT 매뉴얼에서는 각 field 번호별 기재할 내용을 정하고 있다.

---

③ 20: Documentary Credit Number

　　　　AIL001−9042 (신용장번호 − 각 은행 마다 번호를 기재하는 방식을 정하고 있다)

④ 31C: Date of Issue

　　　091008 (개설일)

⑤ 40E: Applicable Rules

    UCP LATEST VERSION (UCP 최신판이 적용된다. 즉 UCP 600 적용)

⑥ 31D: Date and Place of Expiry

    100121 SOUTH KOREA (신용장의 유효기일은 2010.1.21.이고 장소는 한국이다)

    ☞ 한국이 수출국이므로 종료날짜는 한국의 지정은행(매입은행, 인수은행 등)에 서류가 제시되어야 하는 시한을 의미한다.

⑦ 50: Applicant

    JOINT TRADING L.L.C (개설의뢰인, 즉 수입자)

    P.O.BOX ○○○, DUBAI, U.A.E.

⑧ 59: Beneficiary – Name & Address

    ANJIN TRADING CO (수익자, 즉 수출자)

    P.O.BOX ○○○, SEOUL, KOREA

⑨ 32B: Currency Code, Amount

    Currency   : USD (US DOLLAR)

    Amount   : #167,734.36# (신용장금액)

  39B: Maximum Credit Amount (최대신용장금액)

    NOT EXCEEDING

⑩ 41A: Available With...By... – Name & Addr

    CREDIT AVAILABLE WITH ANY BANK

    BY DEF PAYMENT (모든 은행에서 연지급 가능)

    ☞ BY 이하에 지급(payment)을 정하고 있으므로, 이 신용장은 지급신용장이다. 지급방식은 연지급(외상지급)이다. (DEF → deferred payment – 연지급) 즉 지정은행이 지급할 수 있는 은행이다. 참고로 'credit available with any bank by negotiation'이라고 기재되어 있는 경우, 모든 은행에서 매입할 수 있다. 즉 자유매입신용장이다.

⑪ 42P: Deferred Payment Details (연지급 세부내용)

    90 DAYS FROM SHIPMENT DATE (선적일로 90일)

⑫ 43P: Partial Shipments

    ALLOWED

⑬ 43T: Transhipment

    ALLOWED

☞ **환적(Transhipment) 허용 여부(UCP Art. 19)**

1) L/C에 환적에 대한 문구가 없는 경우: 선적지 ~ 도착지까지 전체의 운송구간이 하나의 동일한 운송서류에 의해 커버되는 경우에만 환적 가능. 그 외는 금지
2) L/C에 환적허용 문구가 있는 경우: 환적 가능
3) L/C에 환적금지 문구가 있는 경우: 선적지 ~ 도착지까지 전체 운송구간이 하나의 동일한 운송서류로 커버되면서 컨테이너, 트레일러, lash barge에 의해 선적되는 경우에 예외적으로 환적 가능

---

⑭ 44E: Port of Loading/Airport of Dep.

　　ANY PORT IN KOREA

⑮ 44F: Port of Dischrge/Airport of Dest

　　JEBEL ALI PORT, U.A.E. BY SEA

⑯ 44C: Latest Date of Shipment

　　100101

　　☞ 최종선적일은 2010.1.1.이다. 그 이후에 선적하는 경우 지급거절된다.

⑰ 45A: Descriptn of Goods &/or Services (물품명세)

　　LITHUM BATTERRIES.

　　ALL OTHER DETAILS AS PER BENEFICIARY'S PROFORMA INVOICE NO:

　　AJB2009-01 RV1 DATED 04-10-2009 AND ORDER OF JOINT TRADING L.L.C, P.O.BOX 124 DUBAI, U.A.E.

　　SHIPMENT TERMS: CFR JEBEL ALI PORT, U.A.E. (INVOICE TO CERTIFY THE SAME)

　　☞ 품목은 리튬전지이고, 기타 세부내용은 수익자의 견적송장에 기재되어 있다.

⑱ 46A: Documents Required (요구서류 - 신용장대금을 받기 위해 제시해야 하는 서류)

1) SIGNED COMMERCIAL INVOICES IN 3 ORIGINALS STATING THE NAME AND ADDRESS OF MANUFACTURERS/PROCESSORS, CERTIFYING ORIGIN OF GOODS AND CONTENTS TO BE TRUE AND CORRECT.

1) UCP 600에 의하면, 상업송장은 서명될 필요는 없으며, 이에 따라 서명되지 않은 상업송장을 제시할 수 있다(UCP Art 18-a-ⅲ). 그러나 위 사례에서와 같이 신용장에서 서명된 서류를 상업송장을 요구하면 서명된 상업송장을 제시해야 한다.
2) ① Commercial Invoices(or Certificate of Origin 등) in 3 Copies ② Commercial Invoices(or Certificate of Origin 등) in 3 Folds, ③ Commercial Invoices(or Certificate of Origin 등) in triplicate: 원본 1부, 사본 2부를 제시하면 된다(UCP Art. 17).

2) FULL SET OF CLEAN SHIPPED ON BOARD OCEAN BILLS OF LADING ISSUED TO THE ORDER OF DUBAI BANK, MARKED FREIGHT PREPAID AND NOTIFY JOINT TRADING L.L.C., P.O. BOX 124, DUBAI, U.A.E.

1) 두바이은행의 지시식으로 발행된 무고장본선적재 선적선하증권 전통, 운임선지급이 표시되고, Joint Trading사를 통지처로 기재될 것
(두바이은행 지시식이란, B/L의 기재항목 2번의 Consignee란에 'TO ORDER OF DUBAI BANK', 또는 'DUBAI BANK OR ORDER'라고 기재하는 것)
2) 선적선하증권의 다른 표현: shipped on board ocean B/L, shipped ocean B/L
3) 고장선하증권(사고선하증권, foul B/L, dirty B/L): 선하증권에 "three cartons broken", "two cases in dispute" 등 화물에 문제가 있다는 내용이 기재된 선하증권

3) CERTIFICATE OF ORIGIN IN 1 ORIGINAL PLUS 1 COPY SHOWING THE NAME AND ADDRESS OF MANUFACTURERS/PROCESSORS AND STATING THAT THE GOODS ARE OF SOUTH KOREA ORIGIN ISSUED BY CHAMBER OF COMMERCE.
4) PACKING LIST IN 3 ORIGINALS. (포장명세서 원본 3통)
SHIPMENT ADVICE QUOTING L/C NO. AND REFERRING TO OPEN POLICY NO:26/MOI1/2009/00184 MUST BE SENT BY FAX WITHIN THREE BANKING DAYS AFTER SHIPMENT TO QATAR GENERAL INSURANCE AND REINSURANCE CO, P.O.BOX 8080, DUBAI, U.A.E FAX:00971 4 2688118.
⑲ 47A: Additional Conditions　(추가조건)
1) B/L MUST BE ISSUED BY THE CARRIER OR THEIR AGENT'S ON THEIR OWN B/L AND B/L MUST EVIDENCE THE SAME.
☞ 선하증권은 운송인 또는 운송대리인에 의해 그들의 선하증권양식으로 발

행될 것

2) B/L SHOULD BEAR NAME, ADDRESS AND TELEPHONE NO. OF CARRIER VESSELS' AGENT AT THE PORT OF DESTINATION.

☞ 선하증권에는 도착항의 운송대리인의 상호, 주소 및 전화번호가 표시될 것

3) ALL REQUIRED DOCS TO BE PREPARED IN ENGLISH.

☞ 모든 서류는 영어로 준비될 것 (DOCS → Documents)

4) CORRECTION IN ANY DOCUMENT MUST BE PROPERLY AUTHENTICATED AND STAMPED BY ISSUER.

☞ 어떠한 수정도 적정하게 인증받아야 하고 발행자에 의해 날인(수정용 날인)되어야 함.

⑳ 71B: Charges

ALL BANK CHARGES ARE FOR BENEFICIARY'S ACCOUNT EXCEPT ISSUING BANK'S L/C ISSUANCE CHARGES AND DEFERRED PAYMENT CHARGES.

☞ 개설은행의 신용장 개설수수료와 연지급수수료를 제외하고는 모든 은행 수수료는 수익자의 부담이다.

48: Period for Presentation

Documents to be presented within 21 days after the date of shipment but within the validity of the credit

☞ 서류는 선적일로 21일 이내에 그리고 신용장의 유효기일 이내에 제시되어야 한다. (UCP 14(c), 즉 이 신용장에서 기재된 문구 '48: period for presentation ~'는 UCP 14조를 확인하는 내용임.)

49: Confirmation Instructions

WITHOUT

☞ 49: Confirmation Instructions

1) 49 field에는 다음의 3가지가 기재된다.

① CONFIRM:
 – 수신인(통지은행)에 대해 확인을 요청한다는 의미이다.
 – 통지은행이 확인을 하지 않는 경우 개설은행에 확인을 추가하지 않았다는 사실을 알려야 한다. (UCP Art 8(d))

② MAY ADD:

    − 수신인(통지은행)은 확인할 수 있다는 의미이다.

 ③ WITHOUT :

    − 수신인(통지은행)에게 확인을 요청하지 않는다는 의미이다.

    − 통지은행은 확인할 수 없다.

2) 지정은행이 확인을 하는 경우("① CONFIRM"의 경우) :

covering letter에 다음의 내용을 기재하여 신용장을 수익자에게 교부한다. (다음 문안을 stamp로 날인하기도 한다.)

"As requested by the Issuing Bank, we hereby add our confirmation to the Credit in accordance with the stipulations under UCP 600 Art. 8."

3) 지정은행이 확인을 하지 않는 경우("① CONFIRM"의 경우) :

covering letter에 다음의 내용을 기재하여 신용장을 수익자에게 교부한다. (다음 문안을 stamp로 날인하기도 한다)

"We have not added our confirmation to this Credit and consequently this Credit conveys no engagement on our part."

78: Instr to Payg/Accptg/Negotg Bank

1) DOCUMENTS PROCESSING BANK MUST CONFIRM ON THE DOCS COVERING SCHEDULE THAT ALL CHARGES OF THE ADVISING BANK HAVE BEEN PAID

2) REIMB. IS SUBJECT TO ICC URR 725.

− − − − − − − − − − − − Message Trailer − − − − − − − − − − −

2 기출문제 해설

01 Select the wrong explanation of credit under UCP 600.

> (A) <u>Credit means any arrangement,</u> (B) <u>however named or described,</u> (C) <u>that is irrevocable or revocable and thereby constitutes a definite undertaking of</u> (D) <u>the issuing bank to honour a complying presentation.</u>

① (A) ② (B) ③ (C) ④ (D)

해설 UCP 600 Art. 2의 신용장 정의
(C) that is <u>irrevocable or revocable</u> and thereby constitutes a definite undertaking of →
that is <u>irrevocable</u> and thereby constitutes a definite undertaking of

(정답 ③)

※ Select the wrong explanation of credit under UCP 600.

> The UCP 600 definition of complying presentation means a presentation that is in accordance with the terms and conditions of the documentary credit, the applicable provisions of these rules and international standard banking practice. This definition includes three concepts. First, (A) Second, the presentation of documents must comply with the rules contained in UCP 600 that are applicable to the transaction, i.e., (B). Third, the presentation of documents must comply with international standard banking practice. The first two conditions are determined by looking at the specific
> terms and conditions of the documentary credit and the rules themselves. ⓐ The third, international standard banking practice, reflects the fact that the documentary credit and ⓑ the rules only imply some of the processes that banks undertake in the examination of documents and in the determination of compliance. ⓒ International standard banking practice includes practices that banks regularly undertake in determining the compliance of documents. ⓓ Many of these practices are contained in the ICC's publication International Standard Banking Practice for the Examination of Documents under Documentary Credits ("ISBP") (ICC Publication No. 681); however, the practices are broader than what is stated in this publication. Whilst the ISBP publication includes many banking practices, there are others that are also commonly used in documentary credit transaction beyond those related to the examination of documents. For this reason, (C).

02 Select the suitable one in the blank (A).

① the presentation of documents must comply with the terms and conditions of the documentary credit.

② the presentation of documents must represent the goods.

③ the passing of the documents by the beneficiary to the issuing bank must be punctual.

④ the presentation of complying documents must made to the nominated banks under the documentary credit.

03 Select the wrong one for the underlined parts.

①ⓐ   ②ⓑ   ③ⓒ   ④ⓓ

04 Select the best one in the blank (B).

① those that have been modified or excluded by the terms and conditions of the documentary credit

② those that can not be applied by way of special conditions that exclude the rules

③ those that can not be applied by way of special conditions that modify or exclude the rules

④ those that have not been modified or excluded by the terms and conditions of the documentary credit

05 Select the best one in the blank (C).

① the definition of complying presentation specifically refers to the International Standard Banking Practice publication

② the definition of complying presentation does not specifically refer to the International Standard Banking Practice and UCP publications

③ the definition of complying presentation does not specifically refer to the International Standard Banking Practice publication

④ the definition of complying presentation specifically refers to the International Standard Banking Practice and UCP publications

해설 지문의 출처(ICC, Commentary on UCP 600: Article－by－Article Analysis by the UCP 600 Drafting Group, ICC Publication No. 680, 2007, pp.15－16.).

이 지문은 신용장 서류제시에서 "complying presentation(일치하는 제시)"의 정의에 대한 것이다. 우선, UCP 600 Art. 2에서는 "complying presentation"에 대하여 다음과 같이 정의하고 있다.

"Complying presentation means a presentation that is in accordance with the terms and conditions of the credit, the applicable provisions of these rules and international standard banking practice." (일치하는 제시(Complying presentation)는 신용장 조건, 적용 가능한 범위 내에서의 이 규칙의 규정, 그리고 국제표준은행관행에 따른 제시를 의미한다.)

2. 위에서 기술한 UCP 600 Art. 2의 "complying presentation"의 정의에서 알 수 있듯이 '서류제시는 신용장의 조건과 일치해야 한다(the presentation of documents must comply with the terms and conditions of the documentary credit.)'

3. ⓑ the rules only <u>imply</u> some of the processes that banks undertake in the examination of documents and in the determination of compliance. → ⓑ the rules only <u>articulate</u> some of the processes that banks undertake in the examination of documents and in the determination of compliance.

4. "those that have not been modified or excluded by the terms and conditions of the documentary credit" － 서류제시는 개별 신용장의 조건과 UCP 600의 규칙에 일치해야 한다. 다만, 양자가 상충하는 경우 개별 신용장의 조건이 우선한다. 따라서 UCP 600의 규칙들 중에서 개별 신용장에서 수정되거나 배제되지 않는 규칙들만 개별 신용장의 서류제시에 적용된다고 볼 수 있다.

5. UCP 600 Art. 2에서 "complying presentation"는 개별 신용장, 적용가능한 범위내에서의 UCP 600 규정 및 international standard banking practice (국제표준은행관행)에 따른 제시를 의미한다고 규정하고 있다. Art. 2에서의 "international standard banking practice"은 ICC가 발간한 "International Standard Banking Practice for the Examination of Documents under Documentary Credits ("ISBP", ICC Publication No. 681)과는 다른 것이다.

(정답 2－①, 3－②, 4－④, 5－③)

06 Select the wrong explanation of negotiation under UCP 600.

> (A) <u>Negotiation means the purchase by the nominated bank of drafts (drawn on a bank other than the nominated bank)</u> (B) <u>and/or documents under a complying presentation,</u> (C) <u>by advancing or agreeing to advance funds to the beneficiary</u> (D) <u>on or before the banking day on which reimbursement is due to the issuing bank.</u>

① (A)   ② (B)   ③ (C)   ④ (D)

해설 매입(Negotiation)은 지정은행에 대한 상환의무 있는 은행영업일 또는 그 이전에 지정은행이 일치하는 제시에 대하여 대금을 지급하거나 또는 대금지급에 동의하는 방법에 의하여 지정은행 이외의 은행이 지급인인 환어음 및/또는 서류를 매수(purchase)하는 것을 의미한다.

(D) on or before the banking day on which reimbursement is due to the <u>issuing bank.</u>
→ on or before the banking day on which reimbursement is due to the <u>nominated bank.</u>

(정답 ④)

07 Which of the following is the payment method involved?

> This is to notify you that the goods invoiced by you on December 12 have arrived here. In settlement of the amount of invoice, Korea Exchange Bank accepted your bill of exchange, for USD35,800 at 120 days after sight together with shipping documents. The proceeds will be sent to you at maturity accordingly.

① Deferred payment credit   ② Standby credit   ③ Usance credit   ④ D/P

해설 12월 12일에 귀사가 청구한 물품이 여기에 도착하였음을 알려드립니다. 송장금액의 결제에 대해서, 한국외환은행은 귀사의 환어음(일람후 120일 지급조건의 $35,800)과 선적서류를 인수하였습니다. 신용장대금(proceed)은 만기일에 귀사에 송금될 것입니다.

• 한국외환은행이 환어음과 선적서류를 인수하였으므로 신용장방식으로 볼 수 있고, 기한부환어음이 사용되었으므로 이 신용장은 "acceptance credit(인수신용장)"에 해당된다. 참고로 "usance credit(기한부신용장)"은 주로 "acceptance credit(인수신용장)"의 의미로 사용되는데, 해외에서는 "acceptance credit(인수신용장)"과 "deferred payment credit(연지급신용장)"을 모두 포함하는 의미로 사용되기도 한다. "deferred payment credit(연지급신용장)"에서는 환어음이 사용되지 않으므로 이 문제에서는 ① Deferred payment credit은 답이 될 수 없다. Standby credit(보증신용장)에서는 환어음과 선적서류를 요구하지 않으므로 ② Standby credit는 답이 될 수 없다. D/P에서는 은행이 환어음과 서류를 인수하지 않고, 수입자가 환어음과 서류를 인수하므로 ④ D/P도 답이 될 수 없다.

(정답 ③)

08 What does the underlined mean?

> *Underlying transaction* is a deal between the account party and beneficiary of a letter of credit (L/C). An L/C is said to be independent of the *underlying transaction*.

① sales contract   ② carriage contract

③ negotiation contract   ④ payment terms

해설 기본거래는 신용장의 계정결제인(개설신청인)과 수익자간의 거래이다. 신용장은 기본거래와는 독립적이라고 한다.
- 신용장은 기본거래인 매매계약(sales contract)에 기초하여 개설되지만, 매매계약과는 독립적이다. 지문은 신용장의 독립성(independence principle)에 대한 기술이다.
- 참고로 위 지문에 대하여 "다음은 신용장의 어떠한 특성에 대한 질문인가?(About what characteristics of a letter of credit is the passage below?)"의 질문이 나오면 정답은 "independence principle(독립성)"이 된다.

(정답 ①)

09 Which is MOST suitable for (A)?

> A credit requiring an "invoice" without further definition will be satisfied by any type of invoice presented except: (A)

① customs invoice   ② tax invoice

③ consular invoice   ④ pro-forma invoice

해설 송장의 명칭을 신용장에서 특별히 요구하지 않았다면, 모든 명칭의 송장(예: commercial invoice, tax invoice, customs invoice 등)이 가능하다. 그러나 확정되지 않은 송장인 pro-forma invoice나 provisional invoice는 수리되지 않는다. 그러나 신용장에서 상업송장(commercial invoice)을 요구한 경우, "송장(invoice)"이라는 명칭의 서류는 수리된다(ISBP para. 57).

(정답 ④)

10 Which is WRONG according to UCP 600?

① Seoul Bank located in Korea and in USA are considered as the same bank.

② A credit is irrevocable even when there is no indication of irrevocability in the credit.

③ If the credit states 'the document issued by the first class examiner', it means that the document can be issued by anyone except the beneficiary.

④ If the credit indicates that 'the shipment date: from October 20, 2017 to November 10, 2017', it includes October 20, 2017 and November 10,

해설 ① UCP 600 Article 3. "Branches of a bank in different countries are considered to be separate banks."
④ 선적일 계산(UCP 600 Art. 3)
　－ to, untill, from, between : 해당 일자 포함
　－ before, after : 해당 일자 제외

(정답 ①)

11 Choose a wrong definition under UCP 600.

① Advising bank means the bank that advises the credit at the request of the issuing bank.

② Applicant means the party on whose request the credit is issued.

③ Negotiating bank means the party in whose favour a credit is issued.

④ Confirming bank means the bank that adds its confirmation to a credit upon the issuing bank's authorization or request.

해설 UCP 600 Art. 2
① 통지은행(Advising Bank)은 개설은행의 요청에 따라 신용장을 통지하는 은행을 의미한다.
② 개설의뢰인은 신용장 개설을 신청한 당사자를 의미한다.
③ 수익자(beneficiary)는 신용장개설을 통하여 이익을 받는 당사자를 말한다.
④ 확인은행은 개설은행의 수권 또는 요청에 의하여 신용장에 확인을 한 은행을 의미한다.

(정답 ③)

12 Which date is taken as the date of shipment?

> A presentation is made under a credit that prohibits partial shipment. Bill of Lading presented represents: bills of lading dated 10 July, 11 July and 12 July covering the full shipment of goods on the same vessel and voyage.

　① 10 July　　② 11 July　　③ 12 July　　④ any of those 3 days

해설 분할선적을 금지하는 신용장에서 서류제시가 이루어졌다. 제시된 선하증권은 다음과 같다.: 동일한 선박과 항해에 대한 전체 선적분에 대하여 선하증권 발행일은 7월 10일, 11일과 12일
• 수일에 걸쳐 선적되는 경우 최종선적일이 선적일로 간주된다.

(정답 ③)

13 What type of insurance arrangement can be made if the L/C does not specify any insurance requirement?

> We are glad to inform you that your offer is satisfactory, and are placing orders. In the meantime we have instructed our bank, Seoul Bank to issue a letter of credit for USD100,000 in your favour. This should cover CIF shipment and the credit is valid until 10 June 2016.

   ① Open Insurance Policy for USD100,000

   ② ICC(B) Insurance policy for USD100,000

   ③ ICC(A) Insurance policy for USD110,000

   ④ ICC(C) Insurance policy for USD110,000

해설 귀사의 청약이 만족스럽다는 것을 알리게 되어 기쁘고, 당사는 주문을 하고자 합니다. 한편, 당사는 거래은행인 서울은행에 귀사를 수익자로 하는 USD100,000의 신용장을 개설할 것을 지시하였습니다. 이 신용장은 CIF조건이며, 신용장의 유효기일은 2016.6.10.입니다.

• 신용장에서 특별히 정하지 않으면, CIF와 CIP 모두 가격의 110% 이상을 부보해야 함. (UCP 600 제28조). 그리고 INCOTERMS 2020에서는 보험부보는 CIF에서는 ICC(C)이고, CIP에서는 ICC(A)조건임,

(정답 ④)

14 A credit requires presentation of an Insurance Certificate. Which of the following insurance documents would be acceptable for a CIF shipment where the invoice value is USD100,000?

> A. Insurance certificate for USD110,000
>
> B. Insurance policy for USD120,000
>
> C. Insurance declaration under open cover for USD100,000
>
> D. Insurance certificate for USD100,000

   ① A only   ② A+B only   ③ A+B+C only   ④ A+B+C+D

해설 신용장에서 특별히 정하지 않으면, 보험부보는 CIF 또는 CIP 가격의 110% 이상 부보해야 한다. 그리고 신용장에서 보험증서(insurance certificate)를 요구한 경우 보험증권(insurance policy)도 수리가능하다. (UCP 600 제28조) 그러나 보험증권을 요구한 경우 보험증서는 수리되지 않는다.

(정답 ②)

15 A credit requires presentation of an Insurance Certificate. Which of the following insurance documents would be acceptable for a CIF shipment where the invoice value is USD125,000?

A. Insurance certificate for USD137,500
B. Insurance policy for USD140,000
C. Insurance certificate for USD137,500
D. Insurance certificate for USD125,000

　① A　　② A+B　　③ A+B+C　　④ A+B+C+D

해설 1) 신용장에서 특별히 요구하지 않으면, insurance policy, insurance certificate, insurance declaration 모두 수리가능하다.
2) 신용장에서 특별히 부보범위를 명시하지 않은 경우 CIF 금액의 110% 이상 부보(사례에서는 US$125,000×110% = US$137,500 이상)

(정답 ③)

16 What is most appropriate type of L/C for the following?

We hereby engage with drawers, endorsers and bona-fide holders that drafts drawn and negotiated in conformity with the terms of this credit will be duly honored on due presentation.

　① straight credit　　　② negotiation credit
　③ usance credit　　　④ confirmed credit

해설 우리는, 이 신용장의 조건과 일치하여 발행·네고된 환어음이 적기에 제시되는 경우 정히 결제될 것임을 발행인, 배서인 및 선의의 소지자와 약정합니다.
• drawer: (환어음의) 발생인
• endorser: (어음, 수표의) 배서인
• bona-fide: 선의의, (= in good faith)
• straight credit (지급신용장)

A straight credit can only be paid at the counters of the paying bank or a named drawee bank that has been authorized to make payment. Payment can only be made to the beneficiary named in the letter of credit, and not to an intermediary or negotiating bank. The beneficiary named in a straight credit must present documents at the paying bank or named drawee bank on or before the expiration date stipulated in the letter of credit. The term is derived from the fact that payment is made straight or directly to the beneficiary.

   (http://www.investopedia.com/terms/s/straight−credit.asp)

• negotiation credit(매입신용장), usance credit(기한부신용장), confirmed credit(확인신용장)
• 이 신용장의 환어음(및 서류)은 지정은행에서 네고(매입)될 수 있다. 따라서 이 신용장은 매입신용장(negotiation credit)이 된다.

(정답 ②)

17 What does the below refer to?

> The party instructing the bank to open a letter of credit and on whose behalf the bank agrees to make payment. In most cases, the party is the importer/buyer, and is also known as the applicant.

    ① Account Party   ② Charter Party
    ③ Instructing Party   ④ Opening Party

해설 은행에 신용장 개설을 지시하는 당사자, 그리고 그들 우항 은행은 대금지급에 동의한다. 대부분의 경우에 그 당사자는 수입자/배수인이고, 또한 개설의뢰인으로 알려져 있다,

• 이 문제는 무역계약의 당사자를 묻는 질문이다. 무역계약의 당사자인 수출자와 수입자는 거래관계에 따라 다양한 명칭이 사용된다.
• Account Party(계정결제인), Charter Party(용선계약자), Instructing Party(지시당사자), Opening Party(개설당사자, 신용장의 개설은행 등)

(정답: ①)

☞ **무역거래의 당사자 명칭**

구 분	수출자	수입자
무역거래	exporter(수출자)	importer(수입자)
매매계약관계	seller(매도인)	buyer(매수인
신용장관계	beneficiary(수익자)	applicant(개설의뢰인)
환어음관계	drawer(발행인)	drawee(지급인)
화물관계	consignor(송하인), shipper(선적인)	consignee(수하인)
계정관계	accounter	accountee, account party (계정(대금)결제인)

18 A credit has the following requirement. In this context, "local" means:

> 46A: Documents required
>
> CERTIFICATE OF ORIGIN FROM A LOCAL [CHAMBER] OF COMMERCE
>
> A. the place of the beneficiary
> B. the place from which shipment is effected
> C. the place of the Chamber of Commerce
> D. the place of manufacture of the goods

　① A　　② A+B　　③ A+B+C　　④ A+B+C+D

해설 "Local": 현지 또는 국내의 의미

(정답 ④)

19 In this context, "LOCAL" means:

> A credit has the following documentary requirement::
> 46A: Documents required
>
> INSPECTION CERTIFICATE ISSUED BY A LOCAL INSPECTION AUTHORITY.
>
> A. Local to the place of the beneficiary
> B. Local to the place from which shipment is effected
> C. Local to the place of manufacture of the goods.
> D. Any of the above

　① A only　　② A and B only　　③ B and C only　　④ D

해설 "Local": 현지 또는 국내의 의미이다. local inspection authority(현지검사기관)이란, 수출국 또는 제조국의 검사기관을 의미한다.

(정답 ④)

20 Which of the following is TRUE according to the passage below?

> You received letter of credit covering shipment of car components for USD300,000. The original LC allowed partial shipments but you received amendment from advising bank that the LC amount is reduced to USD200,000. You, however, shipped USD300'000 worth goods and presents documents for negotiation of USD300,000 without refusal notice of the amendment to the advising bank.

    ① You must apply for negotiation of USD200,000.

    ② You can get proceeds of USD300,000.

    ③ The negotiating bank shall pay you USD200,000.

    ④ The issuing bank does not have to pay USD300,000.

해설 당신은 30만 달러어치 자동차 부품 선적품 결제를 위한 신용장을 받았다 원신용장에서는 분할선적을 허용하고 있지만 당신은 신용장금액을 20만 달러로 감액한다는 조건변경을 통지은행으로부터 받았다. 당신은. 그러나. 30만 달러어치를 선적하였고 30만 달러의 매입의뢰를 위한 서류를 통지은행에게 조건변경에 대한 거절 통지 없이 제시하였다.
* beneficiary의 동의 없은 신용장조건변경(amendment)은 효력이 없고, 이전 신용장의 내용이 유효하다. (UCP 600 Article 10). 조건변경통지에 대하여 beneficiary는 회신할 의무는 없으며, 회신하지 않는 경우 조건변경은 효력이 없다.

(정답: ②)

21 (   ) issued by a bank in Korea in favor of the domestic supplier is to undertake the bank's payment to the supplier of raw materials or finished goods for exports on behalf of the exporter.

    ① Local L/C   ② Revolving L/C   ③ Credit inquiry   ④ Draft

해설   (내국신용장)
      원재료 또는 완제품공급자 → 수출자 → 수입자
L/C: 수입자 거래은행 → 수출자(수익자)
Local L/C: 수출자 거래은행 → 원재료 또는 완제품공급자(수익자)

(정답 ①)

22 Below is a copy of an irrevocable documentary credit and a letter which informs of opening the L/C. Please fill in the blanks of the letter using the given information.

Korea Exchange Bank

Head Office: 181 Ulji-ro, Seoul, 100-793, Korea

Advising Dept/Branch: Sogong−dong   Date of Advice: June 13, 2010

ADVICE OF Issue of a Documentary Credit	Advice No. (Please quote this No. in communication with us) A−065−320−02600
	Credit No. 067182/063
	Amount USD18,000.00
Beneficiary TEL. 3762−4573~5 CANDO CO. LTD. 110 SOGONG−DONG. SEOUL	Applicant DELTA AUTO LTD.
	Issuing Bank Union Jack Bank of London

(A) _____

Dear Mr. Ahn,

Thank you for the letter dated May 30. We are now enclosing our order of 1000 automobile tires. To cover our order, we have instructed our bank, (B) _____ to open an irrevocable L/C in your favor, and you will be duly notified of it through their correspondent bank (C) _____.

We would like to draw your attention to delivery in strict accordance with our instruction. These goods are urgently wanted and we would like to ask you to expedite shipment by a first available vessel. If this initial shipment turns out satisfactory, we assure you that we will place reorders.

Best Wishes,

(D) _____

---

① (A) Cando Co. Ltd.   (B) Union Jack Bank, London   (C) in Seoul
    (D) Delta Auto Ltd.

② (A) Cando Co. Ltd.   (B) Korean Exchange Bank   (C) in London
    (D) Delta Auto Ltd.

③ (A) Delta Auto Ltd.   (B) Union Jack Bank, London   (C) in Seoul
    (D) Cando Co. Ltd.

④ (A) Delta Auto Ltd.　(B) Korean Exchange Bank　(C) in London
(D) Cando Co. Ltd.

해설 귀사의 5.30자 서신에 대해 감사드립니다. 당사는 자동차 타이어 1,000개를 주문합니다. 당사의 주문을 위해서 당사는 거래은행에 귀사를 수익자로 하는 취소불능신용장 개설을 지시하였고, 귀사는 그 은행의 코레스은행(환거래약정은행)을 통하여 신용장을 통지받을 것입니다. 당사의 지시에 엄격하게 일치하게 인도하는 것에 주의를 기울여 주시기 바랍니다. 이 물품은 긴급히 요구되고, 첫 번째 이용가능한 선박으로 신속히 선적할 것을 요청드립니다. 이번 첫 선적분이 만족스러운 것으로 드러나면, 당사는 재주문할 것입니다)
correspondent bank: 환거래계약을 맺은 은행을 말한다(환거래은행 또는 코레스은행).
Advice of Irrevocable Documentary Credit (신용장통지서)

(정답 ①)

23 Which of the following is **TRUE** according to the letter below?

> Thank you very much for your irrevocable letter of credit No. TL−886 covering your order No. 8976 for our camcoder Model CAM450.
> Upon checking it, however, we have discovered that the name of the product is incorrectly stated as DSLR camera, and shipment date expires on September 30. The first available ship will leave here around October 5 and we will be unable to negotiate the shipping documents and draft with our bank since the commodity is different between the order sheet and the L/C.
> We would like to ask you, therefore, to amend the L/C stating that the good as camcoder and extend the shipping date to October 20.
> We hope that you will pay your immediate attention to this matter.

① The importer has made a mistake by putting an incorrect product name and shipping date on the L/C, which now drives the exporter to change the name in order to ship out the consignment on time.

② The importer has made a mistake on the L/C by putting a wrong shipping date which they cannot change since the L/C is irrevocable.

③ The inconsistency between the order sheet and the L/C, which was caused by the exporter's mistake, will not allow them to ship out the products on time

④ The change of the product name and the shipping date on the L/C will help the exporter get the necessary shipping documents and deliver the products on time.

해설 당사의 캠코더에 대한 귀사의 주문 No.8976에 대한 귀사의 취소불능신용장을 잘 받았습니다. 그러나 검토해 본 결과, 제품명이 DSLR 카메라로, 그리고 선적기일이 9.30로 잘못 기재되어 있음을 발견했습니다. 이용가능한 첫 번째 선박은 이곳에서 10.5경에 출항할 것입니다. 그리고 주문서와 신용장상의 품목명이 다르므로에 당사의 거래은행에 선적서류와 환어음의 매입을 의뢰할 수 없습니다. 그러므로 당사는 물품을 캠코더로 선적기일을 10.20로 정정하는 신용장 조건변경을 해 줄 것을 요청드립니다. 당사는 본건에 대하여 귀사의 신속한 주의를 요청드립니다.

• 신용장조건변경

(정답 ④)

24 Which of the following is correct regarding the documents presented as follows?

A credit is issued for USD100,000 covering a shipment of mobile phones not allowing partial shipments. Prior to the presentation of documents, an amendment is received reducing the amount of the credit to USD50,000. The beneficiary, however, presents documents in the amount of USD100,000 without notice of refusal to the advising bank.

---

① The beneficiary appears to accept the amendment as he failed to notice refusal of amendment.

② The beneficiary has not accepted the amendment.

③ The beneficiary would not receive payment from the issuing bank.

④ The beneficiary should notice its refusal to the applicant.

해설 분할선적이 허용되지 않는, 휴대폰에 대한 $100,000의 신용장이 개설되었다. 서류의 위 제시 전에 신용장금액을 $50,000으로 감액하는 조건변경을 받았다. 그러나 수익자는 통지은행에 거절통지 없이 $100,000의 서류를 제시하였다.

• 신용장조건변경에 대해 수익자가 동의하지 않으면 조건변경은 효력이 없고, 원신용장이 유효하다.

(정답 ②)

25 Which of the following can be taken as the date of shipment?

> A presentation is made under a credit that prohibits partial shipment. Bill of Lading presented represents: bills of lading dated 10 July, 11 July, and 12 July covering the full shipment of goods on the same vessel and voyage.

　① 10 July　② 11 July　③ 12 July　④ any of those 3 days

해설 • 선적일을 찾는 문제

원칙적으로 분할선적은 허용되지만, 신용장에서 분할선적을 금지된다고 규정하고 있으면, 분할선적은 금지된다. 그러나 동일한 선박에 수일간에 걸쳐 선적하는 것은 분할선적이 아니다. 대형컨테이너선의 경우 선적하는데 10일 이상이 소요된다. 이 경우 마지막분의 선적일이 선적일이 된다.

(정답 ③)

26 Below is part of a letter of credit. Which of the following is NOT true?

> 43P Partial shipment:　　　　ALLOWED
> 43T Transshipment:　　　　　ALLOWED
> 44E Port of Loading:　　　　BUSAN, SOUTH KOREA
> 44F Port of Discharge:　　　KARACHI, PAKISTAN
> 44C Latest Date of Shipment: 110621
> 45A Description of Goods and/or Service
> 　　DFR KARACHI PAKISTAN
> 　　QTY: 6,700 PCS. PLUS 2,000 SETS OF
> 　　　ALUMINUM EYELETS AS PER
> 　　BENEFICIARY'S PRO FORMA INVOICE
> 　　　No. HNPI−10−221 DT: 14−02−2011
> 46A Documents Required
> 　　(1) BENEFICIARY'S MANUALLY SIGNED ORIGINAL INVOICES MADE OUT IN THE NAME OF APPLICANT AND IN THE CURRENCY OF CREDIT IN OCTUPLICATE CERTIFYING MERCHANDISE TO BE OF SOUTH KOREA ORIGIN.
> 　　(2) FULL SET OF CLEAN SHIPPED ON BOARD OCEAN BILLS OF LADING (COMPRISING NOT LESS THAN THREE ORIGINALS) DRAWN OR ENDORSED TO THE ORDER OF HABIB BANK LIMITED SHOWING FREIGHT PREPAID AND MARKED NOTIFY APPLICANT AND BANK AS PER FIELD 42D
> 　　(3) PACKING LIST

① The exporter needs to present the bill of lading, certificate of origin, packing list, and invoice to get paid.

② The exporter pays the delivery cost, but it is not clear whether it also has to pay the cost of insurance.

③ Habib Bank Limited located in Pakistan is the advising bank which informs the exporter of opening of the L/C.

④ The exporter does not have to ship all the goods at once if it wants or necessary.

해설

• BENEFICIARY'S MANUALLY SIGNED ORIGINAL INVOICES(수익자가 육필로 서명한 송장)

- UCP 600 제18조에 의하면 상업송장은 서명될 필요는 없다. 그러나 신용장에서 서명된 상업송장을 요구하는 경우 서명된 상업송장을 제시해야 한다.

• FULL SET OF CLEAN SHIPPED ON BOARD OCEAN BILLS OF LADING
  (무고장선적선하증권 전통)

• COMPRISING NOT LESS THAN THREE ORIGINALS (원본 3부 이상으로 이루어진)

• DRAWN OR ENDORSED TO THE ORDER OF HABIB BANK LIMITED
  (Habib 은행의 지시식으로 작성되거나 배서된)

• SHOWING FREIGHT PREPAID AND MARKED NOTIFY APPLICANT
  (운임 선지급을 나타내고, 통지처에 개설의뢰인을 기재한)

- "FREIGHT PREPAID(운임선지급)"이므로 Seller가 운임을 지급해야 하므로 CFR이나 CIF조건(또는 CPT, CIP)이다. "FREIGHT COLLECT(운임후불)"이라고 기재되면, Seller가 운임을 지급하지 않으므로 "FOB"조건(또는 FCA)이다.

☞ L/C나 수출계약서가 제시되면, 우선 수출인지/수입인지 판단할 것

• 선적항이 한국이면 수출, 양륙항이 한국이면 수입

• FOB Busan: 부산은 선적항(즉 수출)

• CIF Busan: 부산은 도착항(즉 수입)

(정답 ③)

27 According to UCP 600, a bank will accept a document as an original if it:

A. Appears to be written, typed, perforated or stamped by the document issuer's hand
B. Appears to be on the documents issuer's original stationery
C. States that it is original, unless the statement appears not to apply to the document presented.

① A   ② A+B   ③ A+C   ④ A+B+C

해설　(UCP 600)

A. Appears to be written, typed, perforated or stamped by the document issuer's hand
(서류발행자의 손으로 작성, 타이핑, 천공서명, 스탬프된 것으로 보이는 것)

B. Appears to be on the documents issuer's original stationery
(서류발행자의 원본 서류용지 위에 작성된 것으로 보이는 것)

C. States that it is original, unless the statement appears not to apply to the document presented. (원본이라는 표시가 제시된 서류에는 적용되지 않는 것으로 보이지 않는 한, 원본이라는 표시가 있는 것)

(정답 ④)

☞ UCP 600 제17조제c항에 의하면, 서류가 달리 표시하지 않는 한 은행은 위의 서류를 원본으로 수리한다고 규정하고 있다.

☞ UCP 600 제17조 원본 서류와 사본
• 적어도 신용장에서 명시된 각각의 서류의 원본 한통은 제시되어야 한다.
• 서류 자체가 원본이 아니라고 표시하고 있지 않은 한, 은행은 명백하게 원본성을 갖는 서류발행자의 서명, 마크, 스탬프 또는 라벨이 담긴 서류를 원본으로 취급한다.
• 신용장이 서류 사본의 제시를 요구하는 경우, 원본 또는 사본의 제시가 모두 허용된다.
• 신용장에서 "in duplicate", "in two folds" 또는 "in two copies"와 같은 용어를 사용하여 복수의 서류의 제시를 요구하는 경우, 이 조건은 그 서류 자체에 달리 정함이 없는 한, 적어도 한 통의 원본과 나머지 수량의 사본을 제시함으로써 충족된다.

28 The following explains the character of common problems with letter of credit, you may choose which is not acceptable case to amend Letter of credit?

> Most problems result from the seller's inability to fulfill obligations stated in the letter of credit. The seller may find these terms difficult or impossible to fulfill and, either tries to fulfill them and fails, or asks the buyer to amend to the letter of credit. As most letters of credit are irrevocable, amendments may at times be difficult since both the buyer and the seller must agree.

① The shipment schedule cannot be met.
② The price becomes too low due to exchange rates fluctuations.
③ The quantity of product ordered is not the expected amount.
④ The description of product is either insufficient or too detailed.

해설 대부분의 문제는 매도인이 신용장에 기술된 제반의무를 이행하지 못함에서 비롯된다. 매도인은 이행하기 어렵거나 불가능한 조건을 찾을 수 있는데, 이를 충족하려고 노력하거나 실패하든지, 또는 신용장의 조건변경을 매수인에게 요청한다. 대부분의 신용장은 취소불능이고, 매수인과 매도인은 반드시 합의해야 하므로 조건변경은 어려울 수 있다.

• 질문: 신용장의 조건변경을 할 만한 사유가 아닌 것은?
(Seller의 신용장 조건변경 요청)
신용장이 계약서 내용과 다른 경우 Seller은 신용장의 조건변경을 요청한다. 기타 Seller가 신용장의 조건을 충족시킬 수 없는 내용이 포함되어 있는 경우에도 Seller는 조건변경을 요청한다.

−그러나 단지 계약체결 이후에 가격이 상승하였다는 사유로 신용장금액의 인상을 요청하는 경우 수락되기 어렵다.

(정답 ②)

29 Which of the following will be the most suitable word the blank?

> We have been requested to add our confirmation to this credit and therefore we undertake that any drafts drawn by you in accordance with the terms of the credit will be duly negotiated by us (   ) recourse.

① with   ② against   ③ without   ④ for

해설 당행은 본 신용장에 당행의 확인을 요청받았으며, 본 신용장의 조건에 따라 귀사가 발행한 환어음을 소구불능조건으로 매입할 것을 확약합니다.

• Recourse(소구권, 구상권): 매입은행이 Nego한 환어음이 부도(미결제)되는 경우 매입은행은 Seller에 대해 기지급한 네고대금을 상환할 것을 요청할 수 있다. 이를 "recourse"라고 한다. 신용장이 확인은행에서 매입의 방법으로 이용 가능하다면, 확인은행은 상환청구권 (recourse) 없이 매입하여야 한다. (UCP 600 제8조 a(ⅱ))

(정답 ③)

※ Read the following letter and answer the questions.

(A) We refer to your proforma invoice No.100 for auto parts.

(B) We have instructed our bank, Korea Exchange Bank, Seoul to open a letter of credit for USD500,000 to cover the shipment. The credit is valid until 10 June 2011.

(C) You will be informed of the LC arrival from Citi Bank, New York in due course and you may draw on them at 60 days for the full amount of invoice. When submitting the draft, please enclose the following documents.

  Bill of Lading (3 copies)
  Invoice CIF Busan (2 copies)
  Insurance Policy (ICC A) for USD550,000

(D) Please fax or email us as soon as you have arranged shipment.

---

30 Put the sentences A~D in the correct order.

   ① D－B－A－C   ② A－B－C－D   ③ D－B－C－A   ④ B－A－C－D

31 Which of the following is INCORRECT according to the letter?

   ① The shipment is based on Buyer's proforma invoice

   ② The L/C expires 10 June 2011

   ③ The L/C is supposed to require invoice, B/L and insurance

   ④ The seller is supposed to provide shipping advice upon shipment

---

해설   (A) 자동차 부품에 대한 귀사의 견적송장 No. 100과 관련됩니다.

(B) 우리는 본 선적품을 위하여 US$500,000의 신용장을 개설할 것을 우리의 거래은행인 외환은행 서울지점에 지시하였습니다. 이 신용장의 유효기일은 2011.6.10. 입니다.

(C) 예정일정대로 씨티은행 뉴욕지점에서 신용장내도를 통지받을 것이며, 송장금액 전체에 대하여 60일 지급조건으로 동 은행을 지급인으로 하여 환어음을 발행할 수 있습니다. 환어음 제출 시 다음 서류를 제출해 주십시오.: 선하증권 3부

30 도입을 나타내므로 A가 첫 번째 지문, 상대방에 대한 요청을 나타내므로 D가 마지막 지문

(정답 ②)

* you may draw draft on them at 60 days(당신은 그들을 지급인으로 하는 일람 후 60일의 환어음을 발행할 수 있다) (draft: 환어음)

31 진위여부 문제(Correct or Incorrect): 각 해당 문장을 찾아 진위여부를 확인한다.
　① 견적송장(또는 송장)은 Seller가 작성한다.

(정답 ①)

32 In accordance with UCP 600, which of the following may be the correct course(s) of action for the confirming bank?

> A beneficiary presents complying documents to a confirming bank under a documentary credit available by deferred payment. The beneficiary requests that the confirming bank purchase the documents and prepay against its undertaking.
>
> A. Obtain the issuing bank's agreement prior to paying the beneficiary.
> B. Refuse the beneficiary's request while undertaking to pay at maturity.
> C. Prepay the deferred payment undertaking.
> D. Obtain an agreement for recourse to the beneficiary.

　① C only　② A and B only　③ A and D only　④ B and C only

해설　(번역) 연지급으로 이용가능한 화환신용장(연지급신용장)에서 수익자는 확인은행에 일치하는 서류를 제시한다. 수익자는 확인은행으로 하여금 서류를 매입하고, 확인은행의 의무부담으로 선지급할 것을 요구한다.
- 이 문제는 UCP 600상 확인은행의 정확한 업무처리를 찾는 문제이다. 연지급신용장은 개설은행, 확인은행, 또는 연지급은행이 만기일에 지급하는 신용장이다. 연지급신용장에서 확인은행은 만기일전에 매입 및 선지급할 의무는 없다. 즉 만기일까지 대금지급을 거절할 수 있다. 그러나 확인은행이 자신의 부담으로 매입 또는 선지급하는 것은 가능하다. (UCP 600 Art. 8)
- a documentary credit available by deferred payment (연지급으로 이용가능한 신용장, 즉 연지급신용장(deferred payment L/C)), complying documents (일치하는 서류), its undertaking (확인은행의 의무부담, 즉 확인은행의 지급의무)

(정답 ④)

33 Who do you think is supposed to pay for amendment fee?

> "The contents of the covering Letter of Credit shall be in strict conformity with the stipulations of the Sales Contract. In case of any variation thereof necessitating amendment of the L/C, the applicant shall bear the expenses for effecting the amendment. The beneficiary shall not be held responsible for possible delay of shipment resulting from awaiting the amendment of the L/C."

① L/C opening bank   ② Buyer   ③ Seller   ④ negotiating bank

해설 신용장의 내용은 매매계약의 내용과 엄격히 일치해야 한다. 신용장의 내용중에 신용장의 조건변경을 필요로 불일치가 있는 경우 개설의뢰인은 신용장조건변경 비용을 부담해야 한다. 신용장의 조건변경을 기다리는 것으로부터 초래되는 가능한 선적지연에 대하여 수익자는 책임이 없다.
• 지문에서는 신용장조건변경 비용(L/C amendment expense)을 개설의뢰인이 부담한다고 기술하고 있다. 화환신용장에서 개설의뢰인은 Buyer이다.
• amendment of L/C (신용장조건변경)

(정답 ②)

34 What is NOT the role of bank(s) under letter of credit operations?

> A. The letter of credit authorizes the beneficiary to draw drafts (or demand payment) on the bank under certain conditions.
> B. The banks provide additional comfort for both exporter and importer in a trade transaction by playing the role of intermediaries.
> C. The banks assure the importer that he would be paid if he provides the necessary documents to the issuing bank.
> D. The banks assure the buyer that his money would not be released unless the shipping documents evidencing proper and accurate shipment of goods are presented.

① A   ② B   ③ C   ④ D

해설 ① 신용장은, 수익자가 일정한 조건하에 은행을 지급인으로 환어음을 발행하는 것을 권한을 부여한다.
② 은행은, 무역거래에서 중개자 역할을 하면서 수출자와 수입자 모두에게 추가 위안(보장)을 주고 있다.

③ 은행은, 수입자가 개설은행에 필요 서류를 제공하면, 수입자가 대금 지급받는다는 것을 보장한다.

④ 은행은, 물품의 정확한 선적을 증명하는 서류가 제시되지 않으면, 대금이 지급되지 않을 것이라는 것을 매수인에게 보장한다.

* ③ 신용장에서는 수익자(통상 수출자)가 개설은행에 필요 서류를 제시하는 경우 수출자에게 대금을 지급하는 확약이다. 따라서 importer → exporter로 바꾸어야 맞는 표현임.

(정답 ③)

35 What action should the negotiating bank take under the following situation?

> A documentary credit advised to a beneficiary payable at sight calls for documents to include an invoice made out in the name of the applicant. Documents presented to the negotiating bank by the beneficiary include a customs invoice but no commercial invoice. All other terms and conditions have been met.

① Refer to the issuing bank for authority to pay

② Reject the documents as non−complying

③ Pay the documents as fully complying with the terms of the credit.

④ Return the documents for amendment to the beneficiary.

해설 (번역) 화환신용장이 수익자에게 통지되었는데, 이 신용장은 일람출급신용장이고, 개설의뢰인 앞으로 발행된 송장을 서류에 포함시킬 것을 요구한다. 수익자에 의해 매입은행에 제시된 서류에는 세관송장이 포함되었으나, 상업송장은 포함되지 않았다. 기타 모든 조건은 충족되었다.

• 송장은 원칙적으로 수익자가 발행한 것으로 보여야 하고, 개설의뢰인 앞으로 발행되며, 신용장과 같은 통화로 발행되어야 한다. (UCP 600 Art. 18. a) 신용장에서 "Invoice"를 요구한 경우 provisional invoice(가송장)과 pro−forma invoice(견적송장)을 제외한 모든 종류의 송장이 제출될 수 있다. (ISBP 745 C1) a.) 따라서 이 문제에서 customs invoice(세관송장)는 신용장조건과 일치하며, 매입은행은 대금을 지급할 수 있다. 매입은행으로 지정된 지정은행은 그 매입에 대하여 명백하게 동의한 경우에만 매입할 의무가 있다. 따라서 이 문제에서는 매입은행이 매입에 명백히 동의했다는 전제가 있어야 할 것이다. 따라서 보다 정확한 답은 "The negotiating bank is authorized to pay the documents as fully complying with the terms of the credit."이다.

• an invoice made out in the name of the applicant(개설의뢰인 앞으로 발행된 송장)

• 매입은행은 매입할 권한이 있는 것이며, 매입할 의무가 있는 것은 아니다. 따라사 위 질문의 표현은 옳지 않다. (What action should the negotiating bank take under the following situation? → What action may the negotiating bank take under the following situation?, or, What action is the negotiating bank allowed to take under the following situation?)

(정답: ③)

36 The following statement is explaining one kind of credits. Which credit is it?

> This Credit specifically nominates a bank which is to undertake payment under the Credit after presentation of the required documents. Such a credit must indicate a fixed or determinable date on which payment is to be made. A draft is not usually called for.

① Sight Payment L/C   ② Deferred Payment L/C

③ Acceptance L/C   ④ Negotiation L/C

해설 이 신용장은 요구되는 서류의 제시후에 신용장상 지급책임을 부담하는 은행을 특별히 지정한다. 이러한 신용장은 대금지급이 이루어지는 확정일자 또는 지정가능한 일자를 적시해야 한다. 환어음은 통상 요구되지 않는다.

• Sight Payment L/C (일람지급신용장): 지급제시후에 바로 지급되므로 별도로 지급일을 기재할 필요가 없다.
• Deferred Payment L/C (연지급신용장): 확정된 지급일 또는 확정가능한 지급일의 기재가 요구된다. 환어음은 요구되지 않는다.
• Acceptance L/C (인수신용장), Negotiation L/C (매입신용장)
• 연지급신용장(deferred payment L/C)에 대한 설명이다. 연지급신용장에서는 환어음이 요구되지 않는다.

(정답 ②)

37 Which of the following is MOST likely to appear right after the passage below?

> Upon checking your letter of credit, we found that transshipment be prohibited. Since no direct vessel to Sydney is available from here, transshipment at Kobe is necessary. We, therefore, request that transshipment be allowed and send us an amendment notice for the letter of credit replacing the clause, "transshipment is prohibited" with the clause, "transshipment is allowed."

① Please note that the amendment notice should reach us by the end of this month at the latest in order for the shipment to be made on time.

② We are pleased to inform you that we have changed the L/C. Please check it to whether the change is based on what we agreed upon.

③ The L/C to cover our contract has not yet reached us, although the shipment is to be made by the end of this month.

④ We would appreciate if you establish the L/C immediately.

해설 귀사의 신용장을 확인해 보니 환적이 금지되어 있었습니다. 이곳에서 시드니는 직항하는 선박이 없기 때문에 고베에서 환적하는 것이 필요합니다. 그러므로 환적을 허용해 주시고 "환적이 금지됨"이라는 조항을 "환적이 허용됨"이란 조항으로 대체하는 신용장변경통지서를 당사에 보내 주시기 바랍니다.

> ☞ **환적(Transhipment) 허용 여부(UCP Art. 19)**
> 1) L/C에 환적에 대한 문구가 없는 경우: 선적지 ~ 도착지까지 전체의 운송구간이 하나의 동일한 운송서류에 의해 커버되는 경우에만 환적 가능. 그 외는 금지
> 2) L/C에 환적허용 문구가 있는 경우: 환적 가능
> 3) L/C에 환적금지 문구가 있는 경우: 선적지 ~ 도착지까지 전체 운송구간이 하나의 동일한 운송서류로 커버되면서 컨테이너, 트레일러, lash barge에 의해 선적되는 경우에 예외적으로 환적 가능

(정답 ①)

38 The following is a letter from an exporter to an importer. Which of the following is LEAST likely to be included in the importer's reply? (1급 2010-3회)

> We would like to draw your attention to the fact that the letter of credit covering your order No. 324 has not reached us although the shipment for this order has to be made in a few days. As we have not received your L/C, we may be forced to cancel your order.
>
> However, we would prefer to establish a long lasting business relationship with you and thus ask you to open the L/C as soon as possible. Please let us know the number of L/C, once you have opened it. We hope you will lose no time in arranging the required credit with your bank.

① You will receive confirmation about the L/C from our bank's agent in your city and you can draw on them at 60 days for the full amount of the invoice.

② The credit in question was mailed to you through the branch office of our bank in New York last Wednesday, and you can expect to receive it in time for the shipment of this order.

③ We have already started arranging shipment of your order No. 324. As soon as we finish shipping your order, we will let you know the name of the vessel and the estimated time of arrival.

④ We have today received your letter of April 30 informing that you have not yet received the Letter of Credit covering our order No. 324 and requesting us to open it at once.

해설 본 주문건에 대한 선적일이 수일 내로 다가왔음에도 귀사의 주문에 대한 신용장이 아직 우리에게 도착되지 않았다는 사실에 귀사가 주의를 기울여 주시기 바랍니다. 아직 귀사의 신용장을 수취하지 못했기 때문에 귀사의 주문을 취소할 수도 있습니다.
그러나 귀사와 오랫동안 지속적인 거래관계를 맺길 원하므로 가능한 빨리 신용장을 개설해 주시길 귀사에 요청드립니다. 귀사가 신용장을 개설하면 신용장번호를 알려주시기 바랍니다. 귀사의 거래은행에 신용장개설요청을 하는 시간을 놓치지 마시기 바랍니다.
• Buyer가 주문을 했고, L/C로 대금결제하기로 정하였으나, L/C가 도착하지 않아 선적을 못하고 있다.(Letter: Seller → Buyer)

(정답 ③)

39 Choose the most proper explanation about Transferable Credits under UCP 600.

① A credit may be transferred in part to more than two second beneficiaries even though partial drawings or shipments are not allowed.

② A transferred credit cannot be transferred at the request of the first beneficiary to any subsequent beneficiary.

③ A credit cannot be transferred if it is not allowed.

④ The transferred credit must accurately reflect the terms and conditions of the credit without the exception of the amount of the credit, which must not be reduced or curtailed.

해설 "transferable credit(양도가능신용장)"에 대한 문제이다. UCP 600 제38조에서 양도가능신용장을 규정하고 있다. "transferable credit"은 "transferable(양도가능)"이라고 특정하여 기재된 신용장을 말한다.

① A credit may be transferred in part to more than one second beneficiary provided partial drawings or shipments are allowed.(UCP 600 Art. 38. d.) (분할청구 또는 분할선적이 허용되는 경우에 신용장은 두 사람 이상의 제2수익자에게 분할양도될 수 있다.)

② A transferred credit cannot be transferred at the request of a second beneficiary to any subsequent beneficiary. (UCP 600 Art. 38. d.) (양도된 신용장은 제2수익자의 요청에 의하여 그 다음 수익자에게 양도될 수 없다.

③ Transferable credit means a credit that specifically states it is "transferable". (UCP 600 Art. 38. b.) (양도가능신용장이란 신용장 자체가 "양도가능"이라고 특정하여 기재하고 있는 신용장을 말한다.)

신용장을 양도하기 위해서는 반드시 신용장에서 "양도가능(transferable)"하다고 명시해야 한다. 신용장에서 양도를 허용하지 않는 경우 신용장을 양도(transfer)할 수 없다.

④ The transferred credit must accurately reflect the terms and conditions of the credit, including confirmation, if any, with the exception of:
 - the amount of the credit,
 - any unit price stated therein,
 - the expiry date,
 - the period for presentation, or
 - the latest shipment date or given period for shipment,
any or all of which may be reduced or curtailed. (UCP 600 Art. 38. g.)

양도된 신용장은 만일 있는 경우 확인을 포함하여 신용장의 조건을 정확히 반영하여야 한다. 다만 다음은 예외로 한다.
 - 신용장의 금액
 - 그곳에 기재된 단가
 - 유효기일
 - 제시기간 또는
 - 최종선적일 또는 주어진 선적기간
위의 내용은 일부 또는 전부 감액되거나 단축될 수 있다.

(정답 ③)

1 핵심정리

▣ 무역서류 : 상업서류와 금융서류

무역서류는 금융서류와 상업서류로 분류할 수 있다. 금융서류(financial document)는 환어음, 약속어음, 수표, 기타 금전의 지급을 받기 위한 서류를 말하고, 상업서류 (commercial document)는 송장, 운송서류, 기타 이와 유사한 서류로 금융서류가 아닌 모든 서류를 말한다(URC 522 Art. 2).

- 상업서류: 운송서류(B/L, Air Waybill), 상업송장(Commercial Invoice), 포장명세서 (Packing List), 보험서류 등
- 금융서류: 환어음(bill of exchange/draft), 수표(check), 약속어음(promissory note)

▣ 선하증권(B/L)

선하증권(Bill of Lading)이란, 해상운송인이 운송물을 수령 또는 선적하였음을 증명하고, 이것과 상환으로 목적지에서 운송물을 인도할 의무를 표창하는 유통증권 (negotiable instrument)이다. 선하증권은 운송물의 인도청구권을 표창하는 증권으로서 선하증권과 운송물은 실질적으로 동일하며, 권리증서로서 운송물의 점유를 통제한다. 또한, 선하증권은 물품수령증(receipt), 운송계약(contract of transportation), 그리고 권리증서(document of title)가 된다.

운송인은 운송물을 수령한 후(그리고 운송물의 선적전)에 선하증권을 발행할 수 있는데, 이를 수취선하증권(received B/L)이라고 한다. 그 후 운송물을 선적한 후 운송인은 선적선하증권(on board B/L, shipped B/L)을 발행하거나 수취선하증권에 '선적 표시(on board notation)'를 한다. 한편, 운송인은 선장 또는 그 밖의 대리인에게 선하증

권의 발행 또는 '선적 표시'를 위임할 수 있다. 실무적으로 소량화물의 경우 운송인이 운송주선인(freight forwarder)에게 마스터 선하증권(master B/L)〔또는 집단선하증권(groupage B/L)〕을 발행하고, 운송주선인은 이 마스터 선하증권을 근거로 각 개별 화주들에게 하우스 선하증권(house B/L)〔또는 포워더 선하증권(forwarder's B/L)〕을 발행한다. 수 통(무역거래에서는 통상 3통 발행)의 선하증권이 발행된 경우 선하증권의 1통을 소지한 자가 운송물의 인도를 청구하는 경우 운송인은 운송물을 인도해야 하며, 이 경우 다른 선하증권은 그 효력을 잃는다.

- B/L의 법적효력(또는 기능): 운송계약, 화물수령증, 화물상환증, 화물의 권리증서, 유가증권(화물에 대한 권리 양도가능)

  * B/L: a formal receipt by the shipowner, evidence of a contract of carriage, document of title to the goods

- 선하증권의 문언증권성: 운송인과 송하인 사이에 선하증권에 기재된 대로 운송계약이 체결되고 운송물을 수령 또는 선적한 것으로 추정한다(선하증권 기재내용은 추정적 효력). 그러나 선하증권을 선의로 취득한 소지인(예: 수입자)에 대하여 운송인은 선하증권에 기재된 대로 운송물을 수령 혹은 선적한 것으로 보고 선하증권에 기재된 바에 따라 운송인으로서 책임을 진다(선하증권 기재 내용은 확정적 효력). 따라서 선하증권을 선의로 취득한 제3자에 대해서는 운송물을 수령 또는 선적되지 아니하였음을 운송인이 증명해도 운송인은 선하증권에 기재된 대로 책임을 진다. 이는 선하증권을 선의로 취득한 제3자를 보호함으로써 선하증권의 유통성 보호와 거래의 안전을 도모하기 위한 것이다.

- 기명식 선하증권(straight B/L): B/L의 "2. Consignee 항목"에 특정인(특정회사)의 명칭을 기재(예: "XXX Co.")한 선하증권. 비유통서류(non-negotiable document)로서 유통 불가

- 지시식 선하증권(order B/L): B/L의 "2. Consignee 항목"에 특정인(특정회사)의 지시식으로 기재(예: "To the Order of XXX Co.")한 선하증권. 유통서류(negotiable document)로서 자유롭게 유통·양도 가능

▣ 항공화물운송장(Air waybill)

항공화물운송장은 운송계약의 체결에 대한 증거가 된다는 점에서 선하증권과 유사하나, 선하증권과는 달리 유통증권 또는 인도증권의 성질이 없고 단지 증거증권이 지나지 않는다. 즉 선하증권은 유가증권으로 인정되지만, 항공화물운송장은 유가증권으로 인정되지 않음. 항공화물운송장에 유통성을 부여하지 않는 이유는 선적 후

당일 또는 수일 내에 목적지에 도착하기 때문에 운송장을 유통시킬 시간이 없기 때문이다.

선하증권(B/L)과 항공화물운송장(Air waybill) 비교

구 분	선하증권	항공화물운송장
유가증권성	유가증권	유가증권 아님(화물운송장)
유통성	유통성 있음(유통증권)	유통성 없음(비유통증권)
수하인기재방식	지시식 또는 기명식	기명식
작성자	운송인	송하인
작성시기	화물 선적 전후 발행	화물 수령 후 발행

▣ 해상화물운송장(Sea waybill)

해상화물운송장은 비유통서류(non-negotiable document)로서 유통성이 없고 권리증서(document of title)이 아니며 비유통해상화물운송장(Non-negotiable Sea Waybill)이라고 불린다. 해상화물운송장에 대해서는 운송장에 기재된 대로 운송물을 수령 또는 선적한 것으로 추정한다고 정하고 있어 선하증권의 문언성을 인정하고 있으나, 기타 선하증권의 성질은 인정하지 않아 선하증권과 구별하고 있다. 해상화물운송장에 유통성을 부여하지 않는 이유는 선적 후 당일 또는 수일 내에 목적지에 도착하기 때문에 운송장을 유통시킬 시간이 없기 때문이다. 참고서 서렌더 선하증권(surrender B/L)도 비유통서류(non-negotiable document)로서 법적성격은 해상화물운송장과 거의 동일하다.

▣ 수입화물선취보증(보증도)

수입화물선취보증(letter of guarantee, letter of indemnity)이란, 선하증권이 도착하기 전에 수입자에게 화물을 인도함에 따라 발생하는 모든 문제를 책임지고 차후에 선하증권이 도착하면 이를 운송인에 제출할 것을 수입자와 은행이 보증하는 보증서이다. 수입화물선취보증(또는 '화물선취보증')은 국제적으로는 'letter of guarantee' 또는 'letter of indemnity'라고 한다. 그러나 우리나라의 무역실무에서는 주로 수입화물선취보증은 'letter of guarantee' 또는 'L/G'라고 하고, letter of indemnity'는 파손화물보상장의 의미로 사용한다. 그리고 대법원에서는 선하증권 없이 수입화물선취보증서를 담보로 운송인이 화물을 인도하는 것을 '보증도'라고 판시한 바 있다(대법원 1991.4.26. 선고 90다카8098).

수입화물선취보증은 형식적으로는 수입자가 운송인 앞으로 발행하는 서류로서 화물의 명세를 기재하고 화물선취에 대한 약정을 하고, 은행은 이에 대한 연대보증인이 되지만, 실질적으로는 보증인의 존재가 보증서의 효력발생 요건이기 때문에 이는 은행이 발행하는 보증서로 취급된다(다만, 실무에서는 은행의 보증 없이 수입자가 단독으로 발행하는 경우도 있다). 수입화물선취보증에 대해 수입자는 주채무자, 은행은 연대보증인의 관계에 있으므로 은행이 손실을 입게 되는 경우 수입자에게 구상권을 행사하며, 통상 수입화물선취보증신청서에 이러한 내용이 기재되어 있다.

2   기출문제 해설

※ Read the following and answer.

> The most common negotiable document is the bill of lading. The bill of lading is a receipt given by the shipping company to the shipper. A bill of lading serves as a document of title and specifies who is to receive the merchandise at the designated port. In a straight bill of lading, the seller consigns the goods directly to the buyer. This type of bill is usually not desirable in a letter of credit transaction, because (   ).
>
> With an order bill of lading the shipper can consign the goods to the bank. This method is preferred in letter of credit transactions. The bank maintains control of the merchandise until the buyer pays the documents.

01 What is nature of straight bill of lading?

① non-negotiable bill of lading

② negotiable bill of lading

③ foul bill of lading

④ order bill of lading

02 What is best for the blank?

① it allows the buyer to obtain possession of the goods directly.

② the shipper can consign the goods to the bank.

③ the bank maintains control of goods until the buyer pays the documents.

④ the bank can releases the bill of lading to the buyer.

해설   가장 흔한 유통가능서류는 선하증권이다. 선하증권은 운송회사가 송화인에게 주는 영수증이다. 선하증권은 권리증서로서의 역할을 하고, 지정된 항구에서 상품을 수령할 자를 특정한다. 기명식 선하증권(straight bill of lading)에서는 매도인이 매수인에게 상품을 직접 탁송한다. 이런 종류의 선하증권은 신용장방식에서는 보통 적합하지 않은데, 그 이유는 매수인이 직접 상품의 점유를 취득하게 하기 때문이다.

지시식 선하증권(order bill of lading)으로 송화인은 상품을 은행에 탁송할 수 있다. 이러한 방식은 신용장거래에서 선호된다. 은행은 매수인이 서류(선적서류)에 대하여 대금을 지급할 때까지 상품의 통제를 유지한다.

• 이 지문은 선하증권(B/L)의 법적성격/기능, 그리고 기명식 선하증권(straight bill of lading)

과 지시식 선하증권(order bill of lading)의 기능에 대한 내용이다. 기명식 선하증권 (straight bill of lading)은 비유통서류(non-negotiable document)로서 유통이 불가하며, 선하증권상의 수하인(consignee)만이 화물을 인도받을 수 있다. 반면에, 지시식 선하증권(order bill of lading)은 유통서류(negotiable document)로서 자유롭게 유통·양도할 수 있다.

• 참고로 기명식 선하증권(straight bill of lading)은 B/L의 2. Consignee 항목에 특정인(특정회사)의 명칭을 기재(예: "XXX Co.")한 선하증권이고, 지시식 선하증권(order bill of lading)은 2. Consignee 항목에 특정인(특정회사)의 지시식으로 기재(예: "To the Order of XXX Co.")한 선하증권이다.

(정답 1-①, 2-①)

03 Which of the following statement about a B/L is LEAST correct?

① A straight B/L is a NEGOTIABLE DOCUMENT.

② An order B/L is one of the most popular and common form of bill of lading issued.

③ When a straight bill of lading is issued, the cargo may be released ONLY to the named consignee and upon surrender of at least 1 of the original bills issued.

④ A straight B/L could be used in international transaction between headquarter and branch.

해설 기명식 선하증권(straight bill of lading)은 비유통서류(non-negotiable document)로서 유통이 불가하다.

① A straight B/L is a <u>NEGOTIABLE</u> DOCUMENT. → A straight B/L is a <u>NON-NEGOTIABLE</u> DOCUMENT.

(정답 ①)

04 Select the wrong part in the following passage.

(A) <u>Sea Waybill is a transport document for maritime shipment, which serves as prima-facie evidence of the contract of carriage</u> (B) <u>and as a receipt of the goods being transported, and a document of title.</u>
(C) <u>To take delivery of the goods, presentation of the sea waybill is not required;</u> (D) <u>generally, the receiver is only required to identify himself, doing so can speed up processing at the port of destination.</u>

① (A)   ② (B)   ③ (C)   ④ (D)

해설 해상화물운송장은 비유통서류(non-negotiable document)로서 유통성이 없고 권리증서(document of title)도 아니다.

(B) and as a receipt of the goods being transported, <u>and a document of title</u>. → and as a receipt of the goods being transported, <u>but not a document of title</u>.

(정답 ②)

05 What is the subject of the passage below?

> A written statement usually issued by the issuing bank at the request of an importer so as to take delivery of goods from a shipping company before the importer obtains B/L.

   ① Letter of Guarantee

   ② Letter of Surrender

   ③ Bill of Exchange

   ④ Trust Receipt

해설 지문은 수입화물선취보증(보증도)의 정의에 대한 내용이다. 다만, 수입화물선취보증(보증도)의 영문 표기에 대하여 국내에서는 주로 "letter of guarantee"라고 기술하고 있지만, 국제적으로는 "letter of guarantee" 또는 "letter of indemnity"라는 용어를 사용하고 있다.

(정답 ①)

06 Who might be A?

> Transport documents are required both to assure that the goods are being properly transported and for the A to claim possession of the goods at destination.

   ① buyer   ② seller   ③ carrier   ④ banks

해설 운송서류는, 물품이 적절하게 운송되고 도착지에서 Buyer가 물품의 점유를 청구하는 것을 보장하기 위하여 요구된다.

• 통상 Seller가 Buyer 앞으로 운송서류를 송부하고, Buyer는 그 운송서류를 통하여 도착지에서 운송인에게 운송물의 인도를 청구한다. 물론 구체적인 내용은 각 개별 무역계약에 따라 결정된다. 이 지문은 일반적인 무역거래에 대한 기술이다.

(정답 ①)

07 Which is LEAST appropriate for the blank?

> The negotiable ocean on board bill of lading fulfills three important functions, namely (   ).

① proof of delivery of the goods on board the vessel

② appointment of the consignee

③ evidence of the contract of carriage

④ a means of transferring title to the goods

해설 B/L의 법적효력(또는 기능)은 운송계약, 화물수령증, 화물상환증, 화물의 권리증서, 유가증권(화물에 대한 권리 양도가능) 등이다.

(정답 ②)

08 Which transportation document is being explained?

> Transport document which is not a document of title/negotiable document. This document indicates on board loading of the goods and can be used in cases where no document of title is required.

① Sea waybill   ② Ocean bill of Lading   ③ Air waybill   ④ FCR

해설 ④ FCR(forwarder's Cargo Receipt) - 운송주선인 화물수취증

(정답 ①)

09 Which is wrong in explaining Air waybill?

> Air waybill(AWB) or air consignment note refers to a receipt for goods issued by an air carrier or his agent and an evidence of the contract of transport, but it is not a document of title to the goods. (a)Hence, the AWB is negotiable. (b)The AWB should be issued in at least 9 copies, of which the first three copies are classified as originals. (c)The first copy is retained by the issuing carrier, the second copy by the consignee, and the third copy by the shipper.
> The goods in the air consignment are normally consigned directly to the party (the consignee) named in the letter of credit. (d)Unless the goods are consigned to a third party like the issuing bank, the importer can obtain the goods from the carrier at destination without paying the issuing bank or the consignor.

① (a)　　　② (b)　　　③ (c)　　　④ (d)

해설　항공화물운송장은 항공운송인 또는 그의 대리인이 발행하는 물품에 대한 수령증이고, 운송계약의 증거이지만, 물품에 대한 권리증서는 아니다. 따라서 항공화물운송장은 유통가능하다. 항공화물운송장은 최소 9장이 발행되며, 그 중에서 3장은 원본으로 분류된다. 첫 번째 사본은 발행자인 운송인이 보유하고, 두 번째 사본은 수하인, 그리고 세 번째 사본은 송화인이 보유한다. 항공탁송되는 물품은 보통 신용장에서 기명된 당사자 (수하인)에게 직접 송부된다. 물품이, 개설은행 같은 제3자에게 송부되지 않으면, 목적지에서 개설은행이나 송하인에게 지급하지 않고 수입자는 물품을 취득할 수 있다.

- Air waybill(AWB): 항공화물운송장(= air consignment note)
- consignee: 수하인
- bill of lading은 권리증서이고 유통가능증권(negotiable instrument)이지만, air waybill과 sea waybill(해상화물운송장)은 권리증서가 아니므로 유통불능증권(non-negotiable instrument)이다.

(정답 ①)

10 The following explains a Bill of Lading. What kind of B/L is it? 7

This B/L is issued by forwarding agents who consolidate several cargoes belonging to different owners or forming the subject-matter of different export transaction in one consignment.

① Groupage B/L　② Red B/L　③ Stale B/L　　④ House B/L

해설　이 B/L은, 다른 소유자에 속하거나 다른 수출거래의 대상이 되는 화물은 수개의 화물을 콘솔(통합)하여 하나의 탁송물로 만드는 운송주선업자에 의해 발행된다.

- Groupage B/L(집단선하증권): 다양한 소량 화물을 모아 하나의 그룹으로 만들어 선적할 때 발행하는 선하증권임. 해상운송에서, 다양한 소량화물들을 모아 한 그룹으로 만들어 선적할 때 발행되는 선하증권으로 집단선하증권이라고도 함. 여기에서 소량화물이란 한 개의 컨테이너분이 되지 않는 화물로 LCL화물(less than container load cargo)이라고 함. 해상운송주선인(ocean freight forwarder) 또는 무선박운송인(NVOCC; non vessel operating common carrier)은 선주사로부터 Groupage B/L 또는 Master B/L을 발급받고 하주에게는 house B/L을 발행함.
- Red B/L(적색선하증권): 전체가 적색(赤色)으로 인쇄된 선하증권으로, 일반 선하증권과 보험증권을 결합시킨 것으로 증권에 기재된 화물에 사고가 발생하면 선박회사가 이에 대하여 보상책임을 지는 선하증권이다. 이 경우 선박 회사는 발행한 모든 red B/L 화물에 대하여 보험회사에 일괄부보하게 되므로 보험회사가 모든 손해 부담을 지게 된다.
- B/L의 종류를 고르는 문제이다. 선사는 운송주선업자앞으로 Master B/L을 발행하고, 운송주선업자(forwarder)는 master B/L을 근거로 House B/L(forwarder's B/L)을 발행한다.

(정답 ④)

11 Which is wrong explanation?

① Shipper's Load and Count － A statement denoting that the contents of a container were loaded and counted by the shipper and not checked or verified by the transportation line.

② Bill of Lading － A document which evidences a contract of carriage by sea and the taking over or loading of the goods by the carrier.

③ Through B/L － A bill of lading covering items that are moving from the origin point to a final location, even if they are moved from one carrier to another.

④ Demurrage － The amount paid by a shipowner to the charterer as an incentive for completing the loading or unloading operation in less than the time permitted under the charter party.

해설　① 송화인이 적재하고 검수하였음(Shipper's Load and Count): 컨테이너의 내용물은 송화인에 의해 적재되고 검수되었으며, 운송회사(transportation line)에 의해 확인 또는 증명되지 않았다는 것을 나타내는 진술
• 이것은 부지문구(unknown wording) 또는 부지약관(unknown clause)에 대한 설명이다.
② 선하증권(Bill of Lading): 해상운송계약과 운송인이 물품을 인수 또는 적재하였다는 것을 증명사는 서류
③ 통과선하증권(Through B/L): 화물이 어느 운송인으로부터 다른 운송인으로 이동됨에도 불구하고 원래의 지점으로부터 최종 위치로 이동하는 물품에 대한 선하증권
④ 체선료(Demurrage)는 선박에서 화물 양륙이 늦어져 발생하는 비용과 손실에 대한 청구금액이다. ④는 조출료(Despatch Money)에 대한 설명이다.

(정답 ④)

※ 다음을 읽고 물음에 답하시오.

> International transportation tends to involve greater distances, with cargo often changing hands or undergoing prolonged storage, so that there is a higher risk of damage, loss or theft than in domestic trade. Consequently, exporters and importers must understand their legal rights vis−à−vis carriers. If the goods have been damaged through the carrier's fault or negligence, the carrier's liability may depend on the contractual provisions and shipping information contained in the (A). Similarly, the importer needs to understand the extent of coverage provided by the (B), because it may need to claim under its provisions if the goods are damaged during transport.

12 Find the correct answers for (A) and (B).

    ① A: bill of lading   B: insurance policy

    ② A: bill of exchange   B: insurance policy

    ③ A: bill of exchange   B: bill of insurance

    ④ A: bill of lading   B: bill of insurance

13 What is the letter about?

    ① Transport−related risks   ② Investment−related risks

    ③ Credit−related risks   ④ Document−related risks

해설 국제운송은 운송인의 빈번한 교대 또는 장기간의 보관으로 인하여 원거리운송을 포함하는 경향이 있어서, 국내거래에 비하여 물품의 손상, 멸실, 또는 도난의 위험이 높다. 따라서 수출자와 수입자는 운송인과 관련된 자신의 법적권리를 반드시 이해해야 한다. 운송인의 잘못으로 인하여 물품이 손상된다면, 운송인의 책임은 선하증권의 계약조항에 기재된 선적정보에 따라 결정된다. 이와 유사하게 수입자는 보험증권으로 담보되는 범위가 어디까지 인가를 이해하고 있어야 한다. 왜냐하면 물품이 운송중 손상을 입었을 경우 동 규정에 따라 보상금을 청구할 수도 있기 때문이다.

- tend to involve greater distances: 더 먼거리를 포함하는 경향이 있다.
- with ~: ~으로, ~의 힘으로(방법, 수단)
  - I passed the test with your help.
- with cargo often changing hands: 분사구문(with로 받기 위해 절을 구로 변경함)
  - 화물이 운송인을 자주 바꾼다(복합운송, 환적을 의미함)
- (with cargo often) undergoing prolonged storage: 장기간의 저장(보관)
- consequently: 결과적으로
- vis−a−vis ~: ~과 관련하여, ~에 대하여
- legal right: 법적권리(손해배상청구권, 계약이행청구권, 계약해제권 등)

- negligence: 과실(또는 과실에 의한 불법행위책임, 고의에 의한 잘못은 아님)
- fault: 잘못(고의에 의한 잘못을 포함)
- liability: 금전적 책임(계약 또는 불법행위에 의한 재산상 책임)
- contractual provisions: 계약서 조항(B/L의 이면(뒷면)에는 운송약관이 기재되어 있으며, 이는 운송계약이 됨. 여기서는 운송약관의 각 조항을 의미함)
- the extent of coverage: 보험담보의 범위
- claim under its provision: 보험계약의 조항에 따라 보험금을 청구하다.

(정답 12-①, 13-①)

14 Which of the following does NOT fit the blank in the box?

> We have a consignment of accessories and clothes now waiting to be shipped from Busan, Korea to Long Beach, California. The products packed in 100 cartons of accessories and 200 cartons of clothes are weighing 325 kilograms and measuring 12 cubic meters.
> (   ). We would appreciate your prompt reply, as delivery must be made before the end of next week.

① We would appreciate if you let us know the earliest possible direct vessel together with your competitive rate for freight by return email.

② Will you please quote your rate for freight and send us details of your sailing and the time usually taken for the voyage.

③ If you have the capacity to handle this consignment, could you please give us details of your sailing schedules and freight charges?

④ We will be grateful if you can make arrangements for prompt despatch as soon as the letter of credit arrives.

해설 (운송요청) 당사는 악세사리와 의류의 적송품이 있으며 이들은 현재 한국 부산에서 캘리포니아 롱비치항으로서 선적을 기다리고 있습니다. 물품은 악세사리 100상자 그리로 의류 200상자인데 무게는 325Kg이며 용적은 12CBM입니다. (   ) 인도가 이번 주말 전에 이루어져야 하기 때문에 신속한 회신 부탁드립니다.
• 운송인에게 운송요청

(정답 ④)

15 Which of the following best fits the blank in the box?

This is to certify I, the undersigned, Sujin Han, President and Representative Director of Germs Cosmetics Co., Ltd. with its principal office at C.P.O. Box No. 772−1, Jongro−gu, Seoul, Korea, hereby authorize Mr. JunSung Park, Director of Germs Cosmetics Co., Ltd., whose signature is shown hereunder, as a true and lawful attorney of the company.

Mr. JunSung Park is empowered to carry out all necessary procedures on my behalf concerning the attainment of approval from the Government of Poland and the signing of all required documents related to the establishment of Joint Venture Company of Cosmetics in Poland.

_____

Date: May 12, 2010

Authorized Signature

Sujin Han   JunSung Park
President and   Director
Representative Director
Germs Cosmetics Co., Ltd. Germs Cosmetics Co., Ltd.

---

① This Power of Attorney shall be effective for a period of seven (7) days after my signature shown hereunder.

② This Letter of Guarantee will expire on July 1, 2010, and it will become of no effect whatsoever returned to us or not.

③ This letter shall be available by your sight draft on us accompanied by your signed statement certifying that Germs Cosmetics Co., Ltd. has been awarded to the tender.

④ This Letter of Credit shall be subject to the Uniform Customs and Practice for Documentary Credits.

해설 위임장(Power of Attorney)
이것은, 아래의 서명자인 본인, 한수진은 Germs Cosmetics사의 대표이사로서 Germs Cosmetics사의 이사인 박정성에게 당사의 법적 대리인의 권한을 부여함을 확인하기 위한 것입니다.

박정성은 폴란드정부로부터의 승인취득에 관한 모든 필요한 절차와 폴란드의 화장품벤처 기업과의 합작회사설립과 관련한 모든 필요서류에 대한 서명을 본인을 대신하여 행사할 권한을 위임받았습니다.
- empower(권한을 부여하다), attorney(법적대리인, 변호사), tender(입찰)

(정답 ①)

16 Which of the following BEST fits the blank in the letter below?

> Thank you for giving us shipping instruction on your order No. 1703 for MS250 USB Hub.
> (　　　　　)
> We are sending you a copy of all relative shipping documents while the original documents with our bill of exchange at sight were forwarded to the L/C issuing CBA Bank by our negotiating bank. We are glad to have completed our service to you and are looking forward to receiving your continued orders in the near future.

① As instructed, we have shipped the goods today via the S/S "Ocean Express" sailing from Busan on December 11, 2010 scheduled to arrive at Perth on or about January 15, 2011.

② We are, however, sorry for the inconvenience that this may cause you. Could you please extend the shipping date until the end of January next year?

③ All the goods are ready for shipment. However, a typhoon struck the port which has suffered from serious damages. As a consequence, a shipment delay of 15 days is unavoidable.

④ We regret to inform you that your goods will not be shipped by the S/S "Ocean Express", leaving Busan for Perth until December 11, 2011.

해설 MS250 USB 허브에 대한 귀사의 주문 No.1703에 대한 선적지시서를 잘 받았습니다. 당사는 선적 관련 서류 일체의 사본을 귀사에 송부하고, 원본서류는 일람출급환어음과 함께 당사의 매입은행이 신용장개설은행인 CBA 은행으로 전달했습니다. 당사는 귀사에 대한 서비스를 마무리하게 되어 기쁘고 가까운 장래에 계속적인 주문을 받을 수 있길 기대합니다.

(정답 ①)

17 Which of the following can replace the underlined phrase in the box below?

> A bill of lading <u>which bears no superimposed clause or notation</u> that expressly declares a defective condition of the goods and/or the packaging.

   ① with some exceptional clause or note

   ② without any exceptional clause or note

   ③ with some particular clause or note

   ④ without any similar clause or note

해설 (무고장선하증권(Clean B/L)): Clean B/L이란, 물품 및/또는 포장의 결함상태를 명시적으로 선언하고 있는 조항이나 표시가 없는 선하증권을 말한다. (≠ dirty(foul) B/L(고장선하증권))

(정답 ②)

<u>18</u> What does the following refer to?

> A document required by certain foreign countries for usually tariff purposes, certifying the country in which specified goods have been manufactured, processed, or produced in the exporting country.

   ① Commercial Invoice   ② Bill of Exchange

   ③ Bill of Lading   ④ Certificate of Origin

해설 원산지 증명서에 대한 설명이다.

- Commercial Invoice (상업송장), Bill of Exchange (환어음), Bill of Lading (선하증권), Certificate of Origin (원산지증명서)

(정답 ④)

1 핵심정리

▣ 수출환어음 및 수출환어음 매입(Nego)

1) 수출환어음(draft, bill of exchange)이란, 발행인(drawer)이 지급인(drawee)에게 일정한 금액을 수취인(payee) 앞 지급할 것을 위탁하는 유통증권이다. 지급인이 지급위탁을 수락하는 것(즉 지급하겠다고 확약하는 것)을 '인수(acceptance)'라고 한다.

2) 무역거래에서 채권자인 Seller가 환어음을 발행하며, 무신용장방식에서는 Buyer, 신용장방식에서는 개설은행이 지급인이 된다. 그리고 매입은행이 수취인이 된다.

   - 지급인이 환어음에 서명하는 것(즉 환어음금액을 지급하겠다고 하는 것)을 "인수(acceptance)"라고 하며, 지급인이 환어음을 인수하면 지급인은 환어음대금을 지급해야 한다. 그러나 지급인이 환어음을 인수하기 전에는 지급인은 지급책임이 없다.

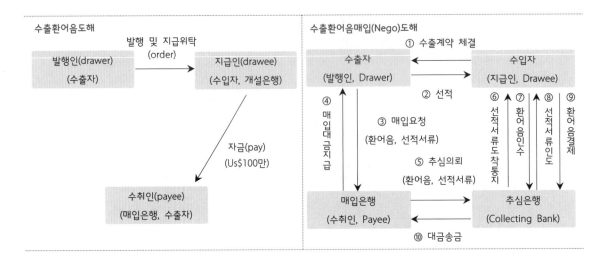

- A Seller draws a draft on a Buyer (or an Issuing Bank) (Seller은 Buyer(또는 개설은행)를 지급인으로 환어음을 발행한다)
- A beneficiary draws a draft at sight.(수익자는 일람불환어음을 발행한다)
- A beneficiary draws a draft at 180 days after sight.(수익자는 일람후 180일환어음("기한부환어음")을 발행한다)

(영국의 환어음법(Bill of Exchange Act))상 환어음의 정의)

A bill of exchange is an unconditional order in writing, addressed by one person to another, signed by the person giving it, requiring the person to whom it is addressed to pay on demand or at a fixed or determinable future time a sum certain in money to or to the order of a specified person, or to bearer. 환어음(bill of exchange)이란, 어음발행인(drawer)이 지급인(drawee)으로 하여금 일정금전을 특정인(또는 특정인의 지시인, 또는 소지인)에게 지급청구시(또는 확정장래일 또는 확정할 수 있는 장래일)에 지급할 것을 무조건적으로 위탁하는 서면이다.

(환어음의 기능)

• 국제거래에서 환어음을 발행하는 경우 수출자의 입장에서는 수입자나 개설은행이 환어음을 인수하고 대금을 지급하지 않는 경우 신속하고 편리하게 채권행사를 할 수 있다. 그리고 환어음이 있는 경우 수출채권의 매도가 쉬워지는데, 매입은행에서는 환어음을 매입한 후 환어음이 부도처리되면 환어음대금을 매도인에게 청구할 수 있는데, 이는 소구권이 되므로 채권행사가 신속하고 편리하기 때문이다.

■ 환어음 예시

---

① BILL OF EXCHANGE

NO. ② _____   DATE ③ Aug 10, 2009 KOREA

FOR ④   US$1,000,000

AT ⑤ 60 Days FROM B/L DATE Aug 05, 2009   OF   ⑥ THIS FIRST BILL OF

EXCHANGE (⑦ SECOND OF THE SAME TENOR AND DATE BEING UNPAID) PAY TO

⑧ WOORI Bank   OR ORDER THE SUM OF ④ SAY US DOLLARS ONE MILLION ONLY

⑭ VALUE RECEIVED AND CHARGE THE SAME TO ACCOUNT OF   ⑨ SANDONG

COMPANY, 50−1, XINGYI ROAD, SHANGHAI, CHINA

DRAWN UNDER   BANK OF CHINA, SHANGHAI, CHINA,

L/C NO. ⑪ _____   dated ⑫ July 10, 2009

TO   ⑩ BANK OF CHINA   ⑬ SAMHO COMPANY

  40−2, XINGYI ROAD, SHANGHAI, CHINA   GIL−DONG HONG

■ 약속어음

약속어음(Promissory Note)이란, 발행인(Maker)이 일정한 금액을 수취인(Payee)에게 지급할 것을 약속하는 유가증권이다. 채무자가 발행하며, 발행인이 지급인이 된다. 수출계약에서는 수입자가 발행하며, 대출계약에서는 차주가 발행한다.

약속어음 도해

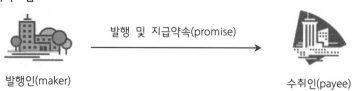

발행 및 지급약속(promise)

발행인(maker)   수취인(payee)

■ 영국 환어음법(Bill of Exchange Act 1882)상 약속어음의 정의

83. Promissory note defined.

A promissory note is an unconditional promise in writing made by one person to another signed by the maker, engaging to pay, on demand or at a fixed or determinable future time, a sum certain in money, to, or to the order of, a specified person or to bearer.

약속어음(promissory note)이란, 일정금전을 특정인(또는 특정인의 지시인, 또는 소지인)에게 지급청구시(또는 확정장래일 또는 확정할 수 있는 장래일)에 지급할 것을 무조건적으로 약속하는 서면이다.

2 기출문제 해설

01 Which is correct about Bill of Exchange?

> (a) It is used only in international trade.
> (b) Draft is another name for Bill of Exchange.
> (c) It is used as a payment guarantee.
> (d) Drawee under negotiation L/C is applicant.

① (a)   ② (b)   ③ (c)   ④ (d)

해설 환어음에 대한 설명을 고르는 문제이다.
(a) It is used only in international trade. (무역거래에만 사용된다.)
  → 국내거래에서도 사용된다.
(b) Draft is another name for Bill of Exchange. (Draft는 환어음의 또 하나의 명칭이다.)
  → 환어음은 영국 환어음법에서는 "Bill of Exchange"라고 하고, 미국 통일상법전에서는 "documentary draft"라고 하는데, 무역실무에서는 줄여서 "draft"라고도 한다.
(c) It is used as a payment guarantee. (지급보증으로 사용된다.)
  → A standby L/C (or a demand guarantee) is used as a payment guarantee.
(d) Drawee under negotiation L/C is applicant. (매입신용장에서 지급인은 개설의뢰인이다)
  → 개설의뢰인을 지급인으로 하는 환어음을 발행할 수 없다.
(정답 ②)

02 Choose the WRONG word for each blank.

> Draft means a written order by the first party, called the (ⓐ), instructing a second party, called the (ⓑ)(such as the bank), to pay money to a third party, called the (ⓒ). An order to pay a sum certain in money, signed by a drawer, payable on (ⓓ) or at a definite time.

① ⓐ drawer   ② ⓑ drawee   ③ ⓒ payee   ④ ⓓ future

해설 환어음은, 발행인(drawer)이라고 불리는 제1당사자에 의한, 지급인(drawee)이라고 불리는 제2당사자에게, 수취인(payee)이라고 불리는 제3당사자에게 금전을 지급할 것을 지시하는 서면지시를 의미한다. 일정한 금전을 지급하는 지시는 발생인이 서명하고, 청구 시 (on demand) 지급 또는 확정된 시간에 지급된다.
ⓓ future → demand

(정답 ④)

03 Choose one which describes BEST for (a)-(d).

> (a)We have drawn a draft at sight for US$35,000 on (b)the Bank of New York, N.Y. under the L/C No. 089925 and negotiated it through (c)the Korea Exchange Bank, Seoul, Korea.
> Please note that all documents required in the Letter of Credit were forwarded to our (d)negotiating bank as per copies attached.

① (a) is an applicant of the Credit.

② (b) is a drawee of the Bill of Exchange.

③ (c) is a drawer of the Bill of Exchange.

④ (d) is Bank of New York.

해설　당사는 신용장(L/C No. 089925)에 근거하여 the Bank of New York N.Y.을 지급인으로 하는 환어음을 발행하였고, the Korea Exchange Bank, Seoul에 그 환어음을 네고하였습니다. 신용장에서 요구된 모든 서류는 첨부와 같이 우리의 매입은행(negotiating bank)에 송부되었습니다.

① (a)는 환어음을 발행했으므로 환어음의 발행인(drawer)이면서 신용장의 수익자이고 Seller이다. → (a) is a beneficiary of the Credit.

② (b)는 환어음의 지급인(drawee)이면서, 신용장 개설은행이다.

③ (c)는 매입은행(negotiating bank)이므로 환어음대금을 지급받게 된다. 따라서 환어음의 수취인(payee)가 된다. → (c) is a payee of the Bill of Exchange.

④ (d)는 매입은행(negotiating bank)이므로 Korea Exchange Bank, Seoul이 된다. → (d) is the Korea Exchange Bank.

(정답 ②)

※ Read the following and answer the questions.

Mr. Chao Wang,

Dragon Corporation

The above order is now on board the Arirang, sailing for Shanghai tomorrow, arriving on Thursday.

As there was no time to check references, we drew a sight draft for the total amount of USD4,150,000. This was sent to Bank of China and will be presented to you for payment.

If you can supply two business references before your next order, we will put the transaction on a (   ) basis with 30 days credit drawn on you.

Best wishes,

Peter Han

HN Global

---

04 Fill in the blank with most appropriate word(s).

① documents against acceptance   ② sight L/C

③ open account   ④ cash against documents

05 Who is the drawee?

① Dragon Corporation   ② HN Global   ③ Bank of China   ④ Arirang

---

해설 상기의 주문은 지금 아리랑호에 선적되었고, 아리랑호는 내일 상해로 출항하여 목요일에 도착예정입니다. 신용조회처를 학인할 시간이 없어서, 당사는 총금액 $4,150,000에 대한 일람출급환어음을 발행하였습니다. 이 환어음은 Bank of China에 송부되어 귀사에 지급제시될 것입니다. 귀사의 다음 주문 전에 2곳의 신용조회처를 제공하면, 당사는 귀사를 지급인으로 하는 신용기간 30일의 D/A에 기초한 거래를 진행할 것입니다.

- sight draft/sight bill (일람출급환어음 – 환어음의 지급인은 환어음 인수 즉시 환어음대금을 지급함. → D/P거래에서 사용)
- time draft/time bill (기한부환어음 – 환어음의 지급인은 환어음 인수 후 일정기간 후의 만기일에 환어음대금을 지급함. → D/A거래에서 사용)
- 지문에서 Bank of China는 추심은행(collecting bank)에 해당함.

(정답 4-①, 5-①)

06 Fill in the blank with the best one.

> The drawer in the bill of exchange is a party (   ).

① who pays a bill at sight or on a time basis when it is presented

② who draws a draft upon another party for the payment of specific amount

③ who receives payment from his bankers or trading partners

④ who is directed to pay the sum specified in a bill of exchange

해설 ① = drawee(지급인) ② = drawer(발행인) ③ = payee(수취인) ④ = drawee(지급인)

(정답 ②)

※ Read the following and answer the questions.

> B/E No. 1555
> The above bill for USD3,860.000 was returned to us from our (A) bank this morning marked 'Refer to Drawer'.
> The bill was due on 5 April and appears to have been dishonoured. We are prepared to allow you a further seven days before re-presenting it to the bank, in which time we trust that the draft will have been met.
>
> Yours sincerely,
>
> John Han

07 Who might be (A) bank?

① remitting bank ② collecting bank ③ advising bank ④ issuing bank

08 Who is John Han?

① seller ② buyer ③ agent ④ freight forwarder

해설 오늘 아침 추심의뢰은행(remitting bank)으로부터 상기의 환어음이 당사에 회수되었습니다. 이 환어음은 4월 5일이 만기일이고, 부도처리된 것으로 보입니다. 당사는 환어음을 그 은행(추심의뢰은행)에 재제시하기 전에 귀사에 추가로 7일의 기간을 제공하려고 하는데, 그 기간내에는 환어음이 지급될 것으로 당사는 신뢰합니다.

(정답 7-①, 8-①)

※ The following is a bill of exchange which is issued under sight negotiable letter of credit. Answer to each question.

BILL OF EXCHANGE

No. JR－246   SEOUL, KOREA APRIL 15, 2016
FOR US$10,275.00

(a) <u>AT 30 days after sight</u> on the FIRST bill of exchange(Second of the same tenor and date being unpaid) pay to (b) <u>CITI BANK, SEOUL</u> or order the sum of US DOLLAR TEN THOUSAND TWO HUNDRED AND SEVENTY－FIVE ONLY.

Value received and charge the same to account of (c) <u>DUNHILL CO., LTD.</u> Drawn under CITI BANK NEW YORK, L/C No. 345 dated December 10, 2015.

TO: CITI BANK   (d) <u>HANKOOK INDUSTRIES, INC</u>
    NEW YORK   SEOUL
    U.S.A.   KOREA

---

09 Which is wrong input in the above draft?

① (a)   ② (b)   ③ (c)   ④ (d)

10 Choose one that is NOT correct according to the draft above.

① The seller will be paid as per the draft even though discrepant documents are presented.

② The draft should be drawn on issuing bank.

③ The seller can negotiate the L/C amount by endorsing the draft.

④ DUNHILL is probably applicant.

해설 **09** 질문에서는 "sight negotiable letter of credit(일람불매입가능신용장)"이라는 것을 전제로 하고 있다. 그러나 "AT 30 days after sight"는 "일람후 30일"의 기한부환어음을 나타내며, 이러한 기한부환어음을 요구하는 신용장은 "일람불신용장(sight negotiable letter of credit)"이 아니고, "usance letter of credit(기한부신용장)"이 된다.

(정답 ①)

10 ① 신용장거래이므로 일치하는 서류가 제시된 경우에 한하여 대금지급이 가능하다. ② 신용장거래의 환어음이므로 "환어음은 개설은행을 지급인으로 발행되어야 한다. (The draft should be drawn on issuing bank)" ③ "sight negotiable letter of credit(일람불매입가능신용장)"이므로 "매도인은 환어음을 배서함으로써 신용장금액을 네고할 수 있다. (The seller can negotiate the L/C amount by endorsing the draft)" ④ "DUNHIL은 개설의뢰인이다.(DUNHILL is probably applicant)"

(정답 ①)

11 Which of the following drafts would be accepted under the following case?

A documentary credit is issued for an amount of about USD40,000.00 payable with drafts drawn at 30 days from date of shipment. Documents are presented on 22 September 2015 with bills of lading dated 01 September 2015 and for value USD 38,000.00.

A. 30 days from 01 September 2015 for approximately USD40,000.00.
B. 30 days from date of shipment - value USD38,000.00.
C. Due 01 October 2015 - value USD38,000.00.
D. 30 days from bill of lading date 01 September 2015 - value USD38,000.00.

---

　　① A and B only　　② B and C only　　③ B and D only　　④ C and D only

해설 (번역) 선적일로부터 30일에 지급하는 환어음으로 지급되는 미화 4만 달러의 화환신용장이 개설되었다. (미화 4만 달러의 선적후 30일 기한부신용장) 2015.9.1.자의 선하증권과 함께 미화 3만 8천 달러의 지급을 청구하는 서류가 제시되었다.

• 환어음에는 확정된 금액이 기재되고, 만기일이 확정되어 있거나 확정할 수 있어야 한다. A는 금액이 확정적이지 않고, 제시된 금액(USD 38,000)과 일치하지도 않는다. B는 선적일을 명시하지 않았으므로 만기일을 확정할 수 없다.

(정답 ④)

12 Which of the following is MOST appropriately rewritten to have similar meaning?

> A bill of exchange is an unconditional order in writing by one person to another to whom it is addressed to pay on demand.

① Drawer under bill of exchange shall pay unconditionally by order of drawee

② Drawee under bill of exchange shall pay unconditionally by order of drawer

③ Payee under bill of exchange shall pay unconditionally by order of drawer

④ Payer under bill of exchange shall pay unconditionally by order of drawee

해설 환어음은 지급청구시 지급하도록 요청받은 다른 사람에게 대한 어떤 사람의 서면의 무조적인 지시이다.
• 'another to whom it is addressed to pay on demand'는 지급인(drawee)을 말한다.

(정답 ②)

※ Read the following, and answer the questions.

> I notice that since the beginning of last September there have been a number of occasions on which your current account has been overdrawn. Two checks drawn by you have been presented for payment today, one by Insurance Brokers Ltd for $27,000 and one by John Musgrave for $73,000. As you are one of our oldest customers I gave instructions for the checks to be paid although the balance on your current account, namely $56,000, was not enough to meet them.
> I am well aware that there is a substantial balance on your deposit account. If overdraft facilities on your current account are likely to be needed in future, I suggest that you give the bank an authority to hold the balance on deposit as overdrawn security.

13 Which of the following is NOT appropriate as a reply to the letter?

① I am pleased to authorize you to treat the balance on my deposit account as security for any overdraft incurred on my current account,

② I agree that overdraft facilities should have been discussed with you in advance and regret that this was not done.

③ As you know, it is not the custom of us to allow overdrafts except by special arrangement and usually against security.

④ I would like to apply an O/D line increase next month when the roll over is due.

해설 지난 9월 초부터 귀하의 현 계좌에서 수표가 초과발행된 경우가 많이 있음을 알려드립니다. 귀하가 발행한 두 건의 수표가 오늘 지급요청으로 제시되었는데, 하나는 인슈어린스 브로커스의 27.000달러, 그리고 또 하나는 존 머스그 레이브의 73.000달러짜리입니다. 귀하는 당사의 가장 오래된 고객이므로 귀하의 현 잔액 56.000달러로는 결제하기 충분하지 않았음에도 이들 수표에 지급하라고 지시하였습니다. 저는 귀하의 계좌에 충분한 잔액이 있음을 잘 알고 있습니다. 귀하의 당좌대월이 앞으로 필요하면, 한도초과 인출 방지조치로서 예금 잔액을 유지시킬 수 있는 권한을 당행에 주실 것을 권고합니다.
• overdraft facility(당좌대월), You are overdrawn(한도가 초과했다.), roll over(연장)
(정답 ③)

14 According to the letter, how much money is insufficient for the bank to pay for the checks?

① $56.000   ② $44,000   ③ $100,000   ④ $13,000

해설 56,000 − (73,000 + 27,000) = 44,000
(정답 ②)

15 Which is the right pair for the blanks?

A bill of exchange is a(n) (   ) order in writing addressed by one person to another signed by the person giving it requiring the person to whom it is addressed to pay on demand or at a fixed or determinable future time a sum certain in money to or to the order of a specified person or to (   ).

① conditional - holder   ② unconditional - bearer

③ conditional - bearer   ④ unconditional - drawer

해설 영국법상 환어음의 개념정의 (2013년 관세사시험문제와 동일)

(정답 ②)

16 Below is a reply to a letter by an importer. Which of the following is LEAST likely to be included in the importer's letter?

> Bill No. B/E 7714
> I was sorry to learn about the embargo your government has placed on exports to Honduras and of the problems this has created. However, the above bill already allows credit for 40 days, and although I appreciate your offer of an additional 7% interest on the outstanding balance, it is impossible for us to allow a further 60 days' credit as we have cash flow difficulties this time.

① Could you allow us a further 60days to clear our account, and draw a new bill of exchange, with interest of, say, 7% added for the extension of time?

② I regret to inform you that we will not be able to defer payment of our bill, No. B/E 7714, for $40,580 due on June 7.

③ Our government has put an embargo on all machine exports to Honduras.

④ As you are aware, our accounts with you have always been settled promptly, and it is with regret that we are now forced to make this request. I hope you will find it possible to grant it.

해설 (환어음)
귀국 정부의 온드라스에 대한 수출금지조치 및 이로 인한 문제에 대하여 유감입니다. 그러나 상기 어음은 이미 40일간의 신용을 제공하였고, 미지급금에 대하여 귀사가 7%의 이자를 제공함에 감사를 드림에도 불구하고, 우리는 현재 현금흐름이 어렵기 때문에 추가로 60일의 신용(외상)을 제공하는 것은 불가능합니다.

(정답 ②)

17 다음에서 "THIS"가 의미하는 것으로 가장 적절한 것을 고르시오.

> THIS is a guarantee notice that a third party (other than the drawee) places on a draft. THIS is used when a buyer's credit is in itself not sufficient to justify a sale, and a more creditworthy party is willing to guarantee the deal. It is also used in forfaiting.

① Confirmation   ② Undertaking   ③ Aval   ④ Billing

해설 이것은 제3자(환어음의 지급인을 제외한)가 환어음에 추가하는 보증통지서이다. 이것은 매수인의 신용이 매매를 정당화할 만큼 충분하지 못한 경우 신용도 더 높은 당사자가 그 매매거래를 보증할 때, 사용된다. 이것은 또한 포페이팅거래에서 사용된다.
- confirmation: 확인, 확인은행의 확인
- undertaking: 보증, 의무부담
- aval: 어음보증(제3자가 어음에 대해 보증을 함)

(정답 ③)

18 Which of the following BEST fits the blank in the letter below?

> You informed me on November 25 that you intended to draw on me at 2 months for the amount due on your invoice number T 398, namely USD10,000. Until now we have had no difficulty in meeting our obligations and have always settled our accounts promptly.
>
> (   )
>
> I should therefore be most grateful if you could draw your bill at 3 months instead of the proposed 2. This would enable us to meet a temporary difficult situation which has been forced upon us by circumstances that could not be foreseen.

① I could have done so by now if it had not been for the bankruptcy of one of our most important customers.

② Unfortunately, a fire broke out in our despatch department last week and destroyed a large part of the consignment due for delivery next week.

③ However, there has been an unexpected a temporary derangement of machines in the maker's factory which has rendered us unable to ship the goods of the order No. 1890 on time.

④ We have examined our records carefully and have discovered that your draft was incorrectly drawn on us at 60 d/s instead of 120 d/s which was agreed between us.

해설 귀사는 귀사의 청구서 T 398, 즉 1만불에 대해 2월 후 지급조건으로 하고 저를 지급인으로 환어음을 발행하겠다는 내용의 통지를 11.25자에 했습니다. 저는 지금까지 결제에 아무런 어려움이 없었으며, 저의 계정을 즉시 청산하여 왔습니다. (   ) 저는 그러므로 제의한 2월 대신 3월의 환어음을 발행해 주시면 대단히 감사하겠습니다. 이렇게 하면, 당사가 예상하지 못했던 현재의 일시적인 어려움을 해결할 수 있을 것입니다.

• 자금사정으로 환어음 만기일 연장발행요청

(정답 ①)

19 Which of the following is the best place for the sentence below to be placed?

> As instructed, we have drawn upon you for the net amount of USD 5000 at sight through the Korea Exchange Bank.

> March 10, 2011
>
> (A) We have the pleasure to enclose the invoice and B/L for 400 cases of SUNNYSIDE Goods Shipped by S.S. "ChungAhHo", in execution of your order of 25th February. (B) We trust the goods will reach you in due course and give you entire satisfaction. (C) We would ask you to give our draft your kind protection as usual. We trust this purchase will bring you a good profit, and result in further orders. (D)

① (A)   ② (B)   ③ (C)   ④ (D)

해설 • 지시대로, 외환은행을 통하여 우리는 귀사를 지급인으로 하는 5,000달러의 일발불 환어음을 발행했습니다.

• (A) 귀사의 2.25자 주문의 이행을 위하여 "청야호"에 선적된 서니사이드 400상자에 대한 송장과 선하증권을 동봉합니다. (B) 물품은 예정대로 귀사에 도착할 것이며 귀사도 만족하실 것입니다. (C) 당사는 평소대로 귀사가 당사의 환어음을 결제해 주실것을 요청합니다. 본 구매가 귀사에게 괜찮은 수익을 가져와서 다음 주문으로 이어질 것으로 믿습니다.

• 지시대로, 외환은행을 통하여 우리는 귀사를 지급인으로 하는 5,000달러의 일발불환어음을 발행하습니다. "We would ask you to give our draft your kind protection as usual."에서 "our draft"가 나오므로 환어음의 발행은 이 문장 이전에 나오게 된다.

(정답 ③)

20 Which of the following expressions is NOT correct?

Bank Advisor: Trade Finance. Can I help you?

Customer: Hello, I'm calling from Metro Trading. We've just had a large export order and we're planning to use a bill of exchange or a bank draft. Unfortunately, I'm not at all clear about some of the conditions.

Bank Advisor: I can clarify them for you.

Customer: OK. Let me ask you about the drawer, the drawee and the payee. Aren't the drawer and the payee the same thing?

Bank Advisor: No. (A) The drawer is the party that issues a bill of exchange, and (B) the drawee is the party to whom the bill is payable and (C) the payee is the party which discount your bill.

Customer: Sorry, I don't quite follow you. Surely the bill is payable to us, as we're the seller?

Bank Advisor: Well, that depends on whether you use the bill of exchange for negotiation. (D) If you use a bank for discount, the buyer shall pay to the bank, not yourselves.

---

① A　　② B　　③ C　　④ D

해설　(은행직원과의 전화통화)

은행직원: 무역금융부입니다. 무엇을 도와드릴까요?

고객: 안녕하세요. 메트로무역입니다. 우리 회사가 발금 큰 수출주문을 받았는데, 환어음이나 은행어음으로 진행하려고 합니다.

은행직원: 당신을 위해서 정확히 설명하겠습니다.

고객: 좋습니다. 환어음의 발행인, 지급인, 그리고 수취인에 대해 묻겠습니다. 발행인과 지급인은 동일하지 않나요?

은행직원: 아닙니다. (A) 환어음의 발행인은 환어음을 발행하는 당사자이고, (B) 지급인은 환어음의 대금을 지급하는 당사자이며, (C) 수취인은 귀사의 환어음을 할인하는 당사자입니다.

고객: 우리가 매도인이므로 환어음은 확실히 우리에게 지급되는 것인가요?

은행직원: 글쎄요. 그것은 귀사가 네고에 환어음을 사용하는지에 따라 달라집니다. (D) 귀사가 은행에 할인을 요청하면, 매수인은 귀사가 아니라 은행앞으로 지급할 것입니다.

- discount your bill (환어음을 할인하다. 즉 환어음을 매입하다.)
- the bill is payable to us.(우리가 환어음의 수취인이다.)
- banker's draft: 은행수표(＝ check check는 개인수표(personal check)를 포함하는 개념임. banker's draft는 개인수표가 아닌 은행발행수표를 말함. cashier's check는 banker's draft의 하나로 발행은행과 지급은행이 동일한 것을 말하는 것으로 한국에서의 "자기앞수표"에 해당된다.)

- draft: 발행인이 지급인에게 지급을 지시하는 증권(draft: 환어음)
- note: 발행인이 지급을 약속하는 증권(promissory note: 약속어음)
* 환어음의 당사자
  - 환어음 개념: 발행인이 지급인에게 일정한 금액(어음금액)을 수취인에게 무조건적으로 지급할 것을 위탁하는 유통증권
  - drawer(발행인): 환어음을 작성하는 자(무역거래에서는 Seller)
  - drawee(지급인): 환어음금 지급하는 자(무신용장거래에서는 buyer, 신용장거래에서는 개설은행)
  - payee(수취인): 환어음금액을 지급받는 자(통상 Seller, 그러나 Seller가 환어음을 Nego 하는 경우 매입은행)

(정답 ②)

21 Choose the best one for the blanks.

(   ) is a written order signed by the person drawing it, which directs a second person to pay to a third person a fixed sum of money at a certain time. The first is called the (   ). The second is called the (   ), the third called the (   ).

① Certificate of deposit – Applicant – Indovidual – Bank corporation

② Acceptance – Applicant – Advising Bank – Issuing Bank

③ Bill of Exchange – Drawer – Drawee – Payee

④ Letter of Credit – Applicant – Beneficiary – Nominated Bank

⑤ Draft – Seller – Buyer – Bona fide holder

(정답 ③)

22 다음은 영국환어음법상 환어음의 정의에 관한 설명이다. (   ) 안에 들어갈 내용을 순서대로 바르게 나열한 것은?

A bill of exchange is a(n) (   ) order in writing addressed by one person to another signed by the person giving it requiring the person to whom it is addressed to pay on demand or at a fixed or determinable future time a sum certain in money to or to the order of a specified person or to (   )."

① unconditional – drawer   ② conditional – bearer

③ unconditional – drawee   ④ unconditional – bearer

⑤ conditional – holder

(정답 ④)

23 다음 문장을 올바르게 영작한 것은?

> "당사의 환어음이 부도났으므로 이에 대하여 환어음 지급인과 교섭하여 즉시 지불하여 주십시오."

(정답) As our draft was dishonored, please negotiate for the matter with the drawee and let them collect it at once.

핵심정리

▣ 수출환어음매입(Negotiation)

- 수출환어음매입(Negotiation)이란, 은행이 수출자로부터 수출환어음 및 선적서류 등 수출채권을 매입하여 그 대금을 수출자에게 지급하고, 수출환어음의 지급인인 수입자(또는 신용장방식의 수출거래에서는 개설은행)에게 수출환어음의 지급을 청구하여 수출환어음의 대금을 받으며, 수출환어음을 지급받지 못하는 경우 수출자에게 기 지급한 대금을 반환청구하는 것을 말함. 간단하게 정의하면, 매입은행이 수출자로부터 수출환어음과 서류를 소구조건부(with recourse)로 매입하는 것이라고 할 수 있으며, 간단히 "네고(Nego)"라고 함.

- UCP600에서는 '매입(negotiation)은, 신용장에 일치하는 서류가 제시되면 지정은행이 신용장대금을 지급하거나 지급에 동의하면서 환어음 또는 서류를 매수하는 것을 말한다'고 규정(제2조)

  매입은행(negotiating bank)은 소구조건(with recourse) 또는 환매조건부로 매입하기 때문에 환어음 부도시에는 환어음의 발행인인 수출자에게 소구권을 행사하거나 환매권을 행사하여 환어음을 수출자에게 다시 매도하여 지급한 매입대금을 회수함.

수출환어음매입의 도해

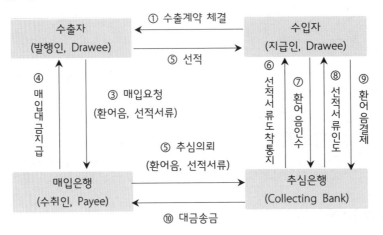

▣ 포페이팅(forfaiting)

• 포페이팅(forfaiting)이란, 포페이터(forfaiter)가 수출자로부터 수출채권을 상환청
구불능조건(without recourse)으로 매입하는 것을 말함.
(Forfaiting transaction means the sale by the seller and the purchase by the
buyer of the payment claim on a **without recourse** basis on the terms of these
rules. (URF 800 Article 2(Uniform Rules for Forfaiting(포페이팅통일규칙))

포페이팅 도해

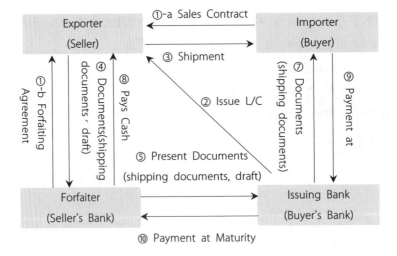

① 수출입자간 수출계약을 체결한다. 그리고 수출자는 금융기관과 포페이팅 약정을 체결한다. (포페이팅 약정은 수출계약 체결 전 또는 신용장 개설 후에 할 수도 있다.)
② 수입자의 거래은행은 수출자에게 신용장(또는 대금지급보증서)을 개설한다. 신용장은 수출자의 거래은행(통지은행)을 통해 통지된다.
③ 수출자는 신용장 조건에 따라 물품을 선적한다.
④ 수출자는 포페이터(금융기관)에게 신용장 서류(선적서류, 환어음 등)를 교부한다.
⑤ 포페이터는 위 서류를 검토한 후 개설은행에 송부한다.
⑥ 개설은행은 신용장 서류를 심사한 후 서류에 이상이 없으면, 서류를 인수하고 포페이터에게 인수통지(Acceptance Advice: A/A)를 한다.
⑦ 개설은행은 수입자에게 선적서류를 교부한다.
⑧ 포페이터는 포페이팅 수수료 등을 공제한 후 신용장 대금을 수출자에게 지급한다.
⑨ 신용장대금의 결제기일에 수입자는 개설은행에게 신용장대금을 상환한다.
⑩ 신용장대금의 결제기일에 개설은행은 포페이터에게 신용장대금을 결제한다.

(수출환어음매입과 포페이팅의 비교)

구 분	포페이팅	수출환어음매입
금융형태	상환청구불능조건 수출환어음 매입	환매조건부(또는 상환청구조건) 수출환어음 매입
취급기관	금융기관	금융기관
대상거래	연지급신용장거래 (인수통지조건)	신용장 및 무신용장거래
수출자의 대차대조표	자산·부채 미계상	자산·부채 계상
수수료	어음할인율	환가료
대금미결제시	수출자앞 상환청구불가	수출자앞 상환청구 또는 환매권 행사
대금미결제위험	금융기관이 부담	수출자가 부담

■ 팩토링(factoring)

• 팩토링(factoring)이란, 수출자가 매출채권을 팩터(factor)에게 양도하거나 양도할 것을 약정하고, 팩터는 수출자에게 금융의 제공, 매출채권에 관한 계정의 유지, 매출채권의 회수, 채무자의 채무불이행으로부터의 보호 등의 금융서비스를 제공하는 것을 말함.

팩토링 거래 도해

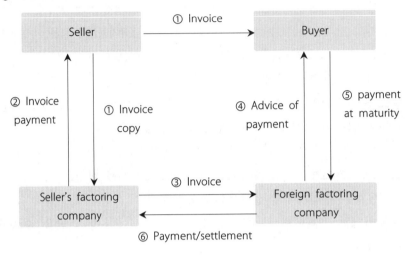

(포페이팅과 팩토링 비교)

구 분	포페이팅(Forfaiting)	국제팩토링(Factoring)
개 념	신용장거래에서 환어음을 상환청구 불능 조건으로 할인매입하는 금융상품	무신용장거래에서 수출채권을 기업으로부터 상환청구불능조건으로 매입하는 금융상품
대상거래	신용장거래(또는 금융기관의 지급보증 거래)	무신용장거래
대상채권	유통증권(negotiable instrument): 환어음, 약속어음	비유통증권(non-negotiable instrument): 외상매출채권
지 급 률	100%까지	80~100% (기업에 따라 해외 입금시까지 유보금으로 보관하는 경우도 많으며, 유럽은 통상 90% 수준)
기 간	특별한 제한은 없으나 통상 6개월 이상의 거래	6개월 이내의 단기거래
운영기관	대부분 은행	전문 팩터 또는 은행
상환청구	상환청구불능조건	상환청구불능조건(예외적 상환청구)
부가서비스	채권의 할인매입과 관련된 제한적 업무수행	채권추심, 회계 서비스 등 일부 존재 (특히 유럽)
거래 비밀성	포페이팅 관련 당사자들에 대한 정보를 비밀로 하는 것이 관례이므로 비밀성이 보장됨	팩터가 매출채권의 매입을 수입자에게 통지하는 것이 일반적이므로 비밀성이 보장되지 않음

2 기출문제 해설

01 Which of the following statements on forfaiting is NOT correct?

① It helps exporters to obtain cash flow by selling their receivables with a discounted price to forfaiting companies.

② Forfaiting can be applied to a wide range of trade related and purely financial receivables.

③ Forfaiting can be applied to both international and domestic transactions.

④ Under a forfaiting agreement, 100% financing is made with recourse to the seller of the debt.

해설 매입(negotiation)은 with recourse(상환청구조건)으로 수출채권이나 환어음을 매입하고, forfaiting은 without recourse(상환청구불능조건)으로 매입한다.

④ Under a forfaiting agreement, 100% financing is made with recourse to the seller of the debt. → Under a forfaiting agreement, 100% financing is made <u>without recourse</u> to the seller of the debt.

(정답 ④)

02 Which of the following words is MOST suitable for the blank below?

> Factoring companies provide a flexible and cost effective way to free up capital and improve cash flow. Factoring is a form of (   ) which allow business to raise funds or aid cash flow by providing funds against unpaid invoices. The banks then collect payment from the customer for you, saving you the time and hassle of chasing payments. Once payment is collected, the bank pays the balance of the invoice value, minus agreed fees.

① draft finance
② invoice finance
③ ordering service
④ overdraft service

해설 팩토링회사는 자본을 확보하는데 유연하고 효율적인 방법을 제공하고 현금흐름을 개선시킨다. 팩토링은, 미지급 송장을 담보로 자금을 제공함으로써 기업의 자금확보를 가능하게 하거나 현금흐름을 지원하는 invoice finance(송장금융)의 형식이다. 은행은 귀사를 위하여 고객으로부터 대금을 추심하고, 귀사의 대금회수 시간과 번거로움을 감소시킨다. 일단 대금이 추심되면, 은행은 비용을 공제한 송장금액의 잔액을 지급한다.

- free up capital: 자본을 확보하다.
- draft finance(어음금융) ② invoice finance(송장금융) ③ ordering service(주문서비스) ④ overdraft service(당좌대월 서비스 − (일종의 마이너스 통장))
- factoring은 factor가 invoice(송장 또는 청구서)를 사는 것 또는 invoice(송장 또는 청구서)를 담보로 금융을 제공하는 것으로 볼 수 있다. "invoice finance"라고 말할 수 있다.

(정답 ②)

03 Which is right for the blank?

One of the ways how to deal with the negotiation is that the exporter can get a discount from negotiating bank through (   ) for discrepant documents presented under the Documentary Credit.

① under reserve negotiation ② forfaiting ③ factoring ④ confirmation

해설 매입(negotiation)을 취급하는 방법 중 하나는 신용장에서 제시된 하자 있는 서류(discrepant documents)에 대하여 유보부 매입(under reserve negotiation)을 통하여 수출자가 매입은행으로부터 할인(환어음 할인 또는 수출채권 할인)을 받을 수 있다.
- 신용장에서 하자있는 서류에 대해서는 매입은행은 매입해서는 안 된다. 그러나 수출자의 편의를 위하여 유보부 매입(under reserve negotiation)할 수 있다. 유보부 매입의 경우 개설은행이 서류 인수를 거절하면 수출자는 매입금액과 모든 비용을 매입은행에 상환해야 한다.

(정답 ①)

04 What does the following refer to?

Purchasing of claims by the bank, mainly resulting from medium or long term export transactions. The discounted amount is being paid out without recourse on the seller of the receivables. The predominant payment instruments are bill of exchange, promissory note or documentary credits available by deferred payment.

① factoring   ② confirmation   ③ project financing   ④ forfaiting

해설 은행이 매출채권을 "비소구조건(without recourse: 상환청구불능)"으로 매입(할인)하므로 포페이팅임.

(정답 ④)

05 Below explains a type of trade financing. What is it?

> Arrangement between the beneficiary of a letter of credit (L/C) and the negotiating bank whereby the latter commits to negotiate the L/C where confirmation is not allowed. For this the L/C must be negotiable or payable by itself so that the negotiating bank (like a confirming bank) may acquire the holder−in−due−course rights.

① silent confirmation　② forfaiting　③ factoring　④ standby confirmation

해설 (번역) 신용장의 수익자와 매입은행(Nego bank)간에 약정에서 매입은행은 확인이 허용되지 않는 경우에 신용장을 매입할 것을 약정한다. 이를 위하여 신용장은 매입가능 또는 지급가능해야 하며, 그래서 매입은행(확인은행처럼)은 정당한 소지인의 권리를 취득할 수 있다.
- trade financing: 무역금융
- holder in due course: 정당한 소지인(선의취득자)
- 비수권확인(silent confirmation): 개설은행이 통지은행에게 확인요청("CONFIRM") 또는 확인수권("MAY ADD")이 없음에도 불구하고, 수익자의 요청에 의해 통지은행이 신용장에 확인을 해 주는 것

(정답 ①)

※ Please read and answer the questions.

> The Manager
>
> The Bank of Sendai
> 　　Draft No. 231 of September 26, 2010
> 　　Amount: USD 50,000
> 　　Drawer: Doo−Sang Co., Ltd., Daegu
> 　　Drawn: under L/C No. 412 of August 1, 2010 issued by Bank of
> 　　　　　America
>
> Dear Sir :
>
> In consideration of your negotiating the documentary draft of ours in caption, we accept to take the full responsibility in respect of the following irregularity: "Negotiation after expiry date of L/C"
>
> Should it be dishonored on presentation, we undertake to refund you on demand the full yen equivalent of the draft amount at the T.T. Selling rate of the day together with relative charges and expenses incurred by the parties concerned, if any.
>
> Truly yours,

06 What is the main purpose of the letter above?

① Assurance for refund of draft amount

② Agreement to the selling the remainder of the goods

③ Request to maintain the quality

④ Reply to an advertisement

07 Which of the following is CORRECT according to the letter above?

① There is a trial to avoid the expired L/C.

② Bank of American will pay USD 50,000 to DooSang& Co. Ltd.

③ Doo－Sang Co., Ltd. is responsible for refunding full yen equivalent of the draft amount.

④ Relative charges and expenses incurred by the parties will be exempted.

해설 (Letter － 환어음 매입에 대한 매입대금 반환 각서)
표제의 당사 환어음의 귀행 매입에 대하여, 당사는 다음의 위반에 대한 일체의 책임을 감수합니다. "L/C유효기일 후 매입"
제시 시 지급거절되는 경우 당사는 제반 수수료, 관련 당사자와의 관련된 비용과 아울러 당일의 전신환매도율로 환어음과 동일한 엔화 전액을 요청 시 귀행에 상환할 것을 확약합니다.

• beneficiary(수익자, seller) → negotiating bank(매입은행)
  － 본건에서 L/C 유효기일이 경과하여 수익자는 신용장서류의 매입의뢰를 하였다. 이 경우 개설은행이 서류인수를 거절할 가능성이 높다. 이 경우 매입은행은 수익자에게 지급한 수출환어음 매입대금(Nego 대전)을 반환받아야 한다. 이 각서는 이러한 내용(개설은행의 서류인수 거절시 수익자자 환어음 매입대금 반환)을 확인하는 각서이다.

• DooSang (Seller) → Bank of Sendai (negotiating bank, 매입은행)

Draft No. 231 of September 26, 2010	환어음번호 및 발행일
Amount: USD 50,000	어음금액: USD 50,000
Drawer: DooSang& Co., Ltd., Daegu	발행인: DooSang& Co., Ltd., Daegu
Drawn: under L/C No. 412 of August 1, 2010 issued by Bank of America	발행근거: Bank of America가 2010.8.1.자에 개설한 신용장(번호. 412)

• in consideration of ~: ~에 대한 약인(대가)으로 (영미법계의 계약에서 약인(consideration)이 없는 경우 집행불능(unenforceable － 법원에 소송을 제기할 수 없는)이 된다. 따라서 약인이 있다는 것을 표시하기 위해 형식적으로 계약서에 'in consideration of ~'을 기재한다.

• caption: 표제, 제목, 자막

- irregularity: 부적법성, 신용장 서류 하자
- "Negotiation after expiry date of L/C" (L/C 유효기일 이후에 매입)
  - 신용장에서 달리 규정하지 않으면, 신용장서류는 선적일 후 21일 이내에, 그리고 신용장 유효기일 이내에 제시되어야 한다.
- undertake to ~: ~하는 것을 부담한다. ~하기로 한다.
- undertake to refund you: 당신에게 반환(환급)하기로 한다.
- on demand: 기급청구하는 경우
- T.T. Selling rate: 전신환매도율
- incur: 발생시키다
- expenses incurred by the parties: 당사자들에 의해 발생된 비용
- We undertake to refund you on demand the full yen equivalent of the draft amount at the T.T. Selling rate of the day together with relative charges and expenses incurred by the parties concerned, (지급청구시 우리는 환어음금액에 상응하는 엔화금액 전액(해당일의 전신환매도율을 적용하여)을 귀행에 환급할 것이며, 아울러 양당사자들에 의해 발생된 관련 수수료와 비용도 함께 환급할 것이다).

① There is a trial to avoid the expired L/C.
   (유효기일이 경과한 신용장을 무효화시키기 위한 재판이 있다)
② Bank of America will pay USD 50,000 to Doo-Sang Co. Ltd.
   (환어음의 지급인은 Bank of America이다. 본건은 Seller Doo-Sang사가 Nego를 하기 때문에 환어음의 수취인은 매입은행인 Bank of Sendai로 추정됨. 따라서 Doo-Sang Co. Ltd. → Bank of Sendai로 바꾸어야 옳음)
③ DooSang Co., Ltd. is responsible for refunding full yen equivalent of the draft amount. (DooSang사는 환어음 금액에 상응하는 엔화금액을 환급할 책임이 있다.)

(정답 6-①, 7-③)

08 Below is a conversation between a customer and a bank manager. Which of the following puts the passages below in the correct order?

(A) I'm afraid that we cannot extend your existing loan, but we might be able to offer a bridging loan. How much would you need?

(B) Well, I am not in a position to make an independent decision. I shall have to consult our directors. I'll consult them and let you know as soon as I can.

(C) My corporation has recently been going through a tough time, but I would like to expand the capacity by buying another company. Therefore, I wonder if your bank could extend my loan to cover the investment.

(D) Approximately USD100,000, I think. I'm sure that the revenue from buying a new company would allow me to repay you within a year. But I don't have anything to offer as security for the loan.

① D － A － B － C   ② B － C － D － A

③ C － A － D － B   ④ A － C － B － D

해설 (A) 우리가 귀사의 대출기한을 연장해 드릴 수 없었지만, 브리지론(bridge loan)은 제공이 가능할 것 같습니다. 얼마나 필요합니까?

(B) 글쎄요, 저는 독자적인 결정할 지위에 있지 않습니다. 저희 이사님과 상의해야 합니다. 상의해 보고 연락드리겠습니다.

(C) 우리 회사가 요즘 조금 어렵습니다. 다른 회사를 인수하여 규모를 확장하고 싶습니다. 그래서 투자를 위하여 우리의 대출을 연장해 줄 수 있는지 궁금합니다.

(D) 10만 달러 정도면 될 것 같습니다. 신규 인수하는 회사의 이익을 볼 때, 일년 이내에 상환할 수 있습니다. 하지만 대출담보로 제공할 수 있는 게 없습니다.

- bridge loan: 외환시장에서 장기차관 도입 시 자금소요시점과 자금유입시점이 일치하지 않을 경우 단기차입 등을 통해 필요자금을 일시적으로 조달하는 것을 bridge라고 하며 이를 위해 도입되는 자금을 bridge loan이라고 한다.
- security(담보), mortgage(부동산담보, 저당권), pledge(동산담보, 질권), lien(유치권), guarantee(보증, 인보증)
- 은행과 고객간 대화의 순서

(정답 ③)

1 핵심정리

1) 해상보험

(1) 적하보험(cargo insurance)

적하보험은 운송의 대상인 화물을 보험의 목적으로 하는 보험이다. 그리고 그 화물에 대한 이익을 피보험이익으로 한다. 다시 말해 화물에 대해 발생한 손해를 보상받는 보험이다. 주로 화물의 소유주(또는 소유주가 될 자)인 매도인 또는 매수인이 보험에 가입한다.

적하보험의 종류

보험의 종류	내 용
적하보험	해상운송중에 해상위험에 의하여 화주가 입은 손해를 보상하는 보험
희망이익보험	화물이 목적지에 도착함으로써 화주가 당연히 얻게 되는 희망이익을 해상위험의 발생으로 상실된 경우 그 상실된 희망이익을 보상하는 보험
수입세보험	수입화물의 전부 또는 일부가 항해중 손상된 경우 화주가 정해진 수입세를 지급함으로써 입은 손해를 보상하는 보험
컨테이너보험	컨테이너에 화물을 싣고 운송되는 경우 컨테이너와 관련된 보험으로 컨테이너 자체 보험, 컨테이너 소유자의 제3자에 대한 배상책임보험, 컨테이너운영자의 화물 손해배상책임보험으로 구분된다.

(2) 선박보험(hull insurance)과 선주책임보험

선박보험은 선박을 보험의 목적으로 하는 보험이다. 주로 선주 또는 용선자가 선박보험에 가입한다.

선박불가동손실보험	선박이 해상위험으로 인하여 운항을 할 수 없게 되어 선박소유자는 그 가동능력이 회복될 때까지 운임 또는 용선료 등의 수입중단에 의해 입게 되는 손실을 보상하는 보험이다.
선박수선에 관한 보험	선박수선에 관한 보험은 수선 대상이 되는 선박이 수선공사 중에 입게 되는 위험을 담보하는 보험이다.
선박건조보험	선박의 건조중, 진수시 및 시운전시에 해상위험이나 육상위험에 의하여 발생하는 선박건조자의 손해를 보상할 것을 목적으로 하는 보험다.
P&I 보험(선주책임 상호보험)	선주가 제3자에게 부담하는 배상책임에 대한 보험이다. 통상의 선박보험에서 담보되지 않는 위험을 담보한다. - Protection : 1)선주의 제3자에 대한 배상책임 2)선원에 대한 고용주로서의 선주의 배상책임을 담보한다. 즉 선박충돌에서 제외된 배상책임, 선원의 사상에 대한 배상책임을 담보한다. - Indemnity : 선하증권의 면책조항에 해당되지 않는 배상책임을 담보한다. 즉 화주에 대한 배상책임을 담보한다.
선비보험	선박이 항해를 하기 위하여 지출된 비용은 운임을 통하여 보상받는데 선주가 운임을 획득하지 못함으로써 항해지출비용을 획득하지 못하여 손해를 보상하는 보험이다.

(3) 보험기간에 따른 분류

항해보험 (voyage insurance)	특정항해구간을 정하여 이를 보험기간으로 하는 보험을 말한다. 대부분의 적하보험은 항해보험이다.
기간보험 (time insurance)	특정기간을 정하여 이를 보험기간으로 하는 보험이다. 대부분의 선박보험은 기간보험이다.
혼합보험	항해구간과 기간의 2가지 기준을 동시에 보험기간으로 정하는 보험이다. 오늘날에는 거의 이용되지 않는다.

(4) 보험용어

보험자 (Insurer)	보험자(Insurer)는 보험영업을 하는 자로서 보험계약자가 지급한 보험료에 대한 대가로서 보험사고발생 시에 보험금을 지급한다. (즉 보험회사)
보험계약자 (Policy Holder)	보험계약자는 보험자와 보험계약을 체결하고 보험료를 지급하는 자를 말한다.
피보험자 (the Insured)	피보험자는 보험사고가 발생했을 때, 보험금을 지급받을 권리가 있는 자를 말한다. 다만, 생명보험에서는 보험대상이 된 사람을 말한다. * 손해보험에서의 피보험자 : 보험금을 청구할 수 있는 자(보험계약자와 피보험자가 동일하면 '자기를 위한 보험'이고, 다르면 '타인을 위한 보험'이 된다.)

	* 인보험에서의 피보험자 : 신체에 대해 보험이 붙여진 자(보험계약자와 피보험자가 다르면 '타인의 생명보험(또는 상해보험)')
보험수익자 (Beneficiary)	인보험에서의 보험금청구권자를 말하는데, 보험수익자는 보험계약자가 아니므로 보험료지급의무가 없다.
보험의 목적	보험사고의 대상이 되는 객체를 말한다. 적하보험에서는 화물, 선박보험에서는 선박이 보험의 목적물이 된다.
피보험이익 (insuarble interest)	보험의 목적물에 대하여 특정인이 가지고 있는 법률적인 이해관계를 말한다. 보험의 목적물에 대하여 보험사고가 발생하면, 그 피보험이익을 가지는 자가 손해를 입게 되며, 보험자가 그 손해를 보상한다. 따라서 피보험이익이 없으면, 보험계약은 효력이 없다. * 피보험이익과 보험의 목적물을 구분해야 한다. 적하보험에 있어서 화물자체는 보험의 목적물이며, 화물의 소유자가 화물에 대하여 갖는 권리 즉 소유권은 피보험이익이 된다. 따라서 보험의 목적물의 판단함에 있어 사람은 고려되지 않지만, 피보험이익을 판단함에 있어서는 반드시 사람이 고려되어야 한다.
보험가액 (insurable value)	보험의 목적물의 가액을 말한다. 적하보험의 경우 화물의 가액이 보험가액이 된다.
보험금액 (insured amount)	보험사고 발생시 피보험자가 보험금으로 받게 되는 최고한도를 말한다. 보험가액 전체를 보험금액으로 하는 경우를 전부보험이라고 하며, 보험가액의 일부를 보험금액으로 하는 경우를 일부보험이라고 한다. 보험료는 보험금액을 기준으로 한다.
보험금 (insurance claims)	보험사고 발생 시 피보험자가 보험자로부터 받게 되는 보상액을 말한다. 보험의 목적물 전체에 대해 보험사고가 발생한 경우 보험금액 전체를 보험금으로 받게 된다.
보험료 (premium)	보험계약자가 보험가입의 대가로 지불해야 하는 수수료를 말한다.

2) 수출보험

(1) 수출보험의 의의

　　수출보험(export insurance)이란, 수출거래에서 주채무자(수입자, 신용장 개설은행 등)의 채무불이행 또는 비상위험(political risk)으로 인한 주채무자의 채무이행불능으로 인하여 피보험자에게 발생한 손실을 담보하는 신용보험(credit insurance)이다. (국가에 따라 'export insurance', 'export credit insurance', 'export guarantee', 'export credit guarantee' 등의 용어를 사용하기도 한다.) 수출보험은 보험계약자측면에서 1) 수출거래에서 신용위험 또는 비상위험으로 인하여 수입자가 수출대금을 미결제하는 경우 그로 인한 손해를 보험계약자인 수출자에게 보상하는 보험과 2) 수출거래에서 수입대금을 금융기관으로부터 차입한 차주(통상적으로 수입자)가 신용위험 또는 비상위험으로 인하여 차입금을 금융기관 앞 상환하지 못하는 경우 그로 인한 손해를 보험계약자인 금융기관 앞 보상하는 보험으로 구분할 수 있다.

(2) 수출보험의 담보위험

수출보험은 수출자가 수출대금을 회수할 수 없게 된 경우에 입게 되는 손실(또는 구매자신용방식에서 수입자 앞으로 결제대금을 대출한 은행이 수입자로부터 이 대출금을 회수할 수 없게 된 경우에 입게 되는 손실)을 보상하는 제도이다. 여기서 손실을 초래하게 되는 원인을 수출보험의 담보위험이라고 하는데, 수출보험의 담보위험은 크게 비상위험(political risk, non-commercial Risk)과 신용위험(credit risk, commercial risk)으로 구분된다.

비상위험	수입국에서의 환거래 제한, 전쟁, 혁명 등 당사자에게 책임 없는 사유로 수출대금의 회수가 불가능해짐
신용위험	수입자의 지급불능, 지급지체, 인수거절 등 수입자에게 책임 있는 사유로 수출대금이 회수되지 않음

(3) 수출보험의 성격

정책보험	수출보험은 수출을 촉진하고 국민경제의 발전을 위해 수출보험기금을 재원으로 한국무역보험공사에 의해 운영되는 정책보험이다.
손해보험	손해보험이란 '보험자가 보험사고에 의하여 생길 수 있는 피보험자의 재산상의 손해를 보상할 것을 약정하고, 보험계약자가 이에 대하여 보험료를 지급할 것을 약정함으로써 효력이 생기는 보험계약'이다. 수출보험도 주채무자의 채무불이행으로 인하여 피보험자에게 생기는 재산상의 손해(수출대금, 수입자금 대출금)를 보상하는 것을 내용으로 하므로 손해보험이다.
신용보험	신용보험은 주채무자의 채무불이행(default)을 담보하는 보험인데, 수출보험은 주채무자인 수입자(또는 차주)의 채무불이행을 담보하는 것이므로 신용보험에 해당된다.
기업보험	수출보험에서 보험계약자는 일반 개인이 아니고 수출기업 내지는 금융기관이며 서로 대등한 경제적 지위에 있으므로 기업보험의 성격을 가진다.

(4) 수출보험의 기능

대금미회수위험 담보	수출보험의 제1차적 기능은 수입자의 대금미회수위험을 담보하는 것이다. 수출보험은 수입국에서 발생하는 비상위험 또는 신용위험으로 인하여 수출이 불가능하게 되거나 수출대금의 회수가 불가능해지는 경우 수출자 등이 입게 되는 손실을 보상함으로써 수출활동을 촉진시키는 역할도 한다.
금융보완	수출보험은 수출대금미회수위험을 담보하므로 금융기관으로 하여금 수출 금융을 공여하게 하는 금융보완적 기능을 가진다. 즉 수출금융에서는 수출대금의 회수가 능성 여부가 대출심사의 중요한 기준이 되는 바, 수출보험에 의하여 이를 해결할 수 있으므로 금융기관은 수출자에게 담보요건 등에서 보다 유리한 조건으로 수출자금을 대출할 수 있게 된다.
수출진흥정책 수단	수출보험은 수출무역, 기타 대외거래의 촉진 및 진흥을 위하여 정부의 지원하에 운영됨에 따라 보험요율 등을 정함에 있어 장기적 차원에서의 수지균형을 목표로 하여 가능한 한 저율로 책정하는 한편 보상비율 등에서는 최대한 수출자에게 유리한 형태의 보상제도를 채택하는 등 수출경쟁력을 강화시키고, 결과적으로 수출을 촉진시키는 역할을 하게 되는 수출진흥정책 수단으로서의 기능을 갖는다.
해외수입자에 대한 신용조사	수출보험지원과 더불어 수입자에 대한 신용조사를 병행하는 수출보험기관도 있다. 수출보험은 효율적인 인수 및 관리를 기하고 보험사고를 미연에 방지하기 위해 다각적으로 해외수입자의 신용상태와 수입국의 정치경제사정에 관한 조사활동을 한다.

2 기출문제 해설

01 Which is most far from usage of export credit insurance?)

① It protects against financial cost of non-payment by buyer.

② It enables exporters to offer buyers competitive payment terms.

③ It helps to obtain working capital loans from banks.

④ It protects against losses from damage of goods in transit.

해설 수출신용보험(export credit insurance) 즉 수출보험(export insurance)의 기능(또는 역할)에 대한 질문이다. 참고로 수출신용보험(export credit insurance)과 수출보험(export insurance)은 동일한 용어이다.

수출보험은 본연의 기능은 수입자의 미결제위험을 담보하는 것이고(①), 수출보험을 통하여 수출자는 open account 등 경쟁력 있는 결제조건을 제시할 수 있다(②). 또한, 수출신용보증제도를 통하여 수출자는 금융기관으로부터 수출이행에 필요한 운전자금을 대출받을 수 있다. 수출신용보증도 수출보험의 하나에 해당된다고 볼 수 있다. 한편, 수출보험은 운송 중 화물의 손상에 대한 위험은 담보하지 않는다. 이는 적하보험에서 담보된다. 참고로 국가에 따라 두 개 중 하나를 선택하여 사용하는데, 우리나라에서는 수출보험(export insurance)이라는 용어를 사용한다.

(정답 ④)

※ Read the following and answer the questions.

Dear Sirs,

We will be sending on behalf of our clients, Delta Computers, Ltd., a consignment of 20 computers to N.Z. Business Machines Pty., Wellington, New Zealand. The consignment is to be loaded on to the SS Northen Cross which sails from Tilbury on the 18th of May and is due in Wellington on the 25th of June. We would be grateful if you could quote a rate covering all risks from port to port. As the matter is urgent, we would appreciate a prompt reply.

Thank you.

Yours faithfully,

02 What is NOT included in the above?

① the subject-matter insured

② the name of vessel

③ the departing port and arriving port

④ insurable value

03 What is being sought?

① insurance premium ② freight ③ exchange rate ④ insurance amount

해설 당사의 고객인 Delta Computers사를 대신하여 컴퓨터 20개를 뉴질랜드 Wellington 에 소재하는 N.Z. Business Machines사에 탁송합니다. 탁송물은, 5월 18일에 Tilbury를 출항하여 6월 25일에 Wellington에 도착예정인 Northen Cross호에 선적될 예정입니다. 최대 부보조건의 보험료율을 제시하여 주면 감사하겠습니다. 이 사안은 긴급하오니 신속히 회신하여 주면 감사하겠습니다.

- insurable value(보험가액), insurance premium(보험료), freight(운임), exchange rate(환율), insurance amount(보험금액)

(정답 2-④, 3-①)

04 Which is most WRONG in explaining insurance?

A. Insured has an insurable interest when loss of or damage would cause the insurer to cover the loss.

B. Open cover is most flexible if goods are moved regularly in a fixed time.

C. Cargo insurance covers loss of or damage to goods while in transit by land, sea and air.

D. Applying CIF and CIP, the seller can take out insurance for 100% of the value of the goods.

① A   ② B   ③ C   ④ D

해설 CIP 및 CIF에서는 매도인에게 보험계약 체결의무가 있고, 보험조건은 송장금액의 110%이다. 담보조건은 CIP는 ICC(A)이고, CIF는 ICC(C)이다.

(정답 ④)

05 Which is wrong explanation?

① Jettison — To throw goods or tackle overboard to lighten a ship in distress.

② Piracy — An assault on a vessel, cargo, crew or passengers at sea by persons and acts for personal gain.

③ Embargo — A government order to stop movements of ships and cargoes in or out of ports to safeguard the interests of the country.

④ Subrogation − A surrender of property by the owner to the insurer in order to claim a total loss, when in fact, the loss may be less than total.

해설 ④는 보험위부(abandonment)에 대한 기술임. "Subrogation"은 보험자대위

(정답 ④)

※ Read the following and answer each question.

Dear Mr. Cooper

I am sorry that we were not able to clear your November statement for USD289,000. We had intended to pay the statement as usual, but a large shipment to one of our customers in Japan was part of the cargo destroyed in the fire on the SS Arirang when she docked in Bombay in late November.

Our insurance company have promised us compensation within the next few weeks, and once we have received this, the account will be paid in full.

We know you will appreciate the situation and hope you can bear with us until the matter is settled.

Yours sincerely,

---

06 Who might be Mr. Cooper?

① carrier   ② insurer   ③ banker   ④ supplier

07 Which can NOT be inferred from the above correspondence?

① The writer is in financial difficulties

② An insurance amount payable would be a handsome repayment source

③ There was some overdue before this correspondence

④ Mr. Cooper has an insurable interest

해설 귀사의 11월 청구서 미화 289,000 달러를 결제하지 못한 것에 대하여 죄송합니다. 당사는 평상시대로 그 청구서를 결제하고자 하였으나, 지난 11월 하순 봄베이에 정박 중 아리랑호의 화재발생으로 화물이 파손되었는데, 일본에 있는 당사의 고객 중 하나에게 보내진 다량의 화물이 그 파손된 화물의 일부였습니다.

보험사에서 향후 수주일 내에 보상할 것을 약속하였고, 당사가 보상을 받으면, 미지급은 전액 결제될 것입니다. 당사는 귀사가 이 상황을 이해할 것으로 알고 있고, 이 문제가 해결될 때까지 참아주시길 바랍니다.

- account payable: 미지급금, 매입채무, account receivable: 매출채권, 미수금
- insurable interest: 피보험이익(통상 보험금을 받을 자에게 피보험이익이 있음)

06 이 편지는 채무자(매수인)이 채권자(매도인, 공급자)에게 보낸 편지이고, Mr. Cooper은 수신인이다. "귀사의 11월 청구서(your November statement)"로 상대방이 채권자임을 알 수 있다.

(정답 ④)

07 보험사는 편지의 작성자에게 보상할 것이라고 하는바, 작성자에게 피보험이익 (insurable interest)이 있다.

(정답 ④)

08 Which is a wrong match?

① (　　　　) comprehends all loss occasioned to ship, freight, and cargo, which has not been wholly or partly sacrificed for the common safety or which does not otherwise come under the heading of general average or total loss. (Particular average)

② (　　　　) comprehends all loss arising out of a voluntary sacrifice of a part of either vessel or cargo, made by the captain for the benefit of the whole. (General average)

③ (　　　　) is payable to the insurer when he issues the policy, unless another arrangement is agreed upon by the parties or required by trade custom. (The insurance premium)

④ A/An (　　) is an expert in loss settlement in marine insurance, particularly with regard to hulls and hull interest as well as general average. (charterer)

해설 ① 단독해손(particular average)은, 공통의 안전을 위해 전부 또는 일부 희생되지 않는 또는 기타 공동해손 또는 전손의 표제에 해당되지 않는, 선박과 화물에 대한 모든 손실을 포함한다.
② 공동해손(general average)은, 선장이 전체의 이익을 위하여 행한, 선박이나 화물의 일부에 대한 자발적인 희생에서 초래되는 모든 손실을 포함한다.
③ 보험료(insurance premium)는, 당사자들간에 다른 합의가 없거나 거래관습에 의해 요구되지 않는 한, 보험자가 보험증권을 발생할 때 지급해야 한다.
④ 손해사정인(loss adjuster)은 해상보험에서 손실확정을 위한 전문가이다. 특히 공동해손 뿐만 아니라 선체 및 선체이익과 관련하여.

(정답 ④)

09 Below is about marine insurance. Fill in the blank with right word(s).

> While cargo is usually insured against the perils of the sea, which are defined as natural accidents peculiar to the sea, most ship owners carry hull insurance on their ships and protect themselves against claims by third parties by purchasing (　　) insurance.

① protection and indemnity　　② vessel
③ Institute Cargo Clause　　④ open policy

해설 항화물이 통상 해상에 고유한 자연적 사고라고 정의되는 해상위험(perils of the sea)에 대하여 보험에 부보되는 반면, 대부분의 선주는 자신의 선박에 대하여 선체보험을 보유하고 선주책임보험(protection and indemnity)을 가입하여 제3자에 의한 청구로부터 자신들을 보호한다.
• protection and indemnity: 선주책임보험, Institute Cargo Clause: 협회적하보험약관
　open policy: 예정보험증권

(정답 ①)

10 What is the purpose of the letter below?

> We will be sending a consignment of 500 leisure chairs to Incheon, South Korea. The goods will be loaded on the MV Mumbai, ex−Chennai October 1 due Incheon October 15. Please quote us your lowest rate of marine cargo insurance, ICC(B), including S.R.C.C. and T.P.N.D. on the shipment of above articles, valued at CIF Incheon US$14,190 by the referred vessel. A copy of commercial invoice and packing details are attached. Your prompt reply would be greatly appreciated.

① To claim under an open cover policy
② To request a marine insurance quotation
③ To provide information about the shipment
④ To quote a rate for open cover

해설 인천으로 500개의 레저용의자 탁송품을 보낼 것입니다. 물품은 10월 1일에 Mumbai호에 선적되어 10월 15일에 인천에 도착예정입니다. 귀사의 ICC(B), 상기의 선박에 의한 CIF인천 조건으로 14,190달러의 상기 선적물에 대한 최저의 해상적하보험료를 제시하여 주시기 바랍니다. 상업송장 사본과 포장 세부내용이 첨부되었습니다. 신속히 회신해주시면 감사하겠습니다.

• 이 서신은 화주가 보험회사에 해상적하보험료를 문의하는 내용이다.

(정답 ②)

11 Below explains some characteristics of insurance. Make a suitable pair for A and B.

> Some policies include either an (A) or (B) clause. (A) represents a predetermined amount that is deducted from a claim and is used to discourage irresponsible, malicious and small claims.
> (B) means a percentage of the value of a loss, below which no payment is made but above which total compensation is paid.

① Excess − Franchise　　② Franchise − Excess
③ Minimum − Maximum　　④ Maximum − Minimum

해설　일부 보험증권은 초과액조항(excess clause) 또는 면책비율조항(franchise clause)을 포함하고 있다. 초과액조항은 보험금청구금액으로부터 공제되는 사전에 정해진 금액을 말하며, 책임질 수 없는, 악의적인 그리고 소액 청구에 사용된다. 면책비율조항은 손해의 일정비율을 의미하며, 그 이하인 경우 보험금이 전혀 지급되지 않지만, 그 이상인 경우 손해액 전액을 보상한다.

• excess clause: 공제조항(일정금액 초과금액에 대해서만 그 초과분에 대하여 보험금지급)
• franchise clause: 소손해면책(일정금액 내의 손해에 대해서는 보험금을 지급하지 않고, 그 금액을 초과하는 손해에 대해서 보험자가 손해액 전액에 대해 보험금 지급).

(정답 ①)

12 Who are the (A)?

> (A) act as bridges between banks and exporters. In emerging economies where the financial sector is yet to be developed, governments often take over the role of the (A). Governments traditionally assume this role because they are deemed to be the only institutions in a position to bear political risks.

① Export credit insurance agencies　　② Finance brokers
③ Cargo insurers　　④ Freight Forwarders

해설　수출신용기관은 은행과 수출자간의 가교 역할을 한다. 금융부문이 아직 덜 발전된 신흥국에서, 정부는 종종 수출신용기관의 역할을 떠맡는다. 정부는 정치적위험을 부담하는 지위에 있는 기관으로 간주되기 때문에 정부는 전통적으로 이러한 역할을 맡는다.

• Export credit insurance agency: 수출신용기관(수출보험 또는 수출금융을 제공하는 기관
- 예) 한국무역보험공사, 한국수출입은행)

(정답 ①)

13 What is suitable for the blank?

General average is an internationally accepted (   ) dating back to ancient times. Essentially, if one or more interests involved in a maritime adventure voluntarily sacrifices all or part of their goods to save all interests from an impending peril or loss, the interests saved will reimburse the interest suffering the loss so that each shares the loss equally.

① claim principle   ② source of benefit

③ commercial terms   ④ principle of equity

해설 공동해손은 고대로 거슬러 올라가는 국제적으로 채택된 형평의 원리이다. 본질적으로, 해상활동에서 하나 이상의 이익관계자가, 긴급한 위험이나 손실로부터 모든 이익을 구하기 위하여 그들의 물품의 전부 또는 일부를 희생하는 경우에, 구조된 이해관계자는 손실을 당한 이해관계자를 보상하여 각자가 손실을 분담한다.
• general average (공동해손), particular average (단독해손), principle of equity (형평의 원리)

(정답 ④)

14 What is this according to the following paragraph?

<u>This</u> is an internationally accepted principle of equity dating back to ancient times. Essentially, if one or more interests involved in a maritime adventure voluntarily sacrifices all or part of their goods to save all interests from an impending peril or loss, the interests saved will reimburse the interest suffering the loss so that each shares the loss equally.

① partial average   ② partial loss   ③ total loss   ④ general average

해설 이것은 고대로 거슬러 올라가는 국제적으로 채택된 형평의 원리이다. 본질적으로, 해상활동에서 하나 이상의 이익관계자가, 긴급한 위험이나 손실로부터 모든 이익을 구하기 위하여, 그들의 물품의 전부 또는 일부를 희생하는 경우에, 구조된 이해관계자는 손실을 당한 이해관계자를 보상하여 각자가 손실을 분담한다.
• general average(공동해손), particular average(단독해손)
• principle of equity(형평법의 원리 equity → equity law)

Law and equity = common law and equity law(보통법과 형평법)

common law(보통법, 판례법(법원의 판결을 실정법과 동일하게 인정하는 법체계)

equity law(형평법 — common law에 의해 구제받지 못하는 경우 형평법법원(court of chancery)에 재판 신청. 형평법법원에서는 chanceller(일종의 대법관)가 도덕과 양심을 기준으로 판결. 고대 영국에서는 common law에 의해 구제받지 못하는 자는 왕에게 청원하고 왕은 그 사건을 chancellor에게 회부하여 euity law에 의해 재판하였음. 1800년에는 common law와 equity law를 통합함)

• partial loss(분손), total loss(전손)

(정답 ④)

15 Which of the following is the most inappropriate one about freight forwarder? (

① They assume a various different intermediary roles especially for exporters.

② They are often agents of insurers.

③ Nowadays the freight forwarder and the carrier are not clearly distinguished.

④ They are even engaged in insurance issuance on behalf of the exporters.

해설 수출자를 대신하여 보험계약을 체결해 준다. 그러나 보험회사를 대신하여 보험계약을 체결하지는 않는다.

(정답 ②)

16 Below is a reply to a letter. Which of the following is LEAST likely found in the previous letter?

Thank you for your recent letter. We shall be glad to provide cover in the sum of $50,000 at 0.05% per annum on stock in your warehouse at 25 Topping Street, Lusaka. This will take effect from 1 May.
The policy is now being prepared and it should reach you in about a week's time. Please let me know if I can provide any further help.

① The value of the stock held varies with the season but does not normally exceed $100,000 at any time.

② Cover should take effect from 1 May. right after current policy expiry.

③ As you will see from the prospectus, our eomprphensive policies provide a very wide range of cover.

④ We would like to have your quotes for stock stored in our warehouse at the above address.

해설 annum(1년도), prospectus(내용, 견본, 사업 소개), comprehensive policies(종합보험증권)

위 문서는 보험사가 화주에게 보낸 공문이다. 따라서 질문은 화주가 보험사에게 보낸 공문으로서 적합하지 않는 것을 고르는 것이다. ③은 내용상 보험사가 화주에게 보내는 공문이다("our comprehensive policies"에서 "our"은 보험사임)

(정답 ③)

17 Which of the following underlined parts is NOT correct?

Commercial risk arises from factors like the (A)non−acceptance of goods or (B)non−payment by a buyer. In order to prevent such a commercial risk, (C)a bank is involved by way of issuing letter of credit (D)in favor of a buyer.

① A   ② B   ③ C   ④ D

해설 in favor of ~ 에 수익자가 기재되는데, 신용장은 Seller가 수익자이다. 즉 in favor of a seller

(정답 ④)

18 According to the flow of the letter below, where is the MOST appropriate place for the sentence below?

Please issue a new policy on the same terms with the current policy for the same amount of USD75,000.

- -

(A) We enclose a complicated form declaring a further consignment, valued USD2325. (B) This will be the last full declaration under the above policy as the undeclared balance now stands at only USD825, which will not be sufficient to cover our new consignment in December. (C) When we make the next shipment, we shall declare it against the present policy for USD825 and against the new policy for the amount by which the value of the shipment exceeds this amount. (D)

① (A)　　② (B)　　③ (C)　　④ (D)

해설 현재의 보험증권과 같은 조건으로 US$75,000의 신규 보험증권을 발급해 주십시오.
(A) 당사는 US$2,325에 해당되는 다음 선적품을 통지하는 포괄보험양식을 동봉합니다.
(B) 이것은 위 증권에서의 마지막으로 전체 통지가 될 것인데, 미통지금액이 US$825이므
로 12월의 새로운 당사 선적품의 보험부보에는 충분하지 않기 때문입니다. (C) 다음 선적
이 이루어지면, 당사는 US$825가 남아있는 현재의 보험증권으로 통지하고, 동 금액을 초과
하는 선적분에 대해서는 새로운 보험증권에 따라 통지할 것입니다. (D)
• comprehensive policy: 포괄보험

(정답 ③)

19 Which of the following BEST fits the blank in the box below?

> We are holder of Policy No. 876 issued by your London office on 3,000 bags of Coffee per s.s. Apollo Ho valued at USD 3,000. During the voyage the vessel encountered heavy seas and consequently 500 bags was damaged by sea－water. _____ Kindly adjust the claim and forward us the check in settlement at your earliest convenience.

① Some garments were apparently missing and quite a few others were seriously stained and thus cannot be sold as new articles.

② Because of the large number of complaints filed by the customers, our client has returned nearly entire order.

③ We agree to your selling the remainder of the goods at 15% below the list price.

④ We enclose the Lloyd's Surveyors' certificate of damage and also the policy, which covers all risks.

해설 당사는 3천 달러의 금액으로 아폴로호에 선적된 커피 3천 봉지에 대하여 런던사무소
에서 발행한 보험증권 No.876의 소지자입니다. 항해 중에 이 선박은 큰 파도를 만나 5백
봉지가 손상되었습니다. (로이드 조사관의 손실확인서와 전위험 담보의 보험증권증을 동봉
합니다.) 이 청구금액을 처리해 주시고, 빠른 시일내에 보험금 지급액을 수표로 당사에 송
부해 주시기 바랍니다.
• heavy sea(큰 파도), stain(얼룩지다)

(정답 ④)

1 핵심정리

▣ 해상운송

(1) 해상운송의 개념과 특징

■ **해상운송의 개념**

해상운송(carriage by sea)이란, 해상에서 선박에 의해 물건이나 여객을 운송하는 것을 말한다.

■ **해상운송의 특징**

해상운송은 대량운송, 원거리 운송, 안전성, 정확성, 편리성, 운송비 저렴 등의 장점이 있으나, 항만에서의 적재 및 하역장치가 필요하고, 운송에 상당한 시간이 소요된다는 단점도 있다.

장 점	단 점
■ 대량운송	■ 장기의 운송기간(운송속도 저속)
■ 장거리 운송	■ 항만시설에 하역기기 필요
■ 운송비 저렴	■ 높은 운송위험
■ 대형 · 대량화물 운송	

(2) 해상운송계약

■ **개념**

해상운송계약(contract of carriage by sea)이란, 운송인(carrier)이 물건(또는 여객)을

해상에서 선박으로 운송할 것을 약정하고, 송하인이 이에 대하여 운임을 지급할 것을 약정함으로써 성립하는 계약이다.

■ 해상운송계약의 종류

① 운송대상에 따른 종류

개품운송계약 (contract of affreightment)	▪ 운송인이 개개의 물건을 해상에서 선박으로 운송할 것을 인수하고, 송하인이 이에 대하여 운임을 지급하기로 하는 계약 ▪ 운송물건을 계약의 목적으로 하므로 운송물건의 개성(종류, 성질, 용적, 중량 등) 및 운송의 결과만 중요시 되고 선박의 개성은 중요하지 않음. ▪ 다수의 송하인을 상대로 하기 때문에 거래약관 사용
용선계약 (charter party)	▪ 선박소유자가 용선자(chaterer)에게 선원이 승무하고 항해장비를 갖춘 선박을 물건의 운송에 제공하거나 용선자가 일정기간 사용하게 하고 용선자가 이에 대하여 운임을 지급하기로 하는 계약 ▪ 선박의 전부 또는 일부를 계약의 목적으로 하므로 선박의 개성이 중시되고 운송물의 개성은 중요하지 않음. ▪ 용선계약의 조건에 반하지 않는 한, 어떠한 운송물을 적재하여도 상관없음. ▪ 항해용선계약, 정기용선계약, 선체용선계약(나용선계약)이 있음.

② 용선계약의 종류

항해용선계약 (voyage charter)	▪ 특정한 항해를 할 목적으로 선박소유자가 용선자에게 선원이 승무하고 항해장비를 갖춘 선박의 전부 또는 일부를 물건의 운송에 제공하기로 약정하고 용선자가 이에 대하여 운임을 지급하는 계약 ▪ 특정 항해에 대해(예를 들면, 부산에서 미국 LA) 선박의 전부 또는 일부를 이용하는 계약 ▪ 선박의 소유자가 선박의 지휘·관리권과 선장, 기타 선원의 임면·감독권을 가짐 ▪ 선박소유자가 운항에 관한 비용 및 위험을 부담하고 제3자에 대하여 권리·의무의 주체 ▪ 용선자가 선박의 점유를 취득하지 못함. ▪ 선박의 소유자가 선장을 점유보조자로 하여 선박의 점유를 보유함. (선체용선계약(나용선계약)과 차이) ▪ 용선자는 해상기업의 주체가 되지 못하고 항해의 지휘 및 해상기업의 경영은 해상기업의 주체인 선박소유자가 함
정기용선계약 (time charter)	▪ 선박소유자가 용선자에게 선원이 승무하고 항해장비를 갖춘 선박을 일정한 기간 동안 항해에 사용하게 할 것을 약정하고 용선자가 이에 대하여 기간으로 정한 용선료를 지급하는 계약 ▪ 용선자가 선박의 점유를 취득하지 못함.

	▪ 선박의 소유자가 선장을 점유보조자로 하여 선박의 점유를 보유함. (선체용선계약(나용선계약)과 차이)
	▪ 용선자는 해상기업의 주체가 되지 못하고 항해의 지휘 및 해상기업의 경영은 해상 기업의 주체인 선박소유자가 함
	▪ 정기용선자는 용선한 선박을 재용선하여 주거나 화주와 운송계약을 직접 체결하여 운송인이 되기도 함.
	▪ 정기용선자는 선박의 사용을 위하여 선장을 지휘할 권리가 있으며, 선장·해원 기타의 선박사용인이 정기용선자의 정당한 지시에 위반하여 정기용선자에게 손해가 생긴 경우에는 선박소유자 등이 이를 배상할 책임이 있음.
선체용선계약/ 나용선계약 (bareboat charter))	▪ 용선자의 관리·지배하에 선박을 운항할 목적으로 선박의 소유자가 용선자에게 선 박을 제공할 것을 약정하고 이에 대해 용선자가 용선료를 지급하는 계약
	▪ 선박의 점유와 그 지휘관리를 용선자에게 양도하므로 용선자는 선박소유자에 대하여 임차인이되고 제3자에 대해서는 권리·의무의 주체가 됨.
	▪ 용선자가 선장 및 선원의 임면·감독권을 가짐.
	▪ 선박임대차계약과 거의 같다고 볼 수 있는데, 차이점은 선박임대차에서는 임대인인 선박소유자가 선박을 수리할 책임을 부담하지만, 선체용선계약에서는 용선자가 선박을 수리할 책임을 부담함.
	▪ 선체용선에는 단순선체용선과 국적취득조건부선체용선계약이 있는데, 국적취득조건 부선체용선(bareboat charter with hire purchase : BBCHP)은 용선자가 선가에 해당하는 용선료를 수년간 장기로 분할하여 지급하고 용선계약기간이 종료되면 선박의 소유권을 이전받음.
	▪ 선체용선계약은 선박소유자가 선박자체를 빌려줄 뿐이며 선박의 운송서비스를 제공하지는 않으며, 나용선자가 선박을 직접 관리·운항함.(항해용선계약과 정기용선 계약은 선박소유자가 선박을 관리·운항하면서 용선자에게 선박의 운송서비스를 제공함)

▣ 복합운송

(1) 복합운송의 개념 및 특징

▪ 개념

복합운송(multimodal transport)이란 하나의 운송계약에 의해 해상, 항공, 도로, 철도 중에서 2가지 다른 운송수단을 사용하여 운송하는 것을 말한다.

▪ 복합운송의 특징

▪ 단일한 복합운송인이 운송구간 전체에 대해 책임을 진다.

▪ 하나의 복합운송계약이 사용된다.

▪ 전 운송구간을 커버하는 복합운송서류가 발행된다.

- 전 운송구간에 대하여 단일한 운임이 설정된다.
- 이종의 운송수단을 사용한다.

(2) 복합운송의 유형

▪ 복합운송의 주요 형태

피기백방식 (piggy-back)	육상	화물차량을 철도차량에 적재하고 운행하는 방식 (컨테이너를 적재한 트레일러를 철도의 무개화차에 실어 운송하는 방식)
피시백방식 (fishy-back)	해상	해상운송과 공로운송(트럭운송을)연계하여 일관시스템으로 운송하는 방식 (컨테이너를 선박에 선적하여 운송하는 방식)
버디백방식 (birdy-back)	항공	항공운송과 공로운송을 연계하여 일관시스템으로 운송하는 방식 (컨테이너를 항공기에 기적하여 운송하는 방식)
랜드브리지방식 (land bridge)	해상-육상-해상	해·륙 복합운송에서 해상-육상-해상으로 이어지는 운송구간 중 중간구간인 육상운송구간을 의미 (복합운송구간 중 대륙횡단이 필요한 육상운송구간에서 화물의 이적 없이 선적된 화물 그대로 최종목적지까지 일관되게 운송주체에 의해 운송되어지는 시스템)

▪ 복합운송의 주요 경로

노선명	주요 경로
American Land Bridge(ALB)	극동 주요 항구→북미 서안→미국 동부→유럽지역
Mini Land Bridge(MLB)	극동 아시아→미국 서안→ 미국 동부 또는 걸프지역
Canadian Land Bridge(CLB)	아시아→미국→캐나다→유럽
Reversed MLB	아시아→파나마→미국 대륙
Trans Siberian Railroad(TSR) (Siberian Land Bridge(SLB))	블라디보스톡→시베리아→모스크바의 철도
Trans-China Railway(TCR)	장쑤성 레윈강→간수성 란저우→신장 위구르자치구→아라샨커우

- Land Bridge: 해상(sea)→육상(land)→해상(sea)의 복합운송에서 중간구간인 육상 운송을 말함.

(3) 복합운송주선업자

복합운송주선업자(freight forwarder)은 운송수단을 소유하지 않으면서, 화물을 인수하여 수하인에게 인도할 때까지 집하·입출고·선적·운송·보험·보관·배달 등 일체의 업무를 주선한다. 우리나라의 운송주선업은 물류정책기본법상 국제물류주선업으로 일원화되었으며, 국제물류주선업을 경영하려는 자는 국토교통부장관에게 등록하여야 한다.

▣ 항공운송

항공운송이란, 항공기에 의해 승객, 화물 등을 운송하는 것을 말한다. 항공운송은 신속한 운송이 가능하나, 운임이 비싸다. 따라서 부가가치가 높고 신속성을 요하는 화물의 운송에 사용된다.

2 기출문제 해설

01 What is NOT correct about container works?

① Container transports are frequently arranged by freight forwarders.

② Containers are not necessarily owned by the carrier but often by companies specializing in containers.

③ If the exporter intends to stuff a full container load (FCL), shipping line may send an empty container to the exporter for loading.

④ If the cargo is less than a full container load (LCL), the exporter will send it to the container yard.

해설 ④ If the cargo is less than a full container load (LCL), the exporter will send it to <u>the container yard</u>. → If the cargo is less than a full container load (LCL), the exporter will send it to <u>the container freight station</u>.

▪ LCL화물의 경우 CFS(Container Freight Station)에 보내져 CFS에서 컨테이너에 적입한다.

(정답 ④)

02 Below explains voyage charter. Fill in the blank with a right word.

> A voyage charter is the hiring of a vessel and crew for a voyage between a load port and a discharge port. The charterer pays the vessel owner on a per ton or lump-sum basis. The owner pays the port costs (excluding stevedoring), fuel costs and crew costs. The payment for the use of the vessel is known as freight. A voyage charter specifies a period, known as (   ), for loading and unloading the cargo.

① tenor   ② overtime   ③ despatch   ④ laytime

해설 항해용선(voyage charter)은 선적항과 양륙항 사이의 항해에 대하여 선박과 선원을 고용하는 것이다. 용선자는 선주에게 톤당 또는 총액기준으로 지불한다. 선주는 선박내하역업무(stevedoring)를 제외하고는 항구비용을 지급한다. 선박사용에 대한 지급은 운임(freight)으로 알려져 있다. 항해용선은, 화물을 선적 및 양륙하기 위한 정박기간(laytime)이라고 알려진 기간을 특정한다.

▪ voyage charter: 항해용선, laytime: 정박기간

(정답 ④)

03 Choose one which best fits the blank.

> Charter Party designates freight room of a ship for a specific period or journey. If the contract applies to the entire ship, then a "full charter" is referred to. If, on the other hand, only a particular area of a ship is used, this is called a "part charter". If a ship is chartered without a crew, this is a (   ) charter.

    ① bareboat   ② time   ③ voyage   ④ vacant

해설 용선(charter party)은 특정기간 또는 항해에 대하여 선복(freight room)을 지정한다. 계약이 선박 전체에 해당되면, 그 때에는 "전부용선(full charter)"이라고 한다. 반면에 선박의 특정 영역만 사용되면, 이것은 "일부용선(part charter)"이라고 한다. 선원 없이 선박이 용선되면, 이것은 "선체용선(bareboat charter)"이라고 한다.
- bareboat charter: 나용선, 선체용선(2006년 상법개정에 의해 종전의 "나용선"이라는 용어가 "선체용선"으로 변경되었다. 그러나 실무에서는 여전히 나용선이라는 용어를 많이 사용한다.

(정답 ①)

04 Please put the sentences in order.

> (a) An inspection report from Pacific Fire and Marine Insurance Company who inspected the damage to the shipment is enclosed for action at your end.
> (b) On September 22, we received the shipment of three hundred leather briefcases Order No. KEPP−1234, but much to our regret, upon unpacking the shipping crates, we discovered that 15 pieces in one crate were wet and stained.
> (c) We would therefore request that you adjust the invoice accordingly so that we will be billed for only 285 pieces instead of 300.
> (d) We presume that the crate was exposed to wet weather, and we noticed that the individual wrapping was not done properly.

    ① (a)−(c)−(d)−(b)   ② (d)−(a)−(c)−(b)
    ③ (b)−(d)−(a)−(c)   ④ (c)−(a)−(b)−(d)

해설 (a) 화물에 대한 훼손을 검사했던 Pacific Fire and Marine Insurance Company의 검사보고서가 귀사의 최종 처분을 위해 첨부되었습니다. (b) 9월 22일에 우리는 300개의 가죽 서류가방(주문번호 KEPP−1234)을 수령했는데, 유감스럽게도 상자를 개봉하자마자 한 개의 상자에서 15개의 가방이 젖고 얼룩져 있는 것을 발견했습니다. (c) 그러므로 우리는, 이에 따른 송장을 조정하여 그 결과 우리는 300개가 아니고 285개에 대해 청구를 받도록 할 것을 귀사에게 요청합니다. (d) 우리는, 상자가 습기 많은 날씨에 노출되었다고 추정하며, 개별포장이 적합하게 이루어지지 않았다는 것을 알게 되었습니다.

• 편지의 당사자: Buyer → Seller
• (b)는 Opening에 해당되어 맨 먼저 나오고, (c)는 Action에 해당되어 맨 뒤에 온다.

(정답 ③)

※ Read the following and answer the questions.

Thank you for your enquiry of May 15 which we received today. Enclosed you will find details of our rates, shipping schedules, and documents required for transportation. I would suggest that as the goods are going to be loaded from lorry to ship, then transferred again, you should use our **combined transport bill** which will cover the goods from point of acceptance to point of delivery. And if the transaction is on a letter of credit basis, you should advise your bank that this document will be acceptable instead of the B/L.

Would you fill out the enclosed export cargo shipping instructions, and the export cargo packing instructions and hand them to our driver when he calls? Although we accept door-to-door responsibility, we would advise you to take an all risk insurance policy, and send a copy of this and three copies of the commercial invoice to us.

Your packing should be adequate ,and the cargo marked on at least two sides with a shipping mark which includes the destination port, and these marks should correspond with those on your shipping documents.

05 What INCOTERMS might be most appropriate for this transaction?

① EXW   ② FAS   ③ FOB   ④ CIP

06 Which could be replaced with the underlined?

① Multimodal bill of lading   ② Sea waybill

③ Air waybil   ④ House bill of lading

해설 귀사의 5월 15일자 서신을 오늘 잘 받았습니다. 당사의 운임요율, 선적일정, 그리고 운송에 필요한 서류에 대한 상세내용을 첨부하였습니다. 물품이 트럭에서 선박으로 적내되면 다시 환적이 되기 때문에 물품의 인수 장소에서부터 인도지점까지를 커버하는 복합운송 증권을 사용하실 것을 제안합니다. 그리고 신용장거래빙식에 따른 운송이라면 이 서류를 선하증권 대신 받을 것이라고 귀사의 거래은행에 통지해야 합니다. 동봉한 수출품 선적지시서, 그리고 수출품 포장지시서를 작성하신 당사의 운전자가 요청하면 이 서류를 넘겨주시기 바랍니다. 당사가 문전수송 책임방식으로 인수는 하지만, 전위험담보조건으로 보험계약을 체결하시기 바라며 이 보험증권 한 부와 싱업송장 3부를 당사에 보내주시기 바랍니다. 포장을 적절하게 하고. 최소한 화물의 양쪽 면에 목적항을 포함한 화인을 표시해야 하며, 이 화인은 귀사의 선적 서류와 일치하여야 합니다.

(정답 4-④, 5-①)

07 Which of the following is MOST likely to appear right after the passage in the box?

> We will send you the goods ordered on June 1 by M/S "East Sea" sailing today from Busan. We are enclosing an invoice and B/L for same. We have taken every care in packing and handing the goods, so that they will reach you in good order. In order to assist you in opening and checking the goods, they were divided into three parts, each part having an individual number, so that you will find on each case a number corresponding to that which is on the invoice.

① We trust that they will give you entire satisfaction, and hope that we shall have many opportunities in the future to demonstrate our ability to fill orders promptly and carefully.

② We are much obliged for the arrangements you promised us by phone this morning to reserve ship's space for two tons on the M/S "East Sea" which is due to sail from Busan.

③ The goods are five cases of our Cotton Products destined for Los Angeles where they will be warehoused by our shipping agents.

④ Concerning the loss during transportation, we have put all the necessary particulars into your insurance claim forms to cover the loss.

해설 당사는 오늘 부산항을 출항하는 "이스트"호편에 6.1 귀사가 주문하신 물품을 송부할 것입니다. 당사는 송장과 선하증권을 동일하게 동봉하였습니다. 당사는 포장과 물품의 취급에 모든 주의를 기울였으므로 동물품은 이상 없이 귀사에게 도착될 것입니다. 귀사의 물품개봉과 점검을 돕기 위하여 각 부분을 개별번호로 하여 세 부분으로 나누었으므로, 물품이 송장과 일치하는지 각 번호별로 찾아볼 수 있습니다.

(정답 ①)

08 Which of the following BEST completes the passage in the box?

> I am contacting you _____ John Mayer concerning a number of Asian deliveries which we would like you to handle. These are scheduled for the next few months.
>
> The _____ will consist of fragile pottery. An average crate measures 120×80×140cm, with an approximate weight of 7kg each.
> Please could you let us have details of your schedules and sample _____ for major Asian cities? We would need door—to—door delivery.
>
> I would also be grateful for information concerning the necessary documentation.

① on behalf of － inquiry － lists

② in charge of － containers － proposal

③ on behalf of － consignments － quotations

④ in charge of － proprietary - insurance

해설 (화물운송의뢰)

저는 귀사가 취급하길 원하는 다수의 대 아시아 화물에 대해 John Mayer를 대신하여 귀사에 연락합니다. 다음은 향후 수 개월간의 스케줄입니다. 이 화물은 깨지기 쉬운 도자기류로 구성될 것입니다. 평균 용적은 120×80×140cm이고, 1개당 약 7kg입니다. 아시아 주요 도시에 대한 귀사의 세부 스케줄과 견본을 알려 주실 수 있습니까? 당사는 문전 인도 (door—to—door)를 필요로 합니다. 필요한 서류에 대하여 알려주시면 감사하겠습니다.

－ on behalf of ~(~을 대신하여), pottery(도자기, 그릇류), crate(나무상자), door—to—door delivery(문전인도)

(정답 ③)

09 Which of the following best fits the blanks in the box below?

> The space of vessel is (   ) than expected, and consignor is willing to offer a (   ) charter.

① larger － partly   ② bigger - part

③ smaller － partially   ④ little - part

해설   선박의 규모는 예상보다 커서, 송하인은 부분용선을 원합니다.
• part charter: 부분용선(일부용선)

(정답 ②)

1 핵심정리

1) 무역계약 이행

무역계약 체결(또는 Buyer로부터 Order 수령) 후 Seller는 물품을 구매·생산하여 선적하고, Buyer에게 선적을 통지한다. 그리고 Buyer는 결제조건에 따라 대금을 결제한다.

2) 이행성보증(청구보증, 독립적 은행보증, 보증신용장)

▣ 개설

• 선수금을 지급하는 거래, 해외건설공사, 산업설비 수출거래 등에서는 수출자(seller)의 계약이행은 중요하여 수입자(buyer)는 수출자의 계약이행에 대한 보장수단을 요구한다. 이 보장수단의 하나로 등장한 것이 청구보증(demand guarantee), 독립적 은행보증(independent bank guarantee), 또는 보증신용장(standby L/C)이다. 이러한 보증서는 통상 은행이 발행하고, 수출계약(해외건설계약)과는 독립적이며, "독립적 은행보증(independent bank guarantee, or first demand bank guarantee)", "독립보증(independent guarantee)", "청구보증(demand guarantee)", "은행보증(bank guarantee)" 등 다양한 명칭이 사용된다. 한편, 미국에서는 이러한 보증서의 대용으로 보증신용장(standby letter of credit)이 사용되어 왔는데, 보증신용장은 실질적으로 실질적으로 독립적 은행보증·청구보증과 동일하다고 볼 수 있다.

• 이러한 보증서는 주로 수출자의 계약이행에 대한 담보로 사용되지만, 수입자

의 대금지급에 대한 담보로 사용되기도 하는데, 전자를 "이행성보증"이라고
하고, 후자를 "대금지급보증"이라고 한다.
- 독립적 은행보증·청구보증·보증신용장·독립보증은 '일반적인 보증(suretyship,
  accessory bond, surety bond)'와는 다르다. 일반적인 보증에서는 "보충성"이 있
  어 보증인(보증은행)은 수익자로 하여금 주채무자에게 먼저 청구할 것을 주장
  할 수 있다. 그러나 독립적 은행보증 · 청구보증 · 보증신용장 · 독립보증은 "보
  충성"이 없어 보증인(보증은행)은 수익자로 하여금 주채무자에게 먼저 청구할
  것을 주장할 수 없으며, '독립성'의 원칙에 의해 수익자가 지급청구하면 보증
  인(보증은행)은 기본계약(수출계약, 해외건설계약 등)과는 독립적으로 보증금을
  지급해야 한다.

* 수출보증보험(export bond insurance): 이행성보증에 대한 손실을 담보하는 수
  출보험(이행성보증서를 발행한 금융기관이 보증금지급후 무역보험공사에 보험금 청구)

청구보증(독립적 은행보증) 거래 도해

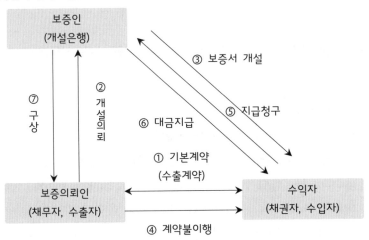

▣ 국제규칙(협약)

- ICC에서는 "demand guarantee"라는 용어를 사용하며, 1992년에 "Uniform Rules for Demand Guarantees(URDG 458)"을 제정하였고, 2010년에 제1차 개정(URDG 758)하였다. 참고로 "Uniform Rules for Demand Guarantees"을 대한상공회의소에서는 "청구보증 통일규칙"으로 번역하였고, 대법원에서는 "Uniform Rules for Demand Guarantees"을 "독립적 보증에 관한 통일규칙"이라고 번역하였다(2013다53700 판결).

- 또한, ICC에서는 1998년에 보증신용장통일규칙(International Standby Practices: "ISP98")을 제정하였고, 현행 신용장통일규칙(UCP 600)은 적용가능한 범위 내에서 보증신용장에도 적용가능하다고 규정하고 있다(Art.1).

- 유엔에서는 1995년에 독립보증 및 보증신용장에 관한 유엔협약(United Nations Convention on Independent Guarantees and Standby Letters of Credit)을 제정하였는데, 이 협약은 독립적 은행보증과 보증신용장(standby L/C)에 적용된다.

▣ 이행성보증의 종류

공사진행도에 따른 이행성보증(청구보증/은행보증)의 종류[3]

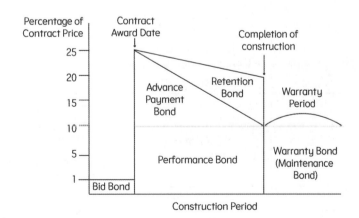

---

3) 김상만, 「국제거래법에서의 독립적 은행보증서」, 신인류, 2002, p.67.; 김상만, 「국제거래법」 제3판, 박영사, 2021, p.383.

- bid bond/tender bond/tender guarantee(입찰보증): 입찰참가자가 낙찰 후 계약을 체결하지 않는 것에 대한 담보로 제공.
- performance bond/guarantee(계약이행보증): 계약체결 후 계약을 불이행하는 것에 대한 담보로 제공. 보증금액은 통상 계약금액의 10% 정도
- advance payment bond/guarantee(선수금환급보증): 계약불이행시(또는 기타 지급청구사유 발생시) 시공자가 지급받은 선수금의 환급을 담보하는 보증
- retention bond/guarantee(유보금환급보증): 유보금환급을 담보하는 보증. 발주처에게 유보금환급보증서를 제공하면 발주처는 유보금을 건설사(수출자)에게 지급함.
- warranty(or maintenance) bond/guarantee(하자보수보증): 공사이행 후 하자보증기간 내에 하자발생에 대한 담보로 제공.

■ 화환신용장과 보증신용장(이행성보증)의 비교[4]

구 분	화환신용장	보증신용장
개설의뢰인(채무자)	수입자	수출자
수익자	수출자	수입자
지급사유	수출자의 수출이행시	수출자의 수출불이행시
제출서류	선하증권, 상업송장, 포장명세서, 검사증명서 등	단순서면지급청구
담보기능	수입자의 대금지급	수출자의 수출이행
개설은행의 담보	물품에 대한 권리취득 (서류인수와 동시에 물품과 동일한 선하증권 취득)	물품에 대한 권리 없음
국제적 통일규칙	신용장통일규칙(UCP)	- 보증신용장통일규칙(ISP98) - 독립적 보증 및 보증신용장에 관한 유엔협약 - 청구보증통일규칙(URDG 758) - 신용장통일규칙(UCP 600)
SWIFT MT	MT 700 (신용장 개설) * MT : Message Type	MT 760 (보증신용장, 지급보증서 개설) * MT : Message Type

* 보증신용장 : 수출자(건설사)의 수출이행에 대한 담보로 제공되는 이행성보증을 기준으로

---

4) 김상만, 「국제거래법」 제3판, 박영사, 2021, p.389.

2　기출문제 해설

01 Fill in the blank with the best answer.

> Regarding your order number HW−07133, we are pleased to inform you that the goods are ready for shipment. On such a short notice, please note that we made special effort to meet your required delivery date. We trust that the excellent quality and the fashionable design of our products will give your customers full satisfaction.
>
> Please let us have your (　　　　　).

　① quotation about this order　　② letter of credit

　③ invoice as soon as possible　　④ shipping instructions

해설　귀사의 주문 번호 HW−07133 관련하여, 물품이 선적 준비가 완료되었다는 것을 알려드립니다. 이 짧은 통지를 통하여, 귀사의 요청 인도일을 맞추기 위하여 당사는 특별한 노력을 기울였다는 점을 주목해 주시기 바랍니다. 당사 제품의 탁월한 품질과 화려한 디자인은 귀사의 고객들에게 완전한 만족감을 줄 것으로 당사는 믿습니다. 귀사의 선적지시(shipping instructions)를 당사에 알려주시기 바랍니다.

• 물품의 선적준비가 완료되었기 때문에 상대방(Buyer)에게 선적지시(shipping instructions)를 요청하는 letter임.

(정답 ④)

02 What type of bond is needed for the following purpose?

> To ensure that goods are delivered or services rendered in accordance with the terms of the contract and within the agreed time.

　① bid bond　② performance bond　③ retention bond　④ warranty bond

해설　계약 조건에 따라 그리고 합의된 기간 내에 물품이 인도되고 서비스가 제공되는 것을 보장하기 위한 것

① bid bond/tender bond(입찰보증): 입찰참가자가 낙찰 후 계약을 체결하지 않는 것에 대한 담보로 제공된다.

② performance bond/guarantee(계약이행보증): 계약체결 후 계약을 불이행하는 것에 대한 담보로 제공된다.

③ retention bond/guarantee(유보금환급보증): 발주처에게 유보금환급보증서를 제공하고

발주처로부터 유보금을 받는다.

④ warranty bond/guarantee(하자보수보증): 공사이행 후 하자보증기간 내에 하자발생에 대한 담보로 제공된다.

(정답 ②)

※ Below explains international bank guarantee under URDG 758.

A. Demand guarantee is a primary, non－accessory obligation towards the beneficiary.

B. The guarantor remains liable even if the obligation of the applicant is for any reason extinguished.

C. The guarantor may not pay on first demand with making defence.

D. This can be used to insure a buyer or a seller from loss due to non－performance by the other party in a contract.

---

03 Which is NOT a correct statement?

① A   ② B   ③ C   ④ D

04 What has similar function to the bank guarantee?

① Surety Bond   ② Commercial L/C ③ Standby L/C   ④ Accessory bond

해설   **03** 수익자의 지급청구시 guarantor(보증은행)은 즉시 지급해야 한다.

The guarantor <u>may not</u> pay on first demand <u>with making defence</u>.

→ The guarantor <u>must</u> pay on first demand <u>without making defence</u>.

(정답 ③)

04 standby L/C는 실질적으로 demand guarantee이 동일하고, independent bank guarantee는 demand guarantee의 또 다른 명칭으로 볼 수 있다. 따라서 국제거래 에서 standby L/C, demand guarantee, independent bank guarantee, independent guarantee 등은 동일하다.

(정답 ③)

05 What type of bond is needed for the following purpose?

To ensure that goods are delivered or services rendered in accordance with the terms of the contract and within the agreed time.

---

① bid bond   ② performance bond ③ retention bond ④ warranty bond

해설　7. 수출자(매도인, 시공자)의 계약이행(물품선적, 서비스제공 등)에 대한 담보로 제공하는 것은 계약이행보증(performance bond, performance guarantee)이다.
① bid bond(입찰보증) ③ retention bond(유보금환급보증) ④ warranty bond(하자보수보증)

(정답 ②)

06 Which of the following is LEAST likely to appear right after the passage below?

> We regret to inform you that it has become impossible to complete the shipment of your Order no. 367 as scheduled due to a recent storm. (　　)

① Therefore, we are asking to extend the shipping date until the end of this month.

② Though the delay is beyond our control, we must apologize for any inconvenience you might have.

③ Your order was put on board, but the vessel has suffered serious damage and her departure was cancelled indefinitely.

④ We will try to do our best to ship your order as soon as possible.

해설　최근 폭풍우로 인하여 귀사의 주문품을 선적할 수 없게 되었음을 알려드립니다. ③ 귀사의 주문품은 선적되었으나, 선박이 심각하게 손상되어 출항이 취소되었습니다.

(정답 ③)

07 The passage below is a reply to a letter. Which of the following is MOST likely to be found in the previous letter?

> Thank you for your inquiry regarding your consignment to Seoul. All our charges including freight, airway bill fee, insurance and our own commission are shown on the attached schedule.
>
> To enable us to prepare your airway bill we shall need the information requested in the enclosed form. Three copies of a certified commercial invoice and a certificate of origin will also be necessary.
>
> Your consignment should be in our hands by 10 am on the morning of departure. Please telephone me when you are ready to deliver the consignment to our officer at the airport so that we can prepare to receive and deal with it promptly. Alternatively, we can also make arrangements to collect the goods.

① We have been informed that the consignment of electronic shavers has arrived to our customer in Seoul without any damage. Thank you for treating our goods carefully.

② Shortly, we shall have a consignment of electric shavers, weighing about 50 kg, for a customer in Tokyo. We wish to send this by ship from LA.

③ The consignment will be handled on arrival by United Air Services who will make all the arrangements for delivery. The bill of lading, invoice, and our account for commission and charges are enclosed.

④ Please send us details of the cost and any formalities to be observed. The invoice value of the consignment is USD15,000 and we require insurance to cover this amount plus the costs of sending the consignment.

해설 서울로 송부되는 탁송품에 대한 귀사의 문의 잘 받았습니다. 운임, 항공운송장 발급수수료, 보험료, 그리고 당사의 수수료를 포함한 전체 운임은 첨부와 같습니다. 귀사의 항공운송장을 당사가 작성하기 위해서는 동봉된 양식에 필요한 정보가 있어야 합니다. 상업송장 3부 그리고 원산지증명서가 필요합니다. 귀사의 탁송품은 출발일 아침 10시까지 당사에 도착해야 합니다. 공항에 있는 당사 사무소로 물품을 인도할 준비가 되시면 전화주시기 바랍니다. 그러면 당사가 이것을 받을 준비를 마치고 신속히 처리하겠습니다. 다른 방법으로는 당사가 물품수거를 해 드릴 수 있습니다.

– airway bill fee(항공운송장 발급수수료)
　schedule: 첨부, 부록

- Letter의 내용을 파악하고 이 Letter가 어떤 Letter에 대한 회신인지 찾는 문제.

(정답 ④)

08 The passage in the box is a reply to a letter. Which of the following is correct about the previous letter?

> We are sending you a representative selection of our most popular lines. Your suggestion to make monthly payments is quite satisfactory, and we will allow you a commission at 10% calculated on gross profits.
> The goods are being shipped by Voyage II, leaving Indonesia for Korea on 10 April. We will send the bill of lading and other shipping documents as soon as we receive them.

① The previous letter was to propose to send a trial delivery of the cutlery for sale on consignment terms.

② The previous letter was to confirm the trading conditions that both parties have agreed upon.

③ The previous letter was to negotiate the conditions about payments and sales commission.

④ The previous letter was to request information on the delivery schedule and the sending of some documents.

해설 당사의 가장 인기 있는 품목군에서 대표 물품을 송부합니다. 월별 결제로 하자는 귀사의 제안은 매우 만족스러우며 총수익의 10%를 수수료로 지급할 것입니다. 물품은 4.10 인도네시아에서 한국으로 출항하는 보이지 2호에 선적되고 있습니다. 당사는 선하증권과 기타 선적서류를 받는 대로 곧 송부하겠습니다.
- 편지의 당사자: exporter → distributor
- representative selection
- Letter의 내용을 파악하고 이 Letter가 어떤 Letter에 대한 회신인지 찾는 문제.

(정답 ③)

09 Which of the following is most appropriate to appear right after the passage in the box?

> On 30 April I ordered 100 barbecue grills to be delivered at the end of May. Persistent bad weather has seriously affected sales so I find that my present stock will probably satisfy demand in the present season. I am therefore writing to ask you to cancel part of my order and to deliver only 50 of these grills instead of the 100 ordered.

① We are sorry you find it necessary to make this request.

② I hope you will understand why we must hold you to your order.

③ We are naturally disappointed that there should be any need for this request

④ I am sorry to make this request so late, but hope that you will be able to agree.

해설 당사는 5월 말에 인도받기로 되어있는 바비큐 그릴 100개를 4.30에 주문했습니다. 계속되는 악천후가 판매에 영향을 미쳐서 현 재고만으로도 지금 시즌의 수요로는 충분할 것입니다. 따라서 저희 주문의 일부를 취소해 주시고 주문한 100개 대신 50개만 보내주시길 요청하기 위하여 이 서신을 보냅니다.

(정답 ④)

10 Which of the following is INCORRECT according to the letter?

> Dear Import Manager,
>
> We have shipped 10,000 sets of mobile phone by KE612, which is scheduled to depart at Incheon International Airport on 2 PM, 15 April.
>
> With regard to your e-mail of 15 March, we are pleased to inform that:
>
> We hope that the goods will reach you on time and please let us know within 10 days of arrival if the goods are acceptable to you.
>
> As requested, copy of airway bill, commercial invoice and packing list will be sent to you upon the shipment.

① Seller is urging payment which is overdue

② Buyer asked shipping documents upon shipment

③ Buyer has to exercise inspection after arrival of the goods

④ Seller received a purchase order by email

해설 Seller가 Buyer에게 보낸 letter로 화물을 선적했다는 내용이며, 지급청구내용은 아니다.

(정답 ①)

11 Which of the following CANNOT be inferred from the letter below?

We are very sorry to advise you that the shipment during September covering your order No. 413 seems impossible to be executed within the date on account of manufacturers' labor shortage.

Every effort is being made to deliver the goods as requested. However, they say that one month delay of shipment is unavoidable. We ask, therefore, that you kindly approve the situation with a 3% price discount as shown in an enclosed document.

Although this is beyond our control, we deeply apologize for the inconvenience you have been put to. We assure you that we will take every precaution against such trouble arising in the future.

---

① We cannot ship your order within the contract date owing to the strike of workers.

② It is possible to ship your order one month later.

③ We propose a 3% price discount and assure you that we will take every precaution against such trouble arising in the future.

④ we deeply apologize for your inconvenience and assure you that we will make preparation for such trouble arising in the future.

해설 (선적지연통지)
제조업체의 인력 부족으로 인하여 귀사의 주문에 대한 9월 선적분이 기한 내에 이행될 수 없음을 알리게 되어 대단히 유감스럽습니다. 요청하신 물품을 인도하기 위하여 모든 노력을 기울이고 있습니다. 그러나 제조업체는 1개월의 선적지연이 불가피하다고 합니다. 그러므로 당사는 첨부된 서류에서 보는 바와 같이 3%의 가격할인을 조건으로 이 상황의 승인을 요청합니다. 당사의 통제를 벗어난 상황이긴 하지만, 귀사에 미친 불편함에 깊이 사과드립니다. 앞으로 같은 문제의 발생에 대하여 특별히 주의를 할 것입니다.

(정답 ④)

12 Complete the letter using the sentences in the box below.

---

(1) You will find a copy of the consignment note and invoice enclosed, and we will hold the boxes for your inspection.
(2) Therefore we assume that damage occurred while the consignment was in your care.
(3) It consisted of 10 boxes of CDs, three of which were badly damaged.
(4) However, the nature of the damage to the goods suggests that the consignment was roughly handled.

Consignment Note 27332
The above consignment was delivered to our premises at the above address on 3 October. (A)_____ We have contacted our suppliers, and they informed us that when the goods were deposited at your depot they were in perfect condition. (B)_____ The boxes were marked FRAGILE. (C)_____ We estimate the loss on invoice value to be $2000 and as the goods were sent 'carrier's risk' we are claiming compensation for that amount. (D)_____

① 1-3-2-4 ② 3-2-4-1 ③ 3-1-4-2 ④ 4-1-2-3

해설 (1) 귀사는 동봉된 탁송장과 송장 사본 1부를 받을 것이며, 우리는 귀사의 검사를 위하여 상자를 보관하고 있습니다.
(2) 그러므로 우리는 탁송품이 귀사의 관리에 있을 때 손상이 발생한 것으로 추정하고 있습니다.
(3) CD 10상자로 구성되었는데, 이 중 3개가 심하게 손상되었습니다.
(4) 그러나, 물품의 손상상태로 볼 때, 탁송품이 거칠게 취급되었음을 알 수 있습니다.

상기 탁송번호 27332는 10.3. 상기주소의 우리 구내로 인도되었습니다. (A)_____ 우리는 당시의 공급자에게 연락을 했는데, 이들은 귀사의 창고에 둘 때 물품엔 아무런 이상이 없었다고 알려 왔습니다. (B) _____ 이 상자들은 부서지기 쉬움이라고 화인이 찍혀 있었습니다. (C) _____ 우리는 송장금액으로 2천 달러의 손실이 발생한 것으로 추정하는데 물품은 '운송인 위험책임'조건으로 송부되었기 때문에 동금액에 대한 보상을 청구합니다.
- consignment note(탁송장), depot(창고), deposit(맡기다)

(정답 ②)

13 What type of letter of credit will it be?

"This credit is a payment or performance guarantee used primarily in the United States. They are often called non−performing letters of credit because they are only used as a backup should the buyer fail to pay as agreed. Thus, this type of credit allows the customer to establish a rapport with the seller by showing that it can fulfill its payment commitments. The beneficiary to this letter of credit can cash it on demand."

---

    ① stand−by credit   ② back−to−back credit

    ③ revolving credit   ④ red clause credit

해설 이 신용장은 지급 또는 이행보증으로 주로 미국에서 사용된다. 매수인이 합의된 대로 대금지급을 하지 못하는 경우에만 보완장치로 사용되기 때문에 종종 불이행신용장이라고 불린다. 이런 종류의 신용장은 고객이 자신의 지급약정을 이행할 수 있음을 보여줌으로써 매도인과 신뢰관계를 확립할 수 있게 한다. 이 신용장에서 수익자는 요구불로 신용장을 현금화할 수 있다.

- 문제는 stand−by credit 즉, 보증신용장에 대해 설명하고 있다. 화환신용장의 경우에는 수익자가 계약을 이행하고 대금지급을 청구하는 데 반해, 보증신용장의 경우에는 개설의뢰인 또는 기타 채무자에 의한 계약의 불이행이 발생한 경우에 수익자는 대금지급을 청구할 수 있고 개설은행은 대금을 지급한다. 보증신용장의 지급청구를 위해서는 선하증권, 포장명세서, 상업송장, 검사증명서 등의 서류제시가 요구되지 않고 단순한 지급청구서만 요구되므로 무화환신용장(clean L/C)이라고 불린다. 보증신용장은 청구보증(demand guarantee) 또는 독립보증(independent guarantee)와 동일한 기능을 하는데, 보증신용장은 미국에서 유래되었다.

- payment guarantee(대금지급보증), performance guarantee(대금지급보증), rapport(관계, 신뢰관계), stand−by credit or standby letter of credit(보증신용장), back−to−back credit(백투백신용장−수출자가 받은 원신용장(백투백신용장)을 담보로 물품공급업체에게 신용장을 제공한다), revolving credit(회전신용장−일정한도에서 계속하여 사용할 수 있는 신용장, 은행대출에서 "마이너스통장"과 유사), red clause credit(선대신용장−수출자가 물품선적 전에 대금을 지급받을 수 있는 신용장, 일종의 선수금신용장, 실무적으로는 개설은행은 매입은행에 대금을 선지급하도록 요청하고 매입은행이 선지급함)

                                                            (정답 ①)

14 Which of the following is LEAST correct about the difference between Bank Guarantee and Letter of Credit?

    ① The critical difference between LC and guarantees lie in the way financial instruments are used.

② Merchants involved in exports and imports of goods on a regular basis choose LC to ensure delivery and payments.

③ Contractors bidding for infrastructure projects prove their financial credibility through guarantees.

④ In LC, the payment obligation is dependent of the underlying contract of sale.

해설   국제저래·무역거래에서 bank guarantee·demand guarantee·independent bank guarantee·standby L/C는 실질적으로 동일하다. bank guarantee(demand guarantee· independent bank guarantee·standby L/C)와 letter of credit는 모두 기본거래(물품매매계약, 건설공사계약 등)와는 독립적이다.

(정답 ④)

1 핵심정리

◼ 무역클레임

1) 클레임 letter의 작성자
  - Buyer 작성: 클레임 제기
  - Seller 작성: 클레임 제기에 대한 회신
2) 클레임의 주된 내용
  - Buyer 작성: 클레임 제기(물품하자, 인도지연 등)
  - Seller 작성: 클레임주장에 대한 반박(선적 시 이상 없음, 운송인의 과실, 보험금
    청구 등)
    클레임 인정(물품 교환, 대금 감액, 물품 반품 요청 등)

◼ 무역클레임 해결방법

(1) 화해(amicable settlement) 또는 합의(agreement)
  • 법원이나 중재인 등 제3자의 개입 없이 당사자 간 합의로 분쟁해결
  • 가장 바람직한 방법이나, 당사자 간 입장차이가 큰 경우 합의 곤란
(2) 조정(conciliation, mediation)
  • 제3자를 조정위원으로 선임하여 조정인이 제시하는 조정안에 당사자가 합
    의하여 분쟁해결
  • 조정안에 대해 당사자가 합의하지 않으면 조정안은 구속력이 없으며, 합의
    하면 계약적 효력 있음

(3) 중재(arbitration)

- 당사자가 중재인을 선임하여 중재인이 중재판정을 하며, 중재인의 중재판정은 최종적이며, 법원의 판결과 마찬가지로 당사자를 구속함
- 계약서에서 중재합의조항을 두고 있는 경우 당사자는 법원에 소송을 제기할 수 없으며, 그럼에도 불구하고 소송이 제기되는 경우 법원은 이 소송을 각하(dismiss)함

(4) 소송(litigation)

- 법원에 소송을 제기하여, 법원에서 재판을 진행하고 판결을 내림
- 소송에 대한 당사자의 합의가 없는 경우에도 당사자는 소송을 제기할 수 있음. 다만, 소송에 대해 관할권이 없는 경우 법원은 그 소송을 각하(dismiss)함. 따라서 관할권 있는 법원에 소송을 제기해야 함. 재판관할권 합의가 없는 경우 원칙적으로 상대방의 주소지에서 소송을 제기해야 함

▣ 국제상사중재

구 분	소 송	중 재
사전합의	소송에 대한 사전합의 불필요	중재에 대한 사전합의 필요
재판/중재 권한의 근거	법원소재국의 법규	당사자의 중재합의
진행분위기	제소나 소환의 수단에 의한 억압적 분위기	평화적 분위기
공개여부	재판 과정 및 판결 공개	당사자의 의사를 존중하여 비공개적으로 진행(상거래 비밀보장)
최종성	3심제 (상소제도에 의해 구제의 기회 있음)	• 단심제(중재판정에 대해 불복신청, 재심, 상소 불가능. 단, 사기나 절차상의 하자는 제외) • 상소제도에 의한 구제의 기회 없음
신속성	중재에 비해 절차의 번잡성, 3심제 등으로 장시간이 소요	소송보다 신속하게 진행되며, 단심으로 종결
전문성	일반 판사가 진행함	중재인은 해당분야 전문가임
강제성	판사에게는 법률에 의해 강제적인 권한이 부여됨	중재인에게는 아무런 강제적인 권한이 없음 (증인, 감정인을 강제로 출석시킬 수 없음)
비 용	중재에 비해 비용이 높음	소송에 비해 비용이 낮음
국제적 효력	타국에서 개별적으로 승인받아야 함	뉴욕협약에 의거 외국중재판정은 호혜원칙에 의거 승인됨

▣ 중재판정의 효력

(1) 중재판정의 효력과 취소

중재판정(arbitral award)은 중재판정부가 내린 최종적인 결정을 말한다. 중재판정의 승인 또는 집행이 거절된 경우를 제외하고는, 중재판정은 법원의 확정판결과 동일한 효력이 있다. 중재판정에 대한 불복은 법원에 중재판정의 취소를 제기하는 방법으로만 할 수 있다.

(2) 외국중재판정의 승인과 집행

외국중재판정의 승인 또는 집행은 법원의 승인 결정 또는 집행 결정에 의한다. 대한민국 중재법에서 취소사유가 없는 한, 법원은 국내에서 내려진 중재판정을 승인해야 한다. 대한민국 중재법 제39조에서는 외국중재판정의 승인 또는 집행은 뉴욕협약(외국중재판정의 승인 및 집행에 관한 UN협약)에 따른다고 규정하고 있고, 뉴욕협약 제5조에서는 다음과 같이 외국중재판정의 승인 및 집행의 거부사유를 규정하고 있다.

외국중재판정의 승인 및 집행거부 사유 – 뉴욕협약 제5조

제5조 1. 판정의 승인과 집행은 판정이 불리하게 원용되는 당사자의 청구에 의하여, 그 당사자가 판정의 승인 및 집행의 요구를 받은 국가의 권한 있는 기관에게 다음의 증거를 제출하는 경우에 한하여 거부될 수 있다.

가. 제2조에 규정된 합의의 당사자가 그들에게 적용될 법률에 의하여 **무능력자이었던가** 또는 당사자들이 준거법으로서 지정한 법령에 의하여 또는 지정이 없는 경우에는 판정을 내린 국가의 법령에 의하여 전기 **합의가 무효인 경우** 또는,

나. 판정이 불리하게 원용되는 당사자가 **중재인의 선정이나 중재절차에 관하여 적절한 통고를 받지 아니 하였거나** 또는 기타 이유에 의하여 응할 수 없었을 경우 또는,

다. 판정이 중재부탁조항에 규정되어 있지 아니하거나 또는 그 조항의 범위에 속하지 아니하는 분쟁에 관한 것이거나 또는 그 판정이 중재부탁의 범위를 벗어나는 사항에 관한 규정을 포함하는 경우. 다만, 중재에 부탁한 사항에 관한 결정이 부탁하지 아니한 사항과 분리될 수 있는 경우에는 중재부탁사항에 관한 결정을 포함하는 판정의 부분은 승인되고 집행될 수 있다.

라. 중재기관의 구성이나 중재절차가 당사자 간의 합의와 합치하지 아니하거나, 또는 이러한 합의가 없는 경우에는 중재를 행하는 국가의 법령에 합치하지 아니하는 경우 또는

마. 판정이 당사자에 대한 구속력을 아직 발생하지 아니하였거나 또는 판정이 내려진 국가의 권한 있는 기관이나 또는 그 국가의 법령에 의거하여 취소 또는 정지된 경우

2. 중재판정의 승인 및 집행이 요구된 국가의 권한 있는 기관이 다음의 사항을 인정하는 경우에도 중재 판정의 승인과 집행은 거부할 수 있다.

가. 분쟁의 대상인 사항이 그 국가의 법률하에서는 중재에 의한 해결을 할 수 없는 경우, 또는

나. 판정의 승인이나 집행이 그 **국가의 공공의 질서에 반하는 경우**

대한민국 중재법 제39조

제39조(외국 중재판정) ① 「외국 중재판정의 승인 및 집행에 관한 협약」을 적용받는 외국 중재판정의 승인 또는 집행은 같은 협약에 따라 한다.

외국중재판정의 승인 및 집행거부 사유 요약

피고가 주장·입증해야 하는 사유	• 중재합의 당사자의 무능력 • 중재합의의 무효 • 피신청인의 방어권의 침해 • 중재인의 권한의 유월 • 중재판정부의 구성의 하자(중재인 선정절차의 부적법) • 중재절차의 하자 • 중재지국 법원에 의한 중재판정의 취소**
국가의 법원이 직권으로 판단할 사유	• 중재가능성의 결여 • 공서양속에 위배

"중재지국 법원에 의한 중재판정의 취소"를 제외하고는 "중재판정 취소 사유"와 동일

※ 뉴욕협약(1958): 1958년의 유엔에서 채택되었으며, 정식 명칭은 「외국중재판정의 승인 및 집행에 관한 UN협약(United Nations Convention on the Recognition and Enforcement of Foreign Arbitral Awards: '뉴욕협약')」이다. 2022년 1월 현재 총 가입국은 169개국(한국 1973년에 42번째 국가로 가입)

2 기출문제 해설

01 What is the most appropriate for the blank?

> We regret to inform you that payment of USD75,000 has not been made for order No. 3038.
> We sent your company a (   ) notice three weeks ago, and so far we have received no reply from you. We hope that you can help us to clear this amount immediately.

   ① shipping   ② payment   ③ check   ④ reminder

해설 대금결제 독촉
주문번호 3038에 대한 대금 USD75,000이 미결제 상태임을 알리게 되어 유감입니다. 당사는 독촉장(reminder notice)을 3주전에 송부하였는데, 귀사로부터 아무런 회신을 받지 못했습니다. 이 대금을 즉시 정리하길 바랍니다.

(정답 ④)

02 Which of the following is appropriate for the blank?

> In comparison with lawsuit case in a court, arbitration has advantages of the speedy decision, lower costs, nomination of specialized arbitrators, and (   ).

   ① international recognition and enforcement of foreign arbitral award

   ② mandatory publication of arbitral award

   ③ lcgal approach by government

   ④ higher legal stability

해설 법원에서의 소송과 비교하면, 중재는 신속한 판정, 낮은 비용, 전문중재인의 지정, 외국중재판정의 승인 및 집행 등의 장점이 있다.
① 외국판결의 승인 및 집행은 쉽지 않으나, 뉴욕협약(2022. 1월 169개국)에 의하여 외국중재판정의 승인 및 집행이 용이하다.

(정답 ①)

03 Which of the followings is NOT correctly explaining the arbitration?

① With arbitration clause in their contract, the parties opt for a private dispute resolution procedure

instead of going to court.

② The arbitration can only take place if both parties have agreed to it.

③ In contrast to mediation, a party can unilaterally withdraw from arbitration.

④ In choosing arbitration, parties are able to choose such important elements as the applicable law, language and venue of the arbitration. This allows them to ensure that no party may enjoy a home court advantage.

해설   법원에서의 소송과 비교하면, 중재는 신속한 판정, 낮은 비용, 전문중재인의 지정, 외국중재판정의 승인 및 집행 등의 장점이 있다.
③ 분쟁을 중재로 해결하기 위해서는 중재합의(분쟁을 중재로 해결한다는 내용의 당사자 간의 합의)가 있어야 한다. 중재합의는 당사자 일방이 일방적으로(또는 임의로) 파기·철회할 수 없다.

(정답 ③)

04 Which is WRONG in explaining international litigation?

A. International litigation is generally slow, complicated, unfriendly and expensive.
B. It is technically difficult and often requires specialized professional counsel.
C. In addition, there exists a risk of court bias when the court decision has to be enforced in the country of the party having the same nationality.
D. If trade parties choose CISG as a governing rule, commercial disputes between them shall be resolved by litigation.

① A   ② B   ③ C   ④ D

해설   CISG에서는 분쟁해결방법(소송이나 중재)에 대해서 규정하지 않음.

(정답 ④)

05 Which of the following is most likely to come BEFORE the passage below?

> Your complaint about the alleged irresponsible and unskilled service by our check−in agent at Honolulu Airport has been thoroughly reviewed and investigated. Enclosed is a photocopy of the relevant article of the IATA(International Air Transport Association) Resolution for your reference and kind understanding that the staff member concerned did his best to help the passenger carrying the 'Restricted Article'.

① We never overlook even the slightest input from our customers.

② Though we are sympathetic to the helpless situation in which you were placed, we must tell you that there is little an insurance can do in such cases.

③ Customer satisfaction through quality assurance has been an overriding goal of Air Catering Center and we are proud that this goal has been attained.

④ Your letter expresses your disappointment with our in−flight service on our flight PA123.

해설 호놀루루 공항에서 당신이 주장하는 화물검사인의 무책임·비숙련 서비스에 대한 당신의 불만제기에 대하여 철저히 검토하고 조사했습니다. 당신이 참고하고 이해하도록 IATA 분쟁해결 해당조항 사본을 동봉하였고, 관계 직원이 '제한 물품'을 휴대하는 승객을 돕기 위해 최선을 다했습니다.

• 이 문제는 지문 이전에 나올 문장을 찾는 문제이다. 지문은 철저히 조사했다는 내용부터 시작되므로 지문 이전의 문장은 고객의 불만에 대해 간과하지 않는다는 내용이 적합하다.

• check−in agent(화물검사인), relevant article of the IATA Resolution(IATA 분쟁해결 해당 조항)

• IATA(International Air Transport Association) (국제항공운송협회)

(정답 ①)

06 Put the following sentences in order.

> (A) We will immediately replace the said machine with a new one and will make appropriate compensation upon receipt of your detailed statement.
> (B) Thank you again for providing us with an opportunity to improve our quality assurance and customer service.
> (C) We deem it a very rare case and extend our deepest apology for causing all inconveniences and losses to your company.
> (D) It is most surprising and embarrassing to learn that the washing machine you purchased from us is not properly operating.

① D – C – A – B 　　　　② B – C – D – A

③ C – A – D – B 　　　　④ B – A – C – D

해설 (A) 당사는 지적된 기계를 새로운 것으로 즉시 교체할 것이며, 세부명세를 받는 즉시 적절한 보상을 할 것입니다.

(B) 당사의 품질보증 및 고객서비스를 개선할 기회를 당사에게 주신 것에 대해 다시 감사드립니다.

(C) 당사는 이 사고를 매우 이례적인 것으로 보고, 귀사에 초래된 모든 불편과 손실에 대해 깊이 사과드립니다.

(D) 귀사가 당사로부터 구매한 세탁기가 정상적으로 작동하지 않는다는 것을 알게 되어 매우 놀랍고 당황스럽습니다.

• 편지의 당사자: Seller → Buyer
• (D) 편지를 쓰게 된 동기(즉 클레임에 대한 회신)를 나타내는 것으로 가장 먼저 온다.
• (A) 향후 취할 조치이므로 마지막에 온다. 그러나 (B)는 일종의 Closing로서 (A)보다 마지막에 온다.

(정답 ①)

07 Which of the following fits LEAST in the letter below?

> We extend our sincere apology for the inconvenience this technical trouble must have caused you. (a) Under this circumstance, the best remedy we believe would be having our technical support team in Bangkok immediately visit your company and look into the problem. (b) They will be leaving for Seoul early tomorrow morning and all expenses related to their trip will be borne by us. (c) Your saying is beside the Question, and please do find out quickly what caused the quality problem. (d) Please be assured that we are fully committed to preventing recurrence of any problem of this nature.

해설 (선적지연통지) 당사는 이 기계적인 문제로 귀사에게 불편을 끼쳐 드려 깊이 사라드립니다. a) 이 상황에서 생각하는 최상의 조치는 방콕에 있는 저희 기술팀을 귀사로 방문하게 하여 이 문제를 조사하는 것입니다. b) 이들은 내일 아침 일찍 서울로 출발할 것이며 이들의 출장과 관련된 모든 비용은 당사가 부담할 것입니다. c) 귀사의 말씀은 문제에서 벗어난 것이므로 무엇이 품질상의 문제를 유발시켰는지 빨리 찾아보십시오. d) 당사는 자체적인 어떤 무제도 재발되지 않도록 하겠습니다.

• beside the question: 문제에서 벗어나, recurrence: 재발

(정답 c)

※ Read the following letter and answer the questions.

Dear Mr. Bolger,

I am very sorry to hear from your letter of September 18 that the goods we supplied were damaged during shipment. However, there are a couple of things that I believe I have to explain.

First of all, although you mentioned that the goods were damaged due to the wrong packing, I would like to remind you that you did not specifically ask to use wooden cases for packing in your letter of August 5. It was only a suggestion and not a shipping instruction.

Moreover, the dunnage which we used for packing is specially designed for shipping fragile goods such as our chinawares and we have never had any problems with other shipments. It should also be pointed that the goods were loaded on the vessel in good condition as confirmed by the 'CLEAN' Bills of Lading.

Putting all these facts together, we suppose that the goods were damaged not because of our fault, but because of rough handing in transit. Therefore, we suggest you should claim against the carrier or the insurance company. We will be more than happy to assist you, if requested, in proceeding the claim.

08 What is the main purpose of the letter?

① to respond to the claim for damaged goods

② to make suggestions on compensation for damaged goods

③ to respond to the surveyor's inspection report on damaged goods

④ to make claims against damaged goods

09 Which of the following is NOT true according to the letter above?

① The importer was not happy with the condition of the delivered chinawares.

② The exporter sees no reason for taking responsibility for the damage made on the goods.

③ The exporter denies any misconduct on their part although there is a clear evidence that the damage was caused during loading.

④ The importer will get help from the exporter if needed when they go ahead with the claim.

해설 당사가 공급한 물품이 선적중에 손상되었다는 귀사의 9.18자 서신에 대해 대단히 유감입니다. 하지만 저희측이 설명드려야 할 몇 가지 사항이 있습니다. 제일 먼저, 귀사는 물품의 손상은 부적합한 포장 때문이라고 언급했지만, 지난 8.5 귀사가 서신에서 귀사가 나무 포장으로 해달라고 특별히 요청하지 않았다는 것을 상기해 드리고 싶습니다. 이것은 단순한 제안이었지 선적지시사항이 아니었습니다. 게다가, 당사가 포장에 사용한 짐받침은 당사의 도자기와 같이 부서지기 쉬운 물품의 선적을 위해 특별히 고안된 것입니다. 무사고선하증권으로 확인된 바와 같이 이상 없이 동선박에 적재되었다는 점도 분명히 해두고자 합니다. 이러한 모든 사실을 놓고 볼 때, 운항중의 거친 취급 때문이지 당사의 잘못으로 동 물품이 손상을 입은 것은 아니라고 당사는 추정합니다. 그러므로 당사는 귀사가 운송인이나 보험회사에 손해배상을 청구하실 것을 제안합니다. 손해배상을 청구하는 과정에서 요청을 하시면 기꺼이 귀사를 지원하겠습니다.

• dunnage: 짐받침(짐깔개)

(정답 7-①, 8-③)

10 Which of the following is the BEST settlement option for the claim indicated in the letter below?

The containers of automobile tires for our No.10 by m/s Hyundai have reached here. However, we regret to inform you that PA-6 560×13 300 pcs in C/N 4 is a different item from the specifications of our order. In essence, it is quite useless for the purpose intended. In view of our initial business with you, we loathe to take such a drastic step. We are, however, entitled to some compensation. Please inform us what settlement you are prepared to make to address this matter.

① We apologize sincerely for the trouble caused to you, but cannot assure you of our best attention to your future orders.

② We are very glad to hear of the allowance you are prepared to make to solve this problem.

③ We will, of course, replace them with a new shipment by the first avaliable vessel. As for the goods in question, we will bear all the expenses that you pay in shipping them back to us.

④ In light of this matter, we have no alternative but to seek your sympathy in our position.

해설　(Claim 제기문)
우리의 주문에 대한 자동차 타이어 컨테이너가 선박 현대호에 실려 여기에 도착하였습니다. 그러나 상자 4번에 있는 300개가 우리의 주문명세와 다르다는 것을 알게 되어 유감입니다. 본질적으로 이것은 의도와는 달리 전혀 쓸모가 없는 것입니다. 귀사와의 첫 거래라는 관점에서 우리는 특단의 조치를 취하고 싶지는 않습니다. 그러나 우리는 보상을 받아야 합니다. 이 문제에 대해서 귀사가 어떤 해결책이 준비되어 있는지 우리에게 알려 주시기 바랍니다.
• allowance: 공제금

(정답 ③)

※ Read the following letter and answer the questions.

Thank you for your fax of 6 April informing us that the goods supplied to you were damaged. Since you may think that we should be responsible for the damage, we must clarify our position as follows:
First, the goods were inspected throughly by us before packing and loaded onto the ship in perfect condition. The clean−on−board Bill of Lading shows that everything was in order at the time the goods were loaded onto the ship.
Second, the packaging was in full compliance with the standards of packing for international ocean transportation and the specifications of the packaging were agreed upon by you in the contract.
Third, since this transaction is based on FOB, we are free from liabilities for the shipment upon loading onto your designated vessel.
It is likely that the damage of the goods was caused by rough handling during the voyage or when they were unloaded at your port. We would suggest that you file a claim with the insurance company or shipping company.
If you need any assistance, we will be more than willing to cooperate with you

in expediting the process of your claim.

Yours sincerely,

11 Which of the following BEST describes the exporter's position?

① The exporter does not want to be involved in the problem at all since he does not have any responsibility for the problem.

② The exporter does not want to involve himself in the matter at all since he is sure that the responsibility is upon the shipping company.

③ The exporter intends to assist the importer in resolving the problem although the exporter is convinced that the cause of the damage is not upon him.

④ The exporter intends to assist the importer in resolving the problem since he feels responsible for the damage.

12 Which of the following is NOT true according to the passage above?

① The letter above is a response to the fax that the importer sent to the exporter about the damage of the shipment.

② The goods were examined completely before packing and were moved to the ship without any damage.

③ The bill of lading indicates that all of the goods were shipped onto the designated vessel.

④ The packaging complied with strict domestic standards, and the specifications of the packaging were based on the contract.

해설 귀사에게 공급된 물품이 손상을 입었음을 당사에 알리는 귀사의 4.6자 팩스를 잘 받았습니다. 손상에 대하여 당사가 책임을 져야 한다고 귀사가 생각할 수도 있어서 다음과 같이 당사의 입장을 명확히 밝히고자 합니다.

첫째로 동 물품은 포장전에 철저히 검사하였으며 선적시 아무런 이상이 없었습니다. 무사고본선적재선하증권이 보여 주듯이 물품은 선적 당시 모든 것이 정상이었습니다.

두 번째로 포장은 국제해양운송에 맞게 표준포장을 준수하였으며, 포장의 상세조항은 계약서에서 귀사도 동의한 것입니다.

세 번째로, 본 거래는 FOB 조건이므로 귀사가 지정한 선박에 적재된 이후부터는 당사는 면책입니다.

물품의 손상은 항해중의 부주의한 취급이나 귀사의 항구에서 양륙할 때 일어난 것으로 보입니다. 귀사가 보험회사 또는 선박회사에 손해배상을 청구하시길 바랍니다. 도움이 필요하면, 당사는 귀사의 손해배상청구를 진행함에 있어서 기꺼이 도울 것입니다.
• claim letter에 대한 회신

(정답 10 - ③, 11 - ④)

13 Read the passage in the box and then choose the option as the following content after the passage.

> We are writing to inform you that we have received the dress materials for our order No. 721.
> Upon unpacking the cases, we found that the quality was far inferior to the sample on which we placed the order.
> The materials are quite unsuited to the needs of our customers so we have no choice but to ask you to take them back and replace them with materials of the quality ordered. If this is not possible, then I am afraid we shall have to cancel our order and ask you to reimburse us for the amount we deposited for the order. If you contrast the enclosed sample of your shipment with the original sample, we are sure you will agree to the inferiority of the goods.

① If you need any further assistance, we will be more than happy to assist you in any way we can.

② We are ready to return the whole lot at your expense. If you have a better way to settle, please let us know immediately.

③ We would be very grateful if you would grant us a delay of one month to make the payment on your invoice.

④ In the meantime, we would like to ask you to send us by airmail a couple of samples for the goods for our inspector to examine.

해설 당사의 주문품 No. 721, 드레스 원단을 받았음을 알려드립니다. 상자를 열어보니 품질이 당사가 주문했던 견본보다 훨씬 불량합니다. 원단은 당사고객의 요구에 전혀 맞지 않아서 전량을 회수하시고 주문시 품질로 제작된 원단으로 교체해 주시길 요청합니다. 이것이 가능하지 않다면, 당사의 주문을 취소하고 주문시 당사가 예치했던 금액을 환불해 주실 것을 요청할 수밖에 없습니다. 동봉한 귀사 선적품의 견본과 원 견본을 대조해 보면 물품이 불량하다는 것에 동의하실 것입니다.

(정답 ②)

14 Put the sentences in order.

(A) It is not at all difficult to understand that you were disappointed at having to replace your clutch at your own expense after only 11,000 miles.

(B) However, as you know, our warranty covers clutch failure only in the case of manufacturer's defect.

(C) It is certainly natural for you to feel this expense should have been covered by the warranty.

(D) Please rest assured that every dealer is of course fully responsible for the standard of service he provides and must justify all work carried out or costs incurred while a customer's vehicle is on his premises.

① A−C−B−D   ② A−D−B−C   ③ B−D−A−C   ④ D−A−B−C

해설 (A) 불과 11,000마일 주행 후 당신의 비용으로 클러치를 교환하게 되어 실망했다는 것을 잘 이해합니다.

(B) 그러나, 당신이 알고 있듯이, 우리의 보증은 제조사 결함인 경우에 한하여 클러치의 불량을 담보합니다.

(C) 당신이 이 비용이 보증에 포함된다고 이해하는 것은 지극히 당연합니다.

(D) 자동차 판매점은 자신이 제공하는 일정수준의 서비스에 대해 책임이 있으며, 고객의 자동차가 그의 영업장 내에 있는 동안에 발생된 비용 또는 수행된 작업에 대해 정당해야 합니다.

• 편지의 당사자: Seller → Buyer

• (B) However, as you know, our warranty covers clutch failure only in the case of manufacturer's defect.는 접속부사 "However"로 시작되므로 첫 번째에 올 수 없다.

• (C) It is certainly natural for you to feel this expense should have been covered by the warranty. ("this expense" 지시형용사 "this"로 받으므로 이 지문 이전에 "expense"를 나타내는 지문이 와야 한다. 그 지문은 (A)의 "own expense"이다.

(정답 ①)

15 Please put the following sentences in order.

> (A) However, the delivery consisted of men's coats instead of the women's coats I asked for.
> (B) As I have firm orders for the design I asked for, I would be grateful if you could send the correct consignment to me.
> (C) I received a consignment of winter coats, Cat. No. 2206, to the above order yesterday.
> (D) Also, please collect the wrongly delivered goods as soon as possible. Thank you in advance.

   ① B−A−C−D   ② B−D−A−C   ③ C−A−B−D   ④ C−B−D−A

해설 (화물수령 후 회신)
(A) 그러나, 인도된 것은 여성용 코트가 아니고 남성용 코트로 구성되어 있습니다.
(B) 우리가 요청한 디자인에 대한 확정오퍼가 있으므로 우리에게 정상물품을 보내주시면 감사하겠습니다.
(C) 우리는 어제 상기의 주문품, 카탈로그 No.2206, 겨울용 코트를 잘 받았습니다.
(D) 또한, 잘못 배송된 물품을 가능한 빨리 회수하시길 바랍니다.
- (C) I received a consignment of winter coats, Cat. No. 2206, to the above order yesterday. (편지를 작성하게 된 계기(원인)이므로 첫 번째 지문이 된다)
- (D) Also, please collect the wrongly delivered goods as soon as possible. Thank you in advance. (향후 처리 요청 및 그에 대한 사전 감사를 나타내므로 마지막 지문이 된다)
(정답 ③)

16 The following are the excerpts from a series of correspondence between an exporter and an importer. Which of the following puts the passages below in the correct order?

> (A) Obviously, they were stored in direct sunlights, so the pictures are faded and the frames are cracked. The prints are not in a salable condition.
> (B) The art prints arrived this morning, and I was so disappointed with their condition.
> (C) I'm sorry to say that we cannot credit your account for these returns.
> (D) When I talked with you a week ago about returning the 30 art prints, I said our policy is to accept for full credit if all items returned in salable condition.

① A-B-C-D   ② B-C-A-D

③ C-D-A-B   ④ D-B-A-C

해설 (A) 분명히, 그것들은 직사광선에 노출되어 보관되었기 때문에 사진들이 바래졌고 액자에 금이 갔습니다. 이 사진들은 판매할 상태가 아닙니다.
(B) 이 예술사진들은 오늘 아침에 도착했는데, 저는 그 상태에 대해 매우 실망입니다.
(C) 우리는 이 반품물품에 대해 결제할 수 없어 유감입니다.
(D) 이 30장의 예술사진 반품에 대하여 일주일 전에 귀사와 대화할 때, 우리의 방침은 모든 물품이 판매 가능한 상태여야 전액 지급한다는 것이라고 말씀드렸습니다.
ㅡ debit(차변, 차변에 기입하다), credit(대변, 대변에 기입하다.)
• Seller와 Buyer의 대화(서신)의 순서

(정답 ④)

17 Which statement is INCORRECT according to the letter below?

We are sorry to learn that our shipment of your Order No. 100 was inferior in quality.

We deeply apologize that this carelessness happened. In order to adjust your claim at this time, we would like either to send you the right goods as soon as possible or to give you a special allowance of 20% off the invoice amount.

Please accept our apologies for the inconvenience and let us know which of the above two adjustments is preferable to you.

---

① The buyer replaces them by the other goods immediately.

② The seller deducts 20% from invoice amount.

③ This is adjustment letter to deal with claim.

④ The cause of complaints is bad quality of goods.

해설 우리는 귀사의 주문서 100번의 선적품이 품질불량임을 알게 되어 유감입니다. 이런 부주의한 일이 생겨서 깊이 사과드립니다. 이번에 귀사의 배상청구에 대한 조치로서 우리는 귀사에게 가급적 빨리 정상제품을 송부하거나 또는 송장금액에서 20%의 특별공제를 해주고자 합니다. 불편함에 대한 우리의 사과를 받아주시고 상기 두 가지 방안 중에서 어느 것을 선호하는지 알려주시기 바랍니다.
① The buyer replaces them by the other goods immediately. → The seller replaces them by the other goods immediately.

(정답 ①)

18 Which of the following can logically appear right after the passage below?

> While we find no reason on our part to accept your claim since our responsibility ceases as soon as the goods have left us, but we are eager to help you out of your difficulties.

① We fully understand that you have lost much of your chance of selling them due to the delay of their delivery.

② We shall be glad to hear of the allowance you can offer to meet the case.

③ We have decided to replace the defective goods by new ones and ship them to you by airfreight if you return them to us.

④ Fortunately, our customers say that they would oblige us by accepting the defective goods at a reduction of 20% on the invoice amount.

해설 물품이 당사를 떠난 순간 당사의 책임은 종료되었기 때문에 귀사의 배상청구를 당사가 수용할 이유는 없지만, 귀사의 어려움을 해결하기 위하여 귀사를 열심히 돕겠습니다.

(정답 ③)

19 Please put the sentences in order.

> (1) It will be necessary to find an alternative supplier who can fulfill all the outstanding contracts we have to complete. As you will appreciate this will take some time, but we are confident that we should be able to deliver consignments to our customers by the middle of next month.
>
> (2) The units themselves have been assembled and only need completing. We regret this unfortunate situation over which we had no control, and apologize for the inconvenience caused. We will understand if you wish to cancel the order, but stress that we are confident that we will be able to complete delivery by the middle of next month.
>
> (3) Please let us know your decision as soon as possible. Thank you for your consideration.
>
> (4) I am writing to you concerning your order, No. CU 23546, which you placed four weeks ago. At that time we had expected to be able to complete the order well within the delivery date which we gave you of 18 June, but since then we have heard that our main supplier of chrome has gone bankrupt.

① 4-1-2-3　　② 3-2-1-4　　③ 1-3-2-4　　④ 2-4-3-1

해설　(물품인도 지연에 대한 사과편지)
- an alternative supplier who can fulfill all the outstanding contracts(남아 있는(잔존하는) 계약을 이행할 대체 공급자(매도인))
- appreciate: 감사하다. 진가를 알다.
- consignment: 탁송, 탁송물
- we are confident that: 확신한다. (self-confidence 확신)
- bankrupt: 파산 (go bankrupt 파산에 들어가다)
- (4) I am writing to you concerning your order, No. CU 23546 (당신의 주문에 관련하여 편지 쓴다) (편지를 쓰게 된 원인(또는 계기)이므로 된 첫 번째 지문이 된다)
- (3) Please let us know your decision as soon as possible. Thank you for your consideration.(상대방의 결정을 통보하라는 요청이며, 상대방이 처리할 일에 대한 사전 감사이므로 마지막 지문이 된다)

(정답 ①)

20 Which of the following is MOST likely to appear right BEFORE the passage in the box?

> I have personally inspected the same merchandise in our warehouse and found that some of them have the same problem. We contacted the manufacturer and they are shipping us replacements, which will arrive here in about a week. Upon receipt, we will deliver item to you. I apologize for the inconvenience this may have caused you.

① We have found that the goods were damaged due to malhandling by the carrier.

② We were distressed to learn that the you received last week was defective.

③ We will issue a 20% discount if you could accept the merchandise as it is.

④ We are committed to giving you the best products along with the best service like we have shown this time.

해설 저는 당사의 창고에 있는 동일한 물품을 개인적으로 검사를 했는데, 이들 중 몇 개에 동일한 문제가 있었습니다. 당사가 제조업체에 연락을 하니 교체품을 당사에 보내준다고 합니다. 이들은 약 1주일 후에 당사에 도착할 것입니다. 수령하면 바로 귀사에게 승부하겠습니다. 귀사에 끼친 불편함에 대해 사과드립니다.

malhandling : 취급부주의, distressed : ~으로 고민(격정)하는, strict rotation(엄격한 순서)

(정답 ②)

※ Please read the letter below and answer the questions.

Upon checking the contents we found that case number 4 contained only 372 shirts and case number 7 contained only 375 shirts instead of the 400 invoiced for each one.

Before reporting the matter to the railway, please confirm that each of these cases contained the invoiced quantity when they left your warehouse.

At the same time please replace the 53 missing shirts with others of the same quality.

---

21 Which of the following is MOST likely to appear right BEFORE the passage above?

① We regret to report that 2 of the cases covered by your consignment receipt number S5321 were delivered to us in a condition that left no doubt of their having been broken into during transit.

② We were sorry to hear that 2 of the cases sent to you had been tampered with, which we did not foresee at all in the first place.

③ The consignment of cotton shirts despatched on May 21 was delivered yesterday in a very unsatisfactory condition.

④ We confirm that when they left our warehouse each of these cases contained the full quantity of 400 shirts. The cases were also in good order when they left our premises.

22 Which of the following is MOST likely to appear right AFTER the passage above?

① The 53 missing shirts will be replaced but we will have to charge them to your account. In the circumstances we will allow you an extra discount of 10%.

② You will no doubt be claiming compensation from the railway, in which case we will be glad to assist you with any information we can provide. Meanwhile, the cases are being held for inspection together with the contents.

③ It was clear that 2 of the cases (number 4 and 7) had been tampered with although we are not sure who is responsible for the fault.

④ The consignment was sent by our suppliers on carrier's risk terms. Therefore we must hold you responsible for the loss.

해설 내용물을 점검한 결과 송장에 기재되어 있는 400개 대신 4번 케이스에는 372벌, 그리고 7번 케이스에는 375벌의 셔츠만 있었습니다. 철도사에 본 건을 알리기 전에 본 물품이 귀사의 창고를 출발할 때 송장상의 수량대로 있었는지 확인해 주시기 바랍니다. 아울러 분실된 셔츠 53벌을 동일물품으로 대체해 주시기 바랍니다.
— railway(철도사), tamper with(참견하다, 간섭하다, 변경하다)

(정답 20 − ③, 21 − ③)

※ **Please read the letter below and answer the questions.**

> Upon checking the contents, we found that case number 4 contained only 372 shirts and case number 7 contained only 375 shirts instead of the 400 invoiced for each one.
> Before reporting the matter to the railway, please confirm that each of these cases contained the invoiced quantity when they left your warehouse.
> At the same time, please replace the 53 missing shirts with others of the same quality.

23 Which of the following is MOST likely to appear right BEFORE the passage above?

① We regret to report that 2 of the cases covered by your consignment receipt number S5321 were delivered to us in a condition that left no doubt of their having been broken into during transit.

② We were sorry to hear that 2 of the cases sent to you had been tampered with, which we did not foresee at all in the first place.

③ The consignment of cotton shirts despatched on May 21 was delivered yesterday in a very unsatisfactory condition.

④ We confirm that when they left our warehouse each of these cases contained the full quantity of 400 shirts. The cases were also in good order when they left our premises.

24 Which of the following is MOST likely to appear right AFTER the passage above?

① The 53 missing shirts will be replaced but we will have to charge them to your account. In the circumstances we will allow you an extra discount of 10%.

② You will no doubt be claiming compensation from the railway, in which case we shall be glad to assist you with any information we can provide. Meanwhile, the cases are being held for inspection together with the contents.

③ It was clear that 2 of the cases (number 4 and 7) had been tampered with although we are not sure who's is responsible for the fault.

④ The consignment was sent by our suppliers on carrier's risk terms. Therefore we must hold you responsible for the loss.

해설 내용물을 점검한 결과 송장에 기재되어 있는 400개 대신 4번 케이스에는 372벌, 그리고 7번 케이스에는 375벌의 셔츠만 있었습니다. 철도사에 본 건을 알리기 전에 본 물품이 귀사의 창고를 출발할 때 송장상의 수량대로 있었는지 확인해 주시기 바랍니다. 아울러 분실된 셔츠 53벌을 동일물품으로 대체해 주시기 바랍니다.
— railway(철도사), tamper with(참견하다, 간섭하다, 변경하다)

(정답 23-③, 24-③)

25 What is the main theme of the letter?

I am writing to express my continuing dissatisfaction with your company's service on my road grinding equipment. When your mechanic is called, he rarely arrives within the four-hour time period designated by our contract. He also appears to be lacking in knowledge and experience with my equipment.
The short warm-weather season here does not allow for work stoppages and equipment breakdowns. If my contract is to be renewed, we must review the issues of equipment failure, repair personnel, and down time.
Please call at your earliest convenience.

① asking for a new mechanic

② poor performance on service contract

③ complaining about the bad weather

④ extending the service time

해설 도로연마기 관련 귀사의 서비스에 대한 계속되는 불만을 말씀드리고자 합니다. 귀사의 기사를 불렀을 때, 그는, 우리의 계약서에게 지정된 4시간 이내에 도착하는 일이 매우 드물었습니다. 또한, 그는 도로연마기에 대한 지식과 경험이 부족해 보였습니다. 여기는 따뜻한 날씨가 짧기 때문에 작업 중단이나 장비 고장이 있으면 안 됩니다. 계약이 갱신되면, 우리는 장비 고장, 수리인력 및 고장시간을 재검토해야 합니다.

• road grinding equipment: 도로연마기
• work stoppages : 조업[작업] 중지 • breakdown : (장비, 기계의) 고장
• down time : 고장 시간
• renew: 갱신하다.(갱신은 새로운 계약임, 이점에서 계약연장(contract extension)과 차이
• 이 서신은 도로연마기 구매자가 연마기의 고장 및 고장 수리서비스에 대한 서비스 불만을 제기하는 서신이다.

(정답 ②)

26 Which of the following does NOT fit with the rest of the passage?

According to the schedule you emailed on 1/11 (attached below), we should be receiving a shipment by late March. Please explain (1) why you are ahead of schedule, as this seriously jeopardizes our large share of CX business here. I need the shipment to arrive each month in time to give our plant a few days (ideally a week) (2) to manufacture the finished product for shipment to our customers EACH month. If we miss a month of sales, it is very detrimental to our business plan. If the shipment does not arrive by March 26, (3) our plant won't have enough time to manufacture CX and we will have $0 sales for March. It is very critical for your group to understand that (4) timing is crucial to maintain and grow our business.

① (1)   ② (2)   ③ (3)   ④ (4)

해설 귀하가 1월 11일에 이메일로 보낸 스케줄 (아래에 첨부된)에 따라, 당사는 3월말까지는 화물을 수령해야 합니다. 일정보다 빠른 이유를 설명하십시오. 이것은 여기에서 우리의 CX 사업 점유율을 심각한 위험에 처하게 할 것입니다. 화물이 매월 적시에 도착되어 당사의 공장이 완성품을 제조하여 매월 수일(이상적으로는 1주일) 앞서 당사의 고객에게 배송할 수 있도록 하는 것이 필요합니다. 당사가 1개월분의 매출을 실기하면, 당사의 사업계획에 치명적인 영향을 줍니다. 화물이 3월 26일까지 도착하지 않으면, 당사의 공장은 CX를 제조할 충분한 시간을 확보하지 못하게 될 것이고, 3월분 당사의 매출은 영(0)이 될 것입니

다. 당사의 사업을 유지하고 성장시키는 데 시간을 맞추는 것이 결정적이라는 것을 귀 그룹이 이해를 하는 것이 핵심입니다.

- 이 편지에서는 화물의 공급이 예정보다 늦은 경우 문제가 됨을 설명하고 있다. 따라서 '(1) why you are ahead of schedule'은 논리적으로 옳지 않으며, '(1) why you are behind schedule'로 수정해야 된다.
- detrimental (해로운, 유해한, 손해가 되는, harming, harmful)

27 What is the purpose of the letter?

Your disregard of our previous reminders and personal telephone calls concerning your account, which is long overdue and delinquent, leaves our company no choice but to consider legal action. If your check for US$44,580,550 is not in our hands by July 10, your account will automatically be referred to the Bernstein Agency. We do not like to take these drastic measures, but you leave us with no alternative.

① adjustment of bad debts

② ultimatum of payment chase

③ complaint of late delivery

④ price negotiation of problem goods

해설 귀사의 미지급금(장기간 연체가 된)에 대하여 당사가 이전에 상기시키고 개인적으로 전화를 걸었음에도 불구하고, 귀사가 이를 무시한 것은 당사로 하여금 법적조치를 고려할 수밖에 없게 하였습니다. US$44,580,550 금액의 귀사의 수표가 7월 10일까지 우리 수중에 들어오지 않으면, 귀사의 미지급금은 자동적으로 Bernstein Agency(채권추심기관)에 보내질 것입니다. 당사는 이러한 극단적인 조치를 취하고 싶지 않지만, 귀사는 당사로 하여금 다른 대안을 남기지 않았습니다.

- delinquent loan(연체금), juvenile delinquent(청소년범죄)
- 이 지문은 미지급금에 대한 최후통첩(ultimatum)이다.

(정답 ②)

01 Choose the WRONG English composition for Korean meaning.

> 당사의 정보에 따르면, 해당 상사는 제때에 채무를 변제하고 있습니다.

① According to our records, they are punctually meeting their credits.

② As far as our information goes, they are punctually meeting their liabilities.

③ According to our records, they are punctually meeting their commitments.

④ As far as our information goes, they are punctually meeting their obligations.

해설 ① credits → debt.

(정답 ①)

02 Which is the most INACCURATE translation in English?

① 선적되어 온 것을 풀어보고 당사는 제품이 귀사의 견본과 품질이 동등하지 않다는 것을 발견하였습니다. → While we were unpacking the shipment, we realized that the quality of the goods is not equal to your sample.

② 이 지연으로 말미암아 당사는 큰 불편을 겪었습니다. 더 이상 지연되면 당사는 판매할 기회를 많이 놓친다는 점을 이해해 주십시오. → This delay has caused us great disconvenience. You will understand that you would lose much of your chance of selling them if their delivery were put off any further.

③ 귀하께서 당사의 클레임의 타당성을 인정하실 수 있도록 동봉한 견본을 조

사해 주시기 바랍니다. → We ask you to examine the sample enclosed so that you will admit the reasonableness of our claim.

④ 이 문제를 해결하기 위하여 귀사가 생각하고 있는 할인액을 알려주시기 바랍니다. → We would be glad to hear of the allowance you consider in settling this matter.

해설 ② You will understand that you would lose much of your chance of selling them if their delivery were put off any further. → You will understand that **we** would lose much of **our** chance of selling them if their delivery were put off any further.

(정답 ②)

03 Which is the most INACCURATE translation in English?
① 보증에 대한 정보도 받아보고 싶습니다. → We are also interested in receiving information about the warranty.
② 귀하의 주문품을 오늘 신속히 항공 속달편으로 발송하였습니다. → We have today promptly shipped your order by air express.
③ 선적이 지연된 이유는 최근 오클랜드 항구 직원들의 파업 때문입니다. → The shipping delay is due to the recent strike of port workers in Oakland.
④ 거듭된 시도에도 불구하고, 귀사로부터 아무런 답변도 받지 못했습니다. → Despite of repeated attempts, we have unable to receive an answer from you.

해설 ④ Despite of repeated attempts, we have unable to receive an answer from you. → Despite of repeated attempts, we **have not received** an answer from you.

(정답 ④)

04 Which is the LEAST appropriate English-Korean translation?
① We wonder whether our price hike can be approved by your purchasing manager or not. → 당신의 구매 과장이 우리의 가격 인상을 허락해 줄지 의문이다.
② Chance is even that our joint venture can be a great success. → 심지어 우리들의 합작 투자 사업이 성공할 확률이 있는 점에서 기회는 있다.

③ Customs clearance of export goods does not take long. → 수출품의 통관은 시간이 별로 걸리지 않는다.

④ Duty rate is decided as per the item name and its HS code in application form for import clearance. → 관세율은 수입통관 신청서에 기재한 HS No와 상품명에 의거, 결정된다.

해설 ② Chance is even that our joint venture can be a great success.
→ 우리들의 합작 투자 사업이 성공할 가능성도 있다.
• chance: 가능성

(정답 ②)

05 Which is the LEAST appropriate English-Korean translation?

① Figures in all regional markets reflect an overcapacity of memory chips and, therefore, depressed pricing. → 모든 지역 시장에서 모양들은 메모리칩의 과도한 용량과 그에 따른 가격 하락을 반영합니다.

② The provision for Licensor's Liability is not consistent with 5.2(Limitation of Liability) in the Agreement. → 라이센서의 보상 책임에 관한 규정이 계약서의 5.2(책임의 한도)와 모순됩니다.

③ We redrafted the following paragraph according to your request. → 의뢰하신 대로 다음의 문단을 수정하였습니다.

④ It is our understanding that cooperative research will be conducted informally pending formal approval of the agreement. → 계약서가 정식으로 승인되기까지 비공식적으로 공동 조사를 할 것으로 이해하고 있습니다.

해설 ① Figures in all regional markets reflect an overcapacity of memory chips and, therefore, depressed pricing. → 모든 지역 시장에서 수치들(figures)은 메모리칩의 과도한 용량과 그에 따른 가격 하락을 반영합니다.
• figure: 수치

(정답 ①)

06 Which is the LEAST appropriate English-Korean translation?

① Market demand is considerably weak. In particular, electronic and automotive manufacturers are operating at 60% capacity. → 시장의 수요는 상당히 약화되고 있습니다. 특히 전자와 자동차 제조는 생산 가동률 60%입니다.

② Attached is a three－year sales projection including 2016 year－end estimates. → 2016년 연말 예측을 포함하는 3개년 매상 예측을 첨부합니다.

③ We feel that we can count on your cooperation in correcting this problem. → 우리가 이것을 계산하고 당신이 협력해 주어 이 문제를 진전시킬 것이라 생각합니다.

④ We fell slightly short of the quarterly sales goal. I'm confident that we'll make it next quarter. → 분기 매출 목표에 조금 못 미쳤습니다. 다음 분기에는 꼭 달성시킬 자신이 있습니다.

해설   ③ We feel that we can count on your cooperation in correcting this problem. → 이 문제를 바로 잡는데 있어 귀사의 협조를 우리는 신뢰할 수 있다고 생각합니다.
• count on: 신뢰하다. 믿다. 확신하다.

(정답 ①)

07 Which of the following is WRONG?

① 당사의 조사에 의하면 이곳 시장에서 고가 품목이 진열되지 않을 것입니다. → According to our research, this market will not stand a high－priced line.

② 본 기계의 작동 상태를 보시고자 하신다면 현지의 당사 대리점이 찾아 뵙고 시연을 해 드리겠습니다. → If you want to see the machines' operation, we will arrange for our representative there to demonstrate it at your place.

③ 당사는 직접 광고를 하고 있으므로 귀사의 판매액이 증가할 것이라고 믿습니다. → Since we operate our advertising directly, we believe your turnover will increase.

④ 고객에게 각종 신발을 신속하게 공급하기 위해 홍콩에 대리점 설치를 고려 중에 있습니다. → We consider to establish an agency in Hong Kong for the prompt supply of various footwear to our clients.

해설 ④ 고객에게 각종 신발을 신속하게 공급하기 위해 홍콩에 대리점 설치를 고려중에 있습니다.: We consider <u>to establish</u> an agency in Hong Kong for the prompt supply of various footwear to our clients. → We consider <u>establishing</u> an agency in Hong Kong for the prompt supply of various footwear to our clients.
• consider 다음에는 명사나 동명사가 온다.

(정답 ④)

08 Choose one that is NOT correctly written in English.

① 귀사가 다른 회사들처럼 가격을 10% 정도 할인해 주시면 귀사의 청약을 수락하겠습니다. → If you give us a 10% discount like other companies, we will accept your offer.

② 당사는 15% 보다 더 높은 할인을 기대하며 귀사가 할인율을 한 번 더 고려해 줄 것을 기대합니다. → We hope that you will reconsider the discount rate with more than 15%.

③ 이것은 현재 당사가 제시할 수 있는 최고의 청약이며 더 이상의 저가에 의해서는 높은 품질이 유지될 수가 없습니다. → This is the best offer that we can make at present and the high quality of the goods cannot be maintained at lower prices.

④ 당사는 어떠한 수량의 주문도 주문 후 2주 이내에 인도를 할 수 있다는 것을 알려드립니다. → You are informed that we are able to supply any quantity after two weeks from your order.

해설 You are informed that we are able to supply any quantity after two weeks from your order. → You are informed that we are able to supply any quantity <u>within</u> two weeks from your order.

(정답 ④)

09 What is THIS?

THIS is the term used to describe the offence of trying to conceal money that has been obtained through offences such as drugs trafficking.
In other words, money obtained from certain crimes, such as extortion, insider trading, drug trafficking and illegal gambling is "dirty".

① money laundering   ② fraud
③ illegal investment   ④ abnormal remittance

해설 이것은 마약밀매와 같은 위법행위를 통하여 획득한 자금을 숨기려고 하는 위법행위를 표현하는 데 사용되는 용어이다. 다른 말로, 강탈(extortion), 내부거래(insider trading), 마약밀매(drug trafficking) 등과 같은 특정 범죄로부터 취득한 자금이고, 불법도박(illegal gambling)은 더러운 것이다.

- term: 용어, offence: 위반(법 위반), drug trafficking: 마약밀매, extortion: 강탈, insider trading: 내부거래, money laundering: 자금세탁,
- 위 지문은 자금세탁(money laundering)에 대한 설명이다.

(정답 ①)

10 Which of the following BEST completes the passage in the box?

> Would you please tell us if this firm has had any _____ in the past; if any court action has been taken against them to recover _____; what sort of reputation they have amongst suppliers in the trade; whether they have ever traded under another name, and if they have, whether that business has been subject to _____ ?

① bad debts − overdue debts − payment proceedings
② bad debts − overdue accounts − bankruptcy proceedings
③ reliable credit − overdue debts − bankruptcy proceedings
④ unreliable credit − overdue accounts − payment proceedings

해설 (상대방신용조사)

이 회사가 과거에 (악성채무)가 있었는지; (연체금)으로 법적소송을 당했는지; 그들이 거래한 회사중에 어떤 평판 좋은 회사가 있었는지; 타인명의로 사업을 했었는지, 만약 했다면 그것이 (법정관리) 때문인지

(정답 ②)

11 Which of the following is INCORRECTLY modified from the underlined parts in the box below?

You will see from the attached accounts that turnover in the past nine months of trading has been disappointing. There are a couple of reasons for this:

1. **Advertising:** Our agreed advertising budget of10,000 is not enough to promote your products, even though we use only newspapers and magazines. (A) It would be useful to double this budget with a view to extending advertising into neighbouring countries, where there are good opportunities to become established. (B) You will see from the attachment concerning the market research I have done through questionaries to retailers. that there is a positive response in Jordan, Kuwait, and the Emirates.

2. **Competition:** **a.** As I am sure you are aware, your main competition is from manufacturers in the Far East, who undercut your prices by at least 40%. (C) While they do not sell the same quality products, a number of large companies are becoming established here and are likely to start targeting the upper end of the market with better quality goods. I am monitoring the situation and will let you know of any developments. **b.** (D) Some competitors copy designs, so it is important for us to get your new designs as quickly as possible and put them on the market first.

---

① (A) Doubling this budget would be useful, given a view to extending advertising into neighbouring countries in which there are good opportunities to become established.

② (B) You will see from the attachment about the market research conducted through questionaries to retailers, which there is a positive response in Jordan, Kuwait, and the Emirates.

③ (C) Although they do not sell the same quality products, quite a few large companies are becoming established here and seem to start targeting the upper end of the market with better quality goods.

④ (D) Since some competitors copy designs, it is pivotal for us to get your new designs promptly and put them on the market first.

해설 동봉된 보고서를 보시면, 지난 9개월간의 매출실적이 실망스럽다는 것을 잘 알 것입니다.

1. 광고
저희가 합의한 광고예산 1만 달러는 신문과 잡지에 국한해도 귀사의 물품을 홍보하는 데 충분하지 않습니다.

(A) 성장기회가 많은 이웃 국가로 광고를 확대한다는 관점에서 본 예산을 2배로 증액하는 것이 효과적입니다.

(B) 저희가 소매업자에게 조회한 설문지를 통하여 작성한 시장보고서를 보시면 요르단, 쿠웨이트, 그리고 에미레이트에서 긍정적인 응답이 있음을 귀사는 잘 알 것입니다.

2. 경쟁력
a. 귀사의 주된 경쟁력은 귀사의 가격을 적어도 40%까지 인하할 수 있는 극동의 제조업체에 있음을 귀사도 알고 있다고 믿습니다. (C) 그 업체가 동일 품질의 물품을 여기서 판매하지 않기 때문에, 많은 업체들이 이곳에 회사를 설립하고 있으며 고가품시장을 공략할 것으로 보입니다. 당사는 이 상황을 주지하고 있으며 어떤 진전이 있는지 알려드리겠습니다.

b. (D) 몇몇 경쟁업체에서 디자인을 모방하고 있는데, 귀사의 디자인을 신속하게 확보하고 이를 시장에 먼저 출시하는 것이 중요합니다.

- undercut(~의 아래부분을 자르다), pivotal(중추의), questionnaire(질문지, 설문지)

(정답 ②)

12 Which of the following could NOT replace the underlined sentence?

> **Ms. Anderson:** The food is delicious.
>
> **Mr. Patterson:** I'm glad you like it.
>
> **Ms. Anderson:** So, as I mentioned over the phone, I'm hopping we can explore some mutual interests.
>
> **Mr. Patterson:** Yes, <u>we certainly have overlapping concerns.</u>
>
> **Ms. Anderson:** Obviously, the big one is how to remain competitive in the face of pan—European providers.
>
> **Mr. Patterson:** Sure. The trend is definitely towards consolidation.
>
> **Ms. Anderson:** The way I see it, we're in this together. We have everything to gain by banding together.
>
> **Mr. Patterson:** What did you have in mind?
>
> **Ms. Anderson:** We're wondering whether you've ever considered joining forces with another regional provider.
>
> **Mr. Patterson:** The thought's certainly crossed our minds.
>
> **Ms. Anderson:** Well, then I'd say we have a lot to talk about.

① We have a lot of common ground.

② There are definitely many areas where our interests are aligned.

③ There is great potential for synergy between our two business.

④ Our needs in this area are competitive, don't you think?

해설 overlapping concern(공통의 관심사), consolidation(통합, 합병), common ground (공통점), align(정렬하다), synergy(협력작용, 시너지) (해석문제)

(정답 ④)

13 Which of the following does NOT fit in the blank below?

Enclosed is the financial statement for our CEO that you asked for. I feel that, if anything, it undervalues his actual net worth. I hope this will keep things rolling. _____.

① Please let us know if you require additional information.

② Pardon the brevity of this note.

③ Please do not hesitate if you have any questions.

④ If you apply, his financial statement will be improved.

해설 당신이 요청한 우리 CEO의 재무제표를 동봉합니다. 만약 있다면, 그것은 그의 순자 산을 과소평가하는 것으로 생각됩니다. 저는 모든 일들이 순조롭게 진행되길 바랍니다.
− financial statement: 재무제표(대차대조표, 손익계산서 등)
− undervalue: 과소평가하다. 감소시키다.

(정답 ④)

PART

03

무역실무 기출문제 해설

1 무역실무 출제범위(25문항)

대분류	중분류
무역계약	무역거래의 개요 무역거래의 관리체계 해외시장조사와 거래선발굴 무역계약의 본질 무역계약의 기본조건 무역계약의 효력 무역계약의 정형화
무역결제	무역결제의방법 화환신용장 무역대금의정산 무역금융제도 국제조세와과세기준
무역운송	해상운송과B/L 항공운송과AWB 복합운송과운송서류 수출입통관과관세
무역보험	해상보험의 의의 해상위험과 해상손해 해상보험증권과 적하보험약관 수출입보험제도
무역클레임	무역계약의 불이행 무역클레임의 처리방안 상사중재 국제소송
서비스무역	서비스무역의개요 판매점·대리점계약 국제건설·자원개발계약 기타 서비스무역계약
기술무역	기술무역의 개요 기술도입계약 라이센스계약 플랜트수출계약
해외투자	국제투자의 개요 국제프랜차이즈계약 국제자본거래계약
전자무역	전자무역의 개요 전자물류·통관시스템 전자무역결제시스템 전자무역보험·클레임
무역규범	국내무역관계법규 국제무역계약법규 국제무역결제법규 국제무역운송법규 국제해상보험법규

2 무역계약

01 다음은 일반거래조건협정서의 어느 조건에 해당하는가?

> All the goods sold shall be shipped within the time stipulated in each contract. The date of bills of lading shall be taken as a conclusive proof of the date of shipment. Unless specially arranged, the port of shipment shall be at Seller's option.

① 품질조건
② 선적조건
③ 정형거래조건
④ 수량조건

해설 (지문번역) 매매된 모든 물품은 각 계약서에 규정된 기한 내에 선적되어야 한다. 선하증권일은 선적일에 대한 결정적 증거가 된다. 특별히 합의되지 않는 한, 선적항은 매도인의 선택이다.

이 지문은 선적조건에 대한 내용이다.

(정답 ②)

02 무역계약의 수량조건에 대한 설명으로 옳지 않은 것은?

① 중량의 단위는 ton, lb, kg 등이 있다.

② 영국식(long ton) 1ton의 무게는 1,024kg이다.

③ 순중량(net weight)은 포장무게 및 함유잡물의 무게를 공제한 순 상품 자체만의 무게이다.

④ 길이의 단위는 주로 생사(silk), 면사(cotton yearn), 인조견사(rayon)의 직물류 및 필름 등의 거래에 사용된다.

해설 중량톤(weight ton)

L/T(Long Ton)	2,240 lbs(파운드)	1,016 kg	영국계
M/T(Metric Ton)	2,204 lbs(파운드)	1,000 kg	기타
S/T(Short Ton)	2,000 lbs(파운드)	907 kg	미국계

* 1 lb(파운드) = 454g

(정답 ②)

03 청약의 소멸사유로 옳지 않은 것은?

① 청약에 대한 상대방의 승낙

② 청약의 철회(withdrawal)

③ 당사자의 사망

④ 청약의 거절 또는 반대청약

해설 청약의 상대방이 승낙(acceptance)하는 경우 계약이 성립된다. 청약이 소멸되는 것이 아니고 유효하게 작용하여 계약을 성립시킨다.

(정답 ①)

04 매도인 계약위반과 매수인 권리구제에 대한 설명으로 옳지 않은 것은?

① 매도인이 계약을 이행하지 않는 경우에 매수인은 원칙적으로 계약대로의 이행을 청구할 수 있다.

② 매수인은 매도인의 의무이행을 위하여 추가기간을 지정할 수 없다.

③ 매수인이 수령 당시와 동등한 상태로 반환할 수 없는 경우에는 대체물품인
　　도 청구권을 상실한다.
④ 계약의 해제는 정당한 손해배상의무를 제외하고는 당사자 쌍방을 모든 계약
　　상의 의무로부터 해방시킨다.

해설 ② 부가기간지정권: 매수인은 매도인의 의무이행을 위하여 추가기간을 지정할 수 있
고, 매도인도 매수인의 의무이행을 위하여 추가기간을 지정할 수 있다.

(정답 ②)

05 무역계약이 체결된 장소 또는 국가에서 계약의 전부 또는 일부가 이행될 때 계약이
　　체결된 국가의 법률을 적용해야 한다는 원칙으로 옳은 것은?
　　① 무명조건　② 계약이행지법　③ 중재지법　④ 계약체결지법
해설 계약의 준거법 결정에서 "계약체결지법"에 대한 기술이다.

(정답 ④)

06 무역계약의 법적 성질에 대한 설명으로 옳지 않은 것은?
　　① 유상계약은 무상계약의 반대 개념이며, 채무 자체의 상호의존성에 중점을 둔
　　　개념이다.
　　② 쌍무계약은 매매계약이 성립되면 양 당사자가 동시에 채무를 부담한다는 것
　　　이다.
　　③ 불요식계약은 특별한 형식 없이 구두나 행위 또는 서명에 의하여도 의사의
　　　합치만 확인되면 계약이 성립된다는 것이다.
　　④ 무역계약은 낙성계약이며 그 반대는 요물계약(要物契約)으로 당사자의 합의
　　　이외에 일방의 물품인도나 기타의 행위를 필요로 하는 계약을 말한다.

해설 ① 유상계약은 대가에 중점을 둔 개념이고, 채무 차체의 상호의존성에 중점을 둔 개
념은 쌍무계약이다. 물품매매계약은 낙성계약, 쌍무계약, 유상계약, 불요식계약에 해당된다.

구 분	개념	영어	상대개념
낙성계약	당사자의 합의만으로 계약 성립	consensual contract	요물계약 예) 현상광고
쌍무계약	계약당사자 모두 채무를 부담 (예 :물건인도, 대금지급)	bilateral contract	편무계약 예) 증여, 사용대차 예) 무상의 소비대차 · 위임 · 임치

구 분	개념	영어	상대개념
유상계약	쌍방이 대가적 관계에서 급부와 반대급부 부담	contract for value	무상계약 예) 증여, 사용대차 예) 무상의 소비대차 · 위임 · 임치
불요식계약	특별한 요식이나 형식 불필요 (서면성 불필요)		요식계약 예) 어음계약, 수표계약칙

(정답 ①)

07 중량의 측정기준에 대한 설명이다. 아래 공란에 들어갈 용어를 옳게 나열한 것은?

(a)은 포장한 그대로의 중량을 대금계산의 중량으로 하는 조건이며, (b)은 중량 관세의 부과를 위하여 사용되는 중량으로 (a)에서 겉포장재료의 무게를 공제한 수량이다. (c)은 (a)에서 포장물의 중량을 공제한 것을 대금계산의 단위로 하는 조건이다   한편 (d)은 (c)에서 함유잡물(dust) 을 제거한 중량을 말한다.

① a: 총중량   b: 순중량   c: 정미순중량   d: 법적 순중량
② a: 순중량   b: 법적 순중량   c: 정미순중량   d: 총중량
③ a: 총중량   b: 법적 순중량   c: 순중량   d: 정미순중량
④ a: 순중량   b: 정미순중량   c: 법적 순중량   d: 총중량

해설   공란 a,b,c,d에 들어갈 용어는 순서대로 총중량, 법적순중량, 순중량, 정미순중량이다. 총중량(gross weight)으로 포장물을 포함한 전체 중량을 말하며 포장용기(tare) 및 함유잡물(dust)이 일정한 면화, 소맥, 분발 등 그 성질상 포장과 분리가 어려운 특성을 지닌 제품에서 많이 사용된다. 법적 순중량(Legal Net Weight)이며 과세목적의 중량으로 중량관세의 부과를 위하여 사용되는 중량으로 총중량에서 겉포장 재료의 무게를 공제한 수량을 말한다. 순중량(net weight)으로 포장물을 제외한 내용물 중량을 말하며, 정미순중량(Net)으로 농산물과 같이 순중량에서 함유잡물(dust)의 중량을 제외하는 품목이나, 섬유류와 같이 부자재의 중량을 제외한 중량을 적용하는 품목에서 사용된다.

(정답 ③)

08 다음 공란에 들어갈 용어를 옳게 나열한 것은?

(a) 조건은 선적지 인도조건이기 때문에 계약에 별도의 명시가 없으면 선적 시를 품질기준시기로 보아야 한다. 곡물류의 거래에 있어서 (b)는 선적품질조건을 의미하며 (c)는 조건부 선적품질조건으로 해상운송 중 생긴 유손(damaged by wet) 등으로 야기되는 품질손해에 대하여는 매도인이 도착 시까지 책임을 지는 조건이다.

---

① a: FCA, b: TQ(tale quale), c: SD(sea damage)

② a: CPT, b: RQ(rye term), c: SD(sea damage)

③ a: DAP, b: SD(sea damage), c: RT(rye term)

④ a: CIF, b: TQ(tale quale), c: RT(rye term)

해설 공란 a,b,c에 들어갈 용어는 순서대로 FCA(Free Carrier: 운송인인도조건), TQ(tale quale), SD(sae damage)이다. 선적지인도조건에서 계약에 별도의 명시가 없으면 선적 시를 품질기준시기로 보는데, Incoterms 2020에서 선적지인도조건으로는 EXW·FCA·CPT·CIP·FAS·FOB·CFR·CIF 규칙이 있다. 곡물류의 품질결정시기는 TQ(tale quale), RT(rye term), SD(sea damage)로 나누어볼 수 있으며, TQ(tale quale)은 선적품질조건으로 매도인이 약정한 품질을 선적할 때까지 책임을 지는 조건이고, SD(sea damage)는 해상운송 도중 해수 등에 의하여 부패·발효 등의 품질상 손해가 발생하면 매도인이 이를 부담하는 조건을 말한다.

• RT(Rye Terms)

　곡물의 양륙품질조건(landed quality terms)으로 런던 곡물거래에서 러시아산의 라이맥 거래에 쓰이던 조건이다. 지금은 현품 도착시의 품질을 조건으로 하는 다른 곡물의 거래에도 이용되고 있다.

(정답 ①)

09 중량의 측정기준에 대한 설명이다. 아래 공란에 들어갈 용어를 옳게 나열한 것은?

(a)는 선박의 밀폐된 내부 전체용적을 나타내며 100ft³을 1톤으로 하되 기관실, 조타실 따위의 일부 시설물의 용적은 제외한다. 각국의 보유 선복량 표시, 관세, 등록세, 도선료 등의 부과 기준이 된다. 반면 (b)는 상행위에 직접적으로 사용되는 장소만을 계산한 용적으로 전체 내부용적에서 선원실, 갑판창고, 통신실, 기관실 따위를 제외한 부분을 톤수로 환산한 것이며, 톤세, 항세, 항만시설사용료, 운하통과료 등의 부과 기준이 된다.

---

① a: 총톤수(G/T: gross tonnage)

　b: 순톤수(N/T: net tonnage)

② a: 순톤수(N/T: net tonnage)

　b: 총톤수(G/T: gross tonnage)

③ a: 재화중량톤수(DWT: dead weight ton)

   b: 배수톤수(displacement ton)

④ a: 배수톤수(displacement ton)

   b: 재화중량톤수(DWT: dead weight ton)

해설 순톤수(N/T: net tonnage)와 총톤수(G/T: gross tonnage)에 대한 설명이다.

(정답 ②)

10 영미법상 국제계약에 대한 일반적인 설명으로 옳지 않은 것은?

① 일반적으로 영미법계에서는 계약위반에 대한 구제수단은 원칙적으로 손해배상이고 특정이행은 예외적으로 허용한다.

② 일반적으로 영미법계에서는 Liquidated Damages가 위약벌의 성격을 가지면 무효이다.

③ 일반적으로 영미법계에서는 계약이 유효하게 성립하려면 약인(consideration)이 있어야 한다.

④ 일반적으로 영미법계에서 계약위반이 성립하려면 채무자의 귀책사유가 있어야 한다.

해설 일반적으로 영미법에서는 ① 계약위반에 대한 구제수단(remedy)은 원칙적으로 손해배상(damages)이고 특정이행(specific performance)은 예외적으로 허용한다. ② Liquidated Damages(손해배상액의 예정) ③ 약인(consideration)이 없으면 계약을 강행할 수 없다 (unenforceable). 즉 상대방이 이행하지 않아도 소송 등 법적으로 강제할 수 없다. ④ 계약위반으로 채무자의 귀책사유를 요구하지 않는다.

(계약위반시 특정이행과 손해배상)

대륙법계	영미법계	CISG
• 특정이행 원칙 • 손해배상요건: 과실	• 손해배상 원칙(손해배상이 곤란한 경우에만 특정이행) • 손해배상요건: 불일치(과실 불필요)	• 특정이행 원칙(법정지에서 특정이행이 인정되지 않는 경우 법원은 특정이행 거부 가능) • 계약위반요건: 고의 · 과실 불필요

(정답 ④)

11 무역계약에서 일방 당사자의 일정한 권리가 침해당하는 경우 상대방에 대하여 그러한 침해를 방지 또는 시정하거나 보상받는 권리는?

① remedy   ② damage   ③ warranty   ④ breach

해설 ① remedy(구제권리): 상대방의 계약위반에 대하여 권리보전/손해배상을 위하여 상대방에게 주장할 수 있는 권리 ② damage(손해배상, 손해배상청구) ③ warranty(품질보증) ④ breach(계약위반)

(정답 ①)

12 청구보증(on-demand bond)에 대한 설명 중 틀린 것은?

① Standby L/C도 청구보증과 동일한 기능을 한다.

② 수익자(beneficiary)가 보증인에게 서면으로 청구하면 보증인은 청구원인 사실을 따지지 않고 무조건 지급하여야 한다.

③ Suretyship도 청구보증의 일종으로 주로 미국에서 사용된다.

④ 주채무와의 부종성이 없으므로 독립적 보증이라고도 불린다.

해설 국제거래에서 청구보증(demand guarantee/bond), 보증신용장(standby L/C), 독립적 은행보증(independent bank guarantee), 독립보증(independent guarantee)은 모두 동일한 기능을 한다. 수익자의 단순 지급청구가 있으면, 보증은행은 지급해야 한다. 보증성이 없다 (즉 보증은행은 주채무자에게 먼저 청구할 것을 주장할 수 없다). 참고로 보증신용장 (standby L/C)은 미국에서 유래되었고, 주로 미국에서 많이 사용된다. 반면, Suretyship은 일반적인 보증으로 보충성이 있다(즉 보증은행은 주채무자에게 먼저 청구할 것을 주장할 수 없다).

(정답 ③)

13 다음 설명에 해당하는 수출보증보험의 대상이 되는 보증서는 무엇인가?

> 계약체결 시에 제출하는 것으로서 낙찰자가 약정된 계약을 이행하지 않을 경우에 대비하여 상대방(발주자)이 요구하며 보증금액은 보통 계약금액의 10% 전후이다.

① bid bond   ② performance bond
③ advance payment bond   ④ retention payment bond

해설 지문은 계약이행보증(performance bond/guarantee)에 대한 설명이다.
• bid bond/tender bond(입찰보증): 입찰참가자가 낙찰 후 계약을 체결하지 않는 것에 대한 담보로 제공된다.

- performance bond/guarantee(계약이행보증): 계약체결 후 계약을 불이행하는 것에 대한 담보로 제공된다. 보증금액은 통상 계약금액의 10% 정도
- advance payment bond/guarantee(선수금환급보증): 계약불이행시(또는 기타 지급청구 사유 발생시) 시공자가 지급받은 선수금의 환급을 담보하는 보증
- retention bond/guarantee(유보금환급보증): 발주처에게 유보금환급보증서를 제공하고 발주처로부터 유보금을 받는다.
- warranty(or maintenance) bond/guarantee(하자보수보증): 공사이행 후 하자보증기간 내에 하자발생에 대한 담보로 제공된다.

(정답 ②)

14 산업설비수출계약이나 해외건설공사계약을 체결한 수출자가 계약상의 의무이행을 하지 않음으로써 발주자가 입게 되는 손해를 보상받기 위해 발행하는 수출보증서로 옳은 것은?

① retention bond
② performance bond
③ maintenance bond
④ advance payment bond

해설 ① retention bond(유보금환급보증)   ② performance bond(계약이행보증)
③ maintenance bond(하자보수보증)   ④ advance payment bond(선수금환급보증)
- advance payment bond/guarantee(선수금환급보증): 계약불이행시(또는 기타 지급청구 사유 발생시) 시공자가 지급받은 선수금의 환급을 담보하는 보증

(정답 ②)

15 무역계약의 계약자유원칙에 대한 내용으로 옳지 않은 것은?

① 계약체결의 자유
② 불평등초래 약관을 포함한 계약내용 결정의 자유
③ 계약체결방식의 자유
④ 계약 상대방 선택의 자유

해설 ② 불평등초래 약관을 포함한 계약내용은 무효가 될 수 있다.

(정답 ②)

3　국제물품매매계약에 관한 유엔협약(CISG)

01 UN 국제물품매매에 관한 협약(CISG)의 적용 대상인 것은?

① sales of goods bought for personal, family and household use

② sales by auction

③ sales of ships, vessels, hovercraft or aircraft

④ contracts for the supply of goods to be produced

해설　①~③ CISG 제2조에서는 다음 거래에 대해 CISG적용을 배제하고 있다.

Article 2

This Convention does not apply to sales:

(a) of goods bought for personal, family or household use, unless the seller, at any time before or at the conclusion of the contract, neither knew nor ought to have known that the goods were bought for any such use;

(b) by auction;

(c) on execution or otherwise by authority of law;

(d) of stocks, shares, investment securities, negotiable instruments or money;

(e) of ships, vessels, hovercraft or aircraft;

(f) of electricity.

④ 제3조에서는 제조 또는 생산하여 공급하는 계약도 매매로 규정하고 있어 기본적으로 CISG가 적용된다. 다만, 주문자가 제조 또는 생산에 필요한 재료의 중요한 부분(substantial part)을 공급하는 경우에는 CISG가 적용되지 않는다.

Article 3

(1) <u>Contracts for the supply of goods to be manufactured or produced</u> are to be considered sales unless the party who orders the goods undertakes to supply a substantial part of the materials necessary for such manufacture or production.

(정답 ④)

02 청약의 유인에 대한 설명으로 옳지 않은 것은?

① 피청약자가 승낙하여도 청약자의 확인이 있어야 계약이 성립한다.

② 청약자는 피청약자의 승낙만으로는 구속되지 않으려는 의도를 가진다.

③ 불특정인, 불특정집단을 대상으로 이루어진다.

④ Sub-con Offer와는 전혀 다른 성격을 지닌다.

해설   청약의 유인(invitation for offer)은 타인으로 하여금 자기에게 청약을 하게 하려는 의도에서 이루어지는 것으로 청약의 유인을 받은 자의 의사표시가 청약이 되며, 이에 대해 청약을 유인한 자가 다시 승낙해야 계약이 성립된다. 불특정 다수인에 대한 제안은 원칙적으로 청약의 유인이 된다(CISG 제14조제2항). 따라서 청약과 청약의 유인(invitation for offer)은 구별되어야 한다. Sub-con offer (예: This offer is subject to our final confirmation.)의 법적 효력은 청약의 유인과 유사하다(즉 청약 아님).

(정답 ④)

03 승낙의 효력발생에 관한 국제물품매매계약에 관한 유엔협약(CISG)의 규정으로 옳지 않은 것은?

① 서신의 경우 승낙기간의 기산일은 지정된 일자 또는 일자의 지정이 없는 경우에는 봉투에 기재된 일자로 부터 기산한다.

② 승낙이 승낙기간 내에 청약자에게 도달하지 아니하면 그 효력이 발생하지 아니한다.

③ 구두청약에 대해서는 특별한 사정이 없는 한, 즉시 승낙이 이루어져야 한다.

④ 지연된 승낙의 경우 청약자가 이를 인정한다는 뜻을 피청약자에게 통지하더라도 그 효력이 발생하지 아니한다.

해설   ④ 연착된 승낙은 청약자가 상대방에게 지체 없이 승낙으로서 효력을 가진다는 취지를 구두로 통고하거나 그러한 취지의 통지를 발송하는 경우에는 승낙으로서의 효력이 있다(CISG 제21조제1항).

(정답 ④)

04 CISG상 일방당사자의 청약 의사표시가 충분히 확정적이기 위한 요건으로 옳지 않은 것은?

① 물품을 표시하고 있을 것

② 대금을 정하고 있거나 이를 정하는 규정을 두고 있을 것

③ 수량을 정하고 있거나 이를 정하는 규정을 두고 있을 것

④ 분쟁해결방법을 정하고 있거나 이를 정하는 규정을 두고 있을 것

해설   제14조 (1) 1인 또는 그 이상의 특정인에 대한 계약체결의 제안은 충분히 확정적이고, 승낙시 그에 구속된다는 청약자의 의사가 표시되어 있는 경우에 청약이 된다. 제안이 물품을 표시하고, 명시적 또는 묵시적으로 수량과 대금을 지정하거나 그 결정을 위한 조항을 두고 있는 경우에, 그 제안은 충분히 확정적인 것으로 한다.

(정답 ④)

05 청약의 요건으로 옳지 않은 것은?

　① 1인 혹은 그 이상의 특정인에 대한 의사표시일 것

　② 물품의 표시, 대금 및 수량에 관하여 충분히 확정적인 의사표시일 것

　③ 승낙이 있는 경우 이에 구속된다는 의사표시가 있을 것

　④ 상대방의 거래문의에 대한 응답으로 절대적이고 무조건적인 거래개설의 의사표시

해설　■ **청약의 요건(CISG 제14조)**
① 계약체결을 위한 제안일 것 ② 청약의 상대방은 특정인일 것 ③ 청약의 내용은 충분히 확정적일 것(물품명세, 수량, 대금의 조건이 확정적일 것) ④ 승낙이 있는 경우 그에 구속될 의사가 있을 것

■ **승낙의 조건 및 방법(CISG 제18조)**
① 승낙은 무조건적이고 절대적이어야 한다(청약에 조건을 붙여 승낙을 하면, 이는 승낙이 아니고 새로운 청약(반대청약)이 될 수 있을 뿐이다). ② 청약이 특정인(B) 앞으로 이루어졌다면, 그 특정인(B)가 승낙을 해야 한다. ③ 승낙은 승낙기간(약정된 기간 또는 합리적인 기간) 내에 이루어져야 한다. ④ 청약에 승낙의 방법을 정했다면 그 방법대로 승낙을 해야 한다(정하지 않았다면 합리적인 수단과 방법으로 한다).

■ ④는 승낙의 요건이다.

(정답 ④)

06 국제물품매매계약에 관한 UN협약(CISG)에서 매도인이 계약을 위반했을 때 매수인에게 부여할 권리구제의 방법에 대한 설명으로 옳지 않은 것은?

　① 매도인이 계약을 이행하지 않는 경우에 매수인은 원칙적으로 계약대로의 이행을 청구할 수 있다.

　② 매수인은 매도인의 의무이행을 위하여 합리적인 추가기간을 지정할 수 있다.

　③ 매수인이 수령 당시와 동등한 상태로 반환할 수 없는 경우에도 대체물품인도청구권을 가질 수 있다.

　④ 매도인이 물품의 하자를 보완하였거나 매수인이 매도인의 보완제의를 부당하게 거절하는 경우 대금감액은 인정되지 않는다.

해설　③ 제82조 (1) 매수인이 물품을 수령한 상태와 실질적으로 동일한 상태로 그 물품을 반환할 수 없는 경우에는, 매수인은 계약을 해제하거나 매도인에게 대체물을 청구할 권리를 상실한다.

(정답 ③)

07 국제물품매매계약에 관한 UN협약(CISG)의 규율대상에 해당하지 않는 것은?

① 계약의 유효성 ② 매수인의 권리구제 ③ 매도인의 의무 ④ 계약의 성립

해설 CISG 제4조 이 협약은 매매계약의 성립 및 그 계약으로부터 발생하는 매도인과 매수인의 권리의무만을 규율한다. 이 협약에 별도의 명시규정이 있는 경우를 제외하고, 이 협약은 특히 다음과 관련이 없다.

(가) 계약이나 그 조항 또는 관행의 유효성

(나) 매매된 물품의 소유권에 관하여 계약이 미치는 효력

(정답 ①)

08 유효한 승낙을 구성하기 위한 요건으로 옳지 않은 것은?

① 청약에 대한 동의가 취소(revoke)되어서는 안된다.

② 청약에 대한 동의는 절대적이고 무조건적이어야 한다.

③ 청약에 대한 동의의 의사표시 효력이 발생하여야 한다.

④ 청약에 대한 동의의 의사표시가 있어야 한다.

해설 승낙(acceptance)은 청약에 대응하여 계약을 성립시킬 목적으로 피청약자가 청약자에게 행하는 의사표시이다. 승낙은 무조건적이고 절대적이여야 하며 청약에 조건을 붙여 승낙을 하면, 이는 승낙이 아니고 새로운 청약이 될 수 있을 뿐이다. 또한 청약에 대한 승낙은 동의의 의사표시가 청약자에게 도달하는 시점에 효력이 발생한다.

※ CISG 제22조: 승낙은 그 효력이 발생하기 전 또는 그와 동시에 회수의 의사표시가 청약자에게 도달하는 경우에는 회수될 수 있다.

(정답 ①)

09 국제물품매매거래에서 청약이 유효하기 위한 요건 중의 하나로 충분한 확정성 요건이 있다. 당사자 간 달리 합의한 바가 없다면 일방당사자의 의사표시가 충분히 확정적이기 위한 요건으로 옳지 않은 것은?

① 물품을 표시하고 있을 것

② 대금을 정하고 있거나 이를 정하는 규정을 두고 있을 것

③ 수량을 정하고 있거나 이를 정하는 규정을 두고 있는 경우

④ 품질을 정하고 있거나 이를 정하는 규정을 두고 있는 경우

해설 '④ 품질을 정하고 있거나 이를 정하는 규정을 두고 있는 경우'는 청약에서 충분한 확정성 요건에 해당하지 않는다.

※ CISG 제14조: (1) 1인 또는 그 이상의 특정인에 대한 계약체결의 제안은 충분히 확정적

이고, 승낙시 그에 구속된다는 청약자의 의사가 표시되어 있는 경우에 청약이 된다. 제안이 물품을 표시하고, 명시적 또는 묵시적으로 수량과 대금을 지정하거나 그 결정을 위한 조항을 두고 있는 경우에, 그 제안은 충분히 확정적인 것으로 한다.

(정답 ④)

10 국제물품매매계약에 관한 UN 협약(CISG)상 손해경감 의무에 관한 내용으로 옳지 않은 것은?

① 상대방의 계약위반이 있는 경우에, 피해당사자는 그 손해를 경감하기 위하여 합리적인 조치를 취하여야 하며, 여기의 합리적인 조치는 이미 발생하고 있는 손해의 확대를 막는 것을 포함한다.

② 피해당사자가 손해의 경감을 위한 합리적인 조치를 취하지 아니한 경우에, 본래의 계약위반당사자는 그러한 조치에 의하여 경감되었어야 했던 손해액만큼 피해당사자에게 손해배상을 청구할 수 있다.

③ 피해당사자가 손해의 경감을 위한 조치를 취하지 않은 사실과 그로 인하여 손해가 방지되지 못한 사실의 입증책임은 본래의 계약위반당사자가 부담한다.

④ 손해경감조치비용은 손해의 일종이기 때문에 피해당사자는 합리적인 손해경감조치를 취함에 따라 지출한 비용을 본래의 계약위반당사자로부터 상환받을 수 있다.

해설 '② 피해당사자가 손해의 경감을 위한 합리적인 조치를 취하지 아니한 경우에, 본래의 계약위반당사자는 그러한 조치에 의하여 경감되었어야 했던 <u>손해액만큼 피해당사자에게 손해배상을 청구할 수 있다.</u>' (×) → '<u>손실액만큼 손해배상액의 감액을 청구할 수 있다.</u>' (○)

※ CISG 제77조 : 계약위반을 주장하는 당사자는 이익의 상실을 포함하여 그 위반으로 인한 손실을 경감하기 위하여 그 상황에서 합리적인 조치를 취하여야 한다. 계약위반을 주장하는 당사자가 그 조치를 취하지 아니한 경우에는, 위반 당사자는 경감되었어야 했던 손실액만큼 손해배상액의 감액을 청구할 수 있다.

(정답 ②)

11 Vienna Convention(1980)의 승낙과 관련된 내용으로 옳은 것은?

① 승낙보다 먼저 그 승낙의 철회의사가 청약자에게 도달된 경우에만 철회가 가능하다.

② 승낙과 동시에 그 승낙의 철회의사가 청약자에게 도달된 경우에는 철회가 불가능하다.

③ 승낙은 청약과 달리 철회가 불가능하다.

④ 계약성립 후 승낙은 청약과 달리 취소가 불가능하다.

해설 청약에 대한 승낙이 효력을 발생하는 시점에 계약이 성립하고, 계약의 성립 후 승낙의 취소는 불가능하다.
※ CISG 제22조: 승낙은 그 효력이 발생하기 전 또는 그와 동시에 회수의 의사표시가 청약자에게 도달하는 경우에는 회수될 수 있다.

(정답 ④)

12 [국제물품매매계약에 관한 UN협약 (CISG)]이 적용되는 경우에, 다음 사례에서 매수인이 행사할 수 있는 구제권으로 옳은 것을 모두 나열한 것은?

> 한국의 A사(매수인)는 중국의 B사(매도인)로부터 1,000박스의 유아용 장난감을 수입하기로 계약을 체결하였다. 그러나 계약과 달리 저급한 품질이어서 한국에서는 50%의 낮은 가격에 판매될 수 있을 것으로 판명되었다. 이에 A사는 즉시 그 사실을 B사에게 통지하였다.
>
> A — A사는 B사에 대하여 손해배상을 청구할 수 있다.
> B — A사는 B사에 대하여 대금감액을 청구할 수 있다.
> C — A사는 B사에 대하여 대체물의 인도를 청구할 수 있다.
> D — A사는 B사에 대하여 계약을 해제하면서 아울러 손해배상도 청구할 수 있다.

① A   ② A, B   ③ A, B, C   ④ A, B, C, D

해설 위의 사례에서는 장난감의 품질이 50% 이하이므로 장난감의 계약부적합(하자)이 본질적 계약위반에 해당된다고 볼 수 있다. 이 경우 매수인은 대체물인도, 계약해제, 손해배상, 대금감액 등의 청구를 할 수 있다.

(계약 위반에 대한 매수인(수입자)의 구제권리)

인도지연	이행청구권(인도청구), 계약해제권, 손해배상청구권, 부가기간지정권
불완전인도 (물품하자)	정상물품인도청구권(대체물인도청구), 수리청구권, 계약해제권, 부가기간지정권, 손해배상청구권, 감액청구권

(정답 ④)

13 다음 사례에서 국제물품매매계약에 관한 UN협약(CISG)이 적용된다고 할 때 옳지 않은 것은?

> 공작기계를 매매하는 계약에서, 물품을 수령한 직후 매수인은 기계의 성능을 시험하던 중에 기계의 중요한 부품에 결함이 있음을 발견하고 이를 매도인에게 즉시 통지하였다.
> 이에 매도인은 즉시 문제의 부품을 교체하여 주겠다고 제의하였다. 그 부품을 교체하는 데에는 1주일이 필요하지만 그 정도는 매수인에게 전혀 문제될 것이 없었다. 그럼에도 매수인은 이번 기회에 거래처를 바꾸기로 결심하고 매도인의 제의를 거절하였다.

① 매수인은 매도인에 대하여 부품결함으로 인한 손해배상을 청구할 수 있다.
② 매수인은 중요한 부품의 결함을 이유로 계약을 해제할 수 있다.
③ 매수인은 그 결함의 치유를 위하여 부품의 교체를 요구할 수 있다.
④ 매도인은 그의 추완권(right to cure the lack of conformity)에 기하여 결함이 있는 부품을 교체할 수 있다.

해설　CISG에서는 본질적 계약위반의 경우에만 계약해제권을 인정하고 있다. 사례에서는 부품의 결함으로 본질적 계약위반에 해당된다고 볼 수 없다. 따라서 매수인은 계약해제권을 행사할 수 없다.

(정답 ②)

14 매수인의 계약불이행 시 매도인에게 손해가 발생되는 경우, 매도인은 손해배상청구를 통하여 보상받을 수 있다. 국제물품매매계약에 관한 UN협약(CISG)상 아래 열거한 내용 중에 매도인의 구제조치에 포함할 수 없는 것은?

① 매도인은 물품을 전매한 경우에 발생되는 각종 경비 및 가격차이 등으로 인한 손해배상을 청구할 수 있다.
② 매도인이 판매시점을 놓치게 된 경우 가격하락이 발생하면 그 손실만큼 손해배상을 청구할 수 있다.
③ 매도인이 생산을 개시한 경우라면 해당하는 손실을 청구할 수 있다.
④ 매도인은 차기 계약분의 대금에서 감액을 요청할 수 있다.

해설　④ 대금 감액 요청은 매수인의 구제권리이다.

(정답 ④)

15 국제물품매매계약에 관한 UN협약(CISG)에서는 피청약자가 승낙을 의도하고 있는 경우에는 청약상의 조건을 실질적으로 변경하지 아니하는 조건의 추가, 제한 또는 변경이 있더라도 승낙으로 인정하고 있다. 다음 중 CISG에서 특정하고 있는 실질적인 조건의 변경의 사유에 해당되지 않는 것을 고르시오.

　① 물품의 품질 및 수량조건　② 화인조건　③ 물품의 인도장소 및 인도시기

　④ 분쟁해결에 대한 추가적 대금의 지급방법

해설　CISG 제19조

(1) 승낙을 의도하고 있으나, 부가, 제한 그 밖의 변경을 포함하는 청약에 대한 응답은 청약에 대한 거절이면서 또한 새로운 청약이 된다.

(2) 승낙을 의도하고 있고, 청약의 조건을 실질적으로 변경하지 아니하는 부가적 조건 또는 상이한 조건을 포함하는 청약에 대한 응답은 승낙이 된다. 다만, 청약자가 부당한 지체 없이 그 상위(相違)에 구두로 이의를 제기하거나 그러한 취지의 통지를 발송하는 경우에는 그러하지 아니하다. 청약자가 이의를 제기하지 아니하는 경우에는 승낙에 포함된 변경이 가하여진 청약 조건이 계약 조건이 된다.

(3) 특히 대금, 대금지급, 물품의 품질과 수량, 인도의 장소와 시기, 당사자 일방의 상대방에 대한 책임범위 또는 분쟁해결에 관한 부가적 조건 또는 상이한 조건은 청약 조건을 실질적으로 변경하는 것으로 본다.

(정답 ②)

16 국제물품매매계약에 관한 UN협약(CISG)상 매도인의 물품인도의무에 관한 설명으로 옳지 않은 것은?

　① 매도인은 인도기일이 계약에 의하여 지정되어 있는 경우에는 그 기일에 물품을 인도하여야 한다.

　② 매도인은 인도시기가 계약에 의하여 지정되어 있지 않은 경우에는 계약체결 후 즉시 물품을 인도하여야 한다.

　③ 매도인은 인도기간이 계약에 의하여 지정되어 있는 경우에는 그 기간 내의 어느 시기에 물품을 인도하여야 한다.

　④ 매도인이 물품의 운송을 주선하여야 하는 경우에, 매도인은 상황에 맞는 적절한 운송수단 및 그 운송에서의 통상의 조건으로 운송계약을 체결하여야 한다.

해설　인도기일이 정해진 경우를 제외하고는 합리적인 기간 내에 인도

(정답 ②)

17 국제물품매매계약에 있어서 청약에 대한 승낙의 도달효과로서 틀린 것은?

　① 승낙이 상대방에게 도달한 후에는 그 승낙을 일방적으로 취소할 수 없다.

　② 승낙이 도달하면 당해 계약이 성립된다.

　③ 매도인 및 매수인에게 권리는 물론 의무도 동시에 발생시킨다.

　④ 승낙이 상대방에게 도달한 후에도 철회할 수 있다.

해설　승낙의 통지를 발송하기 전에 철회의 의사표시가 상대방에 도달한 경우에는 청약은 철회할 수 있다. (제16조)

(정답 ④)

18 국제물품매매계약에 있어서 청약의 기준으로 볼 수 없는 것은?

　① 1인 또는 그 이상의 특정인에게 제의하여야 한다.

　② 승낙이 있는 경우에는 이에 구속된다는 청약자의 의사를 표명하고 있어야 한다.

　③ 청약에 대한 회신기일을 명시하여야 한다.

　④ 청약의 내용은 충분히 확정적이어야 하고, 명시적 또는 묵시적으로라도 수량과 대금을 정하고 있어야 한다.

해설　청약에 대한 회신기일을 정할 필요는 없다.

(정답 ③)

19 국제물품매매계약에 있어서 매도인이 중대한 계약위반을 범한 경우, 매수인이 행사할 수 있는 구제권리가 아닌 것은?

　① 매도인에게 대체품을 인도하도록 청구할 수 있다.

　② 하자보완권을 행사할 수 있다.

　③ 계약의 해제를 선언할 수 있다.

　④ 손해배상을 청구할 수 있다.

해설　하자보완권은 매도인의 권리 및 의무이며, 매수인의 권리는 하자보완청구권이다.

(정답 ②)

20 국제물품매매계약에 관한 UN협약(CISG)상 계약해제에 관한 설명으로 틀린 것은?

① 계약이 해제되더라도 계약상의 분쟁해결조항은 여전히 효력을 갖는다.

② 매수인이 물품을 수령한 상태와 실질적으로 동일한 상태로 그 물품을 반환할 수 없는 경우, 매수인은 원칙적으로 계약을 해제할 수 없다.

③ 계약의 해제로 매도인이 대금을 반환하여야 하는 경우에, 매도인은 계약해제일로부터 발생하는 이자를 지급하면 된다.

④ 매수인이 물품을 반환할 수 없음에도 불구하고 계약을 해제하였을 경우에, 매수인은 그 물품으로부터 생긴 모든 이익까지 반환하여야 한다.

해설 매도인이 대금을 반환하는 경우 이자도 반환할 것(제84조 제1항)

(정답 ③)

21 매도인과 매수인은 모두 국제물품매매계약에 관한 UN협약(CISG) 체약국의 상인이다. 하지만 그들은 계약체결시 준거규범으로서 Incoterms도 CISG도 채택하지 않았다. 훗날 위험이전시기를 두고 분쟁이 발생한 경우 다음 중 어느 기준이 적용되는가?

① Incoterms를 채택하지 않았지만 Incoterms가 적용된다.

② CISG를 준거법으로 지정하지 않았지만 CISG가 적용된다.

③ 매도인 국가의 국내규범이 우선적으로 적용된다.

④ 매수인 국가의 국내규범이 우선적으로 적용된다.

해설 양당사국이 체약국이 경우 당사자가 CISG의 적용을 배제하지 않는 한 CISG 적용

(정답 ②)

22 국제물품매매계약에 있어서 매도인의 의무에 관한 설명으로 틀린 것은?

① 제3자의 권리 또는 클레임으로부터 자유로운 물품을 인도하여야 한다.

② 물품에 관련된 서류를 매수인에게 교부하여야 한다.

③ 물품의 소유권을 매수인에게 이전하여야 한다.

④ 어떠한 경우에도 수출통관을 하여야 한다.

해설　당사자의 의무

매도인의 의무	매수인의 의무
① 물품인도의무(제30조)	① 대금지급의무(제53조)
② 서류교부의무(제30조, 제34조)	② 물품수령의무(제53조)
③ 소유권이전의무(제30조)	③ 물품검사의무(제38조)
④ 물품의 계약적합의무(제35조, 제41조)	④ 부적합통지의무(제39조)
⑤ 대금반환시 이자지급의무(제84조 제1항)	⑤ 물품반환시 이익지급의무(제84조 제2항)
매도인과 매수인의 공통 의무	
① 손실경감의무(제77조)　② 면책사유통지의무(제79조)　③ 물품보관의무(제85조, 제86조)	

(정답 ④)

23 국제물품매매계약에 관한 유엔협약(CISG)에 따라 수입상이 계약의무를 위반한 수출상에게 원래 물품을 대체할 대체물의 인도를 청구하려고 한다. 이에 대한 내용으로 옳지 않은 것은?

① 매수인이 매도인의 계약위반에 대해서 대체물을 청구한다면 발생한 손해에 대해서는 배상을 청구할 권리가 없다.

② 매도인의 계약위반이 본질적인 계약위반에 해당할 때에만 매수인이 대체물의 인도를 청구할 수 있다.

③ 매수인이 물품을 수령했으나 계약에 부적합한 인도가 있었고 수령한 상태와 동등한 상태로 물품을 반환할 수 있어야만 매도인은 대체물을 청구할 수 있다.

④ 매수인은 물품이 계약에 부적합하다는 사실에 대해 매도인에게 통지해야 하며 이 통지와 동시에 또는 그 후 합리적인 기간 안에 대체물을 청구해야 한다.

해설　① 손해배상청구권은 다른 구제권리(대체물인도청구, 계약해제, 하자보완청구 등)과 병존적으로 행사할 수 있다.
CISG 제46조
(2) 물품이 계약에 부적합한 경우에, 매수인은 대체물의 인도를 청구할 수 있다. 다만, 그 부적합이 본질적 계약위반을 구성하고, 그 청구가 제39조의 통지와 동시에 또는 그 후 합리적인 기간 내에 행하여진 경우에 한한다.
(3) 물품이 계약에 부적합한 경우에, 매수인은 모든 상황을 고려하여 불합리한 경우를 제외하고, 매도인에게 수리에 의한 부적합의 치유를 청구할 수 있다. 수리 청구는 제39조의 통지와 동시에 또는 그 후 합리적인 기간 내에 행하여져야 한다.

(정답 ①)

24 청약의 효력이 소멸되는 경우가 아닌 것은?

① 피청약자의 청약거절

② 유효기간 경과

③ 당사자의 사망

④ 청약조건의 조회

해설 ④'청약조건의 조회'는 청약의 효력 소멸에 영향이 없다.

(정답 ④)

25 다음은 청약의 철회(revocation)와 회수(withdrawal)에 대한 설명이다. ( )안에 들어갈 내용이 옳게 나열된 것은?

> (a)가 청약의 효력발생 후 효력을 소멸시키는 반면, (b)는 청약의 효력이 발생되기 전에 그 효력을 중지시키는 것이다. 비록 청약이 (c)이라도 청약의 의사표시가 상대방에 도달하기 전에 또는 도달과 동시에 (d)의 의사표시가 피청약자에게 (e)한/된 때에는 (d)가 가능하다.

① a) 청약의 철회, b) 청약의 회수, c) 철회불능, d) 회수, e) 도달

② a) 청약의 회수, b) 청약의 철회, c) 철회불능, d) 철회, e) 도달

③ a) 청약의 철회, b) 청약의 회수, c) 철회불능, d) 회수, e) 발송

④ a) 청약의 회수, b) 청약의 철회, c) 철회불능, d) 철회, e) 발송

해설 CISG에서는 청약의 철회(revocation)와 회수(withdrawal)를 구분하고 있다. 청약의 철회(revocation)는 청약의 효력발행 후에 청약의 효력을 소멸시키는 것이고, 청약의 회수(withdrawal)는 청약의 효력발생 전에 청약을 없던 것으로 하는 것이다.

CISG 제15조

(1) 청약은 상대방에게 도달한 때에 효력이 발생한다.

(2) 청약은 철회될 수 없는 것이더라도, 회수(withdrawal)의 의사표시가 청약의 도달 전 또는 그와 동시에 상대방에게 도달하는 경우에는 회수될 수 있다.

(정답 ①)

26 국제물품매매계약에 관한 UN협약(CISG)이 적용되는 매매계약에서 매수인은 물품인도기일 전에 이미 매도인이 장차 그의 물품인도의무의 실질적 부분을 이행하지 않을 것으로 확신하게 되었다. 이러한 경우에 매수인이 취할 수 있는 모든 조치를 옳게 나열한 것은?

A─ 매수인은 자신의 대금지급의무의 이행을 정지할 수 있다.
B─ 매수인은 통지 없이 손해배상을 청구할 수 있다.
C─ 매수인은 통지 없이 계약을 해제할 수 있다.
D─ 매수인은 통지 없이 대금을 감액할 수 있다.

　　① A　　② A, B　　③ A, B, C　　④ A, B, C, D

해설　A─ 제71조 (1) 당사자는 계약체결 후 다음의 사유로 상대방이 의무의 실질적 부분을 이행하지 아니할 것이 판명된 경우에는, 자신의 의무 이행을 정지할 수 있다.
B─ 통지에 의해 손해배상을 청구할 수 있다.
C─ 제72조 (1) 계약의 이행기일 전에 당사자 일방이 본질적 계약위반을 할 것이 명백한 경우에는, 상대방은 계약을 해제할 수 있다. (2) 시간이 허용하는 경우에는, 계약을 해제하려고 하는 당사자는 상대방이 이행에 관하여 적절한 보장을 제공할 수 있도록 상대방에게 합리적인 통지를 하여야 한다.
D─ 매도인이 계약을 이행하였으나, 물품이나 권리에 하자가 있는 경우 대금감액을 청구할 수 있다. 한 경우 매수인은 통지 없이 대금을 감액할 수 있다.

(정답 ①)

27 무역거래의 계약위반에 대한 권리구제의 방법 중에서 다른 권리의 행사와 양립하여 행사할 수 있는 구제 방법은 무엇인가?
　　① 이행청구권　　　　　　　② 손해배상청구권
　　③ 계약해제권　　　　　　　④ 추가기간지정권

해설　손해배상청구권은 기타의 구제권리(이행청구권, 계약해제권, 대금감액청구권 등)과 함께 행사할 수 있다.

(정답 ②)

28 『국제물품매매계약에 관한 UN협약』(CISG)이 적용되는 매매계약에서 당사자들이 대금지급일자만 합의하고 대금지급장소에 대하여는 아무런 합의도 하지 않았다고 할 때, 다른 특별한 사정이 없다면, 매수인은 어디서 대금을 지급하여야 하는가?
　　① 매도인의 영업소　　　　　② 매수인의 영업소
　　③ 계약체결지　　　　　　　④ 매수인이 선택하는 합리적인 장소

해설　CISG에서는 대금지급장소로 채권자의 영업소를 원칙으로 하고 있다. 이러한 채무를 지참채무라고 한다.
제57조 (1) 매수인이 다른 특정한 장소에서 대금을 지급할 의무가 없는 경우에는, 다음의 장소에서 매도인에게 이를 지급하여야 한다.

(가) 매도인의 영업소, 또는
(나) 대금이 물품 또는 서류의 교부와 상환하여 지급되어야 하는 경우에는 그 교부가 이루어지는 장소

(정답 ①)

 4 Incoterms 2020

01 다음 DPU조건에 대한 설명 중 틀린 것을 고르시오.
① 매도인은 지정목적지까지 또는 있는 경우 지정목적지에서의 합의된 지점까지 물품의 운송을 위해 자신의 비용으로 계약을 체결하거나 준비하여야 한다.
② 매도인은 목적지까지 운송을 위해 어떠한 운송관련 보안요건을 준수하여야 한다.
③ 매도인은 자신의 비용으로 매수인이 물품을 인수할 수 있도록 하기 위해 요구되는 서류를 제공하여야 한다.
④ 매도인은 수출통관절차, 수출허가, 수출을 위한 보안통관, 선적전 검사, 제3국 통과 및 수입을 위한 통관절차를 수행하여야 한다.

해설 DPU(Delivered at Place Unloaded)는 지정목적지(수입국 소재)에서 또는 지정목적지 내에 어떠한 지점이 합의된 경우에는 그 지점에서 물품이 도착운송수단으로부터 양하된 상태로 매수인의 처분하에 놓인 때, 인도되고 위험이 이전하는 조건이다. DPU에서는 매도인이 수입통관하지는 않는다.
④ 매도인이 수입통관하는 규칙은 DDP(Delivered Duty Paid)이다.

(정답 ④)

02 다음 인코텀즈(Incoterms) 2020에 대한 설명으로 적절하지 않은 것을 고르시오.
① CIF 조건에서는 협회적하약관 C 약관의 원칙을 계속유지하였다.
② 물품이 FCA 조건으로 매매되고 해상운송 되는 경우에 매수인은 본선적재표기가 있는 선하증권을 요청할 수 없다.
③ 인코텀즈 2020 규칙에서는 물품이 매도인으로부터 매수인에게 운송될 때 상황에 따라 운송인이 개입되지 않을 수도 있다.
④ 매도인이 컨테이너화물을 선적 전에 운송인에게 교부함으로써 매수인에게 인

도하는 경우에 매도인은 FOB 조건 대신에 FCA 조건으로 매매하는 것이 좋다.

해설　① Incoterms 2020에서는 CIP의 부보조건을 ICC(A)로 상향하였으나, CIF의 부보조건은 ICC(C)를 유지하였다.
② Incoterms 2020에서는 FCA에서 본선적재표기가 있는 선하증권(B/L)을 요청할 수 있도록 개정되었다.

(정답 ②)

03 비용의 분기가 선적지에서 이뤄지는 Incoterms 2020 조건으로 옳은 것은?
　① FOB　② DAP　③ DDP　④ CIF

해설　FOB는 선적지에서 본선적재시에 인도 및 위험이전되고, 매도인은 본선적재비까지만 부담한다. 따라서 비용의 분기점과 위험의 이전시점이 모두 선적지(세부적으로는 선적지에서 본선적재시)이다. 그러나 DAP, DPU 및 DDP의 비용분기점은 지정목적지(매도인이 지정목적지까지의 운송비 부담)이고, CFR 및 CIF의 비용분기점은 지정목적항(매도인이 지정목적항까지의 운송비 부담)이다.

(정답 ①)

04 Incoterms 2020상의 '매도인의 의무(The seller's obligations)'에 관한 항목이 아닌 것은?
　① Delivery/transport document
　② Transfer of risks
　③ Checking/ packaging/marking
　④ Provision of goods in conformity with the contract

해설　Incoterms 2020에서는 각 인도규칙별로 매도인과 매수인의 의무 10가지를 대칭적으로 규정

A. THE SELLER' OBLIGATIONS (매도인의 의무)	B. THE BUYER' OBLIGATIONS (매수인의 의무)
A1 General obligations (일반의무)	B1 General obligations (일반의무)
A2 Delivery (인도)	B2 Taking delivery (인도의 수령)
A3 Transfer of risks (위험이전)	B3 Transfer of risks (위험이전)
A4 Carriage (운송)	B4 Carriage (운송)
A5 Insurance (보험)	B5 Insurance (보험)
A6 Delivery/transport document (인도/운송서류)	B6 Delivery/transport document (인도/운송서류)

A. THE SELLER' OBLIGATIONS (매도인의 의무)	B. THE BUYER' OBLIGATIONS (매수인의 의무)
A7 Export/import clearance (수출/수입통관)	B7 Export/import clearance (수출/수입통관)
A8 Checking/ packaging/marking (점검/포장/화인표시)	B8 Checking/ packaging/marking (점검/포장/화인표시)
A9 Allocation of costs (비용분담)	B9 Allocation of costs (비용분담)
A10 Notices (통지)	B10 Notices (통지)

(정답 ④)

05 Incoterms 2020의 사용법에 대한 내용으로 옳지 않은 것은?

① Incoterms 2020 규칙을 적용하고자 하는 경우, 그러한 취지를 계약에서 명확히 하여야 한다.

② 선택된 Incoterms 규칙은 당해 물품과 운송방법에 적합한 것이어야 한다.

③ Incoterms 규칙은 매매대금이나 그 지급방법 등과 관련 매도인과 매수인의 부담을 명확히 규정하고 있다.

④ Incoterms 규칙보다 국내법의 강행규정이 우선한다.

해설 ③ Incoterms의 주요 규정사항(위험의 이전, 인도시점, 비용(운송비, 보험료) 배분 등). Incoterms에서 규정하지 않는 사항(소유권 이전시점, 계약위반에 대한 구제수단, 손해배상청구, 매매대금, 결제조건 등)
④ Incoterms는 계약내용에 편입되어 계약의 일부가 된다. 참고로 당사자자치에 의해 계약내용을 자유롭게 합의로 정할 수 있으나, 그 내용이 강행법규에 위반해서는 안 된다.

(정답 ③)

06 Incoterms 2020상 FCA조건에 대한 설명이다. (   ) 안에 들어갈 내용을 올바르게 나열한 것은?

> 지정장소가 매도인의 영업구내인 경우, (a)이 매수인 지정 운송수단에 적재 책임을 부담한다. 그리고 기타의 경우에는, 물품이 매도인의 (b) 매수인이 지정한 운송인이나 제3자의 임의처분하에 놓인 때이다.

① a: 매도인, b: 운송수단에 실린 채 양하 준비 상태로

② a: 매수인, b: 운송수단으로부터 양하 완료 상태로

③ a: 매수인, b: 운송수단에 실린 채 양하 준비 상태로

④ a: 매도인, b: 운송수단으로부터 양하 완료 상태로

해설 FCA에서는 매도인이 물품을 매수인에게 다음과 같은 두 가지 방법 중 하나로 인도한다. 1) 지정장소가 매도인의 영업구내인 경우, 물품이 매수인이 마련한 운송수단에 적재된 때에 물품은 인도된다. 2) 지정장소가 그 밖의 장소인 경우, 물품이 매도인의 운송수단에 적재되어서 지정장소에 도착하고 매도인의 운송수단에 실린 채 양하준비상태로 매수인이 지정한 운송인이나 제3자의 처분하에 놓인 때에 물품은 인도된다.

(정답 ①)

07 Incoterms 2020상 복합운송조건에 대한 설명으로 옳지 않은 것은?

① 해상운송이 전혀 포함되지 않은 경우에도 사용 가능하다.
② 해상운송만 이용되는 경우에도 문제없이 사용할 수 있다.
③ 선택된 운송방식이 어떤 것인지, 운송방식이 단일운송인지 복합운송인지 불문하고 사용가능하다.
④ 복합운송 중 최초의 운송방식이 해상운송인 경우에도 사용가능하다.

해설 제1부류는 어떠한 단일 또는 복수(또는 복합)의 운송방식에 사용가능한 규칙(EXW, FCA, CPT, CIP, DAP, DPU, DDP): 선택된 운송방식이 어떤 것인지를 불문하고 또한 그 운송방식이 단일운송인지 복합운송인지를 가리지 않고 사용가능하다. 해상운송이 전혀 포함되지 않는 경우에도 사용가능하다. 그러나 중요한 것으로, 이들은 운송의 일부에 선박이 이용되는 경우에도 사용될 있음을 유의하여야 한다.
그러나 ② 해상운송만 이용되는 경우에는 제2부류 해상운송과 내수로운송에 사용가능한 규칙(FAS·FOB·CFR·CIF)을 사용하는 것이 바람직하다.

(정답 ②)

08 Incoterms 2020상 DAP와 DPU 조건에 대한 설명이다. (   ) 안에 들어갈 내용을 올바르게 나열한 것은?

DAP와 DPU는 모두 도착지인도 규칙(delivered rule)으로서, (a) 사용될 수 있다. DAP와 DPU는 인도(delivery)가 지정목적지(named place of destination)에서 일어난다는 공통점이 있으나, 구체적으로 (b)에서는 물품이 그러한 목적지에서 운송수단으로부터 양륙된 상태로 매수인의 처분하에 놓인 때에, (c)에서는 물품이 그러한 도착지에서 운송수단에 실린 채 양륙 준비된 상태로 매수인의 임의처분하에 놓인 때에 인도가 일어난다는 차이가 있다.

① a: 운송방식에 관계없이, b: DPU, c: DAP
② a: 해상운송 및 내수로 운송에, b: DPU, c: DAP

③ a: 운송방식에 관계없이, b: DAP, c: DPU

④ a: 해상운송 및 내수로 운송에, b: DAP, c: DPU

해설 DAP, DPU, DDP는 도착지 인도규칙으로서 운송방식에 관계없이 사용될 수 있다. DAP(지정목적지에서 도착운송수단의 양하준비상태로 매수인의 처분하에 둠), DPU(지정목적지에서 도착운송수단의 양하하여 매수인의 처분하에 둠), DDP(수입통관된 물품을 지정목적지에서 도착운송수단의 양하준비상태로 매수인의 처분하에 둠. 매도인이 수입통관)

(정답 ①)

09 다음 내용 중 옳은 것을 모두 고르면?

> ㉠ FCA조건에서는 Buyer가 Seller를 위해 보험에 부보한다.
> ㉡ CPT조건에서는 Buyer가 자기 자신을 위해 보험에 부보할 수 있다.
> ㉢ CIP조건에서는 Seller가 Buyer를 위해 보험에 부보하여야 한다.
> ㉣ FCA조건에서 부보되는 경우, 피보험자(assured)는 매수인(Buyer)이다.
> ㉤ CPT조건에서 부보되는 경우, 피보험자(assured)는 매수인(Buyer)이다.
> ㉥ CIP조건에서 피보험자(assured)는 매도인(Seller)이다.

① ㉠, ㉡, ㉢, ㉣   ② ㉡, ㉢, ㉣, ㉤

③ ㉢, ㉣, ㉤, ㉥   ④ ㉡, ㉢, ㉣, ㉥

해설 주된 운송구간에 대한 위험: DAP, DPU, DDP는 매도인이 부담(보험가입을 한 경우 매도인이 피보험이익 가짐. 따라서 통상 매도인이 자신을 위하여 보험계약 체결). EXW, FCA, CPT, CIP, FAS, FOB, CFR, CIF는 매수인이 부담(보험가입을 한 경우 매수인이 피보험이익을 가지고, 피보험자가 됨). EXW, FCA, CPT, FAS, FOB 및 CFR에서는 매수인이 자신을 위하여 보험계약 체결. CIP와 CIF에서는 매도인이 매수인을 위하여(즉 매수인을 피보험자로 하여 보험계약 체결).

(정답 ②)

10 Incoterms 2020에 관한 내용으로 옳지 않은 것은?

① FCA의 경우 Buyer가 자신을 위하여 적하보험에 부보한다.

② CPT의 경우 Buyer가 Seller를 위하여 적하보험에 부보한다.

③ CIP의 경우 Seller가 Buyer를 위하여 적하보험에 부보한다.

④ CIF의 경우 당사자간의 약정이 없다면 적하보험은 최소담보 약관으로 부보하면 된다.

해설 **09** 문제 해설 참조

(정답 ②)

11 CIF 가격조건에서 매도인의 의무에 대한 내용으로 옳지 않은 것은?

① 수출지에서 필요한 수출통관 및 허가를 득해야 한다.

② 계약물품에 대하여 최소한의 적하보험에 부보하여야 한다.

③ 보험금액은 매매계약에서 약정된 대금과 동일해야 하지만, 보험의 통화는 매매계약의 통화와 동일하지 않아도 된다.

④ 본선에 물품의 적재를 마친 후 선박회사로부터 선하증권을 입수한다.

해설 CIP 및 CIF: 매도인은 운송중 물품의 멸실 또는 손상에 대비하여 보험계약을 체결한다. CIP에서는 매도인은 최대담보조건(즉 ICC(A))으로 부보하고, CIF에서는 매도인은 최소담보조건(즉 ICC(C))으로 부보한다. 보험금액은 최소한 매매계약에서 약정된 대금에 10%를 더한 금액(즉 매매대금의 110%)이어야 하고, 보험의 통화는 매매계약의 통화와 같아야 한다.

(정답 ③)

12 Incoterms 2020상 FCA 조건에 대한 설명으로 옳지 않은 것은?

① 매도인은 매수인이 지정한 장소(수출국 내륙의 한 지점)에서 매수인이 지정한 운송인(운송주선인 포함)에게 물품 인도

② 인도장소가 매도인의 구내인 경우에는 매수인의 집화용 차량에 적재하여 인도

③ 인도장소가 매도인의 구내 이외의 모든 장소인 경우에 물품을 적재한 차량을 매수인이 지정한 장소에 반입함으로써 인도(반입된 차량으로부터 양하할 의무는 없음)

④ 매도인이 지정 운송인에 인도한 물품에 대해 매수인이 수출통관의무 부담

해설 FCA조건에서 수출통관 의무는 매도인이므로, '④ 매도인이 지정 운송인에 인도한 물품에 대해 <u>매수인이</u>(×) 수출통관의무 부담'이 아니라 → 매도인이 지정 운송인에 인도한 물품에 대해 <u>매도인이</u>(○) 수출통관의무 부담'이 옳은 설명이다. FCA(Free Carrier: 운송인인도조건)은 매도인이 물품을 그의 영업소 또는 기타 지정 장소에서 매수인이 지정한 운송인이나 제3자에게 인도하는 것을 의미하며, 지정인도장소의 지점에서 위험이 매수인에게 이전되는 조건이다.

(정답 ④)

13 Incoterms 2020의 사용방법에 관한 다음의 설명 중 잘못된 것은?

① 당해계약에 인코텀즈 2020 규칙을 적용하고자 하는 경우에는 그러한 취지를 계약에서 명확히 해 두어야 한다.

② 선택된 인코텀즈 규칙은 당해물품과 그 운송방법, 운송계약이나 보험계약의

체결에 관한 의무를 매도인과 매수인 중에서 누가 부담하도록 의도하는지에 적합하여야 한다.

③ 선택된 인코텀즈 규칙은 계약당사자들이 당해 장소나 항구를 가급적 정확하게 명시하여야 한다.

④ 인코텀즈 규칙은 운송계약이나 보험계약 체결의 당사자, 물품의 인도시기와 장소 및 이에 따른 비용부담자 등을 규정하고 있기 때문에 인코텀즈 규칙은 그 자체로 매매계약을 완벽하게 해 주는 기능을 하고 있다.

해설 Incoterms는 매매계약을 완벽하게 하지는 못한다. Incoterms는 소유권 이전시점, 계약위반에 대한 구제 등에 대해서는 규정하지 않고 있다.

(정답 ④)

14 Incoterms 2020의 DAP 규칙에서 매도인의 의무에 관한 다음의 설명 중 올바른 설명만을 묶은 것은?

A. 물품이 지정목적지에서 도착운송수단으로부터 양하된 상태로 매수인의 처분하에 놓이는 때에 매도인이 인도하는 것을 의미한다.

B. 매도인은 자신의 비용으로 물품을 지정목적지까지 또는 그 지정목적지에 합의된 지점이 있는 때에는 그 지점까지 운송하는 계약을 체결하고 또한 매수인에 대하여 보험계약을 체결하여야 한다.

C. 특정한 지점이 합의되지 않거나 관례에 의하여 결정되지 않는 경우에, 매도인은 지정목적지 내에서 자신의 목적에 가장 적합한 지점을 선택할 수 있다.

D. 매도인은 매수인에게 매수인이 물품의 인도를 수령할 수 있도록 하는 데 통상적으로 필요한 조치를 취할 수 있도록 하기 위하여 필요한 통지를 하여야 한다.

---

① A, D   ② B, C   ③ C, D   ④ A, B

해설 A → DPU에 대한 설명이고, B → CIF에 대한 설명이다.

(정답 ③)

15 우리나라의 수출자가 다음과 같은 상황에서 미국의 수입자에게 CIF New York으로 수출계약을 하고자 한다. Incoterms 2020에 준거하여 산출한 CIF New York 가격은?

가. 물품대금 US$ 50,000
나. 서울에서 부산까지의 내륙운송비 US$ 500
다. 본선 적재비용 US$ 1,000
라. 적부비용 및 정리비용 US$ 500
마. 해상운임 US$ 5,000
바. ICC(C)약관 기준 해상보험료 US$ 1,000
사. 목적항에서의 양하비용 US$ 1,000이며, 양하비용은 운임에 포함되어 있지 않음

① CIF New York US$ 56,000
② CIF New York US$ 57,500
③ CIF New York US$ 58,000
④ CIF New York US$ 58,500

해설 • 가 + 다 + 마 + 바
• 목적지양하비: CPT, CIP, CFR, CIF, DAP, DDP의 양하비는 운송계약에 따름(운송계약에서 정하지 않으면 매수인 부담)
• 적부(stowage): 선박 내의 적절한 장소에서 화물을 쌓아 무너지거나 이동하지 않도록 하는 것
(정답 ②)

16 우리나라의 수출자가 미국 시카고에 있는 수입자에게 물품을 운송하기 하기 위하여 물품을 자신의 공장에서 컨테이너에 적입하여 부산까지는 도로를 통하여 운송하고, 부산항에서 뉴욕항까지는 선박을 통하여 운송한 다음, 뉴욕항에서 시카고 철도역까지는 철도운송을 생각하고 있다. Incoterms 2020에 따라 우리나라의 수출자가 사용할 수 있는 규칙을 묶은 것은?

① CFR, CIF   ② CPT, CIP   ③ CFR, CPT   ④ CIF, CIP

해설 출발지와 도착지가 항구가 아니므로 CFR, CIF는 사용할 수 없다.
(정답 ②)

17 Incoterms 2020 개별 규칙의 사용 예로서 틀린 것은?
① DPU seller's warehouse in Chicago

② FCA seller's factory in Seoul

③ DDP buyer's warehouse in New York

④ DAP buyer's warehouse in Chicago

해설 DPU는 도착지인도조건이므로 수입국의 Buyer의 장소가 기재된다.

(정답 ①)

18 Incoterms 2020의 CIF 규칙에 관한 설명 중 틀린 것은?

① 매도인은 물품을 본선에 적재하여 인도하거나 또는 이미 그렇게 인도된 물품을 조달하는 것을 의미하며, 물품의 멸실 또는 손상의 위험은 물품이 본선에 적재된 때에 이전한다.

② 매도인은 단지 최소담보조건으로 부보하도록 요구될 뿐이며, 매수인이 보다 넓은 보험보호를 원한다면 매도인과 명시적으로 그렇게 합의하든지 아니면 매수인 스스로 추가보험에 들어야 한다.

③ 운송계약은 매도인의 비용으로 통상적인 조건으로 체결하여야 하며 매매물품의 품목을 운송하는 데 통상적으로 사용되는 종류의 선박으로 통상적인 항로로 운송하는 내용이어야 한다.

④ 매도인은 자신의 비용으로 매수인에게 합의된 목적항까지의 운송에 관한 통상적인 운송서류를 제공하여야 한다. 단, 비유통성 운송서류는 제공할 수 없다.

해설 매도인이 제공하는 운송서류에는 선하증권, 복합운송증권, 비유통운송증권 등이 포함된다.

(정답 ④)

19 Incoterms 2020의 CIF 규칙에 관한 설명 중 틀린 것은?

① 매도인은 물품을 본선에 적재하여 인도하거나 또는 이미 그렇게 인도된 물품을 조달하는 것을 의미하며, 물품의 멸실 또는 손상의 위험은 물품이 본선에 적재된 때에 이전한다.

② 매도인은 단지 최소담보조건으로 부보하도록 요구될 뿐이며, 매수인이 보다 넓은 보험보호를 원한다면 매도인과 명시적으로 그렇게 합의하든지 아니면 매수인 스스로 추가보험에 들어야 한다.

③ 운송계약은 매도인의 비용으로 통상적인 조건으로 체결하여야 하며 매매물품의 품목을 운송하는 데 통상적으로 사용되는 종류의 선박으로 통상적인

429 PART 03 무역실무 기출문제 해설

항로로 운송하는 내용이어야 한다.

④ 매도인은 자신의 비용으로 매수인에게 합의된 목적항까지의 운송에 관한 통상적인 운송서류를 제공하여야 한다. 단, 비유통성 운송서류는 제공할 수 없다.

해설 매도인이 제공하는 운송서류에는 선하증권, 복합운송증권, 비유통운송증권 등이 포함된다.

(정답 ④)

20 매도인과 매수인은 모두 국제물품매매계약에 관한 UN협약(CISG) 체약국의 상인이다. 하지만 그들은 계약체결시 준거규범으로서 Incoterms도 CISG도 채택하지 않았다. 훗날 위험이전시기를 두고 분쟁이 발생한 경우 다음 중 어느 기준이 적용되는가?

① Incoterms를 채택하지 않았지만 Incoterms가 적용된다.

② CISG를 준거법으로 지정하지 않았지만 CISG가 적용된다.

③ 매도인 국가의 국내규범이 우선적으로 적용된다.

④ 매수인 국가의 국내규범이 우선적으로 적용된다.

해설 양당사국이 체약국이 경우 당사자가 CISG의 적용을 배제하지 않는 한 CISG 적용

(정답 ②)

21 Incoterms 2020에 대해서 (   ) 안에 들어갈 조건으로 옳지 않은 것은?

> Under the Incoterms rules (   ), the named place is the place where delivery takes place and where risk passes from the seller to the buyer.

① Free Carrier (FCA)   ② Delivered at Place (DAP)

③ Delivered Duty Paid (DDP)   ④ Free Alongside Ship (FAS)

⑤ Carriage Paid To (CPT)

해설 EXW, FCA, DAP, DPU, DDP, FAS, FOB의 Incoterms 규칙에서, 지정장소는 인도가 일어나는 장소이자 위험이 매도인으로부터 매수인에게 이전하는 장소이다.

(정답 ⑤)

5   신용장과 신용장통일규칙(UCP 600)

01 신용장거래에서 서류심사기준에 관한 설명으로 옳지 않은 것은?

① 상업송장상 물품의 기술은 신용장의 기술과 정확 하게 일치하여야 한다.

② 신용장에서 별도의 언급이 없는 한, 운송서류의 원본은 유효기일 이내 그리고 선적일후 21일 내에 제시되어야 한다.

③ 신용장에서 요구되지 않은 서류가 제시된 경우 은행은 이를 무시하고 제시인에게 반송할 수 있다.

④ 신용장 발행일자 이전에 발행된 서류는 그 제시일자 보다 늦게 발행된 것일 수도 있다.

해설 ④ 서류는 신용장 개설일 이전 일자에 작성된 것일 수 있으나 제시일자보다 늦은 일자에 작성된 것이러서는 안 된다.(UCP 600 제4조제i항)

(정답 ④)

02 신용장에 대한 내용으로 옳지 않은 것은?

① 신용장은 개설은행의 조건부 지급확약으로 상업신용을 은행신용으로 전환시켜 주는 금융수단이다.

② 신용장상에 아무런 언급이 없는 경우 양도가 불가능하다.

③ 무역거래에 일반적으로 사용되는 신용장은 'Documentary Credit'이다.

④ 신용장에 의해 발행되는 환어음의 만기가 'at 90 days after sight'라면 'Sight Credit'이 된다.

해설 ② 원칙적으로 신용장은 양도가 불가능하고, 신용장에 "양도가능(transferable)"이라고 표시된 경우에만 양도가 가능하다(UCP 600 제38조)
④ 환어음의 만기가 'at 90 days after sight' → usance credit(기한부신용장). 환어음의 만기가 'at sight' → sight credit(일람출급(지급)신용장)

(정답 ④)

03 신용장통일규칙(UCP 600)에서 규정하고 있는 선하증권의 수리요건으로 볼 수 없는 것은?

① 운송인의 명칭과 운송인, 선장 또는 지정 대리인이 서명한 것

② 신용장에 지정된 선적항과 양륙항을 명시한 것

③ 화물의 본선적재가 인쇄된 문언으로 명시되어 있거나 본선 적재필이 부기된 것

④ 용선계약에 따른다는 명시가 있을 것

해설 선하증권은 용선계약에 따른다는 어떤 표시도 포함되지 않아야 한다. (UCP600 Article 20 a. vi)

(정답 ④)

04 수출상과 수입상이 동종의 물품을 일정기간에 걸쳐 반복적으로 거래할 경우 한 번 개설된 신용장의 효력이 일정기간 경과 후 다시 갱생되는 신용장은?

① 선대신용장 ② 회전신용장 ③ 기탁신용장 ④ 토마스신용장

해설 회전신용장(revolving L/C)을 말한다. ① 선대신용장: 선수금을 지급받는 신용장 ③ 기탁신용장: ④ 토마스신용장: 상대방이 신용자을 개설하겠다는 보증서 제출을 조건으로 하는 신용장(back−to−back 신용장과 유사)

(정답 ②)

05 UCP600에서 Honour의 의미에 해당되지 않는 것은?

① 신용장이 일람지급으로 이용이 가능하다면 일람출금으로 지급하는 것

② 신용장이 연지급으로 이용이 가능하다면 연지급을 확약하고 만기에 지급하는 것

③ 신용장이 매입으로 이용이 가능하면 환어음 및 서류를 매수하는 것

④ 신용장이 인수에 의해서 이용이 가능하다면 수익자가 발행한 환어음을 인수하고 만기에 지급하는 것

해설 UCP 600 제2조 결제(honour)는 다음과 같은 내용을 의미한다.
a. 신용장이 일람지급에 의하여 이용가능하다면 일람출급으로 지급하는 것.
b. 신용장이 연지급에 의하여 이용가능하다면 연지급을 확약하고 만기에 지급하는 것.
c. 신용장이 인수에 의하여 이용가능하다면 수익자가 발행한 환어음을 인수하고 만기에 지급하는 것.

(정답 ③)

06 자유매입 신용장에 대한 설명으로 옳지 않은 것은?

① open credit, general credit, freely negotiable credit이라고 한다.

② L/C상에 "available with Kookmin Bank by negotiation이라는 문구가 있다.

③ 매입은행이 반드시 issuing bank의 depositary corres bank일 필요는 없다.

④ 재매입(리네고)이 발생하지 않는다.

해설 '② L/C상에 available with Kookmin Bank by negotiation이라는 문구가 있는 신용장은 어음의 매입을 Kookmin Bank(특정은행)으로 제한시키는 매입제한신용장(Restricted L/C)에 관한 설명이다. 자유매입신용장은 보통 L/C상에 "available with any bank by negotiation"이라는 문구로 표시된다.
• 자유매입신용장: 수출지의 Nego 은행을 수출상이 자기 마음대로 선택할 수 있도록 허용하고 있는 신용장을 말하며, 가장 보편적인 형태의 신용장이라는 의미에서 이를 General L/C, 또는 Nego은행이 개방되어 있다는 의미에서 Open L/C라고도 부름

(정답 ②)

07 신용장관습상 은행이 서류심사 시 반드시 확인할 사항에 해당하는 것은?
① 서류의 형식과 효력에 관한 사항
② 서류와 신용장조건의 일치여부
③ 수출자, 운송인 등의 성실성
④ 물품의 보관상태와 실존여부

해설 ② 개설은행(지정은행, 확인은행 포함)은 서류심사에 대하여 문면상 일치 여부만 심사하며, 서류의 진정성에 대해서는 심사하지 않는다. 은행은 서류의 형식, 충분성, 진정성 등 서류자체에 대해 면책되며, 또한 서류에 부기된 조건, 상품의 상태, 서류작성자에 대한 면책 등에 대하여도 책임과 의무를 부담하지 않는다.

(정답 ②)

08 신용장통일규칙(UCP 600)상 '신용장양도'에 관한 설명으로 옳지 않은 것은?
① 신용장이 양도가능하기 위해서는 신용장에 "양도 가능(transferable)"이라고 기재되어야 한다.
② 양도은행이라 함은 신용장을 양도하는 지정은행을 말하며, 개설은행은 양도은행이 될 수 없다.
③ 양도와 관련하여 발생한 모든 수수료는 제1수익자가 부담하는 것이 원칙이다.
④ 제2수익자에 의한 또는 그를 대리하여 이루어지는 서류의 제시는 양도은행에 이루어져야 한다.

해설 양도은행이라 함은 신용장을 양도하는 지정은행, 또는 어느 은행에서나 이용할 수 있는 신용장의 경우에는 개설은행으로부터 양도할 수 있는 권한을 특정하여 받아 신용장을 양도하는 은행을 말하며, 개설은행은 양도은행이 될 수 있다.

(정답 ②)

09 (㉠), (㉡) 안에 들어갈 숫자로 옳은 것은?

> - 과부족용인약관(More or Less Clause): 신용장통일규칙(UCP 600)은 살물(撒物)일 때 명시적인 과부족용인 약관이 없더라도 (㉠)%의 과부족은 허용하고 있다.
> - Approximate Quantity(About, Circa, Approximately): 신용장통일규칙(UCP 600)은 (㉡)% 범위 안에서 과부족을 허용한다.

① ㉠ 5 ㉡ 5   ② ㉠ 5 ㉡ 10   ③ ㉠ 10 ㉡ 10   ④ ㉠ 10 ㉡ 20

해설 UCP 600 제30조
a. 신용장 금액 또는 신용장에서 표시된 수량 또는 단가와 관련하여 사용된 "about" 또는 "approximately"라는 단어는, 그것이 언급하는 금액, 수량 또는 단가에 관하여 10%를 초과하지 않는 범위 내에서 많거나 적은 편차를 허용하는 것으로 해석된다.
b. 만일 신용장이 수량을 포장단위 또는 개별단위의 특정 숫자로 기재하지 않고 청구금액의 총액이 신용장의 금액을 초과하지 않는 경우에는, 물품의 수량에서 5%를 초과하지 않는 범위 내의 많거나 적은 편차는 허용된다.

(정답 ②)

10 신용장 방식의 경우 곡물, 광산물과 같은 bulk cargo의 선적수량에 대한 설명으로 옳은 것은?
① 일반적으로 3%의 과부족을 용인한다.
② 일반적으로 5%의 과부족을 용인한다.
③ 일반적으로 10%의 과부족을 용인한다.
④ 일체의 과부족을 용인하지 않는다.

해설 UCP 600 제30조 b. 만일 신용장이 수량을 포장단위 또는 개별단위의 특정 숫자로 기재하지 않고 청구금액의 총액이 신용장의 금액을 초과하지 않는 경우에는, 물품의 수량에서 5%를 초과하지 않는 범위 내의 많거나 적은 편차는 허용된다.

(정답 ②)

11 다음 내용 중 옳지 않은 것은?
① 신용장에서 "invoice"를 요구하는 경우 proforma invoice는 수리되지 않는다.
② 신용장에서 "Commercial Invoice"라고만 표기된 경우, 송장상에 서명이나 발행일자의 표시가 없어도 된다.
③ 신용장에서 MTD를 요구하는 경우 B/L 명칭도 사용 가능하다.

④ AWB의 운임은 Weight와 Volume 중에서 더 싼 요금이 적용된다.

해설 • 신용장에서 "invoice"를 요구하는 경우 모든 유형의 송장(commercial invoice(상업송장), customs invoice(세관송장), consular invoice(영사송장), tax invoice(세금송장), final invoice(최종송장) 등)이 수리된다. 그러나 proforma invoice(견적송장), provisional invoice(가송장) 등 임시적 송장은 수리되지 않는다. (ISBP 745 C1) a.)
• AWB의 운임은 Weight와 Volume 중에서 더 비싼 요금이 적용된다.

(정답 ④)

12 신용장과 관련한 서류거래의 원칙이라고 볼 수 없는 것은?
① 계약에 적합한 상품이 선적되었다면 서류에 하자가 있더라도 대금을 지급받을 수 있다.
② 신용장의 추상성의 원칙과 유사하다.
③ 은행은 실물의 움직임과 연관이 없음을 의미한다.
④ 신용장 거래는 상품과 기타 용역거래가 아닌 서류상의 거래임을 나타내는 것이다.

해설 신용장은 서류상의 거래로 개설은행이 대금지급 여부를 판단함에 있어 제시된 서류를 기준으로 심사하며, 이를 "추상성"이라고 한다. 따라서 서류에 하자가 있으면, 개설은행이 대금을 지급하지 않는다.

(정답 ①)

13 중국에서 물품을 수입하는 명동상사는 저급한 물품이 선적될 것을 우려하고 있다. 명동상사가 이런 위험을 줄이기 위해 계약체결 시 고려할 수 있는 내용으로 가장 옳지 않은 것은?
① 중국 수출상이 대금 청구 시 독립된 검사기관이 발행한 'Inspection Certificate'를 제출할 것을 요구한다.
② 이행보증신용장을 요구한다.
③ 일람불 신용장 대신 기한부 신용장 방식을 이용한다.
④ 철저한 신용조사를 통하여 신용도가 높은 업체와 거래한다.

해설 • 신용장은 서류상의 거래이므로 서류가 신용장조건과 일치하면 개설은행이 서류를 인수하고 대금을 지급한다. 그리고 개설은행은 개설의뢰인(수입자)에게 신용장대금의 상환을 청구한다. 따라서 신용장거래를 이용하는 경우 저급한 물품이 선적되어도 개설은행은 대금을 지급해야 하며, 이는 일람불신용장은 물론 기한부신용장에서도 마찬가지이다. 따라서 기한부신용장을 이용한다고 하더라도 저급한 물품의 선적에 따른 수입자의 위험을 감소시킬 수 없다.

(정답 ③)

14 환어음상의 만기일자가 "at 60 days form the B/L date July 10, 2022"인 경우 지급만기일은 언제인가? (7월과 8월은 31일까지 있음)

① 7월 11일부터 기산하여 9월 8일이다.
② 7월 10일부터 기산하여 9월 9일이다.
③ 7월 11일부터 기산하여 9월 9일이다.
④ 7월 10일부터 기산하여 9월 10일이다.

해설 환어음의 만기일 산정 시 "from"은 해당일자를 제외하고 기산한다.

(정답 ①)

15 신용장통일규칙(UCP 600)의 해석에 관한 내용으로서 맞지 않는 것은?

① "first class", "well known" 등이 서류발행인에 붙어 있으면 수익자를 제외한 누구든지 발행을 허용한다.
② 은행 지점이 다른 국가에 있으면 이를 다른 은행으로 보고 동일 국가에 있으면 같은 은행으로 본다.
③ "from", "within" 등이 환어음 만기일에 사용된 경우에는 이는 해당일자를 포함하여 계산한다.
④ "from", "to", "till" 등이 선적기일에 사용된 경우에는 이는 해당일자를 포함하여 계산한다.

해설 ③ "from", "within"이 (대금지급) 만기일을 정하는 데 사용된 경우에는 이는 해당일자를 제외한다.(UCP 600 제3조)

(정답 ③)

16 신용장통일규칙(UCP 600)의 적용범위에 관한 설명으로 맞지 않는 것은?

① UCP 600은 임의규범이고 모든 신용장에 강제로 적용되는 것은 아니다.
② UCP 600은 SWIFT 신용장이 발행된 경우 이에 자동으로 적용된다.
③ UCP 600 신용장의 경우 ICC 규칙인 ISBP도 이에 자동으로 적용된다.
④ UCP 600 신용장의 경우 ICC 규칙인 eUCP도 이에 자동으로 적용된다.

해설 신용장에서 "eUCP"의 적용을 명시한 경우에만 UCP의 추록(supplement)으로 "eUCP" 가 적용된다.

(정답 ④)

17 신용장거래의 원본서류(original documents)로서 인정되지 않는 것은?

① 서류 발행인의 수기에 의하여 기록, 타자, 천공 또는 타인된 서류

② 보험중개인이 서류 발행인의 인쇄한 용지 상에 작성한 서류

③ 서류 발행인의 친필 서명, 표지, 타인 또는 부표가 있는 서류

④ 서류 발행인이 원격지에서 팩스기기를 이용하여 전송한 서류

해설 UCP 600 제17조 c. 서류에 다른 정함이 없다면 서류가 달리 표시하지 않으면, 은행 은 또한 다음과 같은 서류를 원본으로 수리한다.

i . 서류 발행자의 손으로 작성, 타이핑, 천공서명 또는 스탬프된 것으로 보이는 것 또는

ii . 서류 발행자의 원본 서류용지 위에 작성된 것으로 보이는 것 또는

iii. 원본이라는 표시가 제시된 서류에는 적용되지 않는 것으로 보이지 않는 한, 원본이라는 표시가 있는 것

(정답 ④)

18 신용장 서류심사의 일반적인 원칙에 관한 설명으로 틀린 것은?

① 운송서류의 송화인/수화인을 포함하여 모든 서류상에 수익자/개설의뢰인 주 소가 각각 일치할 필요는 없다.

② 요구되지 않은 서류는 제시인에게 반환할 수 있고, 서류의 요구 없이 조건만 있는 것은 무시할 수 있다.

③ 운송서류를 포함하여 모든 서류상에 송화인이나 화주는 신용장 수익자와 반 드시 일치할 필요는 없다.

④ 송장 이외의 서류상 물품명세는 신용장 물품명세와 모순되지 않는 한 일반 용어로 기재하더라도 무방하다.

해설 UCP 600 제17조 j. 수익자와 개설의뢰인의 주소가 어떤 요구서류에 나타날 때, 그것 은 신용장 또는 다른 요구서류상에 기재된 것과 동일할 필요는 없으나 신용장에 기재된 각 각의 주소와 동일한 국가 내에 있어야 한다.

(정답: ①)

19 신용장거래에서의 서류제시기일에 관한 설명 중 틀린 것은?

① 서류는 신용장 유효기일까지 제시되어야 하나, 제시기일을 선적일 이후 21일 보다 길게 약정할 수 있다.

② 여러 운송서류 중에 선적일자가 서로 다른 경우 최후의 선적일자를 제시기간 산정에 고려해야 한다.

③ 신용장에서 운송서류의 원본이 요구된 경우 사본은 기일 내에 제시되지 않아도 된다.

④ 신용장에서 서류제시기일이 없는 경우 서류는 상업송장의 발행일 이후 21일 이내에 제시되어야 한다.

해설 UCP 600 제17조 c. 하나 이상의 운송서류 원본이 포함된 제시는, 이 규칙에서 정하고 있는 선적일 후 21일보다 늦지 않게 수익자에 의하거나 또는 그를 대신하여 이루어져야 하고, 어떠한 경우라도 신용장의 유효기일보다 늦게 이루어져서는 안 된다.

(정답 ④)

20 한미통상은 베트남에서 다음 신용장을 수취하였다. 부산항에서 9월 1일 선적을 하고 네고업무를 진행함에 있어서 그 해석이 올바른 것은?

31D Date and Place of Expiry: 090930 South Korea	
41A Available With ~ By ~	: Citi Bnak Seoul KR By Payment
42C Drafts at	: Sight for 100PCT of Invoice Value
44C Latest Date of Shipment	: Not Later than Sep 10 2010
45A Description of Goods	: 1,000 Sets of Cookware
47A Additional Conditions	: Freight and Insurance to be arranged by the Beneficiary Short Form Bill of Lading are not Acceptable.
48 Period for Presentation	: Within 10 Days after shipment/dispatch but within the Validity of the Credit

① 수출상은 서울 소재 어느 은행에서나 매입의뢰가 가능하다.

② 수출상은 2010.9.12.부터 2010.9.25.까지 선적서류를 제시하면 된다.

③ 신용장의 유효기일이 9.30.까지라도 2010.9.26.에 선적서류를 제시하는 것은 하자이다.

④ 수출상은 운임과 보험을 수배하여야 하고 약식선하증권을 제시하여야 한다.

해설 UCP에 의하면, 신용장에서 달리 정하지 않은 경우 선적서류의 제시기한은 선적일 다음날로 21일 이내이고, 신용장의 유효기일 이내여야 한다. 그러나 신용장에서 달리 정했다면 신용장을 따라야 한다. 이 신용장에서는 선적후 10일이내에 제시되어야 한다고 규정하고 있으며, 선적기한은 9.10.이므로 선적서류는 아무리 늦어도(9.10.에 선적되는 경우에도)

9.20.까지 제시되어야 한다.
short form B/L: 인쇄약관 없이 앞면만 기재된 선하증권

(정답 ③)

21 UCP 600이 적용되는 경우에, 다음 중 신용장의 조건변경에 관한 내용으로 옳지 않은 것은?

① 개설은행은 수익자의 동의가 없이는 신용장의 조건 변경을 할 수 없다.

② 신용장이 2015년 4월 1일에 개설되고, 그 후 4월 15일에 개설은행이 신용장 조건변경을 하고 수익자가 4월 17일에 이를 수락한 경우에, 개설은행은 4월 15일부터 그 조건변경에 취소불능하게 구속된다.

③ 신용장이 2015년 4월 1일에 개설되고, 그 후 4월 15일에 개설은행이 신용장 조건변경을 하고 수익자가 아직 그에 대하여 동의하지 않고 있는 경우에, 원래의 신용장조건은 수익자가 그에 대하여 동의할 때까지 수익자에 대하여 계속하여 효력을 갖는다.

④ 개설은행의 조건변경에 대하여 수익자가 일부에 한하여 동의한 경우에, 그 조건변경은 수익자가 그렇게 동의한 부분에 한하여 유효할 뿐이다.

해설　신용장의 조건변경은 개설은행 및 수익자의 동의가 있어야 한다. 조건변경에 대하여 일부만을 수락하는 것은 허용되지 않으며, 이는 조건변경 내용에 대한 거절의 의사표시로 본다. (UCP 600 Art.10. e)

(정답 ④)

22 양도가능신용장(Transferable L/C)에 대한 설명으로 옳지 않은 것은?

① 신용장은 국내 또는 국외에 있는 1인 또는 2인 이상의 제2수익자에게 양도할 수 있다.

② 신용장의 일부를 양도할 때에는 부보비율이 원신용장의 부보비율보다 항상 낮아야 한다.

③ 제2수익자의 요청시에는 1차 양도된 금액의 미사용분을 원수익자에게 재양도할 수 있다.

④ 신용장을 양도할 경우, 제1수익자는 개설의뢰인의 명의란을 자신의 것으로 대체할 수 있다.

해설 UCP 600 Art. 38. g. "부보되어야 하는 백분율은 신용장 또는 이 규칙에서 명시된 부보금액을 규정하기 위하여 높일 수 있다."

(정답 ②)

6 무역대금결제와 무역금융

01 추심결제방식에 대한 설명으로 옳지 않은 것은?

① 환어음의 지급인이 선적서류를 영수함과 동시에 대금을 결제하는 것은 지급도(D/P)방식이다.

② 추심결제는 수출상이 환어음을 발행하여 선적서류를 첨부하여 은행을 통해 송부하는 방식이다.

③ 은행에 추심업무를 위탁하는 자는 지급인(drawee)이다.

④ 'URC'라는 국제규칙이 적용되며 신용장거래와 비교하면 은행수수료 부담이 적다.

해설 ③ 추심결제방식(D/P, D/A)에서는 환어음의 발행인(drawer)인 매도인(수출자)가 추심의뢰은행(remitting bank)에게 추심업무를 위탁한다.

(정답 ③)

02 다음의 경우 환가료를 원화로 계산한 것으로 옳은 것은?

1) 거래금액: USD800,000
2) 거래조건: A/S
3) 환가료율 2.00%
4) 우편일수 9일
5) 환율(장부가격): USD1＝KRW1,100

① 1,600원　② 4,400원　③ 16,000원　④ 44,000원

해설 • 환가료 계산: 수출금액(또는 신용장금액))×환율×환가료율(환가료 이자율)×기간(결제기간＋우편일수)/360
• 거래조건은 A/S (at sight)이므로 우편일수만 산입함
• 환가료＝USD80,000×1,100×2.0%×9일/360＝4,400원

(정답 ②)

03 CIF New York 조건으로 3만 6천 달러 수출선적을 하고, 일람출급 신용장으로 결제
하기로 하였다면, 이때 환가료는 얼마인가? [단, 공시된 환가요율 연 2%, 환율(대고객
매매기준율) 1,200원, 추심일수 10 일임.]

    ① 22,600원　　　② 24,000원　　　③ 36,000원　　　④ 2,400,000원

해설　환가료(exchange commision)는 외국환거래에서 외국환은행이 동 은행측의 자금부
담에 대한 보상으로 징수하는 수수료를 말한다.
- 환가료 계산방식: 수출금액(또는 신용장금액))×환율×환가료율(환가료 이자율)×기간
(결제기간＋우편일수)/360
- 환가료＝USD 36,000×1,200×2%×10일/360＝24,000원

                                                      (정답 ②)

04 추심방식과 신용장방식의 설명으로 옳지 않은 것은?
    ① 추심방식과 신용장방식 모두 은행이 대금지급 당사자로 개입한다.
    ② 추심방식과 신용장방식 모두 환어음이 이용된다.
    ③ 추심방식보다는 신용장방식이 수출업자에게 보다 안전한 결제방식이다.
    ④ D/P와 Sight L/C의 경우 Sight draft가 이용된다.

해설　① 신용장방식에서 개설은행은 대금지급책임이 있다. 그러나 추심방식(D/P, D/A)에
서는 추심의뢰은행이나 추심은행은 지급책임이 없다.

                                                      (정답 ①)

05 신용장방식과 추심결제방식의 차이점에 대한 설명으로 옳지 않은 것은?
    ① 신용장에 적용되는 국제규범은 신용장통일규칙(UCP 600)이고, 추심결제방
식에 적용되는 국제규범은 화환어음추심에 관한 통일규칙(URC 522)이다.
    ② 신용장거래의 경우 수출상, 수입상이 은행에 납부해야 하는 수수료가 금액이
나 종류 차원에서 D/P, D/A 거래보다 훨씬 더 많고 다양하다.
    ③ 신용장의 경우 은행은 수출상이 제출한 서류가 신용장 조건과 일치하는지의
여부를 일일이 확인하여야 하지만, D/P, D/A에서는 은행이 서류의 내용을
심사할 의무가 없다.
    ④ 신용장상 수출상이 발행하는 환어음상의 지급인은 반드시 은행(개설은행, 상
환은행, 지정은행)으로 표기되어야 하지만 D/P, D/A에서는 지급인이 개설은
행으로 표기된다.

해설 D/P, D/A에서는 수입상이 환어음의 지급인이 된다.

(정답 ④)

06 추심결제방식에 관한 설명으로 옳지 않은 것은?

① D/P방식의 경우 일람출급환어음이 이용된다.

② D/A 방식의 경우 일람후정기출급환어음이 이용된다.

③ D/P란 일람출급환어음이 발행되어 외상방식으로 거래되는 경우를 말한다.

④ D/P nego란 추심의뢰은행이 추심 전 매입하는 경우를 말한다.

해설 ① ③ D/P(documents against payment)방식에서는 수입자가 환어음대금을 지급하면 수입자에게 선적서류를 교부한다. 따라서 일람출급환어음(sight draft)이 이용된다. D/P는 실질적으로 동시지급방식에 해당된다.

② D/A(documents against acceptance)방식에서는 수입자가 환어음을 인수하면 선적서류를 수입자에게 교부한다. 그리고 수입자는 환어음인수 후 환어음의 만기일에 환어음을 결제한다. D/A는 외상방식에 해당된다. 따라서 일람후정기출급환어음 또는 기한부환어음(term draft or time draft)이 이용된다.

(정답 ③)

07 매입은행이 **Nego** 서류 심사시 하자사항에 대한 모든 책임을 수출업자가 부담한다는 일종의 보상장을 첨부하여 매입하는 방법은?

① L/G Negotiation

② Negotiation after Amendment

③ Cable Negotiation

④ Collection Basis

해설 L/G Negotiation(보증장에 의한 매입): 신용장에 의거하여 제시된 서류에 어떤 신용장조건불일치가 있는 경우, 매입은행은 어음의 매입의뢰인과의 거래관계나 조건불일치의 내용에 따라 수익자로부터 보증장(Letter of Guarantee: L/G)을 징구하고 매입한다. 그리고 개설은행이 지급거절하는 경우 수익자에게 매입금액을 상환청구한다.

(정답 ①)

08 무역금융 융자대상이 되지 않는 것은?

① D/A, D/P방식에 의한 물품 수출

② 중계무역방식에 의한 물품 수출

③ CAD, COD방식에 의한 물품 수출

④ 구매확인서에 의한 수출용 원자재의 국내 공급

해설 무역금융이란, 국내 수출업체 및 국내 수출물품 생산업체에 대하여 수출물품 선적 전에 필요한 운전자금을 지원하는 원화자금 대출제도이다. 무역금융의 융자대상은 신용장, D/P, D/A조건과 기타 수출계약서에 따라 물품, 건설 및 용역을 수출하거나 국내 공급하고자 할 때, 내국신용장 또는 구매확인서에 의해 수출용 완제품 또는 원자재를 공급하고자 할 때, 이러한 방식에 의한 수출실적이 있는 자로서 동 수출실적을 기준으로 융자를 받고자 하는 자, 그 밖에 외화획득, 수출증대를 위해 한국은행 통화정책국장이 정한자로 하며 <u>중계무역방식에 의한 수출은 융자대상에서 제외된다</u>.

(정답 ②)

09 수출입대금결제방식에 대한 설명으로 옳지 않은 것은?

① COD(Cash on Delivery) 방식은 수입지에 수출업자의 대리인이 있는 경우 사용하기에 적절하다.

② CAD(Cash against Document) 방식은 통상적으로 수출업자가 선적 후 선적서류를 수출지의 수입업자 대리인에게 제시하여 서류와 상환으로 대금이 결제되는 방식이다.

③ Open Account 방식에서는 선적서류가 은행을 통하여 송부된 후 일정기간 후에 대금지급이 이루어진다.

④ T/T(Telegraphic Transfer)방식은 수입업자의 요청에 따라 송금은행이 지급은행에 대하여 일정한 금액을 지급해 줄 것을 위탁하는 지급지시서를 전신으로 발행하므로 신속한 송금이 가능하다.

해설 • Open Account 방식에서 수출자는 선적서류를 직접 수입자에게 보내고, 추심방식(D/P, D/A)에서는 수출자는 은행을 통하여 선적서류를 수입자에게 보낸다. Open Account 방식에서 환어음이 발행되지 않고, 추심방식(D/P, D/A)에서는 환어음이 발행된다.

(정답 ③)

10 포페이팅(forfaiting) 결제방식으로 옳지 않은 것은?

① 소구권 없이 외상채권(약속어음 또는 환어음)의 할인

② 변동금리에 의한 할인

③ 현금을 대가로 외상채권 포기 또는 양도

④ 수입업자 거래은행의 지급보증서 또는 aval(어음보증)이 필요

해설 • 포페이팅은 고정금리로 할인한다.

(정답 ②)

11 무역대금결제방식에 대한 다음 설명 중 옳지 않은 것은?
① 송금결제방식 중 실무적으로 가장 많이 사용되는 방식은 'wire transfer'라고
도 불리는 전신송금방식이다.
② 외국환은행이 외국에 있는 타 은행과 환거래의 서비스를 상호 교환하여 이
행하기로 하는 약정을 'correspondent agreement' 라 한다.
③ 송금결제방식을 합의하는 경우에는 계약서의 'terms of payment'란에 'T/T
in advance…' 등과 같이 기재하며 송금받을 은행명과 계좌번호를 함께 기
재하기도 한다.
④ 신용장결제방식의 경우에는 환어음의 지급인란에 수입자가 아닌 개설은행
또는 기타 은행을 기재하는 경우가 대부분이며, 이는 추심결제방식에서도
그러하다.

해설 추심결제방식(D/P, D/A)에서는 수입자는 대금지급을 하고, 수입자는 환어음의 지급
인이 된다.

(정답 ④)

12 환어음(Bill of Exchange)에 대한 설명으로 틀린 것은?
① 발행일자 후 정기출급환어음은 일람 후 정기출급환어음에 비해 수출자에게
유리하다.
② 환어음의 지급인은 항상 어음금액을 지급할 책임이 있다.
③ 환어음에 문자금액과 숫자금액을 기재할 경우, 양자가 다르면 문자금액을 우
선한다.
④ 환어음의 매입인이 어음을 매각한 자에 대해 어음금액의 반환을 요청할 수
있다.

해설 환어음의 지급인은 환어음을 인수(accept)하기 전에는 지급책임이 없고, 인수한 후에
지급책임이 발생한다.

(정답 ②)

13 포페이팅(Forfaiting)에 관한 설명으로 옳지 않은 것은?
① 포페이팅은 현금을 미리 받고 그 대가로 매출채권을 포기하거나 양도하는

것을 의미한다.

② 포페이팅 거래에서 포페이터는 수출자의 유통가능한 매출채권을 무소구조건 (without recourse)으로 매입한다.

③ 포페이팅 거래에 사용될 수 있는 증권은 유통불능의 매출채권이다.

④ 포페이팅 거래의 장점은 수출자의 신용위험, 비상위험, 환위험 등을 제거할 수 있다.

해설 ③ 포페이팅 거래에 사용될 수 있는 증권은 유통가능의 매출채권이다.

(정답 ③)

14 다음의 경우 환가료를 원화로 계산한 것으로 옳은 것은?

> 1) 거래금액: JPY3,600,000
> 2) 거래조건: 120d/s
> 3) 환가료율: 2.00%
> 4) 우편일수: 8일
> 5) 환율(장부가격): JPY100＝KRW1,000

  ① 128,000원 ② 240,000원 ③ 256,000원 ④ 480,000원

해설 매입은행은 신용장대금(수출금액)에서 환가료와 수수료를 공제한 금액을 수출자에게 지급한다. 환가료는 매입은행이 수출자에게 매입대금을 지급하는 날과 개설은행으로부터 신용장대금을 받는 날(또는 수입자로부터 수출대금을 받는 날)의 기간에 대한 이자로 보면 된다.

- 환가료 계산: 수출금액(또는 신용장금액)×환율×환가료율(환가료 이자율)×기간(결제기간＋우편일수)/360
- 환가료＝JPY3,600,000×100/1,000×2.0%×128/360＝256,000원

(정답 ③)

---

7 국제운송

01 정기선의 해상운임에 대한 설명으로 옳지 않은 것은?

① 정기선의 해상운임은 기본운임(Basic Rates)에 할증료(Surcharges), 추가요금 (Additional Charges) 등으로 구성된다.

② 품목별무차별운임(Freight All Kinds, FAK)은 품목에 관계없이 동일하게 적용하는 운임이다.

③ BAF는 유류할증료, CAF는 통화할증료로 운임 외에 부가되는 할증료(Surcharge)이다.

④ THC는 터미널화물처리비를 말하는데 통상적으로 해상운임에 포함되어 있다.

해설　③ BAF(Bunker Adjustment Factor/유류할증료): 선박 주연료인 벙커유 가격변동에 따른 선사의 손실을 보전하기 위해 부과
CAF(Currency Adjustment Factor/통화할증료: 해상운임 표시통화의 가치변동으로 인한 선사의 손실을 보전하기 위해 부과
④ 터미널화물처리비(Terminal Handling Charge: THC)는 항만처리 비용이라고도 말하며, 화물이 컨테이너 야적장에 입고된 순간부터 본선의 선측까지, 또는 본선의 선측에서 컨테이너 야적장의 gate까지의 컨테이너 화물 취급비용을 말한다. THC는 통상적으로 해상운임에 포함되어 있지 않고 해상운임과 별도이다.

(정답 ④)

02 해상화물을 컨테이너 방식으로 선적할 때 이에 대한 설명으로 옳지 않은 것은?

① 운송계약의 청약에 해당하는 선복요청서와 승낙에 해당하는 인수확인서에 의해서 실제적인 운송계약이 성립한다.

② FCL화물인 경우에 수출상의 공장 또는 창고에서 화주의 책임하에 컨테이너에 화물을 적재한다.

③ 구체적인 선적일정에 의해 본선이 입항하면 컨테이너는 CY에서 마샬링야드(Marshalling Yard)로 이송되어 본선적재가 이루어진다.

④ LCL화물인 경우 화물인수도증을 근거로 운송주선인은 개별화주에게 Master B/L을 발급해 줄 수 있다.

해설　④ LCL화물인 경우 화물인수도증을 근거로 운송주선인(forwarder)은 개별화주에게 House B/L을 발급한다. Master B/L은 운송인(해운사)가 발행하는 선하증권이다.

(정답 ④)

03 LCL 화물이 "freight forwarder"를 통해 운송되는 경우 B/L 의 형태에 대한 설명으로 옳지 않은 것은?

① 선사가 발행하는 Master B/L은 송하인에게 교부되지 않는다.

② 수출업자는 운송주선업자로부터 House B/L을 발급받는다.

③ FIATA 복합운송증권(FIATA Combined Transport B/L)은 House B/L의 일

종이다.

④ 수입지에서 수입업자는 House B/L로는 화물인수가 되지 않기 때문에 Master B/L과 교환한 후 화물을 인수한다.

해설 freight forwarder(운송주선인)은 선사에서 발행한 Master B/L을 근거로 D/O(Delivery Order:화물인도지시서)를 교부받게 되고, 수입업자(수하인)는 freight forwarder가 발행한 House B/L을 근거로 D/O를 교부받아 화물을 인수하게 되므로 '④ 수입지에서 수입업자는 House B/L로는 화물인수가 되지 않기 때문에 Master B/L과 교환한 후 화물을 인수한다'는 틀린 설명이다.

• Freight Forwarder(운송주선인): 계약운송인으로서 운송수단(예: 선박·항공기 등)을 보유하지 않으면서도 실제 운송인처럼 운송주체자로서의 기능과 책임, 즉 운송인에게는 하주 입장에서 하주에게는 운송인의 입장에서 책임과 의무를 수행
• Master B/L(집단선하증권): 선사가 운송주선인의 혼재화물(LCL)에 대해 운송주선인에게 1건으로 발행하는 선하증권
• House B/L(혼재화물선하증권): 실제로 화물을 운송하는 선박회사가 아닌 이를 대행하는 운송주선인 또는 운송중개인이 물품을 인도받았다는 표시로 발행하는 선하증권

(정답 ④)

04 선하증권의 법적 성질로 옳지 않은 것은?

① 요인증권 ② 요식증권 ③ 상환증권 ④ 금전증권

해설 선하증권의 법적 성질은 상환증권, 처분증권, 인도증권, 문언증권, 요식증권, 요인증권, 유가증권 등이다. 그러나 금전증권은 선하증권의 법적 성질이 아니다.

(정답 ④)

05 선하증권의 법적 성질을 올바르게 나열한 것은?

① 무인증권 - 불요식증권 - 유통증권 - 문언증권

② 무인증권 - 요식증권 - 채권증권 - 유통증권

③ 요인증권 - 유가증권 - 금전증권 - 상환증권

④ 요인증권 - 요식증권 - 채권증권 - 상환증권

해설 선하증권의 법적성질을 올바르게 나열한 것은 ④ 요인증권 - 요식증권 - 채권증권 - 상환증권이다. 선하증권은 권리증권, 선적화물수취증, 요인증권, 채권증권, 요식증권, 문언증권, 유통증권, 지시증권의 법적성질을 가진다.

(정답 ④)

06 다음 공란에 들어갈 당사자를 순서대로 올바르게 나열한 것은?

> 선하증권은 운송계약의 증빙서류로서의 기능을 담당 하고 있는데 이는 운송인과 송하인간에 체결한 운송 계약의 내용을 증명하는 서류임을 의미한다. 그러나 운송인과 (   ) 간에 선하증권의 내용은 단지 추정적 증거 기능을 담당하며, 제3자에게 양도된 경우 운송인과 (   ) 간에는 결정적 증거 기능을 담당하게 된다.

① 송하인 － 선하증권 소지인   ② 선하증권 소지인 － 송하인

③ 수하인 － 선하증권 소지인   ④ 선하증권 소지인 － 수하인

해설 공란에 들어갈 당사자는 ① 송하인 － 선하증권 소지인이다. 운송인과 송하인 사이에서, 선하증권은 운송계약의 추정적 증거가 될 뿐이지만 선하증권상 화물의 상태에 관한 기재는 운송인이 그러한 상태대로 화물을 수령하였다는 결정적 증거가 된다. 그리고 운송인과 선하증권의 선의의 소지인 사이에서, 선하증권상 화물의 상태에 관한 기재는 운송인이 그러한 상태대로 화물을 수령하였다는 결정적 증거가 된다.

(정답 ①)

07 surrendered B/L에 관한 내용으로 옳지 않은 것은?

① 권리포기 선하증권이라고 한다.

② non－negotiable이다.

③ 사본으로 OBL 제시없이 화물을 인도받을 수 있다.

④ 신용장 거래에서 안전하게 사용된다.

해설 surrendered B/L은 선하증권의 유통증권성(유가증권성)을 포기한 선하증권으로 유통불능서류(non－negotiable document)이다. 선하증권의 원본 없이도 사본만으로 수하인(consignee)은 화물을 인도받을 수 있다. 따라서 원본의 의미가 없다. 해상화물운송장(sea waybill)과 거의 동일한 효력이 있다고 볼 수 있다. 원칙적으로 신용장거래에서는 surrendered B/L은 수리되지 않는다.
③ OBL: original B/L(선하증권원본)

(정답 ④)

08 권리포기선하증권(Surrendered B/L)과 관련하여 옳은 것을 모두 나열한 것은?

> ㉠ 유통가능(Negotiable) 선하증권이다.
> ㉡ 실제로 선하증권 원본이 발행되는 것은 아니다.
> ㉢ 신속한 화물의 인도를 목적으로 한다.
> ㉣ Fax나 e-mail로 보내도 수입상이 화물을 인수할 수 있다.
> ㉤ 사본(Copy)이 아닌 OBL로 인정받는다.
> ㉥ 주로 T/T 결제 등에 사용되며, 기본적으로 신용장 방식에서는 사용되지 않는다.

　① ㉠, ㉡, ㉢, ㉤　② ㉠, ㉢, ㉣, ㉥　③ ㉡, ㉢, ㉣, ㉥　④ ㉢, ㉣, ㉤, ㉥

해설　권리포기선하증권(Surrendered B/L)과 관련하여 옳은 것은 ③ ㉡, ㉢, ㉣, ㉥이다. 권리포기선하증권(Surrendered B/L)이란 화주의 요청에 따라 선사가 B/L에 'Surrendered' 도장을 찍어준 선하증권을 말한다. 이는 화주가 권리증권의 기능을 포기한다는 표현으로 B/L의 원본 없이도 수하인이 물품을 인수할 수 있도록 신속한 인수를 위해 편의상 사용되는 선하증권이며 주로 T/T거래이며 신용도가 높은 경우에 사용된다.

（정답 ③）

09 해상화물운송장(SWB)에 관한 설명으로 옳지 않은 것은?
　① 목적지에서 화물인도청구를 위해 제시할 필요가 없다.
　② 해상화물운송장에 관한 CMI 규칙상 송하인은 수하인이 화물인도를 청구할 때까지 화물처분권을 유보할 수 있다.
　③ 유가증권이다.
　④ 물품이 운송서류보다 먼저 도착지에 도달할 때 유용하다.

해설　해상화물운송장은 선하증권과 마찬가지로 운송계약의 증거, 즉 화물 수취의 증거로서 발행되지만, 권리증서가 아니며, 유통불능증권이다.

（정답 ③）

10 항공화물운송장(AWB)과 선하증권(B/L)의 비교로 옳지 않은 것은?
　① AWB: 비유통성,　　B/L: 유통성
　② AWB: 기명식,　　　B/L: 지시식
　③ AWB: 수취식,　　　B/L: 선적식
　④ AWB: 운송인이 작성, B/L: 송하인 작성이 원칙

해설　선하증권(B/L)은 운송인이, 항공화물운송장(AWB)는 송하인이 작성하는 것이 원칙이다.

※ 선하증권과 항공화물운송장의 비교

구 분	선하증권	항공화물운송장
유가증권성	유가증권	유가증권 아님(화물운송장)
유통성	유통성 있음(유통증권)	유통성 없음(비유통증권)
수하인기재방식	지시식 또는 기명식	기명식
작성자	운송인	송하인
작성시기	화물 선적전 · 후 발행	화물 수령 후 발행

(정답 ④)

11 운임에 관한 설명으로 옳지 않은 것은?

① Port Congestion Surcharge − 도착항에 체선(滯船)이 있어 선박의 가동률이 저하되는 경우에 발생하는 선사의 손해를 화주에게 전가하기 위하여 부과하는 할증요금

② Bunker Adjustment Factor − 선박의 연료인 벙커유의 가격변동에 따른 손실을 보전하기 위하여 부과하는 할증요금

③ Lump Sum Charge − 선적할 때에 지정하였던 양륙항을 선적 후에 변경할 경우에 추가로 부과되는 운임

④ Transhipment Charge − 화주가 환적을 요청하는 경우에 선사가 그에 따른 추가비용을 보전하기 위하여 부과하는 운임

해설 ① Port Congestion Surcharge (체선할증료), ② Bunker Adjustment Factor(BAF: 유가할증료), ③ Lump Sum Charge(총괄운임 − 실제 적재량에 의하지 않고 총괄적으로 운임액을 정함), ④ Transhipment Charge(환적할증료)

(정답 ③)

12 항공화물운임 중 혼합화물요율에 대한 설명으로 올바르게 나열한 것은?

(a) 수종의 화물이라 하더라도 운임률이 모두 같을 때에는 혼합화물로 보지 않음
(b) 귀중품, 생동물, 시체, 외교행낭, 별송수하물 등은 혼합금지품목임
(c) 각 화물의 중량 및 품명을 별도로 신고하면 그 중 가장 높은 화물의 운임이 통합
(d) 적용화물의 중량(또는 용적)에 일반화물요율(GCR)을 곱하여 계산
(e) 컨테이너 하나에 수종의 화물이 적입되는 경우에는 가장 낮은 화물의 운임률이 적용

① (a), (c), (d)　　　　② (a), (b), (d)

③ (b), (d), (e)   ④ (b), (c), (d)

해설 항공화물운임 중 혼합화물요율에 대한 설명으로 올바르게 나열한 것은 ② (a), (b), (d)이다. 화주가 화물을 팔레트나 컨테이너와 같이 단위탑재용기에 적재한 상태로 항공사에 운송을 의뢰한 경우 BUC(Bulk Unitization Charge: 단위탑재용기운임)이 적용되고 이는 특정화물(위험화물·생동물·귀중품 등)을 제외하고는 화물의 종류에 관계없이 단위탑재용기별로 운임을 부과한다.
- GCR(General Commodity Rate: 일반품목요율): 특정물품 할인요율(SCR) 또는 품목분류요율(CCR)이 적용되지 않는 모든 화물에 적용되는 가장 기본적인 항공화물운임요율
- BUC(Bulk Unitization Charge: 단위탑재용기운임)은 [기준운임 + (초과중량×기준중량 초과요율)]로 산정한다.

(정답 ②)

13 정기선 운임을 다양한 기준에 따라 분류한 것으로 옳지 않은 것은?
① 지급시기: 선불운임, 후불운임
② 산정기준: 중량운임, 종가운임, 용적운임
③ 선내하역비부담: FIO, FIOST
④ 부과방법: 비례운임, 반송운임, Berth Term

해설 운송계약의 일부만 이행하였을 때, 거리에 비례해 지불하는 거리당 운임을 말하는 비례운임과 화물이 반송되었을 시 부과하는 반송운임은 운송완성도에 의한 운임 분류에 해당하며, Berth Term은 선적 및 양하 비용을 선주가 부담하는 운임으로 선내하역비 부담에 따른 분류에 해당한다.

(정답 ④)

14 컨테이너선의 운항형태 중 다른 선사의 선복의 일부를 이용할 수 있도록 하는 방식으로 자사의 선박을 운항하지 않고도 자사가 인수한 화물을 수송하는 방식은?
① 컨소시엄 운항(Consortium)   ② 전략적 제휴(Strategic Alliance)
③ 공동운항 배선(Joint Service)   ④ 선복임차(Slot Charter)

해설 ④ 선복임차(Slot Charter)에 관한 설명이다. 선복임차는 2개 이상의 해운회사가 각각 1척 또는 소수의 컨테이너선을 소유, 운항하는 경우 상호간의 스케줄을 조정하여 타사선에 대해서도 각기 일정한 스페이스를 확보, 컨테이너를 수송하는 계약을 말한다.

※ 컨소시엄 운항(Consortium): 여러 정기선사가 별도의 회사를 설립하여 선박의 공동스케

줄작성, 운송장비 및 터미널의 공동사용, 운임 수입과 화물수송량의 공동배분 등의 성격으로 운항하는 방식

※ 공동운항 배선(Joint Service): 특정 항로에 두 개 이상의 선사가 합작회사 형태로 수척의 선박을 공동으로 투입하되, 각 선사별로 독자적인 운임, 서비스 조건 등을 정하여 운항하는 방식

※ 전략적 제휴(Strategic Alliance): 경쟁심화 및 운항비 증가에 대처하고, 품질 서비스에 대한 화주들의 수요충족 및 항로안정을 위해 경쟁사와 손을 잡는 방식

(정답 ④)

15 복합운송에 관한 국제규칙 중 FIATA B/L과 BIMCO의 COMBIDOC 등 표준복합운송증권에 채용되어 실무적으로 널리 사용되고 있는 것은?

① TCM 조약안   ② UN 국제물품복합운송조약

③ UNCTAD/ICC 복합운송증권 규칙   ④ 로테르담 규칙

해설 UNCTAD 해운위원회는 해운관련 국제기구와 협조하에 기존의 헤이그 규칙, ICC 복합운송증권에 관한 통일규칙과 FIATA 복합운송 표준약관과 같은 현행 규칙을 기초로 새로운 복합운송서류에 관한 규칙을 제정하기로 합의하였고, UNCTAD/ICC 복합 운송서류에 관한 규칙을 제정하여 1992년 1월부터 시행하고 있다.

(정답 ③)

16 운송계약의 당사자인 운송인은 용선자가 아니라 선주 또는 선박임차인이고, 선하증권의 효력이 선하증권 소지인과 선주 간에만 미치므로 운송 중 화물의 손해에 대해 용선자는 아무런 책임도 부담하지 않는다는 취지의 조항은?

① Jason Clause   ② Himalaya Clause

③ Demise Clause   ④ Indemnity Clause

해설 ③ Demise Clause(디마이즈약관)에 관한 설명으로 선하증권의 계약 당사자는 오직 선주이며, 용선자는 선주의 대리인(agent)에 불과하다는 뜻을 담고 있으며 흔히 'identity of carrier' 조항으로도 불리고 있다.

※ Jason Clause(과실공동해손약관): 항해상의 과실에 의하여 발생한 공동해손인 손해를 운송인이 화물소유자에게 분담시킨다는 취지를 명문화한 약관

※ Himalaya Clause(히말라야약관): 선하증권에 기재되어 있는 사용인 면책약관으로 운송인의 사용인, 대리인, 하청운송인이 하주로부터 직접화물의 손상에 대한 청구를 받는 것을 방지하기 위하여 이들이 운송인 발행의 B/L 하에서는 운송인과 동일한 면책, 책임제한을 받는다는 취지를 규정한 약관

※ Indemnity Clause (보상약관): 정기용선계약에서 용선자가 선주에게 보상할 내용을 규정한 약관

(정답 ③)

17 선적품의 운송에 이용되는 선박(vessel)의 종류에 대한 설명으로 옳지 않은 것은?
① Liner는 정기적으로 운항하는 구간에 사용되는 선박으로 주로 산적화물(bulk cargo)을 운송한다.
② Ro/Ro선은 기중기를 사용하지 않고 화물을 적재한 트레일러가 그대로 선내에 들어가는 구조의 선박이다.
③ LASH 선은 화물을 적재한 부선을 본선에 설치된 기중기로 선상에 올려놓을 수 있는 구조의 선박이다.
④ Tanker는 액체화물을 운송하는 구조의 선박으로 LNG선, LPG선 및 석유제품운반선 등이 있다.

해설 • 정기선 운송은 미리 공시된 운임률표에 따라 운임이 결정되며 화주나 화물에 차별을 두지 않고 운송서비스를 제공한다.

(정답 ①)

18 도착항의 항만사정이 선박으로 혼잡할 경우 신속히 하역할 수 없게 되어 선박의 가동률이 저하되어 선박회사에 손해가 발생하므로 이를 화주에 전가하는 정기선 운임의 할증료를 무엇이라 하는가?
① 장척할증료   ② 항만변경료   ③ 체화할증료   ④ 환적할증료

해설 • 질문은 체화할증료에 대한 설명이다.
• 장척할증료(lengthy surcharge)는 단일 화물의 길이가 긴 경우에 부과한다.

(정답 ③)

19 아래 보기 상황에 대한 A의 조치로서 적절하지 않은 것은?

> 미국의 수출업자 A가 한국의 수입업자 B에게 판매한 TV 2,000 sets에 대하여 발행된 mate's receipt에 "5 sets short in dispute"라는 표시가 되어 있어, A는 Letter of Indemnity를 제출하고 clean B/L을 발급받아 화환어음을 취결하였다. 그러나 물품이 도착된 후 B는 10 sets가 분실된 것을 확인하였다.

① A는 운송인에게 5 set에 대한 손해만 보상하면 된다.

② A는 선적과정에서 분실되었는지를 조사한 후에 확인이 되면 운송인에게 손해배상을 청구한다.

③ A는 B에게 L/I상의 5 set에 대해서만 손해배상을 하도록 한다.

④ A는 B에게 해당 손해에 대하여 배상을 하고 5 set에 대한 클레임은 운송회사에게 제기하도록 한다.

해설 • 본선수취증(mate's receipt): 선적이 완료되면 1등 항해사(chief mate)가 화물수취의 증거로 서명하고 화주측에 교부한다.

(정답 ③)

20 국제물류보안규정과 그 적용범위로 옳지 않은 것은?

① 선박 및 항만설비보안을 위한 국제규약(ISPS): 선적항 ↔ 양륙항 구간

② 세계관세기구의 AEO 제도: 선적항 ↔ 최종목적지

③ 국제표준화기구의 물류보안경영시스템 인증제도(ISO 28000): 제조업체 ↔ 최종목적지

④ 항만보안법(Safe Port Act): 수출지역 ↔ 최종목적지

해설 • AEO(Authorized Economic Operator: 종합인증 우수업체): 세관에서 수출기업이 일정수준 이상의 기준을 충족할 경우 통관절차 등을 관소화시켜주는 제도
• ISPS Code(International Code for the Security of Ships and of Port Facilities: 선박 및 항만설비보안을 위한 국제규약): 9.11테러 이후, 해상화물 운송선박 및 항만시설에 대한 테러 가능성이 제기됨에 따라 해상분야 보안강화를 위하여 IMO에서 국제선박 및 항만시설 보안에 관한 규칙을 제정

(정답 ②)

21 국제복합운송의 여러 형태로 옳게 연결한 것은?

> a) 해·륙 복합운송에서 해상－육상－해상으로 이어지는 운송구간 중 중간구간인 육상운송구간을 의미
> b) 화물차량을 철도차량에 적재하고 운행하는 방식
> c) 해상운송과 공로운송(트럭운송을)여계하여 일관시스템으로 운송하는 방식
> d) 항공운송과 공로운송을 연계하여 일관시스템으로 운송하는 방식

① a) Piggy Back System   b) Fishy Back System
   c) Land Bridge System   d) Birdy Back System

② a) Piggy Back System   b) Land Bridge System

c) Birdy Back System　　　d) Fishy Back System

③ a) Land Bridge System　　b) Birdy Back System

c) Fishy Back System　　　d) Piggy Back System

④ a) Land Bridge System　　b) Piggy Back System

c) Fishy Back System　　　d) Birdy Back System

해설 복합운송의 주요형태는 다음과 같다.

피기백방식 (piggy-back)	육상	컨테이너를 적재한 트레일러를 철도의 무개화차에 실어 운송하는 방식 (화물차량을 철도차량에 적재하고 운행하는 방식)
피시백방식 (fishy-back)	해상	컨테이너를 선박에 선적하여 운송하는 방식 (해상운송과 공로운송 (트럭운송을)연계하여 일관시스템으로 운송하는 방식)
버디백방식 (birdy-back)	항공	컨테이너를 항공기에 기적하여 운송하는 방식 (항공운송과 공로운송을 연계하여 일관시스템으로 운송하는 방식)
랜드브리지방식 (land bridge)	해상-육상 -해상	복합운송구간 중 대륙횡단이 필요한 육상운송구간에서 화물의 이적 없이 선적된 화물 그대로 최종목적지까지 일관되게 운송주체에 의해 운송되어지는 시스템 (해·륙 복합운송에서 해상-육상-해상으로 이어지는 운송구간 중 중간구간인 육상운송구간을 의미)

(정답 ④)

22 선하증권의 효력에 관한 내용으로 옳지 않은 것은?

① 선하증권을 점유하는 것은 물품 자체를 점유하는 것과 같고, 선하증권의, 이전으로 물품의 점유가 이전되는 법적 효력이 발생한다.

② 운송인과 송하인 사이에서, 선하증권은 운송계약의 추정적 증거가 될 뿐이지만 선하증권상 화물의 상태에 관한 기재는 운송인이 그러한 상태대로 화물을 수령하였다는 결정적 증거가 된다.

③ 운송인과 선하증권의 선의의 소지인 사이에서, 선하증권상 화물의 상태에 관한 기재는 운송인이 그러한 상태대로 화물을 수령하였다는 추정적 증거가 된다.

④ 선하증권을 배서에 의하여 양수한 수하인은 운송계약의 당사자는 아니지만 송하인을 통하지 않고서 직접 운송인에 대하여 화물인도청구권을 행사할 수 있다.

해설 ③ 운송인과 선하증권의 선의의 소지인 사이에서, 선하증권상 화물의 상태에 관한 기재는 운송인이 그러한 상태대로 화물을 수령하였다는 확정적 효력(결정적 증거)이 된다.
• **선하증권의 문언증권성** : 운송인과 송하인 사이에 선하증권에 기재된 대로 운송계약이 체결되고 운송물을 수령 또는 선적한 것으로 추정한다(선하증권 기재내용은 추정적효력). 그러나 선하증권을 선의로 취득한 소지인(예 : 수입자)에 대하여 운송인은 선하증권에 기재된 대로 운송물을 수령 혹은 선적한 것으로 보고 선하증권에 기재된 바에 따라 운송인으로서 책임을 진다(선하증권 기재 내용은 확정적 효력). 따라서 선하증권을 선의로 취득한 제3자에 대해서는 운송물을 수령 또는 선적되지 아니하였음을 운송인이 증명해도 운송인은 선하증권에 기재된 대로 책임을 진다. 이는 선하증권을 선의로 취득한 제3자를 보호함으로써 선하증권의 유통성 보호와 거래의 안전을 도모하기 위한 것이다.

(정답 ③)

23 항공화물대리점과 항공운송주선인에 대한 설명으로 옳지 않은 것은?
① 항공화물대리점은 항공사의 운송약관을 사용하지만, 항공운송주선인은 자신의 운송약관을 사용한다.
② 항공화물대리점은 항공사를 대리하여 운송계약을 체결하지만, 항공운송주선인은 자신이 당사자로서 화주와 운송계약을 체결하므로 화주에 대하여 직접 운송계약상의 책임을 부담한다.
③ 운송계약을 체결할 때 항공화물대리점은 항공사가 정한 운임률표를 사용하지만, 항공운송주선인은 자신이 정한 운임률표를 사용한다.
④ 항공화물대리점은 운송사 명의의 House AWB을 발행하지만, 항공운송주선인은 자기 명의의 Master AWB을 발행한다.

해설 ④ 항공화물대리점은 항공사(운송사)를 대리하여 항공사(운송사)명의로 운송계약을 체결하고, Master AWB을 발행한다. 항공운송주선인(항공화물주선인)은 자기 명의로 운송계약을 체결하고, House AWB을 발행한다.

(정답 ④)

24 복합운송인에 관한 설명으로 옳지 않은 것은?
① NVOCC는 운송수단을 직접 보유하지 않은 계약운송인형 복합운송인을 말한다.
② 자신의 명의로 운송계약을 체결하는 경우 운송주선인도 복합운송인이 될 수 있다.
③ NVOCC는 실제운송인에 대해서는 송하인, 운송을 위탁한 화주에 대해서는 운송인이 된다.
④ 우리나라의 물류종책기본법상 운송주선인은 복합운송인이 될 수 없다.

해설 NVOCC(non-vessel operating common carrier) : 선박을 소유하지 않은 운송인을 말한다.
④ 우리나라의 물류종책기본법상 운송주선인은 복합운송인이 될 수 있다.

(정답 ④)

25 해상운송에서 정기선 운송과 부정기선 운송을 비교한 내용으로 옳지 않은 것은?

① 부정기선 운송은 미리 정해진 항로가 없고 매 항차마다 항로가 달라지고 운항스케줄도 수시로 결정된다.

② 정기선 운송은 미리 공시된 운임률표에 따라 운임이 결정되며 화주나 화물에 차별을 두지 않고 운송서비스를 제공한다.

③ 정기선 운송의 화물은 완제품 내지 반제품이 주종을 이루지만, 부정기선의 화물은 원자재나 농·광산물이 주종을 이룬다.

④ 부정기선의 운임은 물동량(수요)과 선복(공급)에 의존하므로 일반적으로 운임이 불안정하지만 정기선에 비하여 운임이 높다.

해설 부정기선 : 정기선에 비해 상대적으로 저운임이며, 규칙성과 신속성이 떨어진다.

(정답 ④)

26 운송관련서류를 선적절차에 따라 발행되는 순서대로 올바르게 나열한 것은?

1) 선적요청서(S/R)   2) 선하증권(B/L)   3) 본선수취증(M/R)
4) 검수표(Tally Note) 5) 선복예약서(B/N)

① 5) - 1) - 3) - 2) - 4)
② 5) - 4) - 3) - 2) - 1)
③ 1) - 5) - 3) - 4) - 2)
④ 1) - 5) - 4) - 3) - 2)

해설
- 선적요청서(Shipping Request, S/R): 화주가 선사에 제출하는 선적 의뢰 요청서
- 선복예약서(Booking Note, B/N): 선박회사가 해상운송계약에 의한 운송을 인수하고 그 증거로 선박회사가 발급하는 서류
- 검수표(Tally Note): 화물이 본선에 반입되고 일등항해사가 선장을 대리하여 선사에서 발급한 선적지시서대로 선적이 되었는지 검수인(tally man)의 입회하에 화물수량 및 상태를 확인후 발급하는 서류
- 본선수취증(Mat's Receipt, M/R): 재래선의 경우 선적이 완료되면 본선의 일등항해사

(Chief Mate)가 화물 수취의 증거로서 서명하고 화주 측에 교부하는 것이 본선수취증이다. 이를 선박회사에 제출하면 본선적재선하증권이 발행된다.

- 선하증권(Bill of Lading, B/L): 해상운송계약의 증거서류이며, 운송인이 화물을 인수 또는 선적하였음을 증명하는 서류

(정답 ④)

25 선하증권의 종류 중 일부를 설명하고 있다. 올바르게 연결된 것은?

---

a) 선하증권과 보험증권을 결합한 형태의 선하증권으로, 선하증권에 기재된 화물에 사고가 발생하면 선사가 이를 보상해 주는 선하증권

b) 신용장상 서류제시기한을 경과하여 그 유효성에 의문이 있는 선하증권

c) 송하인의 요청에 따라 권리증권으로서의 기능을 배제하여 선하증권 원본 없이 수하인(수입상)이 물품을 인수할 수 있도록 하기 위해 업계의 편의상 이용되는 선하증권

---

① a) Red B/L   b) Surrender B/L   c) Stale B/L

② a) Switch B/L   b) Stale B/L   c) House B/L

③ a) Red B/L   b) Stale B/L   c) Surrender B/L

④ a) Switch B/L   b) Red B/L   c) Short Form B/L

해설

- Red B/L(적색선하증권): 선하증권과 보험증권을 결합한 것으로서 전체가 적자로 인쇄되어 있기 때문에 붙은 명칭이다. 이 경우 선박회사는 자기가 발행하는 적색선하증권에 대하여 일괄보험을 부보한다.
- Stale B/L(기간경과선하증권): 신용장에 명시된 기간 내에 은행에 제시되지 않은 선하증권을 말한다. 만약 신용장에 서류제시기간이 명시되어 있지 않았다면 발행 이후 21일을 넘긴 이후에도 은행에 제시되지 않은 선하증권을 말한다.
- Surrendered B/L(권리포기선하증권): 화주의 요청에 따라 선사가 B/L에 'Surrendered' 도장을 찍어준 선하증권을 말한다. 이는 화주가 권리증권의 기능을 포기한다는 표현으로 B/L의 원본 없이도 수하인이 물품을 인수할 수 있도록 신속한 인수를 위해 편의상 사용되는 선하증권이다.
- Switch B/L: 중계무역에 주로 사용되는 선하증권으로서 중계업자가 원수출자를 노출시키지 않기 위하여 화물을 실제 수출한 지역에 속한 선사, 포워더가 발행한 B/L을 근거로 제3의 장소에서 원수출자를 중계업자로 교체하여 발급받는 선하증권이다.
- House B/L: 실제로 화물을 운송하는 선박회사가 아닌 이를 대행하는 운송주선인(forwarder)이 발행하는 선하증권이다.

(정답 ③)

8 해상보험·수출보험

01 공동해손비용손해(general average expenditure)에 해당하지 않는 것은?

① 인양비용 ② 피난항 비용 ③ 임시 수리비 ④ 손해방지비용

해설 공동해손(general average): 선박과 적하에 공동의 위험이 발생하였을 경우에 그러한 위험을 제거·경감시키기 위해 선체나 적하(화물)를 희생시키거나 필요한 경비를 지출하는 행위를 공동해손행위라고 하며, 그에 의한 손해와 경비를 공동해손이라고 한다.
손해방지비용(Sue and Labour Charges): 보험자가 부담하는 손해를 방지, 경감하기 위하여 피보험자가 지출한 비용을 말한다. 피보험자 또는 그 대리인이 지출한 손해방지비용은 해상보험증권의 본문약관에 의하여 보험자가 보상한다.

(정답 ④)

02 공동해손분담금의 원천이 되는 공동해손이 성립하기 위한 요건으로 볼 수 없는 것은?

① 통상적인 희생이나 비용
② 희생이나 비용이 자발적으로 발생된 것
③ 고의로 발생시킨 비용
④ 희생이 합리적인 수준 이내에서 발생된 것

해설 공동해손의 성립요건 1) 공동위험의 존재(위험의 공동성) 2) 자발적 처분(희생이나 비용의 자발성) 3) 선장의 고의에 의한 처분(처분의 고의성/희생이나 비용의 고의성) 4) 손해 또는 비용의 발생 4) 예외적인 희생이나 비용일 것(통상적인 희생이나 비용이 아닐 것)

(정답 ①)

03 해상위험 담보방식으로 옳지 않은 것은?

① ICC(A) − 포괄담보방식
② ICC(B) − 열거담보방식
③ ICC(A/R) − 열거담보방식
④ ICC(FPA) − 열거담보방식

해설 ③ ICC(A/R, All Risks, 전위험담보조건) − 구협회적하약관상의 담보위험으로 담보범위가 가장 넓다. 포괄책임주의를 채택하고 있다. ④ ICC(FPA, Free from Particular Average, 단독해손부담보, 분손부담보)
• 열거책임주의: 보험자가 부담하는 위험을 구체적으로 열거한다. 구협회적하약관상 ICC(W/A), ICC(FPA), 그리고 신협회적하약관상 ICC(B), ICC(C)가 채택하고 있다.
• 포괄책임주의: 보험자가 보상하는 위험을 구체적으로 열거하지 않는다. 구협회적하약관상 ICC(A/R) 그리고 신협회적하약관상 ICC(A)가 채택하고 있다.

(정답 ③)

04 해상보험에서 2009년 협회적하약관(Institute Cargo Clause: ICC)에 관한 내용으로 옳지 않은 것은?

① 원칙적으로 ICC(B) 약관과 ICC(C) 약관은 모두 선박의 좌초와 침몰, 전복위험을 담보한다.

② 원칙적으로 ICC(B) 약관은 지진위험을 담보하지만, ICC(C) 약관은 이를 담보하지 않는다.

③ 원칙적으로 ICC(B) 약관은 갑판유실위험을 담보하지만, ICC(C) 약관은 이를 담보하지 않는다.

④ 원칙적으로 ICC(A) 약관은 전쟁위험을 담보한다.

해설 '④ 원칙적으로 ICC(A) 약관은 <u>전쟁위험을 담보한다.</u>'(×) → '원칙적으로 ICC(A) 약관은 <u>전쟁위험을 담보하지 않는다.</u>'(○) 전쟁위험과 동맹파업은 ICC(A), ICC(B), ICC(C) 모두 공통적으로 면책위험이므로 전쟁위험을 담보하고자 할 경우 협회전쟁약관으로 특약을 맺어 추가보험료를 지불하여야 한다.
- 협회전쟁약관(institute war clauses): 해상보험에서, 전쟁이나 내란 · 혁명 · 모반 · 반란 등과 이로 인한 포획 · 체포 · 압류 등에 의한 위험을 담보하는 약관으로 해상운송 중의 위험만을 취급

(정답 ④)

05 해상보험에 관한 설명으로 옳지 않은 것은?

① 영국해상보험법은 근인주의를 채택하고 있으므로, 피보험자는 항상 보험으로 보호되는 것은 아니고 단지 당해 보험에서 담보되는 위험이 손해의 가장 우세하고 유력한 원인이 되는 경우에만 보호를 받는다.

② 영국해상보험법은 실손보상의 원칙을 채택하고 있으므로, 피보험자로서는 자신이 부보한 보험금액 전액을 항상 보상받는 것은 아니다.

③ 영국해상보험법은 실손보상의 원칙을 채택하고 있으므로, 피보험목적물이 목적지에 무사히 도착하여 얻게 될 피보험자의 기대예상이익은 부보의 대상이 되지 못한다.

④ 영국해상보험법은 비례보상의 원칙을 채택하고 있으므로, 보험금액이 피보험목적물의 보험가액보다 적은 일부보험에 가입한 경우에 피보험자는 전손이 발생하더라도 보험금액 전액을 보상받을 수 없고 단지 보험가액에 대한 보험금액의 비율에 따라 보험금액의 일부만을 보상받을 수 있다.

해설 해상보험에서 보험목적물인 화물의 안전한 도착으로 얻게 될 예상이익에 대한 피보험이익을 부보할 수 있으며, 보통 송장금액의 10%를 희망이익으로 간주한다.
• 비례보상의 원칙: 일부보험에서 보험사고 발생시 보험자가 보험가액에 대한 보험금액의 비율에 따라서 보상해 줄 책임

(정답 ③)

06 해상보험증권의 해석원칙에 따라 우선적 효력을 갖는 순서대로 나열한 것은?

① ICC약관 → 난외약관 → 본문약관 → 특별약관 → 스탬프약관 → 타자약관 → 수기약관

② 특별약관 → ICC 약관 → 난외약관 → 본문약관 → 스탬프약관 → 타자약관 → 수기약관

③ 수기약관 → 타자약관 → 스탬프약관 → 특별약관 → ICC 약관 → 본문약관 → 난외약관

④ 수기약관 → 타자약관 → 스탬프약관 → 특별약관 → ICC 약관 → 난외약관 → 본문약관

해설 해상보험증권에는 본문약관, 난외약관, 이탤릭서체약관, 협회특별약관, 스탬프 약관 및 수기문언 등 여러 형태의 약관이 있다. 이들 약관의 내용이 상충될 경우 우선순위는 난외약관이 본문약관에 우선하고, 증권에 첨부된 특별약관은 본문약관이나 난외약관에 우선하고, 타자된 문언이나 스탬프 문언은 수기문언 이외의 모든 약관에 우선한다. 이를 수기문언 우선원칙이라 한다.

(정답 ④)

07 전손에 관한 설명으로 옳지 않은 것은?

① 선박의 행방불명은 추정전손에 속한다.

② 화물의 점유를 박탈당하고 그것을 회복할 가망이 없는 경우는 추정전손에 속한다.

③ 물건 본래의 성질을 상실한 경우 현실전손이 된다.

④ 화물의 수리비와 목적지까지의 운반비가 도착 후의 화물가액을 초과하는 경우 추정전손이 된다.

해설 ① 선박의 행방불명은 우리나라 상법에서는 추정전손으로 규정하고(상법 제711조), 영국 해상보험법에서는 현실전손으로 규정하고 있다.

(정답 ①)

08 무역보험에서 보험계약자나 피보험자에 의한 보험사고의 역선택을 방지하기 위한 내용이 아닌 것은?

　① 보험기간의 제한　　　　② 보험책임 시기(始期)의 제한

　③ 포괄보험의 실시　　　　④ 보험계약자의 통지의무

해설　④ 보험계약자의 통지의무는 보험계약자나 피보험자에 의한 보험사고의 역선택을 방지하기 위한 내용이라고 볼 수 없다.

※ 무역보험법

제7조(보험사고의 역선택 방지) 공사는 무역보험의 보험계약자나 피보험자에 의한 보험사고의 역선택(逆選擇)을 방지하기 위하여 필요하다고 인정되면 다음 각 호의 조치를 할 수 있다.

1. 보험기간의 제한

2. 보험책임 시기(始期)의 제한

제7조의2(포괄보험의 실시) 공사는 무역보험의 위험을 효율적으로 분산시키거나 보험료를 평준화하기 위하여 필요하다고 인정하면 상품별·업체별·조합별·금융기관별 또는 수입국별 포괄보험을 실시할 수 있다.

(정답 ④)

09 추정전손이 발생하면 피보험자가 보험자에게 위부통지를 하여야 하고, 보험자가 위부의 수락여부를 결정하기 전에 보험자나 피보험자가 피보험목적물의 회복, 구조 또는 보존을 위하여 필요한 조치를 취한다고 해서 이를 위부의 수락이나 포기로 간주하지 않는다는 취지의 약관은 무엇인가?

　① Waiver Clause

　② Duty of Assured Clause

　③ Reasonable Despatch Clause

　④ Forwarding Charge Clause

해설 이것은 waiver clause에 대한 설명이다.

(정답 ①)

10 위부와 대위에 관한 설명으로 옳은 것은?

　① 대위는 전손이 성립하는 경우에만 적용된다.

　② 현실전손의 경우에도 보험금액 전액을 보상받기 위해서는 위부하여야 한다.

　③ 대위권은 보험금을 지급한 때에 발생한다.

　④ 위부제도는 모든 손해보험에 존재한다.

해설 위부(abandonment)는 전손과 동일시할 수 있는 일정한 사유가 있는 경우에 피보험자가 그 보험목적에 대한 모든 권리르 보험자에게 양도하고, 보험자에게 보험금액 전액을 청구할 수 있는 해상보험의 특유한 제도이다. 보험위부로 피보험자는 전부에 대해 보험금 청구권이 발생하고, 보험목적이 보험자에게 이전된다. 대위권(subrogation)은 피보험자가 보험자로부터 보험금을 받으면, 보험자가, 보험의 목적이나 제3자에 대하여 가지는 피보험자의 권리를 행사하는 권리이다.
① 위부는 전손의 경우에만 적용되지만, 대위는 분손에 대해서도 적용된다.
② 추정전손의 경우에는 보험위부에 의해서만 보험금액 전액을 보상받을 수 있지만, 현실전손의 경우에는 보험위부 없이도 보험금액 전액을 보상받을 수 있다.
③ 대위권은 보험금을 지급한 때에 발생한다.
④ 위부제도는 해상보험에만 존재한다.

(정답 ③)

11 해상보험에 대한 설명으로 옳지 않은 것은?
① 해상보험계약은 보험자의 보험약관을 보험계약자가 수용하는 부합계약의 성격을 지닌다.
② 해상보험계약은 원칙적으로 보험증권의 발행을 전제로 성립하는 요식계약으로서의 성격을 갖는다.
③ 해상보험에서 보험사고의 객체가 되는 대상을 보험의 목적(subject−matter insured)이라 하며, 피보험이익과 구분되는 개념이다.
④ 소급약관이 적용되는 보험은 보험기관과 보험계약 기간이 반드시 일치하지는 않는다.

해설 ② 불요식계약이란 계약체결에 있어 일정한 요건을 요구하지 않는 계약을 말하며, 매매계약을 포함하는 대부분의 계약은 불요식계약이다. 해상보험계약도 불요식계약이다. (요식계약에는 어음행위를 예로 들 수 있다.)

(정답 ②)

12 해상보험에서 중복보험(double insurance)에 대한 설명으로 옳지 않은 것은?
① 동일한 피보험이익을 수인의 보험자에게 그 일부씩 보험에 가입함으로써 그 보험금액의 합계액이 보험가액을 초과하지 않는 경우의 보험을 말한다.
② 중복보험의 경우 피보험자는 보험사고가 발생하여 보험금을 청구할 때 자기가 적당하다고 생각하는 순서에 따라 각 보험자에게 보험금을 청구할 수 있다.
③ 각 보험자는 보험계약상 자기가 부담하는 금액의 비율에 따라 비례적으로 손해를 보상할 의무를 진다.
④ 각 보험자가 부담하는 보험금의 합계가 보험가액을 초과할 수 없다.

해설 ① 중복보험은 동일한 피보험이익을 수인의 보험자에게 그 일부씩 보험에 가입함으로써 그 보험금액의 합계액이 <u>보험가액을 초과하는 보험</u>을 말한다.

(정답 ①)

13 해상보험상 추정전손제도에 대한 내용으로 옳지 않은 것은?

    ① 피보험자는 현실전손이 발생하지 않았더라도 피보험 목적물을 구조하는 데 드는 비용이 피보험목적물의 가액을 초과하는 때에는 추정전손제도를 이용할 수 있다.

    ② 피보험목적물이 추정전손으로 처리되기 위해서는 보험자에 대한 피보험자의 위부 의사표시가 있어야 한다.

    ③ 보험자는 피보험자의 위부 의사가 도달하는 때에 피보험목적물에 대한 소유권과 제3자에 대한 손해 배상청구권을 대위하여 취득하게 된다.

    ④ 위부의 효과로서 피보험자는 보험자에 대하여 보험금액 전부의 보상청구권을 갖는다.

해설 위부의 효과로 보험자는 피보험자의 모든 권리를 취득한다. 피보험자의 권리를 대위하는 것은 '위부'가 아니고 '보험자대위'이다.
• 상법 제718조(위부의 효과) ①보험자는 위부로 인하여 그 보험의 목적에 관한 피보험자의 모든 권리를 취득한다.

(정답 ④)

14 보험기간과 보험계약기간에 대한 설명으로 옳지 않은 것은?

    ① 보험기간은 피보험목적물에 대한 보험자의 책임이 존속하는 기간으로 피보험자가 보험으로부터 보호받는 기간으로 위험을 담보하는 기간이다.

    ② 보험계약기간은 보험계약이 유효하게 존속하는 기간으로 일반적으로 보험기간과 일치한다.

    ③ 소급보험은 보험기간보다 보험계약기간이 더 길다

    ④ 예정보험은 보험기간과 보험계약기간이 일치하지 않는다.

해설 보험기간이란, 보험자의 위험담보책임이 존속되는 기간으로 피보험자가 보험으로부터 담보받는 기간을 말하는 것으로 보험계약기간(보험계약체결기간)과 구분된다.
소급보험이란 보험 계약을 맺을 때 계약 이전의 어느 시기까지 소급하는 보험을 말한다. 따라서 소급보험에서는 보험기간이 보험계약보다 길다.
③ 소급보험은 보험기간보다 보험계약기간이 더 길다(X) → 짧다(O)
• 예정보험은 일정기간(예 : 1년)을 보험계약기간으로 정하고, 선적통지에 의해 각각의 선적분에 대한 보험기간이 확정된다. 예정보험에서는 보험계약내용이 확정되지 않은 상태

에서 예정보험계약을 체결하고, 추후 선적통지에 의해 보험계약내용이 확정된다. 따라서 보험기간과 보험계약기간이 일치하지 않는다.

(정답 ③)

 9 무역클레임과 국제상사중재

01 무역클레임에 대비하여 계약서에 삽입하는 조항에 관한 설명으로 옳지 않은 것은?

① Arbitration clause는 분쟁해결방법을 중재로 선택하는 경우에 사용하는 조항이다.

② Entire agreement clause는 계약서가 유일한 합의서 이고, 다른 것의 내용은 인정하지 않는다는 완전합의 조항이다.

③ Non waiver clause는 클레임이나 권리의 포기는 서면으로 승인하거나 확인한 경우에만 포기한 것으로 간주한다는 조항이다.

④ Warranty Disclaimer clause는 통상적으로 요구되는 정도의 안정성 또는 기능 등에 대해 묵시적으로 보장하는 조항이다.

해설 Warranty Disclaimer clause는 보증면책조항으로 하자가 발생하여도 매도인이 책임을 지지 않는다는 조항이다.

(정답 ④)

02 중재제도에 관한 다음 설명에 해당하는 것은?

> 중재절차에서 중재판정부는 당사자들의 지위를 보호하고 중재판정의 결과를 기다리는 동안 중재대상의 목적물의 처분이나 재산 도피 등을 제한하고 그 상태를 유지하도록 한다.

① 임시적 처분(interim measure)

② 최종판정(final award)

③ 자기심사권한(competence − competence)

④ 보수청구(remuneration)

해설 임시적 처분에 대한 설명이다. **06**번 문제 해설 참조

(정답 ①)

03 중재제도의 특징으로 옳지 않은 것은?

① 단심제에 의한 신속한 분쟁해결

② 전문가에 의한 판정

③ 자율성의 존중과 민주적인 절차 진행

④ 심리의 공개진행

해설　중재심리 및 중재판정은 비공개가 원칙이다.

(정답 ④)

04 중재합의에 대한 설명으로 옳지 않은 것은?

① 유효한 중재합의가 존재하는 경우에는 직소금지의 원칙에 따라 소송으로 분쟁을 해결할 수가 없다.

② 분쟁 발생 후에도 중재합의는 별도의 중재계약에 의해 이루어질 수 있다.

③ 우리나라 중재법에 따르면 중재합의는 서면으로 하여야 한다.

④ 중재합의의 한 형태로서 매매계약서상에 삽입되어 있는 중재조항은 동 계약서가 무효가 되면 동 중재조항도 그 효력을 자동적으로 상실하게 된다.

해설　"중재합의의 분리성"에 의해 계약서상에 중재조항이 있는 경우 그 계약서가 무효가 되더라도 중재조항이 효력을 상실하는 것은 아니다. 중재합의가 중재조항의 형식으로 되어 있을 때에는 계약 중 다른 조항의 효력은 중재조항의 효력에 영향을 미치지 아니한다.(중재법 제17조 제1항, UN모델중재법 제16조 제1항)

(정답 ④)

05 중재(Arbitration)에 의한 분쟁의 해결에 대한 설명으로 옳지 않은 것은?

① 중재합의의 주요 내용으로 중재지, 중재기관, 준거법을 포함해야 한다.

② 중재합의는 반드시 서면으로 이뤄져야 한다.

③ 중재절차의 심문은 비공개를 원칙으로 서면주의와 구술주의를 병행한다.

④ 중재절차에서 당사자 일방이 심문에 출석하지 아니하면 심문절차는 진행되지 않는다.

해설　중재심문에서 당사자가 출석하지 않아도 중재절차는 진행된다.

(정답 ④)

06 중재제도에 관한 다음 설명에 해당하는 것은 중재절차에서 중재판정부는 당사자들의 지위를 보호하고 중 재판정의 결과를 기다리는 동안 중재대상의 목적물의 처분이나 재산 도피 등을 제한하고 그 상태를 유지하도록 한다.

    ① 임시적 처분(interim measure)   ② 최종판정(final award)

    ③ 자기심사권한(competence-competence)   ④ 보수청구(remuneration)

해설 임시적 처분(interim measure)에 대한 설명으로 임시적 처분은 중재판정부가 현상유지 등을 위하여 행하는 가압류·가처분과 같은 조치를 말한다.

※ **중재법 제18조(임시적처분)**

> 제18조(임시적 처분) ① 당사자 간에 다른 합의가 없는 경우에 중재판정부는 어느 한쪽 당사자의 신청에 따라 필요하다고 인정하는 임시적 처분을 내릴 수 있다.
> ② 제1항의 임시적 처분은 중재판정부가 중재판정이 내려지기 전에 어느 한쪽 당사자에게 다음 각 호의 내용을 이행하도록 명하는 잠정적 처분으로 한다.
>   1. 본안에 대한 중재판정이 있을 때까지 현상의 유지 또는 복원
>   2. 중재절차 자체에 대한 현존하거나 급박한 위험이나 영향을 방지하는 조치 또는 그러한 위험이나 영향을 줄 수 있는 조치의 금지
>   3. 중재판정의 집행 대상이 되는 자산에 대한 보전 방법의 제공
>   4. 분쟁의 해결에 관련성과 중요성이 있는 증거의 보전

(정답 ①)

07 중재합의에 대한 설명으로 옳지 않은 것은?

    ① 유효한 중재합의가 존재하는 경우에는 직소금지의 원칙에 따라 소송으로 분쟁을 해결할 수가 없다.

    ② 분쟁 발생 후에도 중재합의는 별도의 중재계약에 의해 이루어질 수 있다.

    ③ 우리나라 중재법에 따르면 중재합의는 서면으로 하여야 한다.

    ④ 중재합의의 한 형태로서 매매계약서상에 삽입되어 있는 중재조항은 동 계약서가 무효가 되면 동 중재 조항도 그 효력을 자동적으로 상실하게 된다.

해설 ④ 중재합의의 한 형태로서 매매계약서상에 삽입되어 있는 중재조항은 동 계약서가 무효가 되면 동 <u>중재 조항도 그 효력을 자동적으로 상실하게 된다.</u>(×) → 중재조항이 기초한 주계약이 무효가 된 경우에도 중재조항은 독립적인 효력을 계속 유지한다. 이를 <u>분리가능성(separability)의</u> 원칙이라고 한다.

(정답 ④)

08 『외국중재판정의 승인 및 집행에 관한 협약』(뉴욕협약)이 규정하는 외국중재판정의
　 집행거부 사유를 모두 나열한 것으로 옳은 것은?

> A － 중재합의 당사자의 무능력
> B － 중재인 선정절차의 부적법
> C － 중재지국 법원에 의한 중재판정의 취소
> D － 중재가능성의 결여

　　① A, B, C　　② A, C, D　　③ B, C, D　　④ A, B, C, D

(외국중재판정의 승인 및 집행거부 사유 – 뉴욕협약 제5조)

제5조 1. 판정의 승인과 집행은 판정이 불리하게 원용되는 당사자의 청구에 의하여, 그 당사자가 판정의 승인 및 집행의 요구를 받은 국가의 권한 있는 기관에게 다음의 증거를 제출하는 경우에 한하여 거부될 수 있다.

가. 제2조에 규정된 합의의 당사자가 그들에게 적용될 법률에 의하여 무능력자이었던가 또는 당사자들이 준거법으로서 지정한 법령에 의하여 또는 지정이 없는 경우에는 판정을 내린 국가의 법령에 의하여 전기 합의가 무효인 경우 또는,

나. 판정이 불리하게 원용되는 당사자가 중재인의 선정이나 중재절차에 관하여 적절한 통고를 받지 아니 하였거나 또는 기타 이유에 의하여 응할 수 없었을 경우 또는,

다. 판정이 중재부탁조항에 규정되어 있지 아니하거나 또는 그 조항의 범위에 속하지 아니하는 분쟁에 관한 것이거나 또는 그 판정이 중재부탁의 범위를 벗어나는 사항에 관한 규정을 포함하는 경우. 다만, 중재에 부탁한 사항에 관한 결정이 부탁하지 아니한 사항과 분리될 수 있는 경우에는 중재부탁사항에 관한 결정을 포함하는 판정의 부분은 승인되고 집행될 수 있다.

라. 중재기관의 구성이나 중재절차가 당사자간의 합의와 합치하지 아니하거나, 또는 이러한 합의가 없는 경우에는 중재를 행하는 국가의 법령에 합치하지 아니하는 경우 또는

마. 판정이 당사자에 대한 구속력을 아직 발생하지 아니하였거나 또는 판정이 내려진 국가의 권한 있는 기관이나 또는 그 국가의 법령에 의거하여 취소 또는 정지된 경우

2. 중재판정의 승인 및 집행이 요구된 국가의 권한 있는 기관이 다음의 사항을 인정하는 경우에도 중재 판정의 승인과 집행은 거부할 수 있다.

가. 분쟁의 대상인 사항이 그 국가의 법률하에서는 중재에 의한 해결을 할 수 없는 경우, 또는

나. 판정의 승인이나 집행이 그 국가의 공공의 질서에 반하는 경우

(대한민국 중재법 제39조)

제39조(외국 중재판정) ① 「외국 중재판정의 승인 및 집행에 관한 협약」을 적용받는 외국 중재판정의 승인 또는 집행은 같은 협약에 따라 한다.

(외국중재판정의 승인 및 집행거부 사유 요약: 뉴욕중재협약 제5조)

피고가 주장·입증해야 하는 사유	- 중재합의 당사자의 무능력 - 중재합의의 무효 - 피신청인의 방어권의 침해 - 중재인의 권한의 유월 - 중재판정부의 구성의 하자(중재인 선정절차의 부적법) - 중재절차의 하자 중재지국 법원에 의한 중재판정의 취소
국가의 법원이 직권으로 판단할 사유	- 중재가능성의 결여 - 공서양속에 위배

(정답 ④)

09 뉴욕협약(외국중재판정의 승인 및 집행에 관한 협약: United Nations Convention on the Recognition and Enforcement of Foreign Arbitral Award) 제5조에 따라 중재판정의 승인과 집행의 거절사유가 될 수 있는 경우가 아닌 것은?

① 중재합의의 당사자가 그 준거법에 의하여 무능력자였을 경우

② 당사자가 중재인의 선정 또는 중재절차에 관한 적절한 통지를 받지 못하였을 경우

③ 중재판정이 중재합의 대상의 범위를 벗어난 사항을 다룬 경우

④ 중재판정의 내용이 그 준거법을 잘못 적용하여 내려진 경우

해설 ④의 내용은 중재판정의 승인과 집행의 거절사유에 해당하지 않는다. (08번 문제 해설 참조)

(정답 ④)

10 우리나라 중재법상 중재판정을 취소할 수 있는 사유나 요건에 해당되지 않는 것은?

① 중재판정이 중재합의의 대상이 아닌 분쟁을 다룬 경우

② 중재판정의 취소를 구하는 당사자가 중재인의 선정 또는 중재절차에 관하여 적절한 통지를 받지 못한 경우

③ 중재판정의 정정, 해석 또는 추가 판정의 정본을 받은 날부터 3개월 이내에 제기하여야 한다.

④ 중재판정에 관한 승인 또는 집행 결정이 확정된 후에 중재판정 취소의 소를 제기할 수 있다.

해설 제36조(중재판정 취소의 소) ① 중재판정에 대한 불복은 법원에 중재판정 취소의 소를 제기하는 방법으로만 할 수 있다.

② 법원은 다음 각 호의 어느 하나에 해당하는 경우에만 중재판정을 취소할 수 있다. <개정 2016.5.29.>

　1. 중재판정의 취소를 구하는 당사자가 다음 각 목의 어느 하나에 해당하는 사실을 증명하는 경우

　　가. 중재합의의 당사자가 해당 준거법(準據法)에 따라 중재합의 당시 무능력자였던 사실 또는 중재합의가 당사자들이 지정한 법에 따라 무효이거나 그러한 지정이 없는 경우에는 대한민국의 법에 따라 무효인 사실

　　나. 중재판정의 취소를 구하는 당사자가 중재인의 선정 또는 중재절차에 관하여 적절한 통지를 받지 못하였거나 그 밖의 사유로 변론을 할 수 없었던 사실

　　다. 중재판정이 중재합의의 대상이 아닌 분쟁을 다룬 사실 또는 중재판정이 중재합의의 범위를 벗어난 사항을 다룬 사실. 다만, 중재판정이 중재합의의 대상에 관한 부분과 대상이 아닌 부분으로 분리될 수 있는 경우에는 대상이 아닌 중재판정 부분만을 취소할 수 있다.

　　라. 중재판정부의 구성 또는 중재절차가 이 법의 강행규정에 반하지 아니하는 당사자 간의 합의에 따르지 아니하였거나 그러한 합의가 없는 경우에는 이 법에 따르지 아니하였다는 사실

　2. 법원이 직권으로 다음 각 목의 어느 하나에 해당하는 사유가 있다고 인정하는 경우

　　가. 중재판정의 대상이 된 분쟁이 대한민국의 법에 따라 중재로 해결될 수 없는 경우

　　나. 중재판정의 승인 또는 집행이 대한민국의 선량한 풍속이나 그 밖의 사회질서에 위배되는 경우

③ 중재판정 취소의 소는 중재판정의 취소를 구하는 당사자가 중재판정의 정본을 받은 날부터 또는 제34조에 따른 정정·해석 또는 추가 판정의 정본을 받은 날부터 3개월 이내에 제기하여야 한다.

④ 해당 중재판정에 관하여 대한민국의 법원에서 내려진 승인 또는 집행 **결정**이 확정된 후에는 중재판정 취소의 소를 제기할 수 없다.

(정답 ④)

11 무역클레임의 설명 중 가장 부적절한 것은?

　① 수출자가 일방적으로 계약내용을 불이행하여 해당화물의 선적을 거부하는 경우에 수입자는 계약이행을 요구할 수 있다. 이 경우에 수입자는 해당하는 손해에 대한 손해배상청구를 할 수 없다.

　② 수입자가 시중에서 입수한 유명제품의 상표를 도용하여 제품을 주문하고 대량으로 수입하여 판매를 하였다. 제3자인 상표권자는 클레임을 제기할 수 있다.

　③ 국제매매계약을 체결한 후에 갑작스럽게 국제시세가 하락하여 수입자 측이 가격 인하를 요구하면서, 물품 인수를 거절하고 있는 악덕클레임을 마켓클레임(market claim)이라고 할 수 있다.

④ 클레임(claim)과 불평(complaint)을 구별하기는 힘들지만 꼭 구별한다면 클레임이 객관적인 측면을 지닌 청구권이라면 불평은 주관적인 색채가 짙다.

해설 수출자의 물품인도 거부는 본질적인 계약위반이 된다. 이에 따라 수입자는 계약해제 및 손해배상청구가 가능하다.

(정답 ①)

12 국제상사중재에 대한 설명으로 옳지 않은 것은?

① 중재판정은 국제적으로 단심제에 의하므로 판정내용에 불복하는 경우에는 다른 나라로 다시 중재를 신청하여야 한다.

② 중재판정의 효력은 법원의 확정판결의 효력과 동일하여 기판력(구속력)과 확정력(불가변력) 및 집행력을 지닌다.

③ 중재판정절차에 오류 내지 하자가 있는 경우에는 법원에 "중재판정 취소의 소"를 제기할 수 있다.

④ 유효한 중재합의가 있는 경우에는 법원에 소송을 제가할 수 없고 소송을 제기하더라도 기각되는 것이 일반적이다.

해설 중재는 단심제이며 중재판정에 불복해도 다른 나라에 가서 다시 중재를 신청할 수 없다. 중재판정의 취소의 소를 제기하거나 중재판정의 승인 및 집행 거부를 신청해야 한다.

(정답 ①)

13 중재제도의 특징에 대한 설명으로 옳지 않은 것은?

① 중재는 원칙적으로 중재계약으로부터 중재판정에 이르는 모든 절차를 당사자의 합의로 결정할 수 있다.

② 중재는 분쟁당사자간에 있어서 법원의 확정판결과 동일한 효력이 있다.

③ 중재는 비공개를 원칙으로 하며, 법리해석의 완벽성을 도모할 수 있다.

④ 중재는 단심제이고 변호사를 선임할 필요가 없으므로 소송에 비하여 비용이 적게 든다.

해설 ③ 중재는 비공개로 진행하는데, 법률전문가인 판사가 아니고, 해당분야의 전문가인 중재인에 의해 재판이 진행되므로 소송에 비해 법리해석의 완벽성이 높다고 말할 수는 없다.

(정답 ③)

10　무역규범(대외무역법, 관세법)

01 수출한 설비나 기술에 의하여 생산되는 제품을 수입하는 무역거래형태는?

① Compensation Trade　　　　② Counter Purchase

③ Off-Set Deal　　　　　　　④ Buy-Back Trade

해설　주요 특정거래형태

1) 물물교환(Barter Trade): 대금결제 없이 재화나 용역을 주고받는 거래(즉 물품이나 용역의 대가로 물품이나 용역을 제공)

2) 구상무역(Compensation trade): 수출과 수입에 대한 대금결제를 그에 상응하는 수입 또는 수출과 상계시키는 거래이다. 원칙적으로 수출과 수입이 하나의 계약서로 작성된다. 신용장거래에서는 백투백신용장이나 토마스신용장이 사용된다.

3) 대응구매(Counter purchase): 수출액의 일정비율(10~100%)만큼 수입자의 물품을 구매해야 하는 의무가 따르는 거래이다. 구상무역은 하나의 계약서가 작성됨에 비해 대응구매는 수출계약과 수입계약을 별도로 체결된다. 수출과 수입이 상계되는 것이 아니고 수출입자는 각각의 계약서에 따라 지급책임이 있다.

4) 제품환매(Buy Back): 플랜트수출이나 기술수출에 대응하여 수출된 플랜트설비나 기술에 의해 생산된 제품을 수입하는 방식으로 대금결제받는 거래형태이다.

5) 절충교역(offset deal): 외국으로부터 무기(군사 장비·물자 등)를 수입할 때, 수입국에 기술을 이전하고, 수입국으로부터 부품 등을 구매할 것을 수출국에 요구하는 조건부 교역을 한다. 절충교역을 통하여 무기 수입국은 자국의 방위산업진흥과 실질 구매비용 절감의 효과를 기대할 수 있다.

(정답 ④)

02 상의무역은 국내에 있던 생산시설을 중국으로 이전하여, 위탁가공무역방식으로 물품을 생산하여 거래를 하고 있다. 위탁가공무역방식은 그 거래의 특성에 따라 파생될 수 있는 여러 가시 수출입 거래 형태가 있는데, 다음 중 이렇게 파생될 수 있는 수출거래형태와 관련성이 가장 적은 것은?

① 연계무역　　② 외국인수수입　　③ 외국인도수출　　④ 무환수출입

해설　연계무역은 물물교환(Barter Trade), 구상무역(Compensation trade), 대응구매(Counter purchase), 제품환매(Buy Back) 등의 형태에 의하여 수출·수입이 연계되어 이루어지는 수출입을 말하는 것으로 위탁가공무역방식에서 파생될 수 있는 수출거래형태와 관련성이 적다.

※ 외국인수수입: 수입대금은 국내에서 지급되지만 수입 물품 등은 외국에서 인수하거나 제공받는 수입(위 위탁가공무역에서 위탁가공에 필요한 원자재를 외국에서 수입하여

중국에서 인수하고, 대금은 한국에서 송금되는 경우 외국인수수입에 해당된다)

※ 외국인도수출: 수출대금은 국내에서 영수하지만 국내에서 통관되지 아니한 수출 물품 등을 외국으로 인도하거나 제공하는 수출(위 생산설비를 중국에서 처분하고 그 대금을 한국에서 받는 경우 외국인도수출에 해당된다)

※ 무환수출입: 외국환 거래가 수반되지 아니하는 물품 등의 수출·수입(한국에서 중국의 가공업체로 원자재를 공급하는 것은 판매가 아니고 무상으로 보내는 것이므로 무상수출에 해당된다)

(정답 ①)

03 중계무역에 관한 내용으로 옳지 않은 것은?

① 화물이 제3국에 양륙한 후 원형 그대로 (또는 약간의 가공만을 거쳐) 수입국에 재수출함으로써 소유권을 이전시키는 방식의 수출이다.

② 통상 무역물품은 수출국이 아닌 원수출국에서 선적되어 최종 수입국으로 직접 운송되게 되는데, 이때 선하증권의 선적인이 원수출국의 업체 명의로 발행된 선하증권을 Surrendered B/L이라 한다.

③ 선적인을 최종 수출국의 업체 명의로 바꾸어 다시 발행한 선하증권을 최종 수입업체에게 제시할 수 있는데, 이러한 선하증권을 Switched B/L이라 한다.

④ 송장도 원수출국의 업체 명의에서 최종 수출국의 업체 명의로 다시 발행하게 되는데 이를 송장대체라 한다.

해설 ② 통상 무역물품은 수출국이 아닌 원수출국에서 선적되어 최종 수입국으로 직접 운송되게 되는데, 이때 선하증권의 선적인이 원수출국의 업체 명의로 발행된 선하증권을 제3자 선하증권(third party B/L)이라 한다.

(정답 ②)

04 중계무역 시 발생될 수 있는 상황으로 옳지 않은 것은?

① 중계인의 국가에서 환적을 하면 원산지를 변경하거나 쿼터를 사용할 수 있다.

② Shipper와 Consignee를 공개하지 않으려면 중계인은 Switch B/L을 작성하도록 한다.

③ 중계인은 가득액을 영수하기 위하여 상업송장과 환어음을 대체하여야 한다.

④ 신용장이 개설되면 제3자 서류 수리가능조항을 확인하여야 한다.

해설 '① 중계인의 국가에서 환적을 하면 원산지를 변경하거나 쿼터를 사용할 수 있다.' (×) → '중계인 국가에서 환적을 하여도 원산지 변경은 허용되지 않으며 쿼터 품목일 경우 최초 수출국의 쿼터를 사용한다.(○)'

- 중계무역(Intermediary Trade): 수출할 것을 목적으로 물품 등을 수입하여「관세법」제 154조에 따른 보세구역 및 같은 법 제156조에 따라 보세구역외 장치의 허가를 받은 장소 또는「자유무역지역의 지정 등에 관한 법률」제4조에 따른 자유무역지역 이외의 국내에 반입하지 아니하고 수출하는 수출입
- Switch B/L: 중계무역에 주로 사용되는 선하증권으로서 중계업자가 원수출자를 노출시키지 않기 위하여 화물을 실제 수출한 지역에 속한 선사, 포워더가 발행한 B/L을 근거로 제 3의 장소에서 원수출자를 중계업자로 교체하여 발급받는 선하증권

(정답 ①)

05 수출입실적의 인정금액으로 옳지 않은 것은?

① 수출실적은 FOB 통관가격, 수입실적은 CIF 통관가격
② 중계무역의 수출실적은 수출금액(FOB 가격)에서 수입금액(CIF 가격)을 공제한 가득액
③ 외국인수수입의 경우에는 수입통관액(CIF 가격)
④ 외국인도수출의 경우에는 외국환은행의 입금액

해설 '③ 외국인수수입의 경우에는 <u>수입통관액(CIF 가격)</u>'(×) → '외국인수수입의 경우에는 <u>외국환 은행의 지급액</u>'(○)

※ **수입실적 인정금액 및 인정시기**

구분	인정금액	인정시기
원칙	수입통관액(CIF가격 기준)	수입신고수리일
예외 (외국인수수입과 용역 또는 전자적 형태의 무체물)	외국환은행 지급액	지급일

(정답 ③)

06 수출자 또는 수출물품 등의 제조업자에 대한 외화획득용 원료 또는 물품 등의 공급 중 수출에 공하여지는 것으로 수출실적의 인정범위에 해당하지 않는 것은?

① 내국신용장(Local L/C)에 의한 공급
② 내국신용장(Local L/C)의 양도에 의한 공급
③ 구매확인서에 의한 공급
④ 산업통상자원부장관이 UIR지정하는 생산자의 수출물품 포장용 골판지상자의 공급

해설　'② 내국신용장(Local L/C)의 양도에 의한 공급'은 수출실적의 인정범위에 해당하지
않는다.

"내국신용장(local L/C)"이란, 한국은행총재가 정하는 바에 따라 외국환은행의 장이 발급하
여 국내에서 통용되는 신용장을 말한다. 내국신용장에 의한 공급실적은 수출업자(국내공급
업자)에 대한 수출실적으로 인정되며, 부가가치세에 있어서도 영세율의 적용대상이 된다.
"구매확인서(approval of purchase)"란, 외화획득용 원료·기재를 구매하려는 경우 또는 구
매한 경우 외국환은행 또는 전자무역기반사업자(예: KTNET)가 내국신용장에 준하여 발급
하는 증서를 말한다. 내국신용장에 의하지 아니하고 국내에서 외화획득용 원료 또는 물품
을 공급하는 경우에 외국환은행이 내국신용장에 준하여 **"구매확인서"**를 발급한다.
내국신용장은 개설의뢰인의 화환신용장을 근거로 하여 발급되지만, 구매확인서는 원료·기
재의 구매자의 신청에 의하여 수출신용장, 수출계약서, 외화매입증명서, 내국신용장, 구매
확인서 등을 근거로 하여 발급된다. 이는 화환신용장의 결여로 수출지원금융의 융자대상에
서 제외되는 데에서 오는 불이익을 보완하기 위한 제도이다.

(수출입실적 인점금액, 인정시기 및 인정기관)

구　분		수출입실적 인정금액	인정시점	인정기관 (확인기관)
	물품일반수출(원칙)	수출통관액(FOB)	수출신고수리일	한국무역협회
유상 수출 거래	중계무역	수출금액(FOB) - 수입금액(CIF)	입금일	외국환은행
	외국인도수출	외국환은행의 입금액	입금일	외국환은행
	위탁가공물품 외국판매	판매액 - 원자재수출금액 - 가공임	입금일	외국환은행
	원양어로에 의한 수출 중 현지경비사용분	외국환은행의 확인분		외국환은행
	용역수출	인정기관이 외국환은행을 통해 입금확인한 금액	입금일	한국무역협회, 한국선주협회, 한국관광협회 중앙회장(업종 별 관광협회장)
	전자적형태의 무체물 수출	인정기관이 외국환은행을 통해 입금확인한 금액	입금일	한국무역협회, 한국소프트웨어 산업협회
무상 수출 거래	외국에서 개최되는 박람회 등에 출품 후 현지 매각	외국환은행의 입금액	입금일	외국환은행
	해외의 우리나라업자에게 무상반출 후 해외건설 등을 위해 사용되는 원료, 장비 등	수출통관액(FOB)	수출신고수리일	한국무역협회
기타	내국신용장에 의한 공급	결제액	결제일	외국환은행

구 분		수출입실적 인정금액	인정시점	인정기관 (확인기관)
수출	구매확인서에 의한 공급	결제액	결제일	외국환은행
		확인액	당사자간 대금결제일	외국환은행
	수출물품포장용 골판지상자	결제액	결제일	외국환은행
		확인액	당사자간 대금결제일	외국환은행
수입 거래	물품일반수입(원칙)	수입통관액(CIF)	수입신고수리일	한국무역협회
	용역수입	외국환은행의 지급액	지급일	한국무역협회,한 국선주협회, 한국관광협회중 앙회장(업종별 관광협회장)
	전자적 형태의 무체물의 수입	외국환은행의 지급액	지급일	한국무역협회,한 국소프트웨어산 업협회
	외국인수수입	외국환은행의 지급액	지급일	외국환은행

(정답 ②)

07 관세법상 관세통관에 관한 설명으로 옳지 않은 것은?

① 수입신고의 시기는 출항 전 신고 - 입항 전 신고 - 보세구역 도착 전 신고 - 보세구역장치 후 신고의 순으로 빠르다.

② 보세공장에서 제조한 물품을 우리나라로 반입하려는 경우 원료과세 또는 제품과세 등의 방법으로 수입신고를 할 수 있다.

③ 수입신고 시 관세의 과세표준은 실제로 지급했거나 지급해야 할 가격에서 가산요소 및 공제요소를 조정한 가격을 기초로 확정하는 것이 일반적이다.

④ 수입신고 후 납세의무자가 신고납부한 세액이 부족한 것을 알았을 경우에는 보정신고를 할 수 있으며, 신고납부한 세액이 과다한 것을 안 경우 수정신고를 할 수 있다.

해설 '④ 수입신고 후 납세의무자가 신고납부한 세액이 부족한 것을 알았을 경우에는 보정신고를 할 수 있으며, 신고납부한 세액이 과다한 것을안 경우 수정신고를 할 수 있다.'(×)
→ '납세의무자는 신고납부 한 세액이 과부족 하다는 것을 알게 되거나 세액산출의 기초가 되는 과세가격 또는 품목분류 등에 오류가 있는 것을 알게 되었을 때에 신고납부한 날부터

6개월 이내에 보정청구를 할 수 있으며, 수입신고 후 보정기간 이후 납세의무자가 신고납부 한 세액이 부족한 것을 알았을 경우에는 수정신고를 할 수 있다.' (○)
또한, 수입신고 후 보정기간 이후 납세의무자가 신고납부 한 세액이 과다한 것을 알게 되었을 때에는 최초로 납세신고를 한 날부터 2년 이내에 신고한 세액의 경정을 세관장에게 청구할 수 있다.

(정답 ④)

08 대외무역법상 수출입 승인을 받은 자가 승인 받은 사항을 변경하고자 하는 경우, 변경 승인을 받아야 하는 사항으로 옳지 않은 것은?

① 물품의 규격   ② 물품의 수량   ③ 물품의 가격   ④ 수출당사자에 관한 사항

해설 수출입승인 후 수출입 사항에 변경이 있는 경우 중요한 사항은 변경승인을 받아야 하고(변경승인대상) 경미한 사항은 변경신고만 하면 된다(변경신고대상). (대외무역관리규정 제15조~제16조))
• 변경승인대상: 1) 물품등의 수량 2) 가격 3) 수출 또는 수입의 당사자에 관한 사항
• 변경신고대상: 1) 원산지 2) 도착항(수출의 경우) 3) 규격 4) 수출입물품의 용도 5) 승인 조건

(정답 ①)

09 국제식물보호협약(IPPC)에 따라 수입물품의 포장재가 목재인 경우, 수입국의 식물자원보호를 위하여 훈증 처리하도록 요구하고, 신용장상에 이를 증명하는 신고서를 별도로 요구하는 경우가 있는데, 이때 요구되는 증명서는?

① Certificate of Origin   ② Certificate of Quarantine
③ Certificate of Fumigation   ④ Certificate of Inspection

해설 • certificate of fumigation: 훈증소독증명서

(정답 ③)

11 기타 무역(서비스무역 · 기술무역 · 전자무역 등)

01 (　　　) 안에 들어갈 기술무역계약으로 옳은 것은?

> (　　　)은 지식재산권의 소유자가 타인에게 그 권리의 사용을 허락하고 사용허락을 받은 자가 대가로서 로열티를 지급할 것을 약속하는 모든 종류의 계약을 말한다.

　　① 플랜트수출계약　　② 컨소시엄계약　　③ 프랜차이즈계약　　④ 라이센스계약

해설　④ 라이센스계약에 관한 설명이다. 프랜차이즈계약에는 영업표지 외에 영업노하우, 상품 · 서비스의 공급이나 영업관리도 포함된다는 점에서 라이센스계약보다 당사자간의 관계가 밀접하다.
- 라이센스계약: 특정한 조건 하에 일정한 계약기간 동안 기술, 특허 등 라이센스 대상인 지식재산권의 사용권을 허여하는 계약
- 프랜차이즈계약: 가맹본부(franchisor)가 가맹점사업자(franchisee(가맹점))로 하여금 자기의 상표, 서비스표, 상호, 휘장(徽章) 또는 그 밖의 영업표지를 사용하여 일정한 품질기준이나 영업방식에 따라 상품 또는 용역을 판매하도록 하면서 이에 따른 경영 및 영업활동 등에 대한 지원 · 교육과 통제를 하고, 가맹점사업자는 이에 대한 대가로 가맹본부에 금전을 지급하는 계약을 말한다. 프랜차이즈계약에는 영업표지 외에 영업노하우, 상품 · 서비스의 공급이나 영업관리도 포함된다.
- 플랜트수출계약: 산업설비나 기술용역 및 시공을 포괄적으로 행하는 수출계약

(정답 ④)

02 상표 라이센스계약에 관한 설명으로서 옳지 않은 것은?
　　① 상표 라이센스계약이란 상표에 대하여 사용을 허락하는 계약이다.
　　② 상표 라이센스의 대상은 상표에 체화된 신용(goodwill)을 말한다.
　　③ 상표 라이센스가 사용료를 수반하는 경우나 특허, 노하우 등과 결합되었을 경우에 우리나라는 공정거래위원회의 심사를 받아야 한다.
　　④ 우리나라는 상표를 보호하는 방법으로서 등록주의가 아닌 사용주의를 채택하고 있다.

해설　상표, 디자인, 실용신안 등은 특허청에 등록하는 등록주의를 채택하고 있다.

(정답 ④)

03 다음 중 해외투자시 M&A 계약의 장점이 아닌 것은?

① 막대한 인수자금이 필요할 수 있다.

② 사업착수까지 시간을 단축할 수 있다.

③ 선진기술의 도입이 가능할 수 있다

④ 기존판매망과 고객기반을 인수할 수 있다.

해설 인수합병(mergers & acquisitions: M&A) 시 막대한 인수자금이 소요되는데 이는 단점에 해당된다.

(정답 ①)

04 국제특허계약에 대한 내용으로 옳지 않은 것은?

① 소극적 실시허락(negative license)의 경우에, 원칙적으로 기술제공자인 특허권자는 기술도입자에게 특허권의 실시만을 허락할 뿐이고 제3자의 권리침해에 대한 책임을 지지 않는다.

② 적극적 실시허락(positive license)의 경우에, 기술제공자인 특허권자는 기술도입자에게 특허기술을 제공할 적극적 의무를 부담한다.

③ 특허교환계약(cross license)의 경우에, 특허권자는 타인의 특허권에 대한 라이센스를 받는 대가로 자신의 특허권을 상대방에게 교차하여 라이센스를 부여한다.

④ 특허양도(patent assignment)의 경우에, 기술제공자인 특허권자는 기술도입자에게 특허권 자체를 양도하며, 기술도입자인 특허양수인은 보통 특허의 존속기간이 만료되면 그 양도계약을 해제할 권리를 갖는다.

해설 특허양도의 경우 양수인이 특허권 자체를 양도하는 것이다. 따라서 특허의 존속기간이 만료되었다고 양수인인 특허양도계약을 해제할 수 없다. 특허의 존속기간 만료에 따르는 불이익은 양수인이 부담한다.

(정답 ④)

05 서비스무역의 형태로 옳지 않은 것은?

① 외국인의 간접투자(주식 등)를 통한 기존 국내기업의 인수 형태

② 환자가 외국의 병원에서 진료를 받는 의료서비스

③ 경제적 교환에 의하여 양도가능한 물품의 소유권을 이전하는 형태

④ 케이블이나 위성에 의한 국가 간 방송프로그램의 전송

해설 무역은 그 대상에 따라 크게 물품무역과 서비스무역으로 구분할 수 있다. ③ 경제적 교환에 의하여 양도가능한 물품의 소유권을 이전하는 형태는 상품무역(물품무역)에 해당한다. 서비스무역의 유형으로는 국경 간 이동, 해외소비, 상업적 주재, 자연인의 이동이 있다.

(정답 ③)

A Group ...

- Abandon: (보험에서) 위부하다.
- Abatement: 가격인하
- Accept a draft (a bill): 환어음을 인수하다.
- Accept an offer: 청약에 승낙하다.
- Acceptance: 승낙, 인수(환어음의 인수, 서류인수)
- Acceptance Advice: (개설은행의) 서류인수 통지("A/A")
- Acceptance Credit: 인수신용장
- Accepting Bank: 인수은행
- Accountee: 계정결제인(= account party)
- Accounter: 수출대금수취인(통상 수출자)
- Accumulation: 누적조항
- Act of god: 천재지변
- Actual Total Loss: 현실전손
- Adhesion contract: 부합계약(부합계약: 약관이나 표준계약서를 이용하는 계약)
- Adjusted Value: 조정가격
- Ad valorem duty: 종가세(specific duty 종량세)
- Advance Payment: 선수금
- Advance Payment Bond: 선수금환급보증(advance payment guarantee)
- Advising Bank: (신용장의) 통지은행(= Notifying Bank)
- After Sight: 일람 후
- Agent: 대리인
- Agency: 대리
- Agency Agreement: 대리점계약
- Aggrieved party: 손해를 입은 당사자, 계약을 위반당한 자

(≠ breaching party, party in breach: 계약위반자)

- Air waybill: 항공운송장(= air consignment note)
- Alternative Dispute Resolution(ADR): 대체적분쟁해결방법, 소송외분쟁해결방식(예: 중재, 조정, 알선 등)
- Amendment: 신용장 조건변경
- Anti-dumping Duty: 반덤핑관세
- Applicant: (신용장의) 개설의뢰인(통상 수입자가 개설의뢰인)
- Arbitration: 중재, Arbitration Clause(중재조항), Arbitrator(중재인)
- Arbitral award: 중재판정
- Assessment: 평가
- Assured: 피보험자(= insured)
- At sight: 일람출급(일람지급)
- Aval: 어음보증
- Award: 중재판정(render an award: 중재판정을 내리다)

B Group   ● ● ●

- Bailee: 수치인
- Balance: 잔고, 잔액
- Balance Sheet (B/S): 대차대조표
- Bankruptcy: 파산
- Bareboat Charter: 선체용선, 나용선
- Beneficiary: (신용장의) 수익자(통상 수출자가 수익자가 됨)
- Bid: 입찰, bid bond (입찰보증서 = tender guarantee)
- Bill of Exchange (B/E) 환어음(= draft)
- Bill of Lading (B/L): 선하증권
- Board of Directors (BOD): 이사회
- Bona-fide: 선량한, 선의의(Bona-fide holder: 선의의 소지자), in good faith(선의로)
- Bond: 보증, 채권(債券)
- Bonded Warehouse: 보세창고

- Branch: 지사 (overseas branch: 해외지사) (affiliate: 계열사)
- Breach: 위반, breach of a contract(계약위반)
- Breaching party: 계약위반자(= party in breach), (≠ aggrieved party)
- Bulk Cargo: 살화물
- Bunker Adjustment Factor (BAF): 유류할증료
- Business Proposal: 거래제안
- Buyer: 매수인

C Group

- Cargo: 화물
- Cargo Insurance: 적하보험
- Carriage and Insurance Paid To (CIP): 운임보험료지급인도조건
- Carriage of Goods by Sea Act (COGSA): 해상물건운송법
- Carriage Paid To (CPT): 운임지급인도조건
- Carrier: 운송인
- Cash against Documents (CAD): 서류상환지급방식
- Cash on Delivery (COD): 물품인도지급방식
- Certificate of Origin: 원산지증명서
- Certificate of Inspection: 검사증명서
- Charterer: 용선자
- Charter Party: 용선계약 (period charter: 기간용선, trip charter: 항해용선)
- Check: 수표
- Circular Letter/Circular: 거래제의서, 판매권유장
- Claim: 클레임, 청구
- Clean B/L: 무고장선하증권(≠ dirty B/L, foul B/L, 고장선하증권)
- Collecting Bank: 추심은행
- Collection: 추심
- Collection Instruction: 추심지시서
- Commercial Document: 상업서류
- Commercial Invoice: 상업송장

- Company Profile: 회사소개서
- Confirming Bank: (신용장의) 확인은행
- Consignee: 수하인
- Consignment Processing Contract: 위탁가공계약
- Consignor: 송하인
- Container Freight Station (CFS): 컨테이너화물집화소
- Container Terminal (CT): 컨테이너 터미널
- Container Yard (CY): 컨테이너 야드
- Contract: 계약
- Correspondence: 서신 (business correspondence: 업무용서신, 공문)
- Correspondent Bank: 환거래은행
- Cost and Freight (CFR): 운임포함인도조건
- Cost, Insurance and Freight (CIF): 운임보험료포함인도조건
- Counter Offer: 반대청약
- Courier: 특사
- Cover Note: 보험승낙서, 부보각서
- Credit: 대변, 대기하다(더하다, credit one's account(계좌에 입금하다)), 대변
  에 기입하다
- Credit Inquiry: 신용조회
- Currency: 통화

D Group   • • •

- Debit: 차변, 차기하다(빼다)(debit one's account(계좌에서 출금하다)), 차변
  에 기입하다.
- Debit Card: 직불카드
- Debt: 채무, 빚
- Defendant: 피고(소송을 제기당한 자)
- Delivered at Place (DAP): 목적지인도조건
- Delivery Order (D/O): 인도지시서
- Delivered Duty Paid (DDP): 관세지급인도조건

- Delivery Term: 인도조건
- Demand Draft (D/D): 송금수표
- Demand Guarantee: 청구보증
- Demurrage: 체선료(≠ Despatch Money)
- Depository Receipt (DR): 주식예탁증서
- Despatch Money: 조출료(≠ Demurrage)
- Discrepancy: 불일치, 하자
- Deviation: 이로(항로의 이탈, 보험에 부보된 정상항로에서 벗어나는 것)
- Documents against Acceptance (D/A): 인수인도조건
- Documents against Payment (D/P): 지급인도조건
- Documents of Title: 권리증서
- Draft: 환어음(sight draft/sight bill(일람지급환어음, draft at sight), term draft/term bill(기한부환어음))
- Drawee: 환어음의 지급인
- Drawer: 환어음의 발행인
- Due Date: 지급기일, 만기일

E Group ...

- Electronic Data Interchange (EDI): 전자정보교환
- Embargo: 수출금지
- Endorse: 배서하다.
- Endorsee: 피배서인
- English Correspondence: 영문통신문
- Escrow Account: 신탁계정
- Exchange Commission: 환가료(nego bank의 nego 수수료)
- Exchange Rate: 환율
- Exclusive Contract: 독점계약
- Expiry Date: 종료일
- Export Clearance: 수출통관
- Export Insurance: 수출보험(= Export Credit Insurance)

- Export Credit Insurance: 수출신용보험(= Export Insurance)
- Ex Works (EXW): 공장인도조건

F Group

- Facility: 시설, 설비(credit facility: 신용공여)
- Fair average quality (FAQ): 평균중등품질조건
- Financial Standing: 재무상태
- Firm Offer: 확정청약
- Force Majeure: 불가항력
- Foreign Direct Investment (FDI): 해외직접투자
- Forwarder: 운송주선인
- Free Alongside Ship (FAS): 선측인도조건
- Free Offer: 불확정청약, 철회가능청약
- Free on Board (FOB): 본선인도조건
- Free Trade Agreement (FTA): 자유무역협정
- Freight Tariff: 운임률표

G Group

- General Agreement on Tariff and Trade (GATT): 관세 및 무역에 관한 일반 협정
- General Average: 공동해손
- Goods: 물품
- Grace Period: 유예기간, 거치기간
- Gratis: 무료로
- Guarantee: 보증

H Group　• • •

- Holder: 소지자
- Holder in due course: 정당한 소지인(bona-fide holder: 선의의 소지자)

I Group　• • •

- Import Clearance: 수입통관
- Import License: 수입승인서
- Independent Guarantee: 독립보증(독립적보증)
- Incoterms: 인코텀즈
- Informal Contract: 불요식계약
- Infringe: (특허권을) 침해하다
- Insolvency: 도산
- Inspection Certificate: 검사증명서
- Institute Cargo Clause (ICC): 협회적하약관
- Insurance Certificate: 보험증서, 보험증명서(포괄예정보험에서 보험증권은 1회 발급되고, 매 선적분에 대해서는 보험증서가 발급된다. UCP Article 28.d.)
- Insurance Declaration: 보험확인서, 보험신고서
- International Air Transport Agreement (IATA): 국제항공운송협회
- International Chamber of Commerce (ICC): 국제상업회의소
- International Center for Settlement of Investment Disputes (ICSID): 국제투자분쟁해결기구
- International Institute for the Unification of Private Law (UNIDROIT): 사법통일을 위한 국제기구
- International Law Association (ILA): 국제법협회
- International Monetary Fund (IMF): 국제통화기금
- International Standard Banking Practice (ISBP): 국제표준은행관행
- International Trade: 무역 (= Foreign Trade)
- Invitation of Offer: 청약의 유인(= Invitation for Offer)
- Issuing Bank: (신용장) 개설은행

J Group

• Jettison: 투하
• Joint Venture Agreement: 합작투자계약

L Group

• Letter of Credit (L/C): 신용장(= Credit)
• Letter of Guarantee (L/G): 보증서
• Letter of Guarantee (L/G): 수입화물선취보증서, (지급)보증서
• Letter of Intent (L/I): 의향서
• Letter of Interest (L/I): 의향서
• Litigation: 소송
• London Interbank Offered Rate (LIBOR): 런던은행간금리

M Group

• Mail Transfer (M/T): 우편환
• Master Agreement: 기본계약
• Marine Insurance Act (MIA): 영국 해상보험법
• Mate's Receipt (M/T): 본선수취증(물품선적 후 일등항해사가 화물수취의 증거로 화주에게 교부하는 서류, 화주는 이를 선사에 제출하고 본선적재 선하증권을 발급받는다)
• Memorandum of Understanding (MOU): 양해각서

N Group

• Negotiable Document: 유통서류(check, draft, B/L, promissory note)
• Negotiable Instrument: 유통증권

- Negotiation: (선적서류의) 매입
- Negotiating Bank: 매입은행
- Notifying Bank: (신용장의) 통지은행
- Nominated Bank: (신용장의) 지정은행
- Non-negotiable Document: 유통불능서류(Sea Waybill, Air Waybill)

O Group ･･･

- Offer: 청약
- Offer Sheet: 매도청약서
- Off-set: 절충교역(무기를 구입할 때 관련 지식 또는 기술도 이전받기로 함)
- Omission: 부작위
- Open Account (O/A): 오픈어카운트
- Open Cover: 예정보험
- Order: 주문(= indent), place an order(주문을 하다)
- Organization for Economic Cooperation and Development (OECD): 경제개발협력기구
- Original Equipment Manufacturing (OEM): 주문자상표부착방식
- Overdue: 만기가 지난
- Overseas Branch: 해외지사(영리활동, 영업활동 가능)

P Group ･･･

- Packing List: 포장명세서
- Partial Shipment: 분할선적
- Particular Average: 단독해손
- Permanent Establishment (PE): 고정사업장, establishment 사업장
- Plaintiff: 원고(소송을 제기한 자)
- Port of Discharge: 양륙항
- Port of Loading: 선적항

- Power of Attorney (POA): 위임장
- Premise: 영업장소
- Premium: 수수료, 보험료(insurance premium)
- Presenting Bank: 제시은행
- Price Terms: 가격조건
- Principles for International Commercial Contracts (PICC): 국제상사계약원칙
- Project Finance (PF): 프로젝트파이낸스
- Promissory Note (P/Note): 약속어음
- Protest of non-payment: 지급거절증서
- Purchase Order: 발주서, 구매주문서

R Group ...

- Recourse: 구상, 소구(with recourse: 소구조건으로, without recourse: 비소구 조건으로)
- Reference: 신용조회처, 참조처
- Refund Guarantee (R/G): 환급보증
- Remmiting Bank: 추심의뢰은행
- Representative Office: 해외사무소(비영리활동, 업무연락, 시장조사, 연구개발만 가능, 영리활동 불가)

S Group ...

- Sale by standard: 표준품매매
- Sales Note: 판매약정서
- Sea waybill: 해상화물운송장
- Seller: 매도인
- Service: 용역, 서비스
- Share: 지분(share holder, stock holder - 주주)
- Shipment: 선적

- Shipper: 선적인, 송하인
- Shipping Advice: 선적통지서(선적 후 수출자는 수입자에게 선적통지서를 송부해 물품인수를 준비하게 함) * shipment advice
- Shipping Documents: 선적서류
- Shipping Port: 선적항
- Shipping Request: 선복신청서
- Sight draft (bill): 일람불환어음
- Stock: 주식(stock holder − 주주), 재고품(inventory)
- Substantial Order: 다량주문
- Surrender B/L: 권리포기선하증권, 서랜더비엘

T Group

- Telegraphic Transfer (T/T): 전신환
- Term: 기간, 용어, Terms(조건, conditions)
- Terms of business: 거래조건
- Terms and Conditions: 조건
- Trade finance: 무역금융
- Tramper: 부정기선
- Transhipment: 환적
- Trial Order: 시험주문

U Group

- Undertaking: (의무)의 부담, 보증, 확약
- Uniform Commercial Code (UCC): 미국통일상법전
- Uniform Customs and Practice for Documentary Credits (UCP): 신용장통일규칙
- Uniform Rules for Collection (URC): 추심에 관한 통일규칙
- Uniform Rules for Contract Guarantees (URCG): 계약보증에 관한 통일규칙

- Uniform Rules for Demand Guarantees (URDG): 청구보증통일규칙
- United Nations Commission on International Trade Law (UNCITRAL): 유엔 국제거래법위원회
- United Nations Convention on Contracts for the International Sale of Goods (CISG): 국제물품매매계약에 관한 유엔협약
- Uruguay Round (UR): 우루과이 라운드

V Group ･･･

- Vendor: 매도인
- Vessel: 선박
- Voyage: 항해

W Group ･･･

- Waiver: 포기(waiver a discrepancy: (서류)하자를 포기하다)
- Wire Transfer: 전신송금(= Telegraphic Transfer (T/T))
- Withholding Tax: 원천과세
- World Trade Organization (WTO): 세계무역기구
☞ Seller (= Beneficiary, Drawer, Accounter, Supplier)
　Buyer (= Applicant, Drawee, Accountee)

거래내용	수 출 상	수 입 상
매매관계	Seller, Vendor	Buyer, Vendee
무역관계	Exporter	Importer
신용장관계	Beneficiary	Applicant
어음관계	Drawer	Drawee
계정관계	Accounter	Accountee (Account Party)
화물관계	Consignor	Consignee

저자약력

김상만

- 고려대학교 법학과(법학사)
- 고려대학교 법무대학원(법학석사, 국제거래법 전공)
- 미국 University of Minnesota Law School(법학석사)
- 고려대학교 대학원(법학박사, 상법전공)
- 한국무역보험공사 팀장
- 경남대학교 경제무역학부 조교수
- 사법시험·변호사시험·행정고시·공무원시험 위원
- 대한상사중재원 중재인/조정인
- 현) 덕성여자대학교 국제통상학과 교수
  미국 뉴욕주 변호사

해외출간 저서

- Payment Methods and Finance for International Trade(Springer, 2020)
- A Guide to Financing Mechanisms in International Business Transactions(Cambridge Scholars Publishing, 2019)

국내출간 저서

- 국제거래법 제3판(박영사)
- 무역계약론 제2판(박영사)
- Payment Methods in International Trade(두남)
- 실무중심 무역영어 개정2판(두남)
- 국제물품매매계약에 관한 유엔협약(CISG) 해설(한국학술정보)
- 국제거래에서의 독립적 은행보증서(신인류)

주요 국제논문

- Export Credit Guarantee and Prohibited Subsidies under the SCM Agreement(Journal of World Trade, Kluwer Law International, 2020)
- Australia‒Anti-Dumping Measures on A4 Copy Paper, DS529(World Trade Review, Cambridge University Press, 2020)
- Negotiating Bank in a Documentary Credit(The Banking Law Journal, LexisNexis, U.S.A., 2020)
- The Fraud Exception in a Documentary Credit under Korean Law(The Banking Law Journal, LexisNexis, U.S.A., 2019)
- Right Choice of DPU Rule in Incoterms 2020(Global Trade and Customs Journal, Kluwer Law International, 2021)
- Flag of Convenience in the Context of the OECD BEPS Package(Journal of Maritime Law and Commerce, Jefferson Law Book Co., 2018)
- Can a Change of Circumstances Qualify as an Impediment under Article 79 of the CISG(Chinese Journal of International Law, Oxford Academic Press, 2019)

국가공인자격 무역영어(1급) 대비
실전무역영어

초판발행	2022년 2월 25일
지은이	김상만
펴낸이	안종만·안상준
편 집	전채린
기획/마케팅	김한유
표지디자인	BEN STORY
제 작	고철민·조영환

펴낸곳   **(주)박영사**
서울특별시 금천구 가산디지털2로 53, 210호(가산동, 한라시그마밸리)
등록 1959. 3. 11. 제300-1959-1호(倫)

전 화	02)733-6771
f a x	02)736-4818
e-mail	pys@pybook.co.kr
homepage	www.pybook.co.kr
ISBN	979-11-303-1526-3 93320

copyright©김상만, 2022, Printed in Korea

정 가   28,000원